Que Veut la Femme?

OUVRAGES DU MÊME AUTEUR

Le Bréviaire de la Femme. . . . . 1 vol.
L'Évangile Profane. . . . . 1 vol.
L'Étiquette Mondaine . . . . 1 vol.
La Jeune Femme chez elle. . . . . 1 vol.
L'Amour obligatoire. . . . . 1 vol.

LA TRAGI-COMÉDIE

L'Expiation, *roman*. . . . . 1 vol.

Pour paraître prochainement :

Le Rasta . . . . 1 vol.
A nous les Princesses . . . . 1 vol.

En préparation :

Nos bons Bourgeois. . . . . 1 vol.
Les Vipères d'Église. . . . . 1 vol.
La Pourriture. . . . . 1 vol.
Le Termite . . . . 1 vol.
Le Tribun. . . . . 1 vol.
La Mangeuse de Cerveaux. . . . . 1 vol.
La Flétrissure. . . . . 1 vol.

Tous droits de traduction et de reproduction réservés
pour tous pays
y compris la Suède, la Norvège, la Hollande et le Danemark.

Comtesse DE TRAMAR

Que Veut la Femme?

Être Jolie
Être Aimée
et Dominer

PARIS

MALET & Cie, Éditeurs

95, RUE DE RENNES, 95

—

1911

Que veut la Femme ?

PREMIÈRE PARTIE

PRATIQUES SECRÈTES DE LA BEAUTÉ CAPTIVANTE

I

La volonté d'être jolie et séduisante

Dans de précédents ouvrages, nous avons initié la femme aux secrets de la beauté. Nous lui avons fait franchir le cercle hermétique renfermant les ressources vitales de l'enseignement esthétique.

Nous l'avons ensuite dirigée à travers la mode depuis les premiers siècles, lui faisant revivre les élégances de ses aïeules défuntes.

Finalement, nous l'avons conduite à l'Amour vrai, sincère, légitime, éternel. Nous lui avons dépeint les phases de son cœur, de sa sentimentalité, lui faisant connaître, non seulement sa propre nature, son « moi » psychique, mais encore, son adversaire « l'Homme », son maître, son tyran, son esclave, selon qu'elle sait le subir, l'asservir, le dominer le dompter. Nous l'avons armée pour le bon combat, lui donnant les armes invulnérables pour batailler avec succès. Nous l'avons mise sur le chemin de la victoire en lui révélant les trésors insoupçonnés qu'elle recèle en elle ; mais, aujourd'hui, nous voulons plus encore. Nous allons lui apprendre à manier les forces voilées, lui faire franchir un degré de plus dans la science de beauté et d'amour.

C'est à sa VOLONTÉ que nous nous adresserons; la VOLONTÉ, ce mot renferme tout un monde ! ou plutôt le chiffre fatidique ouvrant la porte du saint des saints.

Sait-on quelle puissance formidable se trouve contenue dans tout être humain ? Puissance à laquelle rien ne résiste. Secret de ceux, de celles, que le vulgaire baptise niaisement magiciens, magiciennes, alors que, simples mortels, ils ne doivent leurs succès qu'à une volonté persistante, méthodique, inflexible.

Mais, à côté de la volonté, en sous-ordre, et pourtant promoteurs, se trouvent certains éléments indispensables pour rendre efficace la volonté.

La force morale, la santé, la beauté sont les qualités maîtresses nécessitées pour la lutte.

Nous allons donc soulever encore une fois le voile, du temple de la beauté.

Nous franchirons ce seuil redoutable, non pour demander à la déesse une beauté quelconque, banale, suffisante pour obtenir le tribut d'hommages dont toute femme est ravie, mais « La Beauté », c'est-à-dire l'apothéose de la nature humaine, la séduction, le charme, auxquels rien ne résiste. La Beauté comme la détinrent les héroïnes passées. Cléopâtre, Laïs, Phrynée, Aspasie, Messaline, Diane de Poitiers, Ninon de Lenclos et tant d'autres, dont le souvenir est inscrit au livre d'or de l'immortalité et revit en légendes à travers les siècles.

Tout revit ici bas. Donc nous revivons en nos devancières. Les secrets mystérieux qu'elles employèrent ne se sont pas perdus.

Certes chacune d'elles détenait peut-être un philtre composé à son usage personnel. Jalousement — ceci est très féminin — elle a voulu mourir en beauté sans confier son secret, entourant volontairement sa mémoire d'un halo resplendissant et magique. Cependant rien ne se perd, rien ne se détruit dans l'évolution des mondes. Les civilisations lointaines ont été nos inspiratrices, nos éducatrices, c'est donc qu'elles ont laissé des « Témoignages ». Ce sont ces témoignages qu'il faut savoir découvrir et après les avoir découverts, il faut les moderniser, les adapter à nos besoins et nous en servir intelligemment.

La femme qui veut dominer doit apprendre le rude métier de dominatrice. Ainsi que jadis, l'on n'armait chevaliers que ceux qui avaient fait leurs preuves de noblesse, de bravoure et de leur science des armes ; la femme doit conquérir ses grades ; s'instruire, mettre en pratique le résultat de cette éducation scientifique et psychique.

Nous n'avons pourtant pas l'intention d'accréditer les erreurs, de la pousser à sa perte, à sa honte en lui enseignant la science mauvaise, les pratiques dénuées de sens commun, de sens moral qui la feraient déchoir, l'aviliraient au lieu de l'exalter en beauté.

La beauté est le reflet de l'âme et pour être complète, prenante, il faut que l'âme, s'extériorisant rayonne dans toute sa splendeur sur le visage ; que la grâce, le charme, le Pouvoir, irradient, mettant en gloire l'être, l'enveloppe humaine, dans une prestigieuse révélation fascinatrice, indomptable. Il faut donc que l'âme soit belle et demeure en beauté.

Laissons aux natures inférieures, aux âmes basses et viles rechercher leur séduction dans la boue. Elles ne peuvent séduire que des âmes de boue. Ce ne sont pas ces procédés malsains que nous avons l'intention d'indiquer à nos lectrices et aussi à nos lecteurs. Nous les savons trop délicats, ayant trop d'estime pour nos publications pour supposer un instant qu'ils puissent entrevoir dans ce livre, des exposés saugrenus et de mauvais goût si ce n'est à titre de documentation réprouvée, conspuant hautement la sottise humaine et son exploitation.

Pour être invulnérable, la FORCE doit être pure, sans tare et ce n'est pas aux mondes inférieurs qu'il faut la demander. La Force réside dans les sphères élevées, elle est un don émanant de la *Toute Puissance* de l'Esprit de Lumière rayonnant sur le monde ; et non de l'Esprit des Ténèbres, abject, dompté, impuissant.

Il faut se connaître soi-même.

Toutes les femmes ne naissent pas avec la beauté. Etre jolie est déjà une exception. Une véritable jolie femme se rencontre rarement ; et cependant, après avoir détaillé tous les éléments révélateurs, après avoir constaté que les qualités requises pour former ce que l'on appelle strictement une jolie femme n'existent pas, l'on trouve un charme inexprimable, une séduction latente en l'être dénué de tous principes esthétiques consacrés.

La femme qui opère ce mirage est donc plus que jolie. Elle est séduisante. Elle a su avec des éléments insuffisants produire l'illusion. Elle a étudié son physique, en a constaté les imperfections. Froidement, tenacement, sans se décourager et surtout, sans escompter le pouvoir aléatoire de ces attraits, sans attraits, elle a voulu être jolie ! Elle s'est refait un « Facies ». Prenant dans ses défauts l'originalité qui s'y trouvait, elle a évolué dans ce sens artistique pour se créer de fond en comble une joliesse factice, mais étrange, peut-être encore plus attirante que la véritable joliesse. Elle s'est refondue dans un nouveau moule, a corrigé la nature, emprunté les secours les plus divers. Elle est arrivée à ses fins, être jolie ! du moins paraître telle et détenir une séduction mettant en relief sa pseudo-beauté. A-t-elle pour cela faire, opéré sur le terrain plastique seulement ? Après avoir corrigé les lignes, le teint ; après avoir découvert l'arrangement des cheveux favorable au visage, étudié le jeu des muscles, du sourire des yeux ; s'est-elle contentée de cet effort ? Non ! Elle a cherché le principe de la séduction. Egalité d'humeur, affabilité, geste élégant, bonté accueillante, esprit de charité, grand savoir-vivre, politesse impeccable. Elle a tout mis en œuvre pour parfaire la séduction ; rejetant impitoyablement les accès de mauvaise humeur, la rosserie, l'envie, la médisance. Elle a l'air d'être toujours parfaitement heureuse, ne boude pas, ne contredit pas, ne fait pas de scènes. Et lors même qu'elle a disparu, elle laisse flotter dans l'air les effluves magiques de sa séduction.

Il est évident que le travail pour arriver à ce résultat a été très rude ; qu'il a fallu à cette femme une somme formidable de « VOLONTÉ » d'une volonté incessante, sans défaillance ni lassitude. L'habitude s'est si bien ancrée en elle, récompensant sa peine, qu'elle ne pourrait plus être autre désormais, entrevoyant son ex-personnalité comme un bloc informe avant que le statuaire sous ses doigts habiles ne fasse sortir de la glaise ou du marbre un chef-d'œuvre merveilleux.

Comme lui, patiemment, elle a modelé, sculpté, ciselé et son corps et son âme. Patiemment, elle a déblayé les scories de la gangue et d'un caillou obscur elle a fait une pierre fine et précieuse, un joyau de prix.

Les éléments attractifs.

> Toute malice est peu de chose auprès de la malice de la femme.
> Saint BONAVENTURE.

Lorsque le but est louable, il n'est pas interdit d'employer certains artifices. Nous dirons même que c'est un devoir et un droit qui appartiennent à toute femme intelligente.

Quel est le but de notre vie ? En dehors des visées quelque peu extravagantes des féministes, qui rêvent de se masculiniser, de vivre la même existence que l'homme ; existence terrible, décevante où sombre la beauté fragile de notre sexe, notre bonheur, notre pouvoir de domination supérieure. Notre but est de dominer, d'être aimées.

Certaines femmes récriminent constamment contre le sort. On les entend répéter sans fin : « Je n'ai pas de chance ». Elles jettent des regards d'envie sur celles, qui, plus favorisées, ou plus expertes, ont conquis le bonheur, la fortune et sont adorées. Elles comparent avec amertume, la dissemblance de leur existence, sans se rendre compte qu'elles sont les protomotrices de leur infortune.

Elles n'ont pas su s'armer contre la destinée; se sont laissées vivre sans chercher à sortir du cercle fatal, estimant que leur être possédait naturellement tous les principes séducteurs dévolus uniformément à toute créature à sa venue dans le monde.

Elles ont flotté à la dérive; se disant que sur le fleuve houleux de l'existence, elles atterriraient bien quelque part; elles ont espéré la chance, et la chance n'est pas arrivée parce qu'il fallait ne point demeurer dans l'inactivité, mais au contraire courir à elle, la dompter, la forcer à déverser ses faveurs, ses dons.

Elles ont répudié ces artifices subtils comme attentatoires à leur dignité. Confiantes dans leurs charmes, elles ont laissé s'évanouir l'heure. Vierges folles, elles n'ont pas allumé la lampe ! Et l'époux a passé devant elles sans les deviner dans l'opaque obscurité où, volontairement, elles sont demeurées.

Pourtant parmi ces femmes, il se trouvait des créatures d'exceptionnelle beauté, faites pour tenter l'Amour, le faire éclore, le retenir. Et l'Amour n'a pas été séduit; la Fortune a glissé légèrement sans les remarquer. Elles n'ont pas eu l'intelligence ouverte pour combiner ces artifices merveilleux, armes terribles et toutes puissantes contre le mauvais sort.

Elles ont été distancées par celles, qui, moins favorisées par la nature disposant d'éléments défectueux, se sont appliquées sans trêve à les utiliser, à les entourer d'un charme factice. Elles ont su faire naître l'attachement, poser leur griffe sur la proie convoitée, la maintenir de toutes leurs forces sous une étreinte cruelle, voluptueuse, expérimentée.

Toutes portaient en elles le germe de la chance, du bonheur, de l'Amour. Ce trésor trinitaire. Les premières l'ignoraient, elles n'ont su le découvrir en profiter et, navrées, jalouses, envieuses, elles se sont élevées en plaintes violentes contre le sort, le *FATUM !* qui entravait leur route et distribuait ses largesses aux autres, qui n'avaient pas leurs avantages physiques. Elles ne comprenaient pas leur succès. De ce fait, elles se sont déclarées « incomprises ».

> Le sort des femmes n'est, quoiqu'on en dise, ni triste, ni malheureux ; il est ce qu'elles veulent qu'il soit, ce qu'elles le font.
> NAPOLÉON LANDAIS.

Elles n'ont donc pas su faire leur bonheur, diriger le sort ; le sort les a dirigées : c'est sa revanche.

Les émotions et le facies.

> La plupart des femmes ne sont agréables que par les agréments qu'elles se donnent : tout ce qu'elles mettent pour se parer cache des défauts.
> Saint ÉVREMOND.

La femme est une sphynge. Elle appose sur son visage un masque épais propre à dissimuler ses sensations intimes et qui ne permet de lire que ce qu'elle veut laisser traduire. Elle étudie donc ses jeux de physionomie. Elle a réglé à l'avance les moindres mouvements. La mobilité du masque est un mécanisme admirable qui fonctionne automatiquement. Celles-là sont très fortes, qui savent maîtriser la nature, faire avorter l'extériorisation du « moi » intime et donner l'indication contraire, selon l'urgence.

Pas un seul muscle n'a tressailli, aucun ressaut ne s'est produit. La colère, la jalousie, la contrariété, la mauvaise humeur, la rage même! tous ces sentiments ont été implacablement refrénés pour laisser au divin visage son impénétrabilité; pour l'animer, contrairement, du plus enchanteur des sourires. L'éclair de violence, s'est fondu dans les yeux sous une lueur adorable diffusant le désir, la volupté, la joie, l'innocence. La bouche prête à mordre, à jeter l'injure, a offert ses lèvres au plus délirant baiser et les mots d'une tendresse infinie ont mis leur musique adorable dans les harmonies de l'air.

L'âme nage dans des flots d'encre et le visage fleurit au milieu des lis, des roses, rayonnant de candeur, de tendresse et d'amour.

C'est le ciel azuré, limpide et clair au dehors, alors que la tempête fait rage au dedans, comprimée par la toute puissante « VOLONTÉ » qui endigue ses transports.

L'art d'ensorceler.

> La femme est un diable très perfectionné.
>
> Saint CYPRIEN.

Si les femmes n'étaient quelque peu démons, les hommes seraient les premiers à s'en plaindre et à le regretter. Vraiment! nous devons constater qu'ils mettent beaucoup de bonne volonté à pactiser avec le diable. Il faut qu'une femme soit bien maladroite pour ne pas savoir jouer son rôle de diablotin et par cela même, laisser échapper sa victime.

L'envoûtement se pratique sans figurine, ni baguette magique, ou plutôt, c'est le sujet qui joue le rôle de figurine. Piqué au cœur, au cerveau, il devient la chose inerte que l'on modèle selon la forme désirée. Veut-il aller à droite, on le fait aller à gauche. Il est hypnotisé, obéissant et... heureux. Il y a des femmes qui manient magistralement ce rôle d'ensorceleuse. Rien ne leur résiste. Elles font éclore l'amour, déversent le poison violent de la passion, se rendent précieuses et font commettre tous les crimes, toutes les lâchetés à leur sujet. Nous verrons plus loin à quelles sources mystérieuses elles puisent leur pouvoir. Cependant, il y en a d'autres qui n'ont recours à aucun sortilège et qui détiennent en elles-mêmes la force, la volonté d'asservir l'être, de l'auto-suggestionner, de le lier si étroitement, qu'il ne peut s'évader du cercle tracé, autour duquel ont été faites les incantations magiques.

L'ensorceleuse n'est pas toujours jolie, ni belle ; elle est pire ! Elle a compris le rôle qu'il lui fallait jouer. Douce, charmeuse, languissante, voluptueuse ou acharnée, cruelle, autoritaire, despote, menaçante. Selon la nature du sujet, elle a procédé ; le domptant de toute sa volonté, l'enserrant, le paralysant, sans qu'il puisse se reprendre, alors même qu'il entrevoit l'abîme au fond duquel il roule vertigineusement.

Fanny, la Sapho d'Alphonse Daudet, est l'un des types les plus saisissants de l'ensorceleuse. Elle joue de tous les moyens pour retenir captif celui qui veut s'évader alors qu'il a, en un instant de lucidité, compris sa déchéance morale. Mais ce n'est qu'un éclair et plus asservi encore, il retombe pantelant sous les griffes de l'ensorceleuse.

L'homme malgré ses prétentions à la Force, est d'une faiblesse lamentable; faiblesse qui va parfois jusqu'à la lâcheté. Il est donc assez facile de le dominer, de le tenir sous l'étreinte vigoureuse, inextricable qui le maîtrise. La femme qui se connaît bien, qui a conscience de sa puissance doit le réduire à l'esclavage très facilement si elle veut apporter à cet acte, toutes les ressources d'une volonté supérieure et inflexible.

Les subtilités féminines.

> Oh! les femmes! les femmes! Je ne m'étonne pas que le genre humain ait été perdu par les femmes.
> HULSEIN.

Prenez une femme dès l'embryon, mettez-la dans un mortier d'apothicaire, triturez, malaxez et puis divisez en fractions d'un milligramme ; *fiat secundum artem*, autant de pilules, vous serez sûr d'avoir dans chacune d'elles autant de trucs et de subtilités féminines.

C'est un besoin irrésistible chez la femme d'user de subterfuges. Elle ne peut se résoudre à se priver de ces adjuvants composés de mensonge, de rouerie, de moyens mystérieux pour arriver à son but. Elle pense une chose et dit tout le contraire. Veut-elle séduire ? elle se montre indifférente. Si elle se livre à une poursuite acharnée, elle s'arrange de façon à se faire poursuivre. A-t-elle l'intuition d'être aimée follement, elle laisse percer le doute. C'est une lutte continuelle entre ces deux pôles aimantés « l'homme » « la femme ». Il n'y a aucune boussole assez précise pour indiquer la bonne voie.

L'aiguille danse une sarabande endiablée, désorientée par un truc, une subtilité surgissant soudain, égarant, perdant l'imprudent qui a cru savoir se diriger dans ce dédale mystérieux qu'est le cerveau féminin.

« Le plus sage devient, avec les femmes, le plus fou des hommes », dit le P. Joly.

Et c'est parfaitement exact. La grande joie de la femme son triomphe ultime est d'affoler, d'exacerber l'être, pour le conquérir, le dominer, et lui faire accomplir tous les actes les plus insensés, les plus dénués de logique. C'est ainsi que s'affirme sa supériorité sur lui. C'est une guerre d'embûches, de traquenards, ou tous les trucs, toutes les subtilités géniales éclatent subitement, imprévues, inédites, mais frappant comme des balles. Déjouer toutes ces conceptions issues d'un cerveau fertile n'est pas aisé. L'engrenage est mortel. L'être tout entier y passe sans rémission, déchiqueté, mis en pièce, avec une conviction absolue que tout cet attirail doit lui donner une joie profonde. Et la victime ne se révolte pas.

> Je ne suis pas de ceux qui crient ce n'est rien,
> C'est une femme qui se noie.
> Je dis que c'est beaucoup ; et ce sexe vaut bien
> Que nous le regrettions, puisqu'il fait notre joie.
>   LA FONTAINE.

La loi d'amour.

Avec quelle force merveilleuse certaines femmes savent imposer cette loi ; aveuglant les plus malins, les plus soupçonneux. La méfiance masculine se trouve prise au dépourvu et le bandeau opaque est appliqué, noué, solidement en un tour de main.

La femme est très adroite pour ces expéditions rapides. La révolte de l'être ne l'arrête pas. Elle veut vaincre, elle prend ses bonnes armes de combat et triomphe.

Lorsque la loi d'amour a fait son œuvre, elle peut se départir de toute vigilance. La lumière est interceptée. L'aveugle se complaira dans les ténèbres où s'élabore son rêve. C'est un fumeur d'opium, de haschisch. Il somnole dans l'engourdissement de la drogue mortelle. Il a bu le poison et ne peut plus retourner en arrière, retrouver les saines notions de la vie normale.

On dit que les Circassiennes désirent elles-mêmes être vendues, sûres de régner où qu'elles aillent et de mettre leurs maîtres à leurs pieds. Il en est à peu près ainsi de la Polonaise, de la Hongroise, de la Française, énergies supérieures de l'Europe. Elles ont souvent l'esprit viril, souvent épousent leurs maris, bien plus qu'elles n'en sont épousées.

Michelet.

C'est le bandeau, l'éternel bandeau que la main de femme autoritaire, noue invinciblement avec cette « *Volonté* » contre laquelle nulle révolte ne se produit, parce qu'elle serait puérile et que le Sort lui-même est charmé ; c'est-à-dire désarmé.

Celles-là sont très fortes qui savent diriger la destinée au gré de leurs désirs. Elles ont acquis cette science du « Pouvoir » par une constante étude de leur individu. Elles se sont entraînées à faire fonctionner méthodiquement les ressorts de leur volonté. Elles ont accumulé peu à peu les énergies conductrices et, le résultat probable espéré, est devenu par la « Volonté » une réalité probante.

La science féminine.

« La méchanceté du singe, la ruse du renard et le courage du lion, sont autant de ressorts que la femme fait mouvoir à propos, pour s'emparer de l'esprit de l'homme », dit Imbert.

Ce n'est pas très flatteur pour notre sexe. Le philosophe se montre peu galant. L'on doit dire cependant « sévère, mais juste ». Il y a des hommes qui brûlent ce qu'ils ont adoré lorsque le courant dynamique les a trop fortement atteints. Il est à croire que l'auteur de cette appréciation — flatteuse d'ailleurs — n'eût pas un bon souvenir des femmes qui traversèrent sa vie ou qui l'encombrèrent.

La science féminine se traduit en un mot, tactiques ! mais ce mot renferme toute une vision stratégique, diplomatique, procédurière. N'est-ce point en effet par des manœuvres savantes que l'ennemi cherche à surprendre la place ? Ne lui faut-il pas déterminer la position ? Reconnaître les forces ? Savoir quel est le point faible ? Puis, la diplomatie aidant, permet de triompher par la ruse, adroitement. Et enfin l'on fait un procès de tendance. Il s'agit de dérouter par des arguments sérieux ou illogiques. Cela est assez accoutumé chez la femme et prend presque toujours. Il y a des remises à huitaine, à quinzaine ; des référés, des jugements par défaut, des appels et tous les « attendus », toutes les conclusions les plus étranges, les plus inattendues, pour arriver à l'entente cordiale, à la signature du traité de paix. Ce qui n'empêchera pas la petite guerre de reprendre pour stimuler, tenir en haleine l'adversaire conquis et conquérant ; en dépit des stratagèmes, des tactiques et des périodes oratoires, succédant à toutes les ressources de la diplomatie. Mais ce jeu plaît infiniment à la femme. Un bonheur trop facilement acquis, une affection tranquille, ouatée de tendresse, de sécurité, de loyauté, lui semblent lénitifs. Il lui faut les émotions violentes, douloureuses; les ruses, les menées souterraines. Le bonheur ainsi compris lui semble plus appréciable, plus tentatoire. Elle met à l'atteindre une volonté âpre, farouche ! Et puis, souvent après, lasse, rassasiée, ne pouvant vivre dans cette atmosphère lumineuse, elle recommence à exercer ses tactiques guerrières, visant un autre but, après avoir mis tout en œuvre pour aboutir jadis, à ce qui ne donne plus à son désir le summum de joies qu'elle espérait.

II

L'éternelle beauté

Paraître jeune ! le mensonge. Rester jeune ! réalité toujours renouvelée.

Paraître jeune est un art merveilleux que possèdent certaines femmes très soucieuses de l'esthétique, ayant toujours présente à leur pensée, la vision terrible de la solitude qui guette la femme déchue de ses attraits.

L'humanité passe sa vie à espérer ce qu'elle désire, à regretter ce qu'elle n'a plus, et ne sait pas apprécier ce qu'elle possède.

Dédaigneuse de l'Amour; orgueilleuse de sa chair en magnificence; la femme glisse à travers la vie, rebutant l'offrande qui lui est faite. Elle ne veut pas descendre des hauteurs inaccessibles où sa fierté la retient. Et lorsque l'heure est évanouie; lorsque la nuit l'enveloppe; elle gémit et se sent reprise à l'Amour. Elle ne sait alors quelles pratiques — même inavouables — emprunter pour conserver les charmes qui se désagrègent.

C'est à l'instant douloureux du déclin, que l'Amour apparaît vraiment sous son véritable aspect, maître du monde : et lui ! passe sans pitié. Il faut donc retenir la jeunesse qui fuit; paraître du moins, si ce n'est être encore, comblée de ses dons. Dans cette anxiété terrible qui étreint la femme, certaines ressources factices la libèrent momentanément d'une destruction complète. Elle retrouve un regain de vitalité, une apparence de beauté, de jeunesse, mais qui sont éphémères et ne tarderont pas à disparaître.

Rester jeune est encore plus difficile que le paraître.

C'est le secret des prévoyantes qui, méthodiquement, sans interruption ont su défendre pied à pied leur beauté. C'est aussi un don magnifique qu'elles ont reçu. Le Temps a paru les oublier : il les a laissées s'épanouir sans les toucher de son aile mortelle.

D'autres sont accusées d'avoir signé avec le diable, un pacte infernal qui leur assure à perpétuité la jeunesse et la beauté. Il y a lieu de sourire de cette divagation. La sorcellerie, qui semble renaître de ses cendres, cherche à se faire prendre au sérieux à une époque où le scepticisme, l'incrédulité et l'abolition des croyances saintes sont à l'ordre du jour.

Si l'on supprime Dieu, si l'on nie Son existence, pourquoi admettre la puissance diabolique. Cela est au moins puéril que d'attribuer au diable une force supérieure à la Puissance Divine. Les démoniaques qui se livrent à des pratiques aussi stupides que sacrilèges, ne peuvent bénéficier d'une aide chimérique et retrouver les charmes disparus avec le concours, plus que problématique, du sieur Lucifer.

Mais, la thérapeutique aidant, les découvertes scientifiques modernes et quelques vestiges des secrets ancestraux, peuvent avoir une action chimique sur l'organisme, lui redonner une vigueur, une souplesse évanouies et faire renaître le Phœnix de ses cendres.

Il faut toujours faire appel au bon sens et à la logique en ce monde et ne pas tomber dans l'erreur, dans la superstition grossière, qui conduisent, inévitablement, au sacrilège, d'abord, au désespoir ensuite, et finalement à la Folie.

Le mystère féminin.

La femme par prédestination est née mystérieuse. Le mystère l'attire, a pour elle des charmes insoupçonnés. Elle vit du mystère plus qu'elle ne vit de ses joies. Lui retirer ce hochet, serait la condamner à la mort la plus affreuse.

Il n'est donc pas étonnant qu'elle entoure de mystère les procédés rénovateurs de sa beauté et que, dans son esprit léger, inconscient, elle demande aux pratiques mystérieuses le miracle de sa restauration : la résurrection de son être.

Cela se produit du haut en bas de l'échelle sociale et de bas en haut. Depuis la femme du peuple jusqu'à l'altière patricienne, toutes s'élancent avidement vers cette fontaine de Jouvence, qui doit donner à leur âme altérée d'amour, la jeunesse et la beauté, alors même que le « De profundis » est tombé inexorable, mettant irrémédiablement dans la tombe les attraits défunts et les joies qui les accompagnaient.

Mais la femme est, et sera toujours l'éternelle révoltée qui n'entend point s'assagir et se résigner devant l'inéluctable.

Elle ne veut pas désarmer, reconnaître son erreur, le ridicule dont elle se couvre.

Dans le mystère de son être désabusé, meurtri, désespéré, elle espère encore ! toujours ! Quoi ?

l'impossible, la rencontre suprême qui pourtant déchaînera l'agonie, produira la mort certaine. Elle dira : « je suis vieille maintenant » et dans le mystère de son cerveau embrumé elle pensera : « Qui sait ! Je peux plaire encore. Vite alors ! à l'œuvre, refaisons-nous une jeunesse et trompons en masquant les ruines; l'Amour est aveugle, il n'y verra rien ».

Voilà ce qu'en beaucoup de pauvres folles, chante, en les berçant, le désir inutile qui les étreint et voilà pourquoi, l'on voit de si tristes choses déshonorer l'humanité qui, elle, ne fait point mystère de ses turpitudes.

La lutte contre le temps.

Effacer les rides n'est pas impossible, ni même très difficile.

La peau est élastique et se reprend à vivre sans trop d'efforts. Il suffit parfois d'un simple effleurement, d'un massage scientifiquement opéré, de la galvaniser par l'action dynamodermique. Les crèmes, les onguents, les masques, les lotions peuvent également agir, lui rendre sa vitalité. Il faut cependant que la santé entretenue par une hygiène raisonnée, ne vienne pas entraver le résultat. L'on voit des femmes recourir à des moyens nauséabonds pour essayer de reconquérir la gloire de leur beauté. Leur délicatesse ne s'émeut pas de ces pratiques peu raffinées autant qu'inefficaces.

Les produits les plus simples sont les meilleurs ; il faut de la patience, de la ténacité, savoir attendre que graduellement les stigmates disparaissent. Demander un miracle immédiat est inintelligent et même souvent dangereux. Certains acides, certaines préparations remplies de précipité blanc d'hydrargire (*mercure*) donnent une fraîcheur rapide mais factice, introduisant dans le sang le poison terrible qui bientôt, fera disparaître les derniers vestiges de la jeunesse, de la beauté.

Si l'art d'effacer les rides est d'une pratique aisée, il n'en est pas de même en ce qui concerne la revitalisation des muscles. La peau peut s'assouplir, les plis disparaître ; elle restera cependant molle et flasque si les muscles faciaux qui sont ses soutiens naturels, faisant fonction de tendeurs n'ont pas l'énergie et le ressort nécessaires pour la fixer.

Les rides proviennent de l'épiderme qui se dessèche ou de l'affaiblissement des muscles du visage. Il serait donc logique de commencer par revitaliser ces derniers, qui, par actions réflexes, rendraient à la peau sa juvénilité.

L'âge se marque impitoyablement par certains stigmates désastreux. La patte d'oie, le gonflement sous les yeux, les bajoues la déchéance du menton et du cou.

Il est fort difficile de remonter le cou. Les muscles ne soutiennent pas les chairs. Seules, les glandes sous le menton protégées par le peaussier dit plancher sont appelées à maintenir l'équilibre. Toucher au double menton est une opération délicate. Mal faite elle a des résultats déplorables.

L'on peut sans peine s'expliquer le manque de vitalité du visage et par suite, sa décrépitude.

Le cœur, avec l'âge, quoi qu'il soit convenu que le cœur n'a pas d'âge — au figuré seulement hélas ! — le cœur ne bat plus avec autant de force, transmettant automatiquement le sang dans les organes. Or, l'on peut voir des femmes âgées avoir une très jolie main, un pied fin et cambré. Le sang suit la pente en descente vers les extrémités qu'il nourrit et vivifie. Il en est autrement en ce qui concerne le sommet ; l'afflux ne se produit qu'imparfaitement ne conduisant plus assez d'énergies pour conserver la fraîcheur et la tonicité des chairs. Privé de sa nourriture, tout le système facial s'anémie : la peau agonise, les muscles extenseurs s'affaissent, les cheveux blanchissent.

Il faudrait avoir recours à une pratique de répartition. S'étendre sur un plan incliné en arrière — pour ne pas arriver à la pendaison par les pieds comme cela s'est pratiqué — cette méthode pourtant offre un danger. La congestion menace toujours l'individu à la date fatidique où le tournant de la route fait éclore la vieillesse. Peu de femmes pourraient sans craindre un accident, provoquer l'afflux sanguin régénérateur de leur beauté.

Il faut donc se contenter du massage facial, massage à la main ou vibratoire, effluves dynamodermiques distribuées par courants à l'aide de tampons ou mieux de rouleaux masseurs ; puis nourrir la peau avec des produits sains, exempts d'alcool et de matières stimulantes, mais irritantes.

Le plus sûr est de prévenir le mal. Dès que l'on constate une tare, l'on devrait défendre heure par heure le terrain, et surtout éviter les fatigues, les chagrins, les émotions agréables ou désagréables : faire des cures de silence, de repos. Agir ainsi que nos aïeules du XVIIIe siècle, passer au lit plusieurs fois par mois des journées dans l'obscurité et la quiétude, se nourrir de viandes blanches, de choses légères, prendre des dépuratifs et des fortifiants, aider la nature, puis la laisser agir en paix sans la violenter.

Pour se faire remarquer.

Changer à sa volonté l'expression d'une physionomie ingrate, lui donner du piquant, une certaine animation ou une langoureuse expression, voilà le comble de l'art.

Une femme réputée « laide » peut devenir très attrayante, si elle prend la peine d'étudier sa physionomie ; si avec une parfaite loyauté, elle sait constater les tares et ne point les tenir pour des qualités, des beautés.

Le nez a une forme affreuse, la bouche est disgracieuse, mal meublée ; les lèvres trop épaisses ou trop minces, manquant de carmin ; les joues sont trop bouffies ou creuses ; l'ovale est irrégulier ; les yeux sans expression ; les sourcils mal dessinés ; les cheveux mal plantés, d'une vilaine nuance et le teint brouillé, sans fraîcheur, est un désastre !

Il est tout indiqué de corriger la nature. L'on ne doit pas offrir à la vision humaine de vilaines choses à contempler ou plutôt à redouter. Or rien n'est aussi déplaisant à voir que la laideur. C'est aussi désagréable qu'une mauvaise action.

Le teint s'unifie, se charge de couleurs délicates avec des crèmes et de la bonne poudre de riz légèrement appliquées pour être invisibles. Les sourcils s'arquent, avec le crayon ; les yeux s'estompent de même et trouvent de ce fait leur expression. Les dents malades mal venues se soignent, se remplacent ; la bouche incolore se met en fleur avec de la pommade pour les lèvres, et une coiffure originale donne du montant à toute la physionomie, après avoir été transformée pour la nuance, par une teinture. Nous avons souvent été sollicitée par de nombreuses disgraciées de la nature. Elles imploraient de nous le conseil qui devait remédier à leur infortune. Mais jamais, nous n'avons voulu les diriger à l'aventure, sans avoir expérimenté nous-même, les secours que nous devions leur indiquer ; il y a la un cas de conscience.

Une jeune femme, après une volumineuse correspondance échangée avec nous, vint à Paris et nous pria de la recevoir. Nous savions qu'elle était laide. Elle s'en rendait compte et s'en désolait. Pourtant, quoique prévenue, lorsqu'elle vint à nous, l'impression fut désastreuse. Rien en elle ne pouvait charmer et sa santé même, rendait illusoires tous les procédés restaurateurs que l'on eût pu lui procurer.

Il fallait d'abord rétablir l'équilibre et revitaliser cette musculature déprimée. Nous la conduisîmes à la Médecine Nouvelle, qui, tant de fois, nous avait fait retrouver la santé et la force.

Quelques bains statiques lui furent donnés et, sous les effluves régénérateurs, elle se reprit à vivre. Sa carnation redevint fraîche, cette figure de petite vieille ratatinée (elle avait 25 ans), ridée, parcheminée, refleurit comme une fleur desséchée par le soleil brûlant, se ranime au contact de la rosée.

Le savant docteur avait revitalisé l'être, rétabli la répartition sanguine. Ce n'était pas son premier miracle. Il avait opéré sur des femmes marquées par l'âge et toujours le résultat avait été concluant.

Ainsi remise en forme, il fallait s'occuper de la bouche, mal meublée, irrégulièrement ; enlever les dents malades qui créaient un foyer infectieux et une haleine épouvantable. Mais si les choses avaient assez bien marché pour le Vitalisme, la peur du dentiste était si intense qu'il fallut user de subterfuges pour la faire échouer pantelante dans le fauteuil de Mme Bernard. En la conduisant, à son insu, dans ce cabinet dentaire nous savions que lorsqu'elle serait entre les mains de cette femme si habile et si charmante, elle serait forcée de lui laisser faire ce que l'état de sa bouche exigeait. C'est ce qui arriva. « C'est un plaisir de se faire arracher les dents, nous dit-elle. Je n'ai rien senti ». La prothèse dentaire combla les vides. Toute la mâchoire fut visitée, pansée, régularisée. L'assimilation de la nourriture put se faire et rendit complète la cure du vitalisme. Mais le sourire fut enchanteur découvrant dans une bouche un peu trop grande, des dents éclatantes de blancheur qui faisaient passer sur l'inesthétique écrin.

Il restait la chevelure ; déplorable spécimen de toute la gamme polychrome avec l'ornement célèbre chez les Scylla ; une mèche blanche, ou plutôt des mèches folles disséminées de-ci, de-là, parmi les teintes neutres ou violentes d'une chevelure multicolore.

La décision à prendre était urgente et nous partîmes à la conquête de la Toison d'or. Notre petite provinciale fut reprise de ses frayeurs. La montée des deux étages ne se fit pas sans hésitation et le carillon du timbre la fit presque défaillir. Enfin, lorsqu'elle fut en présence du savant chimiste, Paul Marquis, elle lui fit une longue série d'objections, de questions dont il s'amusa fort. « Vos cheveux, lui dit-il, l'on peut en faire une merveille ; ils sont longs, épais, de belle qualité, mais gâtés par cette fichue nuance qui n'en est pas une ».

Enfin, elle consentit à laisser s'opérer sa transformation et trois heures après elle avait une admirable chevelure soyeuse, lustrée, sans fils d'argent et d'un auburn à faire rêver toutes les filles d'Albion. L'Eau Végétale avait, mèche par mèche, décoloré, recoloré, égalisé et lustré cette forêt hirsute, qui enlaidissait la pauvre femme plus que sa vilaine plantation, qu'un coiffeur artiste sut dissimuler.

Cependant, nous étions encore loin de la beauté. Le visage irrégulier, le teint défectueux, les rides invétérées, les cernes des yeux, la peau pelure d'orange comme une écumoire, tout cela était gros de complications. Un nom soudain nous revint à la mémoire, « Mme Chauvin ». Oui, elle seule, pouvait remédier à ce désordre, faire cesser cette cacophonie. Fille d'un médecin célèbre, elle avait des secrets merveilleux, des produits très actifs et une science incomparable de la plastique. Nous fûmes accueillies admirablement par cette charmante jeune femme qui eut un sourire en voyant cette détresse physique.

— Tout cela n'est rien, dit-elle. En quelques séances, vous deviendrez jolie. Cette fois, ma provinciale, consolée, ne résista pas et quelques jours après, le miracle était accompli.

Elle devint, sinon belle, les lignes ne s'y prêtaient pas, mais étrangement jolie ; d'une joliesse originale pleine de charme, capiteuse. Inutile de dire qu'elle était folle de joie et que son mari lui revint ; car c'était là où gisait la blessure. La pauvre créature subissait depuis son mariage un supplice innommable, abandonnée, délaissée pour une fille.

Sa dot avait été la beauté fascinatrice et son pauvre cœur meurtri connaissait toutes les humiliations ; toutes les douleurs.

En rentrant chez elle métamorphosée, elle fit ce que nous lui avions conseillé. Elle reprit sa vie végétative, ne cherchant nullement à ramener le volage époux. Mais, heureuse de se montrer rajeunie, revivifiée, elle sortit, alla dans le monde, toujours aimable gracieuse avec tous, indifférente chez elle selon le *Modus vivendi* établi. Le mari commença à s'émouvoir ; il se fit empressé, galant. Toujours même calme, même froideur. A la fin, il n'y tint plus, congédia sa conquête et devint éperdument amoureux de sa femme.

« Je suis heureuse ! heureuse ! à en mourir, nous écrivait-elle. Comme vous aviez raison. J'ai perdu quatre années de bonheur avec ma sottise et mon entêtement. Je vous dois toute ma joie ». Ce ne fut pas sans peine pourtant : il fallut presque la violenter pour la débarrasser de craintes ridicules. Beaucoup de femmes sont rebelles à cultiver leur plastique. Il leur semble qu'elles commettent une action disqualifiante, honteuse même. Elles sont dans l'erreur. Il est indiqué d'aider la nature et de la remettre au point lorsqu'elle s'égare.

Ne répare-t-on pas les objets, les meubles abîmés ; ne les recouvre-t-on pas lorsque l'étoffe est défraîchie ? Si nous ne laissons pas l'œil se poser sur une chose inesthétique appartenant au monde inerte, pourquoi ne pas apporter la même sollicitude en ce qui nous concerne ? Pourquoi perdre son bonheur ? Les femmes privées de compagnon, ne consacrant ni à l'affection, ni à l'amour, pourraient à la rigueur se dispenser de rechercher les éléments séducteurs. Elles aiment la paix, la tranquillité de leur vie solitaire où nulle figure masculine n'a ses entrées, sinon cérémonieuses ou amicales. Cependant, pour elles-mêmes, pour la vision qu'elles offrent à leurs relations, il serait plus charitable de se départir de ce système et de chercher à ne pas diffuser inexorablement la laideur.

La poésie des ruines s'arrête aux monuments lapidaires.

D'autres femmes sont belles! Trop belles! de cette beauté froide, classique, sculpturale, sans expression.

« C'est un beau marbre », dit-on, et l'on passe après avoir admiré l'œuvre parfaite.

L'exaltation de la beauté dans toute sa pureté n'a pas produit la commotion; l'on n'a pas senti courir le petit frisson mystérieux, significatif, qui fait jaillir l'étincelle.

Celles-là doivent chercher à développer l'expression. Il faut animer la statue; faire comprendre que sous le marbre bat un cœur, que le sang court en ses veines azurées et que la vie n'est pas absente du plus beau des témoignages de la nature humaine.

L'infaillibilité de certaines pratiques de beauté.

Au milieu des innombrables produits qui encombrent le marché de la beauté, il y a lieu d'être prudent et de faire un choix judicieux.

Promettre et tenir sont deux. Très tentantes sont les affirmations des inventeurs et par snobisme, trop facile la croyance des expérimentateurs. Une femme d'ailleurs ne passera jamais à une autre une bonne recette. Elle la garde jalousement. Nous avons quelque expérience en la matière. Le cœur féminin est en général un abîme de rosserie.

Il faut donc faire une sélection; s'adresser à des maisons de confiance, consciencieuses et sérieuses ou être privilégiée de recettes authentiques, expérimentées par des personnes dignes de foi.

Malheureusement beaucoup de femmes, lorsqu'il s'agit de leur beauté sont d'une imprudence déplorable. Elles pousseraient même le fanatisme jusqu'à employer des moyens criminels si quelque sorcier ou sorcière, à l'exemple de celui qui vient en Espagne de commettre cet horrible crime sur un jeune garçon, leur disait qu'elles retrouveront leur jeunesse et leur beauté en buvant du sang humain, ou en s'appliquant les débris sanglants de la victime.

Déjà nous avons vu à travers les siècles exploiter la crédulité féminine. La femme s'enduisant de pâtes, de cataplasmes, recouvrant son visage de tranches de veau, de bouillies innommables s'agglutinant sur les chairs en mal de restauration.

Nous avons sous les yeux des recettes de cosmétiques données dans des livres de sorcellerie où l'on engage des femmes délicates et élégantes à s'oindre le visage avec des onguents composés de petits lézards verts ou de chairs corrompues de corbeaux.

Étaient-ce là les secrets mystérieux des héroïnes de la beauté qui ont laissé un renom à travers les âges ? Certes, non ? Les lèvres d'Amour se fussent détournées avec horreur d'un tel contact et l'infaillibilité de leurs moyens d'action est un sûr garant, que les formules employées par elles, étaient saines et pratiques.

L'on est arrivé avec des documents à reconstituer la plupart de ces recettes de beauté. Mais encore faut-il savoir, si ce qui convient à l'une, n'est pas mauvais pour l'autre. La variété des épidermes nécessite un traitement propre à chaque espèce. Puis, il faut changer les applications. L'Habitude émousse la sensation, et le traitement, s'il n'est diversifié, n'a plus d'action.

La femme à notre époque est instruite, lettrée même. Elle ne devrait donc pas se laisser tromper et demander aux charlatans, des philtres qui n'ont rien de sérieux. Le souvenir des légendes d'antan hante sa cervelle. Les beautés ancestrales étaient dotées par un alchimiste, un magicien, un sorcier, d'une recette mirifique et le sortilège avait une vertu miraculeuse.

Il faut se rendre compte qu'à ces époques, peu lointaines cependant, les mires, les alchimistes, les mages étaient des médecins, des savants qui, précurseurs de nos modernes chimistes, chercheurs, passaient leur vie à étudier la nature dans ses diverses manifestations. Ils composaient des philtres de beauté, pour complaire aux belles dames de l'époque, dont la protection leur était nécessaire pour accomplir leurs expériences. Ils travaillaient au « grand œuvre », à la transmutation des métaux. De là à les taxer de magiciens, de sorciers, il n'y avait qu'un pas. A notre époque les Pasteur, les Curie, les Bordaz et tant d'autres avec l'instruction populaire débarrassée de la superstition, s'affirment comme de très grands savants. Ils basent leurs recherches sur des faits naturels sans accompagnement diabolique.

Il faut que la femme moderne au milieu du rayonnement de l'intelligence, ne se montre pas d'une crédulité inquiétante et que le romanesque ne la fasse pas sombrer dans la sottise.

Qu'elle s'adresse à la science, elle trouvera des procédés infaillibles, et qu'elle laisse les charlatans exploiter l'humanité ignorante et superstitieuse.

III

Pour détenir le souverain pouvoir.

Que faut-il pour cela ? Beaucoup de choses et fort peu.

La séduction est parfois innée, elle existe à l'état latent, est naturelle, spontanée, prenante, irrésistible. Elle s'impose.

Plus souvent, il faut se donner la peine de l'acquérir ; mettre tout en œuvre pour arriver à la perfection.

C'est un art véritable, où la femme excelle. N'a-t-elle pas dans tout son être les éléments de la comédienne, n'est-elle pas chatte ; la félinité même ?

Elle possède à l'extrême le don d'assimilation. Sa finesse, sa sentimentalité, la prédisposent à jouer toujours un rôle ; le rôle de la circonstance. Que l'événement soit gai ou triste ; qu'il s'agisse de laisser éclater les élans de son cœur : elle sait produire l'impression voulue. Elle est d'ailleurs imitative, elle copie volontiers les gestes, les attitudes de celle vers qui va le succès. Tout en la jalousant, en laissant pénétrer dans son âme les eaux glauques de l'envie, elle la prend pour modèle, se fait ainsi une personnalité neuve, beaucoup plus prenante parfois, que celle de l'inspiratrice, parce que tout est prévu, combiné savamment et que rien n'est laissé au hasard.

Lorsque la séduction est bien réglée, le combat peut commencer : les armes perfides et meurtrières qui sont en usage depuis que la femme fit son apparition sur notre planète serviront. Elle est assurée de triompher, parce qu'elle en a la volonté, comme elle a eu la volonté d'opérer sa transformation.

La magicienne.
En toute femme il y a une sorcière.
MICHELET.

Magicienne est le terme élégant, poli, qui sert à désigner la femme assez habile, assez pleine de charme pour savoir soumettre et tenir enchaîné le mortel infortuné qui se trouve sur son chemin.

La magicienne apparaît, nimbée de poésie, dans un halo prestigieux, planant au-dessus des humains. La sorcière évoque quelque vieille édentée, couverte de haillons, parcourant les routes, semant la terreur sur son passage, ayant l'âme noire, toujours prête au mal.

Ces deux figures paralléliptiques peuvent parfois se fondre en une seule. Il se peut que la sorcière incarnée en la magicienne, c'est-à-dire dans la séduction apparente, soit au-dedans le monstre le plus hideux.

Mais en réalité, la magicienne prise au figuré, personnifie la femme au charme prenant, celle qui fait tourner les têtes, affole et sait diriger sa course vers la fortune.

Et Michelet a raison ; elle est sorcière, elle jette le sort maudit ou ravissant ; donne le bonheur ou déverse le malheur.

Chez quelques femmes, ce don est spontané ; il émane de leur être sans qu'elles soupçonnent la cause de leur puissance. D'autres savent fort bien se servir de la Force accumulée en elles. Elles ont la révélation du foyer d'énergies émanant de leur personne. Quelques-unes par la Volonté savent faire naître ces forces mystérieuses ou les développer. Et la pauvre humanité tombant au pouvoir de ces « jeteuses de sort » doit se prémunir contre « les charmes » naturels ou factices, dont le but évident est de la soumettre, de l'annhiler et souvent, de la torturer.

> Ah ! sorcière maudite ! empoisonneuse d'âmes,
> Puisse l'enfer, payer tes charitables trames.
> MOLIÈRE.

Circé, Médée, Lady Macbeth, Mélusine et autres nobles dames du Sabbat, n'étaient que des écolières auprès de nos modernes magiciennes. Il ne leur était guère difficile en ces temps reculés, naïfs et enthousiastes, où l'admiration, le respect de la femme, faisaient partie du code des héros, des preux, de leur jeter le sort qui les rivait à elles. A notre époque matérialiste, sceptique, où beaucoup d'hommes croient affirmer leur supériorité morale en étant mal élevés, en se conduisant souvent grossièrement avec la femme, le rôle de la Magicienne est devenu délicat et celle qui arrive à enchaîner les paladins modernes, est de ce fait beaucoup plus habile que ses ancêtres lointaines. Aussi lui est-il permis de concevoir une très haute idée de sa supériorité. Elle a, en effet, vaincu le monstre.

Les armes de combat.

> La nature a mis d'un côté la force et la majesté ; le courage et la raison. De l'autre les grâces et la beauté, la finesse, la ruse, le sentiment.
> IMBERT.

Voilà bien, en effet, les armes de combat de la femme ; grâce, beauté, finesse, ruse, sentiment : ce sont les armes offensives, apparentes. L'on oublie le « cœur », arme à deux tranchants comme le sabre de M. Prud'homme servant à attaquer et à se défendre selon la circonstance utilitaire.

Mais pour la partie adverse quelles pitoyables armes et combien devons-nous retirer peu de gloire d'un triomphe aussi aisé ?

Force, majesté, courage, raison !!! Comme tout cet assemblage héroïque sombre vite, lorsque l'Amour le veut, et lorsque la Volonté féminine se livre à ses expériences.

Un homme résister ? Cela s'est-il jamais vu ? Et toutes ces merveilleuses armes ne lui deviennent-elles pas inutiles, lorsque son amour-propre est en jeu ; lorsqu'il croit être aimé ou même, simplement remarqué ? N'est-il pas et ne sera-t-il pas toujours le voyageur perdu que le chant des sirènes conduit au gouffre. Capucins de cartes que la moindre chiquenaude fait s'écrouler, aussi longue en soit la théorie.

Il faut bien que les femmes se rendent compte que leur prestige, leur beauté, leur esprit, leur puissance, leur volonté et même leur magie, n'auraient pas le merveilleux pouvoir qui fait leur succès si l'homme n'avait un défaut capital à sa cuirasse.

Sa suffisance, sa vanité, son orgueil. Et par cette brèche ouverte la femme peut faire pénétrer ses armes fragiles, qui vont atteindre l'ennemi jusqu'au cœur ! ou du moins, jusqu'à ce qui le met en déroute !

Les pièges.

L'homme prétend que la femme lui tend des pièges. Il faut à toute défaite trouver un prétexte... honnête et consolant. Imbert l'avoue en ces quelques mots bien sentis. « Il est bien difficile qu'un mortel ne tombe pas dans les pièges qui lui sont tendus par ces animaux vindicatifs (sic) » sous entendez les femmes.

Que fait l'homme en l'occurrence de sa majesté, de sa force, de sa raison ? Ne parlons pas de son courage, l'on a vu des héros tomber en pâmoison en apercevant une souris ou même une simple araignée.

Donc, à l'avance, l'homme s'avoue vaincu, prêt à se rendre. Les pièges féminins trouvent un terrain tout préparé pour y être tendus. L'on ne peut nier la galanterie et cela justifie ce que nous disions précédemment : « que l'adversaire met une extrême bonne volonté à se laisser prendre ». Il paraît ignorer les pièges tendus sous ses pas, ou n'y pense plus ; ou encore, et c'est peut-être là, la plus certaine des suppositions ; il est ravi de tomber dans ces pièges redoutables et charmants, meurtriers, pervers, mais exquis, adorables, qu'il serait désolé d'éviter et complètement marri, s'ils cessaient de lui être tendus. Ce serait alors le dernier coup porté à sa vanité. Mieux pour lui vaudrait la mort.

Pour se mettre en valeur.

Dans chaque créature existe un élément personnel, propre à développer une originalité. Il y a des nuances imperceptibles à l'apparence, qui troublent, font de l'ensemble quelque chose d'étrange, de « jamais vu ». C'est le commutateur qui fera jaillir l'étincelle.

Il y a la perfidie du sourire. Sourire candide, honnête, voluptueux, moqueur, franc, emperlé entre les lèvres en fleur, triste, mélancolique, sceptique, ironique. Toute la gamme des sensations humaines est mise en pratique pour séduire, charmer, déconcerter, décourager, enflammer et faire passer par toutes les émotions, l'infortuné gratifié de ce sourire bien dirigé.

Les yeux suivent le mouvement. Nous savons par l'anatomie qu'ils marchent de conserve avec la bouche ; que les muscles, les nerfs sont les mêmes qui servent les deux maîtres ou plutôt que la correspondance est régulièrement établie et fonctionne avec ensemble, à moins d'un traumatisme spécial désorganisant l'harmonie des facteurs de transmission.

L'âme exulte par les yeux. Elle s'épand, s'extériorise, se révèle — du moins en a-t-elle l'apparence ; car nous savons si bien mentir, si bien nous livrer en nous renfermant, que l'on ne peut jamais être certain d'une éloquence aussi trompeuse.

Le sourire de la femme est pareil à ses paroles. Elle sourit comme elle parle ; souvent inconsciemment, par habitude, afin d'occuper son masque, le tenir en haleine, lui donner de l'animation ou, parce que sa légèreté, lui rend nécessaire une mobilité radio-active sous le flot tumultueux des pensées multicolores et rapides, dont sa cervelle d'oiseau, toujours en émoi, déroule le cinématographe. Savoir sourire à propos est l'intelligence de celle qui a la volonté de dominer. Elle ne sourit pas pour rien, sachant fort bien que ces mouvements automatiques répétés, finissent par détendre les muscles et les nerfs, font éclore les rides. Les yeux qui rient trop facilement forment la patte d'oie, désastre des désastres.

Le prestige.

Voilà le véritable mot Fatidique et Magique « Le Prestige » ! Sait-on tout ce que renferme de force, de puissance, ce simple mot ? Il n'évoque pourtant dans l'esprit de beaucoup de gens, qu'une apparente situation, propre à éblouir les nigauds.

Le Prestige est au contraire le foyer, la source de toutes les réussites. Il est l'arme invincible donné par le sort aux humains.

L'homme, la femme qui sait conserver son prestige marche de victoire en victoire.

Pourtant, par une incurie étrange, par une négligence stupide, par une ignorance inexcusable, beaucoup de gens n'attachent aucune importance à conserver leur prestige. Ils mettront volontiers une sorte de cynisme à s'en affranchir.

Ils laisseront deviner, étaleront ouvertement la tare qui détruit leur prestige. Ils apporteront dans la vie ce laisser aller, cette inconscience qui tue moralement.

Ils ne comprennent pas que le prestige les élevait au-dessus de la foule ; que sans le prestige, ils rentrent dans le rang de la tourbe vulgaire ; qu'ils détruisent leur fortune, leur bonheur, cette chance après laquelle court l'humanité haletante.

Ils ne savent pas que le prestige conduit à toutes les réussites, à toutes les gloires, qu'il réalise toutes les ambitions.

Ils mettront à nu leur détresse morale, physique, matérielle, au lieu de la dissimuler farouchement sous le manteau magique du prestige ; sous ce palladium sacré qui fait et défait les réputations, les heureux ou les malheureux de la vie.

Ils se laisseront choir honteusement, aveulis par un incident troublant ; manquant de nerf, de race, de ressort pour réagir, lutter : et finalement dominer.

La Fortune, le Bonheur, l'Amour aiment les audacieux, les belliqueux qui leur livrent l'éternel combat.

Audaces fortuna juvat, c'est-à-dire toujours en avant, au milieu de la tempête, des catastrophes, des cataclysmes ; toujours en avant contre le destin, le FATUM, inexorable que l'on réduit par la Volonté, de conserver le prestige, c'est-à-dire la force dominatrice et la dignité.

Les deux ouvrages de Silvain Roudès : *Pour faire son chemin dans la vie* et *l'Homme qui réussit* qui ont obtenu récemment l'énorme succès que l'on sait, démontrent péremptoirement la force du prestige et de la volonté alliés à la persévérance.

La fascination.

Par le prestige, nous obtenons la fascination. C'est une sorte d'Hypnose exercée sur les masses, sur l'être que l'on veut réduire à sa merci.

La fascination est le secret des charmeurs de serpents. Les yeux rivés sur les yeux du sujet, le charmeur lance des effluves, engourdit, endort, apaise la révolte, fait rentrer les dards venimeux ; anesthésie en quelque sorte le reptile qui devient obéissant, inoffensif. Il est « charmé » c'est-à-dire dompté. Toutes ses révoltes, sa férocité se sont évanouies sous le charme. On peut le torturer, le tuer, le « charme » l'empêche de se défendre. Il est anéanti! Le maître l'a réduit sous sa volonté à l'état d'être neutre. Il a paralysé toutes les énergies et le réveil n'est pas à craindre, car la fascination reprendra et remettra dans le même état de dolente torpeur le sujet vaincu.

La fascination, nous le disons s'exerce par l'influence du prestige qui en est le conducteur. L'être fasciné devient la chose du charmeur. Il ne voit plus rien autre au monde. Ses défauts paraissent des qualités, et rien ne peut le soustraire à ce sentiment admiratif imposé par le prestige, et par la fascination réunis.

La fascination s'exerce par divers moyen, selon la mentalité du sujet. On doit l'étudier, se rendre compte de sa nature, puis agir méthodiquement, rapidement, pour ne pas lui laisser le temps de se dérober à l'emprise du charme.

Pour paraître.

Paraître et être sont en matière humaine deux choses bien distinctes. Les chimères ont de tous temps ébloui l'humanité de leurs rêves creux. Ceux qui veulent arriver à leur but, dans la vie doivent éviter de caresser des chimères et par contre, les faire défiler devant le bon public idolâtre.

Ceci n'est qu'un apologue, une figure, qui peut se traduire par cette maxime « l'habit ne fait pas le moine ». Ce qui implique la nécessité où se trouvent beaucoup de gens de faire figure sans le pouvoir, de paraître nager dans l'abondance, dans le bonheur, alors qu'ils sont dénués de toutes ressources et n'ont que le malheur pour étoile.

Mais encore, faut-il soigneusement dissimuler cette détresse et laisser croire que les choses sont en fort bon état. Les plaintes, les récriminations n'excitent point la générosité, la pitié. L'on se découvre, on laisse deviner la plaie intime et profonde, et l'on détourne de soi, les amitiés, les intérêts, les affections, prêtes à s'immoler... alors qu'elles croient pouvoir le faire sans risques.

De l'ordre, du silence, de la prudence. Voilà le remède souverain. Recouvrir d'un manteau pompeux la misère intime, morale, matérielle, la dissimuler soigneusement. Tenir toujours en parfait état ce couvre-misères et l'arborer constamment pour éviter l'indiscrétion, l'inquisition et les surprises qui, sous le couvert de l'intérêt dicté par une curiosité malveillante, voudraient consommer la trahison.

DEUXIÈME PARTIE

POUR ÊTRE AIMÉE ET DOMINER

I

Ces dames au Sabbat

Nous avons par des moyens naturels, absolument licites, indiqué à la femme les arguments propres à consacrer son triomphe, à réduire la volonté masculine, à la dompter, à la dominer. Ces moyens sont de ceux que toute honnête femme peut et, même, doit employer pour conquérir l'amour de celui qu'elle aime, pour conserver cet amour et donner à son union, toute la sécurité et la viabilité désirables. Il est tout naturel par la légalité des interventions attractives, de mettre tout en œuvre pour assurer à son existence la plus grande somme de joie.

Mais nous réprouvons complètement les manœuvres clandestines et criminelles qui font de la femme une démoniaque ; c'est-à-dire une sacrilège, une satanique, par conséquent, une détraquée.

A notre époque incroyante, où l'on se fait un

titre de gloire et d'intelligence de supprimer Dieu, il est étrange de voir renaître et se développer frénétiquement toutes les superstitions des âges disparus. De voir la Sorcellerie modernisée, s'étaler au grand jour, parader comme une science irrécusable et recruter de très nombreux adeptes, sinon des deux sexes mais tout au moins parmi le sexe féminin.

Le sabbat n'est point mort. Ces dames, le sourire aux lèvres, les yeux convulsés s'en vont, sur leur manche à balai, demander à Satan les recettes magiques et infaillibles, qui leur permettront de satisfaire tous leurs appétits.

C'est profondément triste et nous allons voir défiler toute l'insanité humaine, alimentée par les exploiteurs de la sottise et de la crédulité idiote.

Nous verrons le niveau du sens moral considérablement abaissé, dans cette randonnée vertigineuse conduisant au crime; au crime lâche et souterrain qui n'a pas même l'envergure du crime vulgaire, où le criminel joue sa vie, peut attendre le châtiment s'il est découvert. Nous nous trouvons en présence d'une criminalité insaisissable, que les lois n'atteignent pas et nous estimons que la psychologie de ces criminels leur inflige une double criminalité, la criminalité exécutive et la criminalité morale. L'assurance de l'impunité en l'espèce, nous remet à l'esprit l'histoire du bouton du Mandarin et prouve que parmi les humains, beaucoup, réputés honnêtes gens, deviendraient assassins, s'ils le pouvaient faire sans risquer leur tête ou le châtiment prévu par le Code.

La vulgarisation des sciences hermétiques est donc l'école du crime hermétique et forcément, se trouve être un danger imminent.

L'escadron de Satan.

> Sus à l'homme, à la fortune, au bonheur !

C'est le cri des démoniaques, qui, rejetant toute croyance sacrée, ou plutôt les amalgamant avec la science infernale, se servent de ces pratiques secrètes pour obtenir le succès rêvé par leur cupidité, leur ambition ou leur hystérie. Moitié Déistes plus encore Satanistes, elles demandent au diable des miracles et à Dieu de les faire réussir, de les protéger pour les avoir employés et de détourner d'elles le choc en retour !

Cela paraît invraisemblable et c'est pourtant ainsi.

Nous verrons une femme affolée de lucre, sinon d'amour, aller se livrer au sacrilège des messes noires et venir ensuite s'agenouiller à la table sainte pour recevoir sur ses lèvres souillées par l'orgie, la blanche et divine hostie rédemptrice. Nous la verrons traîner ses jupes sur les froides dalles des parvis sacrés, remontant avec les saintes femmes, après vingt siècles, le chemin douloureux du calvaire, puis s'en aller la nuit dans les cimetières abandonnés, dans les carrefours en croix des bois, des forêts pour y enterrer un viscère bourré de clous, d'épingles, destiné à occire une rivale ou un ennemi et débiter sur ce témoin irrécusable de son crime, les psaumes de David ou autres Psalmistes sacrés, ou des prières liturgiques dénaturées et assaisonnées à la sauce infernale.

Nous la verrons encore aller faire au seuil des maisons, dans les églises même, des signes hiéroglyphiques, des dessins envoûteurs, afin que les personnes visées marchant sur ces signes, reçoivent la malédiction. Elle ira aussi à la porte de la maison de son ennemie jeter une poudre de perlimpimpin, un liquide nauséabond qui doit donner la guigne noire et même provoquer la mort.

Cette façon nouvelle de conquérir l'homme n'est pas banale ; tant d'efforts, de sacrifices, de perte de temps et de marches forcées méritent bien d'obtenir le succès. A notre avis la récompense de si nobles entreprises devrait être un solide cabanon qui permettrait à l'amazone de Satan de pouvoir s'isoler avec lui, sans danger... pour les autres si toutefois ces pratiques étaient en elles-mêmes dangereuses ; ce que nous nions absolument. Mais nous verrons plus loin, quels sont les rites alors véritablement dangereux qui en sont, non les complémentaires, mais le principe actif.

Les sciences occultes.

Les sciences occultes renferment toute une série d'opérations diverses, ayant chacune des ramifications à l'infini.

Il est évident que nous ne connaissons pas tous les mystères de l'Univers et les Forces qui les composent. Si nous avions la clef de cette science appelée hermétique, nous égalerions Dieu.

L'on ne peut donc nier qu'il y ait des forces occultes et la raison péremptoire pour asseoir notre conviction est, que l'Eglise interdit expressément aux chrétiens de chercher non seulement à percer le mystère, mais encore, alors même qu'une initiation quelconque pourrait se produire révélatrice, Elle défend de se livrer à ces pratiques.

Si l'Eglise, très tolérante en beaucoup d'autres circonstances, se montre aussi sévère sur ce chapitre, c'est qu'Elle estime qu'il serait néfaste pour les humains de connaître ces secrets et, nous pensons avec Elle, que se serait la perdition non seulement de l'âme, de la droiture, de l'honnêteté humaine, mais qu'une arme aussi terrible qu'inhabile à manier, deviendrait pour nous tout au moins, l'élément fécond, propre à développer la folie aiguë et suraiguë. En matière d'occultisme, l'on ne peut doser les forces, ni savoir où elles peuvent nous emporter.

Pour les chrétiens qui doivent s'incliner devant les décisions de l'Eglise, la recherche des phénomènes occultes est donc absolument interdite. En ce qui concerne ceux qui appartiennent à d'autres confessions, ils agiront selon leur croyance et selon les libertés qu'ils ont à ce sujet.

En reconnaissant l'existence de phénomènes occultes, ce n'est point faire acte d'athéisme; loin de là, et l'on s'étonne vraiment que ceux, qui réfutent l'existence de Dieu, ne soient pas forcés, par la constatation même de ces mystères qui nous entourent d'aller à Lui directement.

L'étude de la nature, l'impénétrabilité de certaines manifestations étranges, conduisent forcément au Créateur.

Si la révélation ne nous est pas accordée, c'est qu'il faut détenir en soi une force morale qui ne peut se répartir uniformément. C'est encore, qu'il faut compter avec la nature humaine étreinte par toutes les passions, n'ayant pas souvent l'énergie ni même le désir de réagir.

L'arbre de la Science du bien et du mal est un

symbole qui nous apprend que nous ne sommes pas capables de lire dans le livre hermétique.

Quelques privilégiés peut-être, ont pu dans une certaine mesure pénétrer certains arcanes. Les ont-ils vraiment pénétrés ? ou se sont-ils livrés à l'erreur croyant avoir soulevé le voile qui recouvre les lois mystérieuses ?

Nous devons nous incliner en nous disant que la foudre tue les imprudents qui ne savent pas se mettre à l'abri ; qu'il est dangereux et criminel de laisser l'inexpérience manier des armes meurtrières sans être initiée au mécanisme.

Malheureusement l'avidité passionnée avec laquelle nous recherchons tout ce qui est merveilleux, ce qui frappe notre imagination en mal d'aventures fait, que nous nous lançons sur cette pente dangereuse comme des enfants désobéissants, s'en vont chercher la catastrophe redoutée par leurs parents, en accomplissant justement ce qui leur était défendu.

D'ailleurs, en ce qui concerne les sciences occultes, s'imagine-t-on que la grosse commère, la petite dame du cinquième ou la vieille édentée du rez-de-chaussée soient aptes à se livrer sciemment à ces pratiques ?

Croit-on, si vraiment cette science fermée peut être déchiffrée, qu'il suffise de se livrer à des actes biscornus, à réciter des pantacles des formules plus ou moins bizarres, à prononcer plusieurs fois « Abracadabra » les pouces en dedans ou en dehors, à tirer la langue, rouler les yeux, etc., etc., pour être un adepte éclairé ?

Les sciences qui reposent sur des bases aussi formidables que celles que nous pressentons ; les sciences, en un mot, qui sont dans la Main de Dieu, qu'Il n'a pas jugé à propos de nous divulguer, exigent de la part de ceux, qui ont le désir de pénétrer ce cercle hermétique, une grande pureté, une vie exempte de passions, une âme élevée constamment vers le Créateur, le louant, l'adorant. La recherche de l'initiation doit être basée sur la volonté que l'on a de se rapprocher du Maître Suprême, pour se délivrer de l'empreinte humaine et se purifier.

Magie signifie « Sagesse ». Or, Dieu seul possède la Sagesse, car Il est la Sagesse Infinie, la Sagesse Incréée.

L'orgueil ne doit pas être le mobile qui pousse l'homme à posséder la science de la Sagesse ; la curiosité ne doit pas être le principe de ces recherches et l'on ne peut prétendre à s'en servir pour accomplir le mal, pour se venger, pour aboutir à des actions iniques, déshonorantes.

Quant à ceux qui pratiquent la science infernale, les démoniaques, leur puissance git dans l'hallucination de leur cerveau malade, dans leur imagination pervertie, et Satan doit bien rire de leur prétention à le réduire à l'obéissance, à le commander, à le dominer et à lui faire impérativement exécuter des ordres burlesques, qu'il n'a d'ailleurs pas la puissance d'accomplir. D'un côté comme de l'autre, il il y a folie à vouloir découvrir ce qui est caché et qui, dévoilé, ne serait très certainement pas applicable ou du moins, sans danger pour l'expérimentateur.

Mais, allez donc convaincre les maniaques qui sont persuadées qu'elles pourront charmer le sort avec toutes les inepties que l'on met à leur disposition.

Le mage.

Certains personnages de l'antiquité prenaient le titre de Mages — en Chaldée berceau de la Magie et des sciences occultes, les Mages étaient des prêtres et des Rois ; — c'est ainsi que Gaspard, Balthazard et Melchior, ayant reconnu dans le Ciel les signes annonçant la venue du Messie, se mirent en route pour aller dans l'humble étable adorer l'Enfant Divin et lui apporter de riches présents ; puis, ils repartirent de la même allure en passant toutefois par un autre chemin. Les uns disent que ce fut pour éviter Hérode, les autres, initiés de la Kabbale, donnent la grave raison que les mages étant des sorciers ne devaient pas revenir sur leurs pas, car tout sorcier ne peut pas reprendre le chemin parcouru, sous peine de ramasser le sort qu'il a semé et qui lui retomberait dessus. C'est ainsi que les gens qui se livrent à la pratique des sciences occultes mises à la portée de tous et qui vont acheter leurs drogues, entrent par une porte du magasin et ressortent par l'autre. Tout en traitant de choses sérieuses en parlant raison, logique et bon sens, il n'est pas défendu de s'amuser un peu de ses naïvetés.

Dans l'Inde, en Perse, en Egypte, les mages étaient les prêtres. Nous voyons donc apparaître les mires ou médecins, les alchimistes du moyen âge de la Renaissance, puis les sorciers qui auront leur place dans un autre chapitre.

Avicennes, Paracelse, Agrippa, Pistorius, Albert le Grand, Nicolas Flamel, etc., etc., précurseurs du comte de Cagliostro, du Comte de Saint-Germain, de toute la théorie qui s'illustre du Sar

Péladan, sont des personnages sur le compte desquels il est bon de ne pas se tromper.

Ce furent pour la plupart des savants, des chercheurs, qui firent souvent fausse route, car la science se dérobe volontiers aux investigations prématurées.

Cependant quelques découvertes intéressantes furent faites, que nos modernes savants patiemment, laborieusement, ont retrouvées.

Au XVe siècle, l'Eglise fit un immense autodafé des manuscrits célèbres de la plupart de ces chercheurs. Elle estima sans doute qu'il y avait danger, avec l'insuffisante instruction d'alors, à livrer à la connaissance du public des documents à double tranchant. Peut-être aussi, parmi des résultats concluants, se trouvait-il le fatras démoniaque dont l'on fut toujours très friand, que les seigneurs et nobles dames de l'époque encourageaient et pratiquaient sans se soucier de damner leurs âmes.

En laissant se diffuser ces doctrines malsaines permettant aux crimes, déjà trop nombreux, de se développer, l'Eglise fut prudente ; si au point de vue scientifique nous pouvons regretter les mirifiques découvertes d'alors, nous devons reconnaître que la sagesse dictait la condamnation.

Aujourd'hui, l'instruction étant plus répandue, la science peut se dégager du charlatanisme et des croyances erronées ; gravir les sommets sans que le satanisme s'y mêle.

Donc en ce qui concerne le Mage moderne, le chercheur des secrets mystérieux, il lui faut observer certains rites ; ne pas consacrer aux passions, vivre chastement, jeûner, s'imposer des mortifications et il y a peu de probabilités que tous ceux qui prétendent à percer les nuées embrumées de l'occultisme consentissent, en notre temps de jouissance à toute allure, à se retirer dans le désert pour refréner toutes les ardeurs de la chair et les appétits qui les assaillent. Disons d'ailleurs que ce renoncement leur serait impossible. La tentation de saint Antoine n'était rien à côté de celles que leur font subir de trop nombreuses admiratrices. Nous en appelons à notre excellent ami et confrère Jules Bois, dont les conférences très spirituelles et fort éloquentes déchaînaient des transports d'enthousiasme de la part de ses auditrices et nous pouvons ajouter, de ses auditeurs.

Nous entendîmes même un jour l'éminent critique Francisque Sarcey à la sortie d'une conférence sur l'envoûtement de haine, se précipiter au dehors en s'écriant : « Je vais chercher un crapaud ». C'était un triomphe pour la parole si prenante de notre charmant confrère.

Le sorcier.

> Aux femmes l'un vendra des recettes magiques.
> L'autre, Thessalien, ses philtres énergiques destinés à troubler le cerveau d'un époux qui gémit écrasé d'outrages et de coups.
>
> JUVÉNAL.

Le sorcier évoque tout d'abord l'image du rustre sinistre parcourant les campagnes, semant la terreur et l'effroi parmi les villageois crédules, ignorants ; se faisant redouter par les sorts qu'il est censé jeter aux bêtes et aux gens, aussi bêtes, sinon plus bêtes, que leurs bêtes. Que le sorcier soit mâle ou femelle, c'est l'être maléfique avec lequel il est prudent d'être en bons termes afin de ne pas déchaîner sa colère, sa haine et sa vengeance.

Mais notre époque progressive en intellectualité a vu dans les grands centres fleurir une sorte de sorcier accommodé à la sauce moderne. N'ayant pas trouvé le filon aurifère pour constituer sa fortune il exploite le filon de la sottise humaine et celui-là, toujours intarissable, lui assure d'abondants revenus, à moins que la police, parfois indiscrète, ne s'avise un beau jour de couper la veine, en incarcérant le charmeur et en apprenant à ses nombreuses dupes, que toutes ces manœuvres infernales, magiques et cyniques pour diriger le sort vers la fortune, avaient pour résultat certain, sans pouvoir en douter, de mettre leur fortune au service du sorcier.

Les femmes sont d'excellents conducteurs en la matière. Leur sottise, leur crédulité rendent féconde la mine qui est exploitée à fond et le filon toujours rapporte, à celui qui sait opérer les sondages, la belle moisson dorée, récompense de sa connaissance de l'esprit humain.

Ce ne sont plus comme jadis les vieilles recettes empiriques, malaisées à pratiquer, irréalisables même. Les sorciers ont modernisé leurs talents. Ils se sont mis au goût du jour. L'un pour quelques pièces d'or vous remet une fiole contenant une sorte de bouillie liquéfiée ; quelques drachmes de poussière maléfique, dont une pincée jetée sur la flamme d'une bougie a tous les pouvoirs magiques. Mais avant, il faut enduire du contenu d'un petit pot l'autel, représenté par une table, une chaise : peu importe. La poussière pétille comme le lycopode, le petit pot contient une pommade semblable à de la vaseline et sert aussi de talisman de beauté. Le vendredi, jour fatidique, l'on doit opérer, demandant indifféremment à ces produits de faire affluer la fortune, de donner l'amour ou d'enguigner à tout jamais les ennemis.

Voilà certes des produits mirifiques auxquels s'ajoute, — il ne faut omettre aucune formalité — la possession d'une médaille astrale qui doit demeurer cachée à la vue de tous !!!

Ah ! si on la découvre, il n'y a rien de fait.

Riez si vous voulez, gens sans convictions, profanes, Philistins, qui douteriez même de votre existence ; mais tremblez que le sorcier, pour vous punir de railler et de nier sa puissance, ne vous jette la guigne noirâtre dont l'on ne se relève pas.

Ceci est déjà bien ; et l'on pourrait tout de même à la rigueur arriver à se dégager du charme d'amour ou de haine.

C'est alors qu'intervient le grand œuvre ; que commence le rôle de *Deus ex machina* joué par le sorcier, qui s'engage à seconder personnellement ses clients ; à faire les évocations spéciales et mystérieuses, propres à assurer la réussite.

Voici en quoi consistent les formules occultes :

Il n'est pas possible de céler les moindres détails à un compère aussi secourable ; et pour rendre effectives les conjurations, le client livre le nom de la personne à envoûter pour l'amour, son adresse et même, remet un objet lui ayant appartenu. On livre également le nom et l'adresse de ceux et de celles qui sont des obstacles ; et qui doivent être atteints par l'envoûtement de haine.

Ainsi renseigné, le sorcier et sa bande, car il a de nombreux acolytes, se livrent à des agissements spéciaux. Les lettres anonymes, la diffamation, la calomnie s'envolent dans toutes les directions.

Veut-on obtenir la disparition d'un obstacle trop résistant. Rien de plus simple. L'on trouve toujours des misérables qui se chargent de s'introduire chez l'obstacle. L'on soudoie les serviteurs cupides, on leur raconte des monstruosités, on les menace ! et très allègrement, ils gagnent leur argent en accomplissant *honnêtement* l'action criminelle dont ils se sont chargés.

Veut-on défigurer une rivale ? C'est l'enfance de l'art. On lui donne une drogue qui lui fait perdre en quelques jours toute sa chevelure, l'on falsifie ses eaux de toilette avec des corrosifs. L'on va même jusqu'à l'intoxication cruelle avec des produits exotiques ne laissant pas de traces, qui doivent la conduire sûrement vers les demeures célestes où se trouve la délivrance de tous les maux. Et la loi est là, armée d'un vieux texte interdisant ces pratiques criminelles; elle est là, qui dort d'un sommeil profond.

D'autres délivrent des anneaux magiques destinés à donner une réussite mirobolante à ceux qui les portent. Cependant le distributeur de tant de bienfaits, échoue piteusement en correctionnelle, et sa bague magique ne l'exempte pas d'une condamnation. Trop philanthrope, il a généreusement épuisé la chance en faveur de ses clients.

Tristes, vraiment, sont ces aberrations d'esprit qui poussent aux pires agissements et les hommes et les femmes. Nous devons dire que celles-ci, sont particulièrement féroces et acharnées pour le mal, surtout lorsque l'âge les a marquées, posant sur elles sa griffe implacable. Tous les moyens sont bons alors pour s'accrocher à la chance, tout ! même le crime !

Le crime lâche et odieux que la loi n'atteint pas. En ce qui concerne la victime de l'envoûtement d'amour, le chantage le plus éhonté est pratiqué par la bande avec une très brillante maestria.

Nous verrons plus loin d'autres opérations, où la délicatesse s'allie à l'imbécilité, pour employer des philtres innommables et immondes.

Il est vrai qu'il y a des gens qui sont ravis d'être aimés jusqu'au crime et qui prennent ces agissements pour des preuves d'amour, alors qu'ils paient les violons ; ce qui est d'ailleurs tout naturel, puisque le bal est donné en leur honneur.

L'envoûtement d'amour.

Etre aimé en dépit des obstacles, de toutes les difficultés qui parfois surgissent en travers du désir, voilà le rêve de l'humanité. Elle court frénétiquement à la fontaine de volupté pour s'abreuver d'amour et, s'y précipite d'autant plus ardemment, que tout s'oppose à l'accomplissement de ses vœux.

Sous la pesée des siècles, nous voyons les pratiques les plus diverses expérimentées pour donner satisfaction aux insatiables. C'est la statuette de cire, représentant le sujet à séduire. On l'habille comme lui. L'on doit se procurer des fragments de ses vêtements, une parcelle de ses ongles, de ses cheveux, une de ses dents, y incorporer des *hosties consacrées et consumées*, (sic) etc., etc., puis on la baptise avec de l'eau bénite, en lui donnant les nom et prénoms de l'envoûté. On la pique au cœur, aux yeux, à la bouche, au cerveau et même dans les endroits secrets en disant les paroles magiques nécessaires pour que sa pensée, son cœur, ses paroles, ses sens, appartiennent entièrement, à la personne qui demande l'envoûtement.

Voici une formule inédite de l'envoûtement d'amour :

L'on doit se procurer de la cire vierge, avoir une table sur laquelle on pose un linge blanc n'ayant jamais servi, trois cierges bénis que l'on allume et, après avoir placé la cire entre les cierges, l'on dit la conjuration suivante :

VÉNUS, AMOR, ASTAROTH

Je vous conjure tous trois, ministres de l'Amour et des fornications, par Celui qui peut tout détruire et tout édifier et par les noms de Celui qui sait chaque jour vous contenir — de consacrer cette cire convenable à mes desseins. Confirmez-la, afin qu'elle obtienne la vertu nécessaire par la crainte du Très-Saint-Père Tout-Puissant Adonaï, dont le règne est sans fin dans les siècles des siècles.

(Ici l'on s'incline profondément).

Viens, de ton siège sacré Adonaï, afin que ton pouvoir sacré se joigne à notre volonté. (L'on prend la cire que l'on modèle pour obtenir une image aussi ressemblante que possible aussi bien pour les traits que pour le costume, avec ceux de la personne que l'on veut envoûter. L'opération terminée, on baptise la figurine avec de l'eau bénite et l'on ajoute après lui avoir donné ses noms et prénoms habituels.

O toi, Oriens ! roi qui commande l'Orient, et dont l'empire n'a pas de commencement !

O Payou, roi de l'Occident !

O Amayou ! roi grand qui commandes les plages australes.

O Toi Egyn, qui règnes au Septentrion, moi ! je vous invoque doucement et instamment, je vous prie, — par Celui qui a parlé, et par qui, il a été d'une seule parole tout créé, — et par le Saint Nom de Dieu — de pénétrer et de confirmer cette effigie, afin que s'accomplisse mon désir par le Très-Puissant Nom d'Adonaï.

(Religieusement, tenant un cierge à la main et la statuette, l'on porte celle-ci à la tête du lit, on l'y attache de façon à ce que personne ne puisse la voir.

Nous supposons qu'ici l'on peut souffler la chandelle, mais nous ne savons pas s'il faut, pour porter processionnellement cette statuette, marcher sur la tête ou sur les pieds. En tous cas, l n'y a que trois jours à attendre pour obtenir le résultat.

Ainsi qu'on peut le voir, cette pratique tout en n'offrant nullement l'apparence d'un maléfice, car la cire modelée et les épingles sont de peu d'importance et d'un effet problématique, est un véritable sacrilège.

D'abord, cette parodie du baptême, puis la récitation de ce Pathos, où s'amalgament les puissances diverses infernales, divines et sublunaires.

Il faut être complètement détraqué pour profaner ainsi les magnifiques Antiennes appelées Grandes O parce que les invocations commencent toutes par O. L'Eglise chante ces prières liturgiques, neuf jours avant Noël. Elles renferment les promesses faites par Dieu aux saints Patriarches, de leur envoyer le Messie. Ainsi qu'une prière par laquelle l'on conjure le Christ de venir et d'apporter les différentes grâces qui sont le fruit de sa naissance.

Il est donc sacrilège de les faire servir à des pratiques réprouvées à juste titre par l'Eglise.

En ce qui concerne le résultat de cette opération impie et saugrenue, nous pensons qu'on peut l'attendre... longtemps. Il serait étonnant que Dieu exauçât des prières sacrilèges, car c'est l'outrager profondément, de mêler son Nom Vénéré à des maléfices.

Et ce n'est pas tout malheureusement ; les formules sont multiples, des cœurs de tourterelles, de moutons piqués, lardés d'épingles, de clous, pour torturer l'envoûté réfractaire et le faire céder. Les lacs d'Amour liés au bras gauche avec des branches de Myrte qu'il faut faire toucher à l'amoureux insensible ; les anneaux consacrés qu'il est absolument utile de lui faire porter. Et tout cela accompagné de prières, de récitations de psaumes, d'évangiles, amalgamés à des formules infernales. Toute cette liturgie bizarre ne démontre-t-elle pas éloquemment l'insanité de la personne qui l'emploie et le déséquilibre de son esprit ?

L'Incantation d'amour.

Chez tous les peuples, ce mal sévit. Il fait de profonds ravages : mais les Orientaux, au milieu des vibrations profondes de la nature, plus voluptueuse que dans nos contrées Occidentales, consacrent volontiers à ces superstitions, parce que la passion chez eux est violente, dominatrice ; parce que l'Amour les étreint profondément ; Amour psychique, Amour physique surtout, poussé jusqu'à la sauvagerie. C'est une question de latitude et de climat. L'Ambiance est terrible, même pour l'Européen qu'enveloppe le fluide qui se dégage de l'atmosphère. Ce conte Arabe qui renferme sous sa forme voilée apologétique, une leçon nous met en contact avec la passion ardente, indomptable et avec les pratiques occultes employées pour réaliser un désir malsain.

L'Incantation d'Amour

La belle Fatime, l'épouse du vieux Yacoub est là, prostrée, sur le tapis, aux riches couleurs, jeté sur le sable brûlant devant son gourbi.

La plaine du Chélif se déroule au loin, à perte de vue, baignée de lumière et de soleil sous les tonalités crues et violentes du ciel. Tout là-bas, indiqués par une vapeur mauve qui les enveloppe comme d'un voile de gaze, les massifs montagneux du Dahra, sentinelles avancées du Grand Atlas, barrent l'horizon.

Mais toute la poésie de cette vision laisse Fatime insensible aux beautés de la nature. De ses yeux de gazelle roulent de lourdes larmes, qui tombent en perles sur ses joues dorées par le soleil, glissant sur les seins rigides que la gandoura transparente dessine dans toute la pureté des contours.

De cette jeunesse en fleur s'exhale un parfum pénétrant, capiteux ; les longues nattes tressées de verroteries serpentent sur les épaules sculpturales. Tout, en cette femme effondrée sous la douleur, recèle la volupté, la vie. Et pourtant, Fatime pleure, sanglote, étreinte par un mystérieux et profond désespoir.

Ses yeux sont rivés à la blanche mosquée, d'où tombe du haut du minaret, la voix suraiguë du Muetzin qui lance à travers les airs, l'appel de la prière du soir.

La fleur de sa bouche ne s'entr'ouvre que pour laisser glisser un gémissement douloureux, ininterrompu, sans fin, comme le désert immense, qui, là-bas, là-bas, déroule ses plaines de sables mouvants où s'ensevelissent les caravanes.

Et, elle est inconsolable, la belle Fatime, l'épouse du vieux Tacoub. C'est qu'elle aime ! elle aime sans espoir et le mal secret lui tord les entrailles, déchire son cœur, bouleverse son âme. Elle aime de toute la puissance, de toute la fougue de ses seize ans, et celui qu'elle aime n'est pas le vieux Tacoub, son époux, qui l'a achetée à ses parents.

Celui qu'elle aime, c'est l'Imam à la barbe soyeuse aux reflets bleus, et l'Imam tout à sa sainteté demeure insensible, n'est pas touché par ce chagrin violent, par la beauté luxuriante de Fatime. Il a fait le vœu solennel ne ne jamais donner son cœur, de fuir la femme. Il l'a juré à Allah !

Fatime, unie à ce vieillard sénile ne connaîtra jamais les joies d'un amour éperdu ; sa jeunesse se flétrira sous le souffle de ce mari décrépit, impuissant, qui exhale déjà l'odeur âcre de la mort. Elle s'est éprise, impétueusement du bel Imam à la barbe soyeuse, aux reflets bleus et cette passion farouche fait couler en ses veines des torrents de feu.

Tout, dans cette nature en fête diffuse la volupté dans ses sens exacerbés. Elle voudrait vivre loin de ce tombeau, où agonise sa jeunesse. C'est une obsession constante, un désir de damné, une révolte de tout son être contre la destinée cruelle qui l'a enchaînée à ce mort vivant, à ce cadavre ambulant qui l'entraîne avec lui dans l'obscurité du tombeau.

Exaspérée, enivrée d'ardeurs stériles, elle gémit, se lamente, tord ses bras magnifiques en une crise d'amour dont tout son être frémit, bouleversé, affolé.

Soudain, elle aperçoit le bel Imam : grave, recueilli, il se dirige vers la mosquée. Il va passer près d'elle encore, sans lui jeter un regard de pitié. Calme, indifférent pour cette détresse, cette douleur atroce qu'il côtoie sans s'émouvoir.

Mais, Fatime a subitement pris une résolution héroïque. Elle se place sur son passage, barrant la route que suit l'Imam et lorsqu'il est près d'elle, sa voix mouillée de larmes fait entendre le long cri d'amour qui l'oppresse. Elle lui révèle le secret douloureux qui brûle son âme, met en sa vie une torture sans nom, une souffrance indicible.

Froidement, sans compassion, l'Imam la repousse.

— Femme ! lui dit-il, laisse-moi suivre en paix ma route ; mon âme est fermée aux passions humaines. J'ai juré par Allah de ne jamais aimer ; mon vœu est sacré. Retire-toi et cherche la paix dans la prière.

Puis il passe.

Fatime, dans un élan superbe de passion, blasphème, maudit la vie, Allah, son vieil époux, renie ses croyances. Elle est prête à vendre son âme pour obtenir l'amour de celui qui refuse de jeter sur elle un seul regard de pitié.

Toute frissonnante de colère, d'humiliation et d'amour, elle va s'abattre sur le tapis posé devant son gourbi. Elle est seule ; le vieux Yacoub s'est absenté pour ses affaires, elle peut donc sans crainte d'être surprise se livrer à sa douleur.

Et la paix du soir qui tombe sur la plaine, n'apaise pas son âme étreinte par une souffrance que rien ne peut calmer.

Mais une ombre, s'interpose entre elle et la vision de la mosquée sainte ou le bel Imam est entré.

Aïcha, la sorcière est là, qui la contemple ironiquement ; elle se penche, et à son oreille, murmure des paroles mystérieuses.

Elle lui conseille la lutte : la lutte avec des forces adjointes toutes puissantes. Elle lui promet, si elle veut se livrer aux dieux infernaux, de jeter, pâmé dans ses bras, celui qui lui témoigne un aussi froid dédain.

Fatime sans hésiter accepte le pacte infernal. Sa passion est trop ardente pour lui faire entrevoir le péril d'une aventure aussi insensée. Elle remet à Aïcha ses bijoux, l'argent promis pour sa complicité.

La nuit est tombée subitement : le silence le plus profond règne autour d'elles. C'est l'heure ! L'heure magique où les incantations peuvent se faire et l'envoûtement d'amour va, sans différer, être exécuté.

Aïcha allume le feu qui doit servir à l'opération. Elle jette sur la flamme des herbes magiques tout en dansant et en chantant une mélopée bizarre, où reviennent toujours certaines paroles semblables à des appels pressants. Elle pousse tout à coup des cris perçants, puis se laisse tomber à terre en proie à des convulsions violentes. Fatime inerte, Fatime est là, attendant le miracle promis. Puis Aïcha délivrée de ses convulsions, prend Fatime par la main et, l'entraînant dans cette ronde infernale, lui ordonne de redire après elle les paroles magiques. Et Fatime obéit, imitant la danse lascive d'Aïcha, répétant sans les comprendre les formules infernales.

Soudain au milieu de cette bacchanale échevelée, une voix chaude, vibrante, s'élève en un chant large, recueilli ; c'est la voix de l'Imam qui jette à travers les airs sa prière fervente.

La flamme s'éteint subitement ; Aïcha pousse un hurlement de damné et Fatime terrifiée tombe sur le sol en sanglotant.

Aïcha la console, ranime le feu et reprend ses conjurations. Ce n'est plus une femme, mais une possédée furieuse. Elle danse, bondit, saute, court,

4.

précipitant le rythme, trépignant, hurlant ; puis, elle tombe à terre épuisée, mais glisse à l'oreille de Fatime.

— Sois tranquille, ma fille, la conjuration a réussi ; il va venir à toi.

Et la porte de la mosquée sainte s'ouvre violemment ; l'Imam, les vêtements en désordre, l'air égaré accourt vers Fatime, la prend dans ses bras, puis la jette sur une cavale à la croupe vigoureuse qui se trouvait attachée à un piquet et tous deux, se tenant enlacés, s'enfuient rapidement à travers la plaine du Chelif, sous la lumière apâlie des étoiles. Le bruit du galop effréné de la cavale se perdit dans la nuit et lorsque le vieux Tacoub revint à son gourbi, il tomba mort en le trouvant abandonné.

On ne revit jamais ni l'Imam, ni Fatime et les douars avec terreur racontent tout bas, que le diable les a enlevés sur un coursier de feu.

Aïcha a été lapidée par la tribu, puis on a brûlé son corps et dispersé au vent ses cendres misérables.

L'envoûtement de haine.

Nous allons entrer ici dans la phase sinistre de la magie. Si tous les efforts ont tendu précédemment à provoquer l'amour ; la haine, la vengeance, le crime vont maintenant intervenir afin de se débarrasser d'un ennemi, d'une rivale, de se venger des dédains de celui qui fut aimé jusqu'à la frénésie, et qui a évolué vers un autre pôle, ou qui n'a pas répondu à l'Amour.

Il y a plusieurs formules d'envoûtement de haine. Si elles ne sont pas concluantes par le résulat.

elles le sont complètement par la sottise et par l'intention criminelle :

1º *Par la figurine.*

Faire une statuette ressemblant au sujet à envoûter, la larder de clous et d'épingles, conjurer.

Le résultat s'obtient en une seule fois ou lentement selon la violence du procédé. Il est toujours indiqué de faire entrer dans la figurine quelque parcelle du corps ou des vêtements ayant appartenu à l'envoûté pour que le transport fluidique puisse s'opérer.

2º *Par le Crapaud* qui remplace la figurine. Il faut alors le baptiser en lui donnant le nom du sujet.

3º *Par le cheveu*, l'on se procurera un cheveu du sujet, puis l'on opère le vendredi à l'heure de Vénus. L'on fait un premier nœud au cheveu en demandant toutes les abominations dont le sujet doit être gratifié. Tous les jours, à la même heure, durant neuf jours, l'on fait un nœud au cheveu et le neuvième qui est un samedi, jour de Saturne, l'on frappe à l'heure consacrée à Saturne, le cheveu de l'ennemi qui ressent cruellement le coup.

4º *Par le cœur.* Cœur de veau, de mouton, cela indiffère, mais il faut l'ouvrir, le remplir de clous de lattes, ou le larder d'épingles, de clous en croix, conjurer en demandant les pires choses. Puis aller dans un cimetière, l'enterrer la nuit même, auprès d'une tombe fraîche. Il y a encore plus fort. On prend le cœur d'un bœuf, on le bourre de clous après l'avoir baptisé du nom de l'envoûté et à minuit, on le porte dans un bois à l'endroit où les chemins forment une croix ; l'on creuse un trou puis l'on met une couche de chaux vive, l'on dépose sur la chaux, le cœur du sujet représenté par le cœur de bœuf et l'on prononce la conjuration la plus violente du répertoire. Enfin l'on remet une couche de chaux et la terre que l'on piétine, puis l'on récite des psaumes de David, cinq Pater et cinq Ave Maria et l'on s'en va. Avis important : il faut éviter de regarder en arrière durant l'opération et de se retourner en s'en allant ; sans cela tout irait de travers. Durant neuf jours à la même heure, l'on récite à nouveau les prières et la conjuration afin de faire souffrir le sujet qui meurt souvent ; à moins qu'il ne survive cependant. Il y a encore la poule noire, les hosties consacrées que l'on fait avaler à des serpents, à des crapauds, enfin toute la série stupide, sacrilège et criminelle pratiquée par ceux qui sont le jouet des exploiteurs.

Quels sont les résultats de ces pratiques maléficiantes ? Nous pouvons avec assurance dire, que le résultat absolument réel, consiste à commettre une action criminelle par la pensée. Nous avons été personnellement l'objet de ces procédés de haine. On nous a fait le cœur de bœuf, la poule noire, des figurines, etc., etc. Une personne démoniaque s'est acharnée après nous ; mais il faut croire que nous étions protégée, car nous ne sommes pas encore passée de vie à trépas, malgré son désir et, d'autres procédés plus expéditifs et plus certains qui, malheureusement, ont agi beaucoup trop.

La moralité qui se dégage de tout ceci est que les sciences occultes mises à la portée de tous, font éclore des criminels, sinon de fait, de par cette science, du moins moralement et que, dans leur rage, en constatant leur impuissance maléfique ils arrivent fatalement au crime réel.

L'Eglise a donc de très bonnes raisons d'interdire

ces pratiques, de sévir sérieusement contre les pratiquants et contre ceux qui enseignent la science maudite.

Il est en outre déconcertant qu'à notre époque intellectuelle, de telles manœuvres puissent être prises au sérieux et qu'il se trouve des créatures assez dénuées de bon sens pour porter leur argent — et beaucoup, ces travaux se paient fort cher — à des filous, des bandits qui méritent la corde et le droit de se balancer au bout.

Les philtres mystérieux et clandestins.

Nous avons vu dans les précédents chapitres défiler toutes les pratiques criminelles et grossières. Nous allons maintenant voir d'autres insanités et constater, combien la passion peut conduire à un manque total de délicatesse.

L'évocation romanesque des philtres étranges que les charlatans donnaient jadis, aux héroïnes d'amour pour arriver à leurs fins, hante encore la cervelle de certaines femmes qui, éprises d'aventures mystérieuses, cherchent tous les moyens d'attirer l'amour, de le rendre éternel, de le tenir à leur merci. Elles ne reculent devant aucune pratique les plus révoltantes, dégoûtantes, malpropres. Elles font prendre à celui qu'elles aiment ou qu'elles poursuivent d'un pseudo-amour dans un but quelconque, les choses les plus ordurières, destinées, selon les promesses des sorciers, à faire naître un attachement profond, à river éternellement la chaîne.

La conclusion est que le cabanon s'impose pour la cliente et le bagne pour le sorcier.

Ces pratiques remontent à la nuit des temps Apulée fut accusé d'avoir provoqué à Carthage l'amour d'une veuve en lui faisant prendre un philtre composé de poissons, d'huîtres et de pattes d'écrevisses. Ceci était un remède simplement aphrodisiaque pouvant exciter à l'amour mais qui n'avait rien de dangereux.

Il gagna d'ailleurs son procès.

D'autres philtres renfermaient de la poudre de cantharides mélangée à un certain poisson appelé Remôra, à des os de grenouilles et surtout à de l'hippomane.

Mais à toutes ces choses malpropres doit s'ajouter une formalité sans laquelle le résultat — il faut bien en convenir pourtant — serait certainement nul ; et c'est là, que surgit alors la révélation indigne, monstrueuse, sacrilège. Nous citons textuellement l'auteur.

« Pour donner plus de force au sortilège, des prêtres magiciens font passer les poudres et les billets sous le calice et baptisent les statues de cire avec assistance de parrains et de marraines. »

Comme mot de la fin, il faut en revenir à demander le concours des prêtres ; mais de quels prêtres, et à quel culte peuvent-ils bien appartenir pour se faire les complices d'une action aussi indigne de leurs mains consacrées ?

Nous ne citerons pas certaines formules ordurières que les femmes se passent entre elles assez impudiquement. Si nous avons transcrit celles qui précèdent, c'est qu'elles s'étalent publiquement et fort étendues dans les livres vendus couramment, que tout le monde peut se procurer à vil prix. Nous espérons que la femme se rendra compte de la honteuse intervention de ces philtres, ou soi-disant breuvages de volupté. Elle sombre irrémisciblement dans l'abjection. Bien heureux encore, lorsqu'elle ne conduit pas à la tombe par des elixirs cantharidés, celui qu'elle prétend aimer et qu'elle est censé tenir par les sens.

Nous en reviendrons donc à notre conviction profonde, que la femme peut déverser le philtre d'amour, puissant, mystérieux. Mais ce n'est pas en se livrant à des pratiques obscènes, immondes. Quel attrait, le baiser cueilli sur les lèvres qui viennent d'entrer en contact avec ces ordures mélangées aux aliments aurait-il pour elle ? N'éprouverait-elle pas quelque répugnance à poser ses lèvres, ses belles lèvres d'amour, sur les reliefs de sa pharmacopée diabolique ?

Pourquoi ! elle, qui est si présomptueuse parfois, doute-t-elle de son propre philtre d'amour, de celui qu'elle distille personnellement et qui est bien le plus actif, le plus merveilleux de tous.

L'aura Feminea.

Le voilà le véritable philtre d'amour ! L'Aura Féminea ! C'est-à-dire, les émanations naturelles de la femme.

Certes, il y a des femmes dont l'Aura Féminea se diffuse désagréablement pour le nerf olfactif. L'une sent le bouc, l'autre le soufre : celle-là porte sur elle une odeur repoussante indéfinissable telle Thaïs si célèbre par sa beauté que Martial invective cruellement.

Tam male Thaïs olet, quam non fullonis avari.

Testa vatus, media sed modo frasta via ; non ab amore recens hircus, non ora leonis.

Non detracta cani Transteberma cutis, etc., etc.

La grande Catherine n'accordait des honneurs et des places qu'aux personnes dont l'odeur naturelle était agréable à sa sensation ; elle n'estimait et n'aimait que ceux qui n'adjoignaient pas à leur individu des parfums composés : et comme elle avait fait des études très complètes à ce sujet, l'on ne pouvait la tromper. Les grandes courtisanes de l'antiquité, celles qui ont laissé à travers les siècles le souvenir magique de leur beauté, dont l'histoire enregistra les succès, telles la Sulamite Abisag, Dalila, Judith, Salomé, Salambo et bien d'autres encore, possédaient naturellement l'Aura Féminea qui ensorcelait les hommes.

Abisag pour laquelle Salomon composa le cantique des cantiques répandait un parfum troublant.

1° Je suis la rose de Sçaron et le muguet des vallées.

IV-10. Que tes amours sont belles, ma sœur, mon épouse ! Tes amours sont meilleures que le vin et l'odeur de tes parfums (*les émanations*) meilleures qu'aucune drogue aromatique, etc., etc.

Cœsonia veuve, mère de trois enfants qui, dit Suétone, n'était *ni belle, ni jeune*, rendit Caligula follement épris d'elle ; si bien qu'il l'épousa.

Ninon de Lenclos à l'âge de quatre-vingts ans était encore si désirable que tous ses soupirants ne pouvaient se détacher d'elle et respiraient avec ivresse sa grisante atmosphère.

Jupiter transformé en Taureau, dit Molchus dans son ode sur l'enlèvement d'Europe, exhalait une odeur divine qui l'emportait sur les plus doux parfums.

Voilà donc les philtres célèbres, les parfums magiques qui firent tant de victimes au moyen âge.

Les attractions troublantes, mystérieuses.

La femme peut diffuser par elle-même les philtres, sans recourir aux manœuvres clandestines innommables.

Quel est le plus beau philtre que sa beauté ? La beauté de son visage, de son corps ; la magie de ses yeux, de son sourire et par-dessus tout, son amour sincère, enveloppant, auquel il est impossible de se reprendre. La séduction de sa caresse, car nous avons toujours dit que la femme doit donner à son mari toutes les joies de l'amour, toute la perfection de la caresse.

Qui donc pourrait lui enlever celui qu'elle a conquis de si intense façon ; qui donc, pourrait rivaliser avec elle ? Faut-il qu'elle souille ce sentiment élevé ; cette communion fervente de l'être, par des pratiques révoltantes et sacrilèges, alors, que tout légitimement, légalement, elle peut conserver son empire et l'étendre jusqu'aux extrêmes confins de la passion honnête et permise ?

Pourquoi devenir une démoniaque sans profit, puisque nous lui démontrons l'insenséisme des pseudo-philtres occultes ? Pourquoi demander des forces, là, où elles n'existent pas ? Quelle aberration !

Le fluide magnétique.

N'a-t-elle pas encore cette force secrète qui s'extériorise à sa volonté ? Le fluide magnétique : Ce fluide prenant, enveloppant, qui attire ou repousse selon la sympathie ou l'antipathie ; qui lie ou délie les êtres ?

En elle, se trouvent les accumulateurs diffusant

les énergies conductrices de l'amour. Rien n'est plus formidable que le fluide amoureux. Il est si formidable que des êtres sont pris intensément, alors que tout s'oppose à leur réunion, que tous les obstacles les plus divers et imprévus, s'élèvent à la traverse de leur amour. Et ce fluide est si irrésistible, qu'ils préfèrent s'unir dans la mort plutôt que de vivre séparés.

PLUS FORT QUE LA MORT

Est-il donc besoin de la magie, de la sorcellerie, de toute la démonialité des conjurations et poudres de perlimpimpin, pour être aimé, à en mourir ?

Le lion dompté.

« Vous êtes mon lion superbe et généreux » dit doña Sol à Hernani. Et le lion superbe et généreux, pousse la générosité jusqu'à se laisser enchaîner par l'amoureuse étreinte des bras de l'adorée.

N'est-ce pas ainsi, toujours, depuis que le monde existe ? Cléopâtre ne séduisit-elle pas son maître et ne l'enchaîna-t-elle pas captif, amoureux, vaincu ? Samson ne fut-il pas vaincu et enchaîné par Dalila ? Holopherne, par Judith et Salomé ne sut-elle pas obtenir d'Hérode la tête de Jean ?

A travers les siècles, du haut en bas et de bas en haut de l'échelle sociale, ne voyons-nous pas se renouveler cet asservissement de l'homme. C'est donc que la femme possède le don de conquête. C'est que sa force rayonne, plus forte que la volonté de ;'homme ou plutôt, que cette volonté éprouve le besoin de se soumettre sous le regard de la dompteuse. Regard magique, magnétique, aux effluves irrésistibles. Auto-suggestion, à laquelle l'homme ne peut se soustraire; qui le domine, l'enserre, et lui fait perdre le peu de cervelle que lui dévolua le Créateur.

Et cela s'opère naturellement, sans sortilèges, sinon sans charme. Mais le charme est diffusé par l'électro-magnétique de la femme amoureuse, par la dynamo-volonté qui actionne le courant et qui valent bien les orviétans, les compositions chimiques et nauséabondes, que croient devoir employer celles qui, en agissant ainsi, avouent implicitement leur faiblesse, leur manque total de charmes, d'attraits et encore plus, une absence complète d'intelligence. Leur cervelle étroite ne se complaît qu'à élaborer des plans d'attaque inexécutables, si des manœuvres sacrilèges, clandestines, absurdes, ne viennent leur apporter un secours illusoire.

Ce sont les cabotines de l'Amour, de la passion; des larves malfaisantes, mais non des femmes dans l'acception élevée du mot; des femmes, fortes, supérieures, ayant pour armes une volonté fortement trempée et des charmes réels.

Elles n'enchaîneront jamais le lion superbe et généreux, mais quelque sinistre hibou, quelque vieux bouc réformé, ou quelque vieux podagre de renard, enfumé dans son terrier.

II
Pour dominer

L'humanité a été depuis le commencement du monde, avide de domination. Elle l'a été, l'est, le sera toujours, jusqu'à la fin des siècles.

La femme principalement, veut dominer, tenir sous sa loi ceux qu'elle aime : Amour conjugal, filial, maternel, fraternel, amitié ; elle n'est heureuse que lorsqu'elle se sent au dessus de tous, lorsqu'elle constate sa puissance ; l'espèce de supériorité que l'on veut bien parfois lui concéder, pour avoir la paix, afin d'éviter les discussions, les querelles, les scènes.

Souvent aussi, l'admiration, la confiance, l'affection, le respect, l'amour, accepte cette domination qui est toute naturelle, par les qualités, la beauté, le charme, la distinction, la vertu de la femme.

Lorsqu'elle n'a pas confiance en ses moyens naturels ; lorsque quelque obstacle s'oppose à la réalisation de son ambition, elle ne sait plus se maintenir en équilibre, et c'est au surnaturel qu'il lui faut recourir : le merveilleux, la magie, toutes les pratiques extravagantes, viendront lui apporter le secours — trompeur — que son cerveau douloureusement affecté, n'eût pas songé à solliciter en toute autre circonstance. Elle prend au sérieux des jongleries, des pitreries ; s'engage dans la voie maudite avec une inconscience stupéfiante.

Nous verrons dans l'exposé suivant, quelles sont les forces auxquelles s'adressent celles, qui croient que les éléments sont à leur service. Nous souhaitons que cette lecture, leur soit salutaire et leur fasse comprendre, que la seule force consiste à ne jamais faire les choses défendues.

L'on dit beaucoup trop, « le Mal est plus fort que le Bien ».

Cette appréciation prépare la défaite ; il faut toujours croire que l'heure de la justice sonnera pour nous : il ne faut pas désespérer et, parce que les événements ne nous donnent pas la satisfaction que nous attendions, parce que les méchants agissent mal, nous imposent des douleurs imméritées, nous ne devons pas chercher à nous dérober à l'étreinte cruelle, en employant des armes indignes, nous ne dirons pas « de croyants » mais simplement de gens civilisés, intelligents.

Laissons à la sottise le droit de s'affirmer par des pratiques stupides. Laissons la crédulité se laisser tromper ; trop de mauvais ouvrages promettent chance, réussite, bonheur... à ceux qui sont destinés à recevoir ces faveurs. Nous avons ici, essayé de démontrer la vérité et de faire luire la lumière destinée à dissiper l'erreur.

La kabbale.

Le mot Kabbale vient d'un mot hébreu « tradition ». Il signifie donc en principe la tradition religieuse, comme nous pouvons dire chez les chrétiens pour la doctrine chrétienne, que nous lisons, la tradition à suivre conformément au rite de notre religion.

Chez les Hébreux, la Kabbale renfermait la Théologie secrète, initiatrice des mystérieuses interprétations des livres saints. L'Oriental pratique presque toujours l'apologue ; sous les phrases souvent poétiques, presque toujours ténébreuses se cachent un principe, une idée, un sens qu'il faut savoir découvrir ; ce qui justifie cet axiome, « la lettre tue, l'esprit vivifie ». Les grands prêtres connaissaient le secret de la Kabbale et la tradition veut, qu'ils le communiquent verbalement à leur successeur. C'est la clé de la Théologie hébraïque et voilà tout.

Mais en ce monde tout est dénaturé et la Kabbale n'échappa pas à cet accident. La Kabbale devint synonyme de sorcellerie. La sainteté de sa doctrine fut transformée en démonialité ou plutôt, servit à l'accomplissement des rites infernaux.

Il y eut pour opérer cette transmutation plusieurs causes. D'abord la scission qui se produisit entre les enfants des hommes ; les Hébreux demeurèrent fidèles au culte du Vrai Dieu ; les autres, issus de la même souche, du même père, s'écartant de la vérité, s'en allèrent fonder des religions fantaisistes, s'étayant sur la même base originelle, mais dont les rameaux portèrent d'autres fleurs, d'autres fruits. C'était l'erreur greffée sur la vérité, qui devait produire la sorcellerie dite Magie ; c'est-à-dire détourner la Théologie de son but pour créer la Mythologie dérivant du monothéisme, pour arriver au polythéisme. Au vrai Dieu que l'on prit pour base de l'opération, l'on ajouta des faux Dieux, des sous-dieux, des demi-dieux. Les éléments créés par le Tout-Puissant, par la Sagesse incréée, furent divinisés, reconnus, proclamés dieux. L'œuvre issue du cerveau de Dieu est en effet divine ; l'on pouvait vénérer Ses travaux, les admirer. Demeurer saisi d'une crainte respectueuse en présence des manifestations sublimes de l'Univers. Cela eût été un acte d'adoration allant au Créateur, un geste admiratif pour Sa Toute Puissance. La Théologie ne devait pas dévier. Il fallait établir très nettement la différence entre le Créateur et Son œuvre.

Les races primitives qui s'étaient séparées de la vérité, n'ayant plus la « tradition » pour les guider, s'égarèrent. La fable se glissa dans les récits des anciens, dénaturés, grossis, enflés. La tradition finit par échouer dans la fantaisie, et ainsi, naquirent des dieux innombrables : le monothéisme avait engendré le polythéisme.

La science naissante s'appuyant sur l'étude des mondes, interpréta faussement les influences surnaturelles. Des Satellites elle fit des Dieux. Des éléments de l'air, de la terre, de l'eau, du feu; elle tira des divinités ou des démons.

Dès le début, la bonne foi peut encore être acquise ; sous divers noms, selon la langue de la contrée, car en se séparant les unes des autres, les races avaient apporté à la langue primitive les mêmes corruptions qu'à la religion, le nom de Dieu prit des désignations différentes. Quoique ayant toujours pour objectif le Dieu créateur, le Tout-Puissant, base reconnue de toutes les religions. Cependant la corruption édifia des légendes diverses sur ce Dieu invisible, inconnu. Il fut même presque général, que le respect et la crainte défendirent de Lui donner un nom. Parmi plusieurs sectes l'on définissait ce Dieu Tout Puissant, par le terme de « Dieu sans nom » les Hébreux eux-mêmes, éprouvaient un embarras réel, issu de leur respect, pour Le nommer.

Après, la Magie, — qui veut dire « Sagesse » Magdhim en chaldéen, — toujours conduite par la légende, créa le merveilleux, et le principe de la « Sagesse »; la théologie sainte, se transforma en manœuvres indignes. Ce fut la magie criminelle, la démonialité. Les peuples antiques firent appel aux éléments. Des phénomènes purement physiques de la nature, ils firent des éléments surnaturels et en traversant les contrées, en étendant ses ramifications sur le monde entier, la magie prit possession de l'être pour le conduire à la démence, à sa perte. Le moyen-âge vit fleurir cette pseudo-religion et avec elle le crime ; le crime odieux et lâche qui demandait à la démonialité la satisfaction de ses passions, de ses haines, de sa cupidité, avec le concours de Dieu : comble de l'outrage que la créature pouvait infliger à son Créateur. Si toutefois Dieu, dans Sa divinité et Sa formidable puissance, pouvait être atteint par ce pygmé qu'est l'homme.

Mais si la Sagesse incréée put éprouver de la colère en voyant la présomption de l'humanité, Elle fut aussi clémente. Sa pitié fut acquise à la Folie. Ce mot seul peut servir d'excuse à l'Homme qui dans sa démence a cru pouvoir commander à l'Univers et se servir de son Créateur pour se faire obéir.

Des divisions de la kabbale.

Il y a en principe, deux principales branches de la Kabbale, qui produiront d'autres ramifications.

La première porte le nom de *Berenith*. C'est la science proprement dite des vertus renfermées dans le monde — l'omniscience.

La seconde dite *Marceva* donne la science des choses surnaturelles.

La Haute Kaballe nous révèle les mystères les plus sublimes des dix attributs de Dieu.

Couronne, Sagesse, Intelligence, Clémence, Justice, Ornement, Triomphe, Louange, Base, Règne.

Nous trouvons dans Reuchlin, les noms des soixante-douze anges que nous a donnés la Kabbale, ainsi que les mystérieuses prières qu'elle emploie. Agrippa dit, qu'il existe trois sortes d'*Intelligences* qui peuvent entrer en contact plus ou moins direct avec le Kabbaliste

Les premières reçoivent immédiatement la lumière du ciel.

Les secondes dirigent les sphères célestes.

Les troisièmes président au sort des humains.

L'homme détient le pouvoir transcendant d'asservir les bons et les méchants esprits.

Paracelse enseigne que les esprits élémentaires sont au nombre de quatre.

Les *Sylphes*, esprits de l'air ; les *Salamandres* esprits du feu ; les *Ondins* esprits de l'eau ; les *Gnomes* esprits de la terre.

Ces esprits tout en pouvant vivre plusieurs siècles ont une âme mortelle. Ce qui les différencie de l'homme. Ils sont aussi divisés en sexes mâle et femelle et s'ils s'allient aux humains, ils peuvent conquérir une âme immortelle.

Nous verrons au moyen âge ces légendes mystérieuses prendre corps. Mélusine, Merlin et beaucoup d'autres histoires merveilleuses viendront corroborer cette tradition. Pic de la Mirandole, très combatif en ce qui concerne l'astrologie judiciaire, accepte pourtant ces versions sublunaires.

A titre de curiosité seulement, nous donnons l'oraison des Salamandres :

Oraison des Salamandres.

IMMORTEL, Eternel, ineffable et sacré Père de toutes choses, qui est porté sur le chariot roulant sans cesse, des mondes qui tournent toujours, Dominateur des campagnes éthériennes, où est élevé le trône des Puissances, du haut duquel tes yeux redoutables découvrent tout, et tes belles et saintes Oreilles écoutent tout. Exauce tes Enfans que tu as aimez dès la naissance des siècles ; car ta dorée, et grande et éternelle Majesté resplendit au-dessus du monde et du ciel des Etoilles; tu es élevé sur elles, ô feu étincelant. Là tu t'allumes et t'entretiens toi-même par ta propre splendeur ; et il sort de ton essence des ruisseaux intarissables de lumière qui nourrissent ton Esprit infini. Cet Esprit infini produit toutes choses, et fait ce trésor inépuisable de matière, qui ne peut manquer à la génération qui l'environne toujours à cause des formes sans nombre dont elle est enceinte, et dont tu l'as remplie au commencement. De cet esprit tirent aussi leur origine ces Rois très saints qui sont debout autour de ton Thrône, et qui composent ta Cour, ô Père universel ! ô Unique ! ô Père des bienheureux mortels et immortels ? Tu as créé en particulier des Puissances qui sont merveilleusement semblables à ton éternelle Pensée, et à ton Essence adorable. Tu les as établies supérieures aux Anges qui annoncent au monde tes volontez. Enfin tu nous a créez une troisième sorte de souverain dans les Elémens. Notre continuel exercice est de la louer et d'adorer tes désirs. Nous brûlons du désir de te posséder. O Père ! O Mère la plus tendre des Mères ! O Exemplaire admirable des sentimens et de la tendresse des Mères ! O Fils de la fleur de tous les Fils ! O Forme de toutes les Formes, Ame, Esprit, Harmonie et nombre de toutes choses.

Nous n'avions nullement besoin de cette oraison pour savoir que Dieu a dans Sa cour des phalanges célestes appelés Trônes, Dominations, Séraphins, etc. Le Christ ne dit-il pas, que s'Il demandait à son Père de Lui envoyer Ses Légions, Il le pourrait facilement.

Nous n'éprouvons donc qu'un sentiment d'indignation bien légitime en voyant dénaturer le culte de Dieu, et les prières destinées à Lui être adressées, pour célébrer Sa gloire et marquer notre adoration, subir des variantes perfides, sous la forme adorante qui les recouvre afin de mieux dissimuler le péril à ceux qui, convaincus de l'innocuité de ces pratiques, s'en vont au diable ou du moins aux diableries, revêtus de l'armure de Dieu.

Sous ce palladium sacré nous verrons l'humanité

insatiable multiplier les pratiques, qui formeront autant de rameaux à la superstition, à la négation formelle du culte du Vrai Dieu, malgré l'estampille des prières, des appellations dans toutes les langues, dont on se sert pour désigner Dieu.

Nous verrons se développer les magies diverses, issues de la « Magie », ayant la prétention d'être une chaîne ininterrompue de la Kabbale, c'est-à-dire de la Théologie sacrée : De la Loi donnée par Dieu à Son peuple.

Et ces différentes manifestations s'appliqueront à des actions criminelles, à des désirs de cupidité, où à des jongleries destinées à émerveiller les foules pour mieux les tromper, les exploiter et le tout, pour outrager le Créateur, dans Sa Divinité, dans Son Essence même, dans ce qui est l'apanage indiscutable, inattaquable et inaccessible de Sa Toute-Puissance.

La lutte qui s'établit entre Moïse, envoyé du Très-Haut et les prestidigitateurs de Mestraïm symbolise la lutte qui se perpétue à travers les âges entre le « Vrai Absolu » et le Mal.

Zoroastre fut l'un des doctrinaires les plus dangereux de la magie. Il sut fondre en une seule religion, la théurgie et la goétie, adapter un rite spécial où les évocations, les talismans, les imprécations, les chants, les lettres sacrées, les conjurations, adjurations, élucubrations de toutes sortes, remplacèrent les formules simplistes du culte du Dieu Unique en Trois Personnes. Telles furent du moins les prétentions des Chaldéens, de Zoroastre, Hostan, Astrampsyk et autres mages de leur école, et de toutes les fabriques universelles qui leur succédèrent.

L'élément de basse superstition de l'Egypte Ptolémaïque fut importé en Judée, amenant encore une confusion plus grande, où l'erreur s'enroulait à la vérité, créant une théurgie ténébreuse, aussi obscure que son origine. Simon le Magicien émit la prétention de se rattacher à Abraham et à son livre *Jesirah*, et même, il essaya de donner pour auteur de cette nouvelle doctrine de la Kabbale, Adam dans le Paradis terrestre.

La parole de Dieu fut incomprise ou plutôt mal interprétée. Il avait dit :

« La prière de l'homme juste, force La Main du Tout-Puissant » ce qui devait exprimer que Dieu pouvait écouter la prière, exaucer la demande. Mais l'orgueil humain conçut que Dieu et l'Univers devaient s'incliner devant la volonté, l'ordre de l'Humanité. L'homme fut convaincu que le Nom du Tout-Puissant étant prononcé par sa bouche infime, aurait le pouvoir magique de tout faire plier devant sa volonté. Toutes les sectes de la Judée professaient cette croyance extravagante. Les disciples de Sadok avaient foi en leur empire illimité, en ce qui concernait le présent, tout en sachant qu'ils se préparaient un avenir terrible, quoique les Pharisiens fussent persuadés que leurs Totaphoth avaient une puissance surnaturelle.

La Kabbale et la Magie greffées, avaient la même base initiale. Ensoph, le Dieu infini a tout créé : Adam Kadmon (l'aîné) est grand entre tous, parce qu'il est le plus près de Dieu et de cette première émanation sont sortis les dix sépiroth ; formant dix sources de lumières immatérielles comme les anges, ou matérielles comme l'Univers.

Puis alors les principes des cercles infinis d'émanations échelonnées, qui retournent à Dieu. C'est la chaîne sans fin. Et la doctrine Panthéiste finira par jeter l'homme dans l'erreur fatale ; il se prouvera à lui-même qu'étant tout en Dieu, il est Dieu lui-même.

Simon de Gitton, furieux de n'avoir pas obtenu des apôtres du Christ qu'ils lui vendissent l'Esprit-Saint, et le don des miracles, se vengea en traînant à sa suite une femme qu'il appela « La vertu de Dieu » et qui était moins qu'une courtisane. Lui-même se prétendit sauveur du monde. Ménandre, Saturnin, suivaient son exemple, et les sectes des Gnostiques se développèrent, ralliant le Pythagoricien Basilide, émettant la doctrine sacrilège qui déclarait, que Dieu même, était soumis à l'influence des nombres et que le mot *Abraxas*, chiffre de la révolution du soleil (365 jours) gravé sur des pierres, des anneaux, soumettait toute la matière à l'homme.

A la théorie succédèrent les pratiques infâmes que, dans leur folie, conçurent les nombreuses fractions de ces Gnostiques, Caïnites, Sethiens Ophites Borborites, etc., etc.

Dans une île du Tibre, un temple fut érigé à la gloire de Simon le Magicien qui avait par ses prodiges ébloui la ville éternelle. Une inscription désignait le nouveau dieu. *Simoni Deo Sancto.*

Vespasien et ses miracles prétendus, Apollonius de Thyane, qui avait appris des Arabes Scénites, le langage des oiseaux, avait au Caucase vu les chaînes de Prométhée et la foudre dont les Bhramines avaient repoussé les tentations d'Hercule et de Bacchus.

Tous ces faiseurs de miracle furent démonétisés en peu de temps, mais leur souvenir survécut, apportant des preuves à l'édifice de la Sottise.

Ce fut au moyen âge que la magie reprit avec plus de prépondérance une place importante. A travers ses pérégrinations; pour arriver jusqu'à la France, elle s'était enrichie de pratiques diverses; nous ne serons donc pas étonnés de voir surgir des magiciens, des nécromans, des envoûteurs, venus d'on ne sait où, allant, souvent où ils ne voulaient pas ! finissant en place de Grève sur un bûcher où se terminait leur divinité. Eux qui prétendaient venir de Dieu et retourner à Dieu étant Dieu, retournaient tout simplement au diable dont ils venaient.

Le Sire Lucifer devait être profondément touché de la gracieuse attention que l'on avait de lui expédier son gibier tout rôti.

Nous avons relevé cette confession d'un démoniaque; c'est une pièce intéressante qui peint bien l'époque.

Confession de Maître Jehan de Bar.

Jehan de Bar fut brûlé à Paris pour avoir pratiqué les différentes œuvres et sortilèges défendus. Il fut condamné et dut faire une rétractation de ses crimes. Voici ce curieux document tel qu'il est relaté dans un manuscrit de l'abbaye de Saint-Victor. Il faisait suite à un recueil de sermons de Jean Gerson qui date de 1405.

« Je Jehan de Bar par plusieurs fois et par longtemps et par espécial deux ans ay fait invocation de dyables par ars mauvais et deffendus de Dieu et de l'esglise et par mauvaise foy et créance que je y adjointoiye et pour venir à estat et richesses combien que je sousso que fusse mal et que plusieurs foys m'en fusse confessé.

« Je m'en repens et les renye et les abjure et ay ferme volonté de jamais y non recheoir et confesse que en ce faysant j'ay esté idolatre.

« Item. J'ai voulu faire et fait plusieurs foys sacrifices à lenemi tant par thurifications, subfumigations ou ensentements de huppe de bouc et en ay fait lettres et caractères et m'en suis oing.

« Je m'en repens et les renye, etc., etc.

« Item. J'ay voulu consacrer aneaulx par les dyables affin que quant je les baiseroye en lonneur d'eulx ils fussent ma requeste.

« Je m'en repens et les renye, etc., etc.

« Item. J'ai voulu par plusieurs fois consacrer aulcuns miroirs d'acier à certains dyables et creoye qu'ilz deussent entrer dedans et révéler les choses secrettes et respondre à ce que on leur demanderoit véritablement et sans décevoir, et pour venir à ceste j'ay fais invocacions de dyables; fais cercles, figures, espées, vestemens et autres choses abbominables et deffendues et contre nostre foy ay je esté ou prins part à faire ces choses.

« Je m'en repens et les renye, etc., etc.

« Item. Ay baptisie on fait consacrer par ars deffendus ou invocacions de dyables plusieurs ymages, robes, livres, vestemens lesquels livres estaient de cest ars deffendu et plains de erreurs en la foy et contre les bonnes mœurs.

« Je me repens et les renye, etc., etc.

« Item. Ay cojuré ou consacré une pierre de crystal pour y enclorre un dyable que je endoye être bon ange et disoit inag petit enfant quil veait une figure d'Evesque qu'il signait les choses que je vouloye consacrer.

« Je m'en repens et les renys, etc., etc.

« Item. Ay fait plusieurs fois et voulu covenance expresse à l'enemi pour lui donner aulcune chose par fait et par paroles. Car je lui ay offert deux ymages de cire l'une blanche et vierge, l'autre rouge et une ymage de cuivre toutes baptisiez et consacrées par cojuration de dyables et en leurs noms et les mettaye hors du part ou jestoye affin que lenemi fust plus enclin a venir et qu'il les emportast.

« Je m'en repens et respecte ce estre ydolatrie et très dampnable supisticion.

« Item. Ay gardes les cheveulx et barbes de mon corps et rogneures de mes ongles et gardées en une boiste et portées sur moi affin que lenemi cuidant que je lui voulusse donner combien que je ne lui voulusse mie faire mais vouloye bien dire qu'il me feût bien ma besoigne et je le feroye bien la soye.

« Je m'en repens et respecte ce estre ydolatrie.

« Item ay fait roles plains d'invocacions de dyables ou je demandaye avoir puissance moult large a lier les paroles ou esentemens des gens les mauvoises fortunes du roy et de monsieur le dauphin.

« Je m'en repens et les renye, etc., etc.

« Ay fait une espéciale ymage pour Monseigneur de Borgogne affin qu'il fust tellement lie à mort et a faire ma volonte qu'il n'eust puissance en quelconque de ses vertus riens me refuser et que sur tous il me crust oboist et a ceste fin ay fait la dicte ymage cosacrer par dyables en son nom.

« Je m'en repens et confesse que j'ay en ce errement offendu contre Dieu et le dict seigneur.

« Item. Ay creu de cueur et dit de bouche plusieurs foiz que ces choses dessus dictes c'estoit mieux d'en user pour un grand bien que de les laisser.

« Je m'en repens et repute et croy fermement que cecy affirmer est erreur en la foy et heresie et qui obstinement le tenterait il seroit digne de estre ars.

« Item. Ay creu et dit plusieurs fois que Dieu par les ars dessus dicts contraignait les mauvois esprits ou les bons angels les contraignirent.

« Je m'en repens et repute ce estre erreur en la foy car Dieu sembleroit approuver ce qu'il deffend en lescripture et en sainte esglise de tels ars.

« Item. J'ay usé plusieurs foiz ars qui se dit geomace ou plusieurs poins se font en terre.

« Je m'en repens et les renye, etc., etc.

« Item. En mes livres sont plusieurs erreurs contre nostre foy comme dire que aulcuns dyables soyent bons et bignins aulcuns tous puissans et tout saichant, aulcuns nen enfer nen paradis et que bons angels ont révélé telles scyences et que les sains prophestes et autres ont fait des miracles et dit les prophéties par tels ars et ay réputé mes diz livres bons et sains.

« Je m'en repens et repute ces choses être erres en la foy et blasphême que Dieu et ses sains angels et autres sains et saintes et les diz livres sont mauvois et exécrables.

« Item. Ay eu plusieurs foles créances et supsticions come de croire que parchemin vierge ou d'une beste plus que de l'autre vausiste a contraindre dyables.

« Croyre que un clou de cheval offert en don un certain jour de l'an vausist contre encloure de chevaulx.

« Croire que le denier offert premièrement le jour

du grant vendredi vausist a aulcune telles choses.

« Croyre que le cueur d'une taupe porté sur luy empescha d'estre dérobé.

« Je m'en repens et les renye, etc., etc.

Il ne faut pas confondre Jehan de Bar avec le chevalier Jean François Lefebvre de Labarre qui fut exécuté en 1766; il eut la main droite coupée et fut décapité avant d'être livré aux flammes. Il avait mutilé un crucifix sur le pont d'Abbeville; Jehan de Bar vivait au xvᵉ siècle.

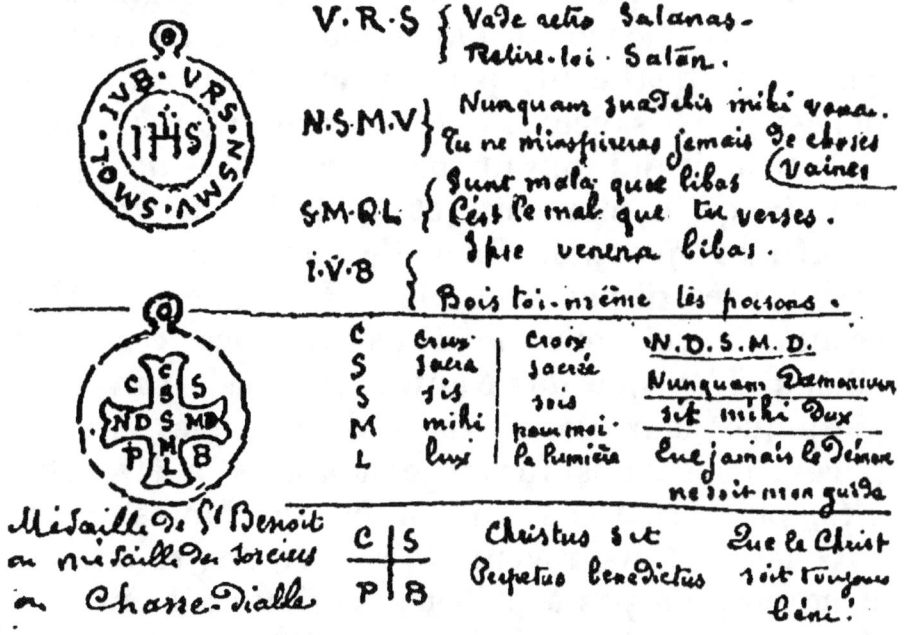

Communiquée par le Dʳ Menard.

Gilles de Retz ou de Rais surnommé indûment Barbe Bleue, car ce titre appartient à un autre gentilhomme provincial, Gilles de Rais qui était né en 1406, qui avait été maréchal de France, le compagnon de Jeanne d'Arc, qui avait porté au sacre de Charles VII la Sainte Ampoule, puis qui trahit la pucelle sous les murs de Paris, et s'en fut après ce haut fait d'armes regagner ses foyers, fut alors le mécréant, le dépravé, le criminel abominable, qui ternit sa renommée par la honte et l'infamie. Beau, jeune, riche, mais d'une nature faible, frivole, il jetait l'or à pleines mains ; dans ses châteaux de Bretagne, il menait une existence d'une somptuosité excessive ; ayant une chapelle d'une magnificence insoupçonnée ; faisant représenter *des Mystères*, dépensant des sommes folles. Si bien qu'un jour, il lui fallut, pour combler les brèches énormes faites par ses extravagances, se livrer à la science de l'alchimie, à la nécromancie qui lui promettaient, par le ministère de Satan, richesse, puissance. Pour se rendre favorable, le Très-Bas, il lui offrait en holocauste des jeunes enfants qu'il immolait, et qu'il faisait voler aux infortunés parents. Plus de trois cents pauvres petits êtres disparurent ainsi. La rumeur publique accusa le seigneur de Rais de tous ces crimes odieux. L'évêque de Nantes instruisit son procès ainsi que ceux de ses deux domestiques, ses complices. Tous trois furent condamnés à être étranglés, puis brûlés dans la prairie de Nantes en 1440.

Gilles de Rais, revenu de ses erreurs, se repentit : il ne chercha pas à pallier ses crimes : il mit même une grande ardeur à guider la justice ; avoua, prouva, toute sa criminalité et mourut en chrétien, acceptant presque avec bonheur le châtiment, en expiation de ses forfaits exécrables.

Nous trouvons dans les mémoires de M. de Nevers, tome I, page 73, que l'on envoûta le roi Charles IX en portant sur les autels une figurine de cire, que l'on piquait au cœur afin de faire mourir le roi.

L'on renouvela l'expérience sur Henri III : nous

donnons la note dans le style de l'époque parue dans un journal du temps.

« Furent faites à Paris force images de cire, qu'ils tenoient sur les Autels, et les picqoient à chacune des quarante messes, qu'ils faisoient dire durant les quarante heures en plusieurs Paroisses de Paris, et à la quarantième picquoient l'Image à l'endroit du cœur, disant à chaque picqeure quelques paroles de Magie pour essayer à faire mourir le Roy. Aux processions pareillement, et pour le mesme effect ils portoient certains Cierges Magiques qu'ils appelloient par mocquerie, Cierges bénits, qu'ils faisoient esteindre aux lieux, où ils alloient renversant la lumière contrebas, disant je ne sçay quelles paroles, que les Sorciers leur avoient appris. »

Mais, ainsi que nous l'avons vu au chapitre des Sorciers, il a fallu encore en arriver à faire assassiner le Roi. Ce qui prouve que la Magie, même avec le concours céleste sacrilègement requis sur les Autels, n'opère pas tous les miracles que l'on veut bien lui attribuer. La ligue, si fervente dans sa haine contre Henri III, n'obtenant pas la réussite, finit par prendre le meilleur moyen pour se débarrasser d'un monarque gênant. Quelques pouces d'acier se gainant de chair humaine furent plus sûrs et plus expéditifs. La haine se manifeste encore inexorable après la mort, car dès que le roi eût reçu les sacrements de l'Eglise avec grande dévotion ; après qu'il eut pardonné à tous ses ennemis et en particulier à ceux qui lui avaient ôté la vie ; après qu'il eut rendu son âme à Dieu, alors que les Ducs, Maréchaux de France, et autres chefs de l'armée catholique, tenaient conseil pour savoir comment ils reconnaîtraient pour légitime Roi de France, Henri de Navarre décrété Hérétique, « C'est chose étrange, dit Mathieu, qu'au mesme temps que ce conseil se tenoit, la rage fut si extrême contre le Roy deffunct, que l'on donna des coups de poignards dans le coffret, où étoient enfermées ses entrailles, de manière que la graisse sortit de tous costez ». La haine se montra implacablement féroce : d'autant plus féroce, qu'elle n'avait pas obtenu par les moyens souterrains le résultat rêvé. La Magie échouant — et pour cause — il ne restait plus que le crime effectif, rendu indispensable graduellement, comme il arrive toujours lorsque l'on s'embarque dans le crime moral avec la haine pour pilote.

Tout se faisait en musique, en magie et en assassinat en cette bien heureuse époque. Le roi Henri III fut également accusé de se livrer aux pratiques de la Magie. Ex Cathedra, Lincestre dit en son Sermon « qu'il ne prêcheroit poinct le mercredi des Cendres l'Evangile du jour parce qu'il était commun et que chacun le savoit, mais qu'il prêcheroit à ses auditeurs la vie, geste et fais abominables de ce perfide Tyran d'Henri de Valois ». Il laissa déborder une infinité de vilenies et d'injures, disant que le Roi faisait commerce avec le diable et pour mieux prouver son assertion, il tira de sa manche un des chandeliers du Roi sur lequel étaient gravés des satyres, (ornement fréquent, datant de la Renaissance). M. de Thou dit que ce chandelier avait été dérobé par les Seize dans le couvent des Hyérominites de Vincennes de l'ordre des Capucins. Lincestre anathématisa le Roi, en disant que ce misérable tyran adorait pour ses Dieux les démons et s'en servait pour ses incantations. M. de Thou raconte qu'il fut trouvé la même année dans l'oratoire du roi au couvent des Hyéronimistes de Vincennes une croix qui portait au revers deux Satyres gravés, et que cette croix fut montrée en chaire par les prédicateurs qui, prétendirent que tout en affectant de vénérer la Sainte Croix, Henri de Valois adressait ses adorations au diable. Cependant, il fut prouvé que cette Croix était une pièce ancienne, datant de plus d'un siècle, et qui avait été vendue telle quelle, au roi par un orfèvre qui habitait Paris et était encore vivant. M. de Mézeray dit que « c'étaient des chandeliers ou cassolettes, faits en forme de satyres, qui de la main gauche, s'appuyoient sur une massue et de la droite tenoient un vase de cristal plein de parfums, ayant une Croix au milieu, dans laquelle étoit enchâssé un morceau de celle où Notre-Seigneur fut attaché ».

Les prédicateurs de la Ligue ne désarmaient pas, calomniant le roi, dénonçant ses débauches, son culte pour les idoles. « La Gallerie du Palais, dit d'Aubigné, et tous les cantons de Paris, résonnoient des portraits du Roy, parsemez de Diables, revêtus en pantalons, avec les postures de l'Arétin, ou choses pires que cela ». Il faut voir dans toutes ces manœuvres la haine produite chez les ligueurs par l'assassinat du duc de Guise. L'on fit passer le roi pour un monstre et un horrible sorcier. Un libelle du temps prétendit qu'il était certain qu'Henri de Valois se servait de la Magie et de l'intervention du diable ; que l'on avait trouvé tous les instruments propres à ces pratiques, caractères, peaux vierges, charmes, dans les coffres de son médecin Miron. Il n'est pas inutile de dire que Miron, selon Bouchet, était de race Juive. Plus de six mille personnes dans une assemblée de Saint-Méry, prétendirent avoir vu et tenu en mains, les objets délictueux sur lesquels était écrit, en lettres d'or, le nom d'Henri de Valois parmi les textes latins entremêlés de français. Cinq ou six docteurs parmi lesquels Genebard certifièrent la chose et avaient envoyé le tout à Rome entre les mains du Pape. L'on anagramatisa le nom d'Henry de Valois par *O crudelis hyèna* ou *Vilain Hercule*. Bouchet prétend qu'Henri III s'était adonné à la Magie pour éviter d'être massacré.

Plus tard, ces accusations se renforcèrent de la découverte que l'on fit de la médaille magique de la Reine Catherine de Médicis, dont nous donnons la reproduction d'après une gravure ancienne.

M. de Castelnau dit que la reine Catherine de Médicis ajoutait quelque foi aux magiciens plutôt par superstition que par malice. Nous savons cependant qu'elle se livrait à ces pratiques et il reste un monument attestant la véracité de la chose. La tour de l'hôtel de Soissons, encastrée dans la bourse du commerce, dernier vestige de ce magnifique hôtel où la reine se retirait et, où son astronome, ou astrologue Ruggieri l'aidait à découvrir les secrets du destin et à perpétrer ses crimes, sinon par la magie, du moins par une habile toxicologie. Il est avéré également qu'elle portait sur sa poitrine, une peau d'enfant semée de figures et d'inscriptions kabbalistiques en plusieurs langues. Et que cette peau dite de vélin tomba entre les mains de M. Vion d'Hérowal. Ainsi que l'on peut voir, ligueurs et royalistes se livraient à la magie. Sur ce terrain du moins ils n'avaient rien à se reprocher et cette communauté superstitieuse eût dû les réconcilier, si cette satanée — le mot est de circonstance — politique ne les eût rebrouillés continuellement.

Les ligueurs pourtant eurent le dernier mot ; si ce ne fut pas par la magie ce fut tout de même magique. Ils travaillèrent pour la peau de Buffle, vêtement préféré du roi de Navarre qu'ils élurent roi de France.

L'on prétend qu'en Kabbale il se produit des effets imprévus !

Pour en revenir à la fameuse médaille de Catherine de Médicis, diverses origines lui furent attribuées l'on mit en circulation plusieurs versions plus ou moins fantaisistes ; ainsi que pour l'interprétation des signes gravés à l'avers et au revers.

L'on prétendit que cette médaille avait été remise à M. de Mesmes par Catherine de Médicis ; mais l'hostilité qui régnait entre eux ne peut donner créance à cette version et si la médaille vint échouer entre les mains de M. de Mesmes, ce fut par une autre voie. Le P. Menestrier trouve cette médaille si horrible qu'il l'attribue à la Duchesse de Valentinois; ce qui est inexact. Le Duc de Brabant seul, aurait pu indiquer son origine.

La médaille serait attribuée à Fernel, médecin de la Reine, pour perpétuer le service qu'il lui rendit en faisant cesser la stérilité de Catherine. Elle avait vécu dix années avec Henri II et nulle postérité ne s'annonçait ; Fernel consulté, expliqua les causes, causes toutes naturelles et remédiables de la stérilité et bientôt la reine devint mère. Cet événement si important, méritait bien d'être l'objet de la reconnaissance dont Catherine donna toujours des marques à Fernel.

Nous trouvons sur cette médaille le nom de Fernel; puis la figure d'Isis représentant la Reine. Celle de l'Epervier fait allusion à sa maison; les têtes de Pavot symbole de fécondité, 3 coqs avec chapiteaux for-

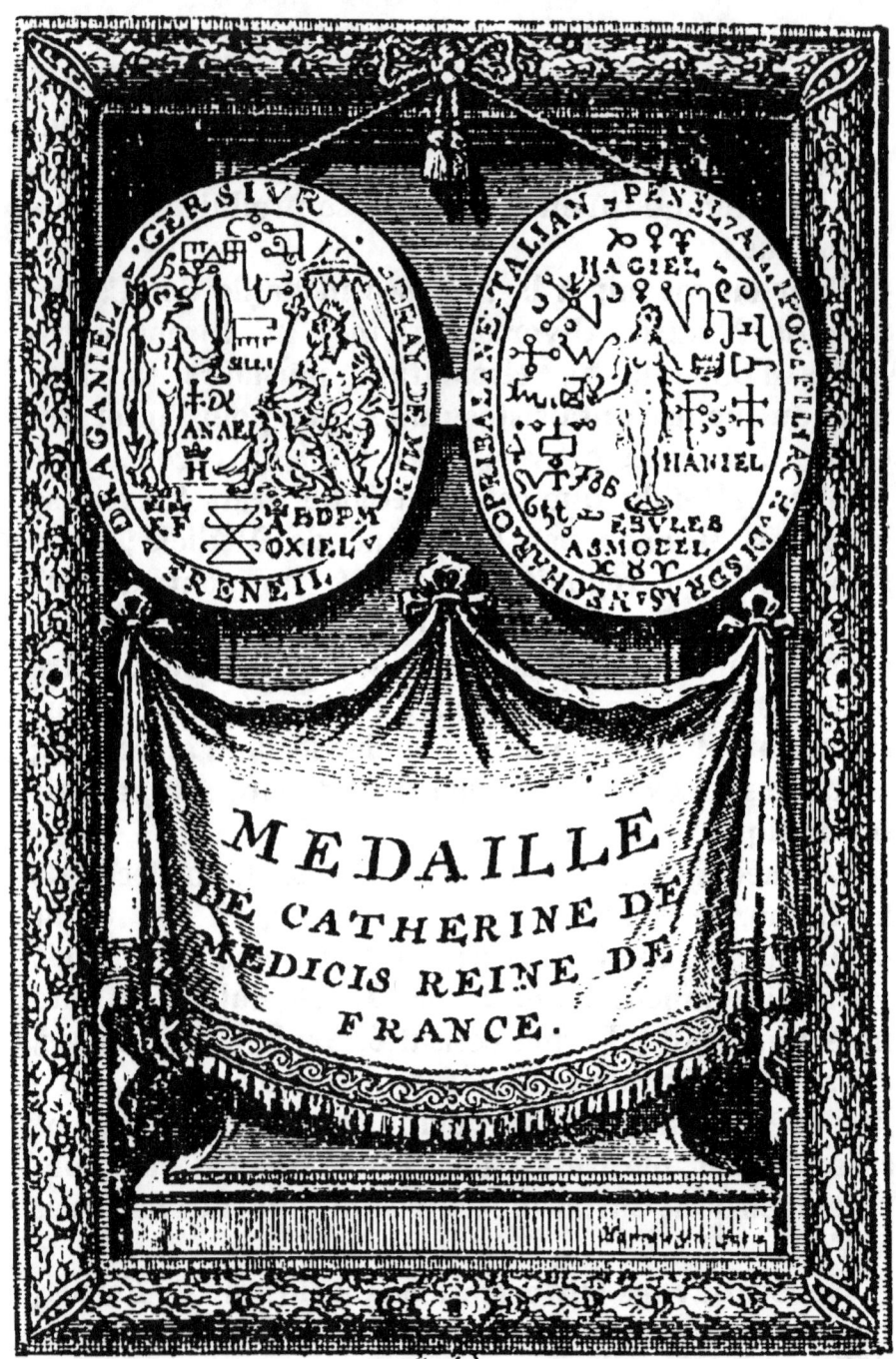

mant diadèmes désignent les trois princes de France. La maison carrée est celle des Valois, soutenue par la vie du Roy et la naissance des trois princes ; la bannière est celle de France ; le Dard que la Reine tient en mains avait lancé de nouveaux feux dans le cœur du roi dont l'amour s'était augmenté par l'accroissement de la famille royale. Le miroir lui fait voir l'exemple qu'elle devait suivre.

Le roi présentant son sceptre avec ce mot *Illis* indique qu'il le conservait pour le laisser à ses enfants. La lettre H est la première de son nom ; l'F, celle du Dauphin François ; K, du prince Charles et le troisième des enfants est désigné par A, Alexandre. Ce ne fut qu'après la mort de son père et en sa mémoire qu'il s'appela Henri. L'espérance du trône pour les trois enfants a porté Fernel à mettre la couronne sur chacune de leurs lettres, puis ses souhaits pour leur prospérité s'énoncent avec ses lettres B. D. P M *Bene Dicit Principus Magnus* implorant le seigneur par le mot *Oxiel*.

Le revers de la médaille nous montre Catherine au moment de donner le jour à l'enfant. Elle tient le cœur du roi que lui conserve la naissance des princes ; le Cardinal de Lorraine ayant conseillé la répudiation et le roi n'ayant été arrêté dans cette exécution que par le Connétable et le Cardinal de Châtillon. Le balancier de l'Horloge posé sur la pointe d'un fleuron d'une couronne signifie que la Reine a compté les minutes qui la séparaient de la maternité et que jusque-là, elle a été en disgrâce Le peigne est le symbole de la pureté de la conduite de la Reine. Les six besants sont les armes de la Maison des Médicis ; ils sont mal posés pour mieux cacher le mystère. Ils ont entre eux un double FR la croix de Lorraine, indiquant que la Maison de Lorraine avait employé tous les moyens pour séparer la reine du roi et même pour la faire sortir de France, où sa maternité lui a conservé le premier rang. Le fer de charrue est le symbole de la fertilité. Le balancier à quatre poids indique que le roi avait dû prendre des mesures et choisir le temps favorable pour la conception. Les lettres S. V. disent : *Sola virtute* ou *veriditate*. La Vénus mise entre Ariès et Taurus est l'époque indiquée au roi par Fernel comme la plus favorable à la génération. Les mots Asmodel, Ebullé et autres signifient que Fernel avait eu besoin pour ainsi dire de se donner au diable afin de trouver le moyen de faire fleurir les rameaux de la Maison de France. L'on pense que cette médaille aurait été faite en 1552-53 ou 54. Mais le comte d'Avaux eût pu seul, éclaircir ce mystère.

Il y a cependant sur cette médaille le mot Anaël dont ne parle pas la description et bien d'autres signes kabbalistiques. Il n'est donc pas étonnant que l'on ait prétendu qu'elle représentait la reine Catherine de Médicis adorant le diable. Nous savons que la Florentine s'adonnait à la passion de la Kabbale et que les magiciens se protègent par des talismans. Notre opinion est que cette médaille est un talisman ; l'on y retrouve les planètes et beaucoup de signes du zodiaque qui peuvent être mis là pour marquer les dates de naissances des jeunes princes. Mais, nous le répétons, cette médaille est un talisman et non un simple monument de la reconnaissance royale. Cette médaille est peu connue. Elle appartint au Comte d'Avaux, puis passa en d'autres mains. Elle parut en 1900 à l'Exposition Universelle, mais si elle attira l'attention d'un érudit, qui nous la signala, ce fut parce que, chercheur infatigable, il sut découvrir une vitrine échouée sous un escalier comme un rebut indigne de figurer au grand jour, dans laquelle se trouvait cette extraordinaire et curieuse médaille. Grâce au docteur Menard qui la remarqua, nous avons pu documenter le lecteur d'une pièce rare et certainement à peu près inconnue. La Reine Catherine de Médicis ne pouvait en effet prendre trop de précautions. Si elle a laissé une grande figure historique, ce fut tout autant par sa politique astucieuse, fine, implacable, que par la lutte qu'elle dut soutenir et par la réputation détestable qu'elle transmit à la postérité.

Le duc de Vendôme, Vidame de Chartres, Prince de Chabannais qu'elle avait fait enfermer à la Bastille, le 20 août 1560, puis transférer pour cause de maladie au château des Tournelles, mourut empoisonné dit-on par ses soins. Il avait 38 ans et à son lit de mort, il ne cessait de répéter ces mots :

> Catherine Florentine
> Est de France la ruine.
> Catherine de Florence
> Est la ruine en France.

L'on attribua au délire cette déclaration mais il fit comprendre qu'il savait parfaitement ce qu'il disait.

Il fut, cependant, mis sur un tableau que plusieurs de ses amis reçurent après sa mort, à la suite de ses noms, qualités, etc., « Dieu pardonne à celui qui en fut cause (de sa mort), car les hommes ne lui pardonneront pas, ni à sa postérité. » La quantité de tableaux où était inscrite cette épitaphe semblerait indiquer un testament mystérieux distribué à des vengeurs. L'on sait que la postérité de Catherine fut anéantie complètement par l'événement de Saint-Cloud. L'on accusa un moine, mais, il paraît presque certain que ce malheureux moine qui avait sollicité une audience pour remettre au roi une lettre du premier président, « Dum rex ab eo porrectam attentis oculis percuttit Thuanis, etc., etc., était innocent. Or l'on croit que le coup porté au roi fut lancé par l'un des personnages qui se trouvaient présents dans le cabinet du roi. L'on dit que Jacques Clément fut tué sur-le-champ pour qu'il ne pût pas se défendre ; d'autres versions affirment qu'il disparut et que l'on ne sut ce qu'il était devenu. Mais, mort ou vivant, ce n'est pas lui qui s'acharna au lendemain de la mort du roi sur les entrailles ? Alors ?

Il est toujours facile d'incriminer les moines des mauvaises actions que leur froc permet d'accomplir incognito sous cet uniforme propre à dissimuler la personnalité réelle. Cela rappelle les lévites de l'affaire Steinheill.

La magie continua sa marche triomphale. Léonora Galigaï, maréchale d'Ancre ne se privait pas de cette science conductrice de la fortune. Tout en se livrant aux plus savantes intrigues, elle confectionnait des figurines de cire. Puis tout fondit en place de Grèves.

La Voisin, la Montespan, deux commères du Sabbat, donnèrent un mouvement ascensionnel à la magie. Les messes noires si célèbres de cette époque, mirent en relief le sacrilège et la sottise.

L'altière Duchesse daigna y figurer. Nous n'entrerons pas dans les détails obscènes de cette religion outrageante pour Dieu et pour les sacrements.

6.

D'autres auteurs se sont chargés suffisamment de déployer les macabreries de ce culte à rebours, et d'étaler l'infamie des officiants et des assistants. Ce sont de tristes choses qu'il faut voiler comme durant les jours douloureux de la Passion, l'on voile l'image du divin supplicié.

Après toute cette élégance sombrant dans le marécage de l'odieuse superstition ; après tous ces personnages illustres s'adressant à Satan pour rester en équilibre ou pour assouvir leur ambition, leur haine, asseoir leur fortune ; la magie a subi les fluctuations du sort des conquérants ; elle a également suivi la mode ; elle s'est encanaillée ; est descendue dans la rue. Ce ne sont plus les grands travaux, les égorgements, les savantes conjurations, mais la « camelote » magique vendue à la grosse, au paquet comme les infumables cigarettes de la régie.

C'est la magie à tout faire — comme les bonnes — et comme elles, ne sachant rien faire. En se promenant, l'on jette une pincée de poudre, l'on formule un vœu, bon ou mauvais. Et les choses tournent au gré du désir : à moins qu'elles ne se produisent pas.

Le toc si cher à notre époque s'est glissé jusque dans le temple magique. Les dieux s'en vont. Que voulez-vous, les rois en disparaissant ont égalisé les rangs. Alors les dieux ont compris, qu'il fallait pour leur commerce fournir du toc puisque la clientèle changeait. Il faut se moderniser, être au goût du jour. Leur amour-propre en a beaucoup souffert. Il est plus flatteur de travailler pour les grands seigneurs que pour les vilains ; mais la clientèle est plus nombreuse sinon aussi choisie et la *betite gommerce* marche assez bien. En ce qui nous concerne, nous ne sommes pas sans inquiétude ; nous allons nous mettre beaucoup de gens à dos ! Pourvu que l'on ne nous jette pas encore de la poudre de Perlimpimpin.

Le cabinet du Mage.

Savez-vous, Magiciens en herbe, Magiciennes en chambre, tout l'appareil et le cérémonial que comporte cette religion substituée à celle du « Vrai Dieu ? »

Connaissez-vous les rites, les formules, les conditions nombreuses et compliquées qu'il faut pratiquer, sans oublier le sacerdoce qui n'est délivré qu'après l'initiation ?

Savez-vous, femmes démoniaques, qui, entre votre sceau hygiénique, votre pot... à l'eau, ou sur le coin de votre fourneau de cuisine, au milieu des casseroles et des poêles à frire, avez la prétention de commander aux puissances surnaturelles, toutes les conditions requises, pour n'arriver à rien ?

Pauvres folles, dont la sottise amère s'affirme indéniablement, aussi formidable que l'orgueil et la criminalité ! Savez-vous combien vous êtes ridicules ?

Vous voilà armées de la baguette magique, il ne vous manque vraiment que les serpents qui sifflent autour de la tête mais, s'ils ne s'enroulent pas autour de la vôtre, ils sont dans votre cœur, chaudement logés et ils sifflent ! ils sifflent ! leur chanson de haine, de rage et d'impuissance.

Regardez-vous donc dans le miroir qui reflètera votre masque hideux ! Voyez inscrits en lettres de feu les passions, les vices, les noirs pensers ! Est-ce là une femme ? Non ! C'est une sorcière maudite qui distille la haine et le poison de son âme. Ne vous faites-vous pas horreur ! Ne reculez-vous pas d'effroi devant la sinistre vision que vous vous offrez à vous-même ?

Malgré la duplicité de votre regard ; en dépit du charme que vous essayez de lui donner ; malgré les longues séances devant ce rigide et inflexible confident dans lequel vous étudiez vos gestes, vos sourires, vos languides expressions ; croyez-vous que le bout de l'oreille ne passe pas ? Sous votre bonnet de magicienne, aussi haut soit-il ! les oreilles d'âne passent ! passent ! sans pouvoir se dissimuler. Si vous aveuglez certaines gens, d'autres vous démasquent. Leur regard acéré, va fouiller jusqu'au fond de votre être malfaisant, devine vos machinations, découvre vos turpitudes. Ils haussent les épaules, écrasant de leur mépris, de leur pitié, vos prétentions et toute votre science infernale. Vous êtes les caricatures de la Kabbale, les atomes crochus. Les microbes infectieux propres à faire les bouillons de culture où se développera le bacille de la sottise qui pourra être étudié, sinon détruit !

> O Satanel, nourri de bile amère !
> Ce teint jaunâtre et cet œil en courroux
> Peignent l'excès de tes transports jaloux.
> Espoir de nuire est ta douce chimère
> Méchanceté forma ton caractère ;
> Dans le fiel, nuit et jour, elle trempa tes traits :
> Stupidité, ta compagne et ta mère,
> Est là, qui les émousse : Ils ne blessent jamais.
>
> NESTOR DE LAMARQUE.

Allez donc dans votre cuisine, quérir votre manche à balais. Envolez-vous au Sabbat. Allez rendre à votre Maître Satan le culte qu'il réclame de ses fidèles. Votre bouche malpropre ne peut se poser que sur ce qui est immonde.

Chaque médaille a son revers, vous pourrez baiser au revers, celle du diable.

Le temple magique.

C'est dans ce temple que seront célébrées les *cérémonies*. Il faut qu'il soit éloigné de tout contact, fermé, retiré, et que nulle personne étrangère n'y pénètre et n'en vienne détruire la chasteté.

Il sera exorcisé, consacré.

Il s'y trouvera disposé à l'Orient un autel édifié soit avec une table, soit avec une pierre, r.couvert d'un linge blanc.

Sur cet autel seront posés :

2 cierges consacrés.

Une lame sacrée.

Un encensoir.

A portée de la main se trouveront les eaux, les huiles et les autres accessoires que nous donnons ci-dessous.

Acides.
Armoire magique grande.
Armoire magique petite.
Aspersoir de crins de poulain blanc.
Baguette magique.
Baguette de coudrier.
Bas.
Bâton de sureau pour Vénus.
Bâton pour d'autres opérations.
Bonnet.
Briquet.
Brûle-parfums.
Burin.
Canif.
Cassette en bois d'olivier.
Cassette en coudrier.
Cassette doublée de toile blanche.
Cendres consacrées.
Charbon consacré.

Livre de magiste.
Manches de bois pour les instruments.
Miroir magique.
Pantalon.
Parchemins pour pentagrammes.
Parchemins, papiers, pierres ou métaux pour talismans.
Parchemin vierge pour le livre.
Aloès.
Encens.
Mastic.
Plumes de coq.
Poivre.
Safran.
Santal rouge.
Soufre.
Peau de chevreau.
Pierre d'aimant.
Plumes de corbeau pour l'écritoire.

Chemises.
Cierges de cire vierge.
Cire jaune pour le bâton de Vénus.
Cire vierge pour graver les talismans.
Ciseaux.
Clous sortant de la bière d'un enfant mort.
Compas.
Corde consacrée.
Couteau pour le bois.
Crayons de couleur.
Cubes de métaux planétaires.
Eau lustrale.
Eau magique.
Étoffe blanche pour tendre les murs.
Faucille.
Glace pour recouvrir la table.
Huile consacrée.
Lame de sacrifice.
Lampe magique et ses verres de couleur.
Linges blancs.
Poudres d'aimant.
Poussière de charbon.
Réchaud.
Règle.
Rideau de séparation.
Sang de brebis pour oindre les plumes.
Sang de colombe pour écrire le livre.
Sang de pigeon mâle blanc.
Soies aux couleurs planétaires pour les enveloppes des talismans.
Souliers.
Stylet.
Table d'autel.
Table de laboratoire.
Taffetas aux couleurs planétaires.
Tasse pour le sang des victimes.
Toile cirée pour la table de laboratoire.
Vase de cristal pour l'eau consacrée.
Vase pour le sel.

Déjà, ainsi que l'on peut voir, le bagage de cette religion étrange n'est pas mince. Non seulement, il représente une certaine mise de fonds, mais, il se trouve parmi ces fournitures des choses qui font rêver, telles que, *la lampe magique avec ses verres de couleur.* Nous allons donc avoir le bonheur si grand — souvenir de notre jeunesse — d'être privilégiés d'une séance de lanterne magique, ou bien est-ce une lampe symbolique destinée à nous en faire voir de toutes les couleurs ? A toutes ces fournitures viendront s'ajouter une quantité innombrable de parfums odorants et infectants, des orviétans, des poisons, des herbes magiques, des produits étranges, et tout cela devra avoir été cueilli, préparé, selon la conjonction des astres.

Ce n'est décidément pas une sinécure et le Mage est un personnage fort occupé.

Mais cela n'est rien auprès du culte, car nous ne sommes ici que dans la cuisine ; nous allons maintenant pénétrer dans la salle d'opération. Disons encore que tous ces objets doivent être achetés chacun selon la correspondance planétaire.

Quelle comptabilité, Grands Dieux !

L'installation du Temple.

Nous avons déjà dit qu'il fallait que le temple fût disposé à l'Orient. L'on doit tendre la pièce avec une étoffe blanche qui sera changée dès que la plus petite souillure se manifeste.

Une étoile de carton doré, indiquant les quatre points cardinaux se fixe au plafond. Toujours à l'Orient, formant « *l'Oratorium* » viennent se grouper autour de l'autel une petite armoire tapissée de papier doré, renfermant les symboles des principaux cultes religieux. A gauche, l'autre armoire garnie à l'intérieur d'étoffe blanche où sont déposés les objets magiques. Tout cela bouclé, fermé, impénétrable, consacré et signé sous l'influence du Soleil.

Le *laboratorium* se place à l'Occident, il se compose d'une grande table, achetée, consacrée, sous le signe de Mercure ; on la recouvre d'un verre ou d'une toile cirée. Entre l'autel et la table, une tringle est posée pour séparer par une tenture la cuisine du salon. Le milieu de la pièce doit demeurer libre pour permettre de tracer les cercles magiques où s'enferme le mage, afin que le diable ne lui torde pas le cou. Ceci est fort important, car sans cette précaution, il risquerait fort d'être subtilisé et enlevé dans les régions infernales.

Il faut toujours prendre ses précautions même avec ses meilleurs amis et encore plus avec sa propre famille.

Maintenant que nous sommes dans nos meubles, il faut se procurer la Tenue rituélique.

Tête nue ! pieds nus ! mains nues ! Mais rassurez-vous ! la *pudeur est sauve*, le nu ne s'énonce pas autrement et encore, le front se ceint-il d'une bandelette de lin, fine toile blanche de forme mitrale, sur le devant de laquelle s'applique une lame d'or ou de papier doré (nous ne sommes pas exigeants) où se grave le tétragramme. A moins que l'on ne préfère un simple cercle d'or ou (doré) portant le tétragramme.

Quant au corps, il s'enveloppe chastement d'une tunique blanche en lin, longue, hermétiquement fermée ainsi que d'une culotte.

Tous ces objets doivent être consacrés. Il ne faut pas oublier que l'on ne doit pénétrer dans le temple que pour y accomplir un rite, quel qu'il soit, et après de nombreuses et sérieuses ablutions; puis encore, seulement en tenue rituélique. Ajoutez à cela qu'il faut les études préliminaires, l'entraînement, l'initiation et toute la science Théologo-Satanique très complexe, qui consiste à se bourrer le cerveau d'oraisons, de conjurations, de pantacles, de grimoires ; le tout intitulé pompeusement *Prières*. Et qu'il faut se livrer au jeûne, à la méditation ; fuir Satan, ses pompes et ses œuvres pour le mieux rencontrer : que la préparation des cérémonies magiques dure 7, 14, 21, 31 ou 40 jours : après quoi, tout est à recommencer si l'opération est ratée.

Nous ne savons ce que pense de cette religion le commun des mortels, avec sa bonne et saine intelligence, son bon sens non oblitéré. Nous croyons cependant être son interprète en disant, que c'est une parodie grossière et sacrilège de notre religion ; de la religion du Dieu Eternel qui a élu Ses prêtres, leur a dévolu le pouvoir de consacrer, de bénir, de sacrifier et d'exercer les fonctions liturgiques ; qu'Il a de tous temps défendu de L'outrager par des pratiques qu'Il réprouve, et qui font dévier le caractère sacré de la religion vers des manœuvres obscures s'étayant sur les deux pôles, les mettant en parallèle en formulant au Seigneur Tout Puissant, des prières, pour Lui demander la participation du Diable ???

Nous avouons ne pas comprendre cette doctrine et nous croyons ne pas nous tromper, en affirmant, que toute cette parodie cultuelle ne saurait être exécutée qu'entre les murs d'un cabanon. Cela d'ailleurs serait « *rituélique* » puisqu'il faut que la pièce soit écartée et hermétiquement close.

Mais en admettant que tout cet appareil soit indispensable pour se livrer aux insanités cérébrales des chevaliers de la Kabbale ; comment, les hystériques, peuvent-elles croire qu'elles opèreront au pied levé, avec les éléments rudimentaires qu'elles ont sous la main ?

C'était là, ce que nous voulions leur démontrer en gâchant du papier pour transcrire toutes les préparations et tous les instruments obligatoires, pour procéder au culte de la Sainte-farce.

Que voulez-vous, nous sommes peut-être bouchée à l'émeri et très certainement nous mourrons dans l'impénitence finale ; mais l'on ne pourra jamais nous faire entrer dans la tête — même en frappant avec un marteau — que l'on puisse en priant Dieu, obtenir de Lui qu'Il nous mette en rapport avec le Diable.

Non ! vraiment, cela n'entre pas ! C'est au-dessus de nos facultés intellectuelles.

Magie blanche.

La magie blanche est la plus bénigne de toutes les magies. Les démonographes des temps passés prétendaient recevoir le secours de bons esprits :

Les femmes ne savent peut-être pas qu'elles pratiquent la magie blanche en faisant brûler des cierges. Pour beaucoup ce n'est qu'un acte dévotieux, symbolisant par la flamme, l'ardeur de leur prière : elles offrent un cierge, comme le marin promet à la Vierge, une cire pesant tant de livres s'il sort sain et sauf de la tempête. Ceci est respectable.

Mais il se glisse sous cette religion naïve des compromissions qui en font alors une superstition, pour ne pas employer un terme plus énergique. Certaines femmes iront dans un sanctuaire privilégié faire brûler des cierges pour demander à Dieu, à la Vierge immaculée, de mettre sur leur chemin, le commanditaire qui pourvoiera à leurs besoins, à leur luxe. Si étrange que cela puisse paraître de mêler la Divinité aux affaires amoureuses ou cupides, cela se passe quotidiennement, prouvant l'inconsciente abberration de l'esprit de ces femmes. D'autres mettront deux cierges en ayant soin qu'un autre déjà allumé, étranger, les sépare afin de séparer ceux qui s'aiment. Toutes ces pratiques sont courantes et l'on en pourrait sourire, si cela n'était attristant de voir la religion accolée aux turpitudes humaines.

La magie blanche est encore à notre époque la prestidigitation ; les lois de la physique, appliquées à produire des effets étranges, incompréhensibles, paraissant relever de sortilèges, du surnaturel, pour étonner, éblouir et amuser le public.

C'est la fantasmagorie pour laquelle il faut l'obscurité de la pièce où le prestidigitateur opère. C'est Robert Houdin, Dikson et autres, la joie des enfants et même des parents.

La magie noire.

La magie noire cesse d'être l'innocent amusement. Elle sert à évoquer les morts, à solliciter les apparitions, les fantômes, les spectres. Il faut confectionner des pantacles, formuler des conjurations, des adjurations.

Ce sont les pactes avec le diable, les maléfices, les envoûtements; enfin toute la théorie plus ou moins criminelle des procédés souterrains et moins que certains; si ce n'est, dans la volonté de ceux qui se livrent à ces pratiques. C'est le crime, la mauvaise action au figuré : ce n'est pas l'acte réel. C'est l'appel aux forces occultes pour réussir dans les opérations voilées d'amour, de haine, de vengeance, de cupidité.

C'est le sortilège bas et rampant, le sacrilège, l'assassinat à distance, par transport fluidique.

La magie rouge.

Cette fois nous sommes en pleine action ; ce ne sont plus les viscères inertes, les cires, les mille procédés biscornus, baroques : mais le sang coule; sang d'animaux, sang d'enfants parfois, pour honorer Satan, lui offrir des victimes propitiatoires, afin de le disposer favorablement à accueillir la demande toujours criminelle, ou pour frapper en la victime offerte, la personne qui doit subir par reflexe le même sort.

Cette magie là est moins répandue que la magie noire. Elle exige plus de cérémonial, des éléments peu faciles à se procurer ; une grande discrétion et une sécurité parfaite afin de n'avoir pas d'ennuis.

C'est l'assassinat, le meurtre virtuellement accompli sur la victime, représentant la personne à frapper et qui, toujours par le transport fluidique doit succomber.

Nous n'insisterons pas sur ces questions macabres : nous avons dit ailleurs ce que nous pensions de ces opérations ; nous n'y reviendrons pas, gardant intacte et formelle notre opinion.

Nous dirons seulement, que le mal peut fort bien s'accomplir par une volonté farouche et si quelque expérimentateur, était tenté de se vouer à ces manœuvres, nous lui conseillerons de lire avant, le chapitre qui suit celui-ci et nous le plaindrions infiniment, si cette lecture demeurait sans effet et qu'il estimât encore devoir perdre son temps, et commettre des actions infâmes.

Le choc en retour.

Se livrer à toutes les pratiques inavouables de la sorcellerie ; jeter à profusion la guigne noire, se venger de ses ennemis ou sur des innocents ; conduire aux pires douleurs, à la mort même — du moins par le désir — ceux dont l'on veut se débarrasser.

Tout cela est fort bien ! c'est œuvre louable ! Et, semble-t-il, Dieu devrait — selon les prières que l'on a jointes à ces pratiques — protéger le *Deus ex machina* qui s'est improvisé redresseur de torts, vengeur, justicier et surtout criminel !

Mais les choses ne s'arrangent pas toujours selon la logique de ceux, qui se targuent de posséder une puissance surnaturelle et qui s'en servent pour faire le mal. Du moins qui essaient.

Or ce Dieu, bon, indulgent aux faiblesses de la créature ; ce Dieu Eternel inexorablement juste ; ce Dieu, qui lit dans la pensée, qui découvre tout ce qui est caché ; ce Dieu patient, miséricordieux, Se lasse à la fin de l'ingratitude humaine, de sa lâcheté et de ses crimes.

Il frappe celui qui a frappé : Il fait retomber sur sa tête toutes les conjurations maléficiantes, toutes les pratiques infernales qu'il a inventées ou perpétrées *ad majoren Dei Gloriam*, avec le concours de messire Lucifer.

C'est ce qui s'appelle, le CHOC EN RETOUR.

Le Christ a dit :

« Celui qui frappe par l'épée, périra par l'épée ! »

C'est donc que le mal que l'on commet, le mal que l'on pense, retourne sur celui qui s'est livré aux mauvaises actions, comme une balle lancée sur une surface, rebondit et revient en arrière à celui qui l'a projetée.

Nous ne pouvons douter de la Justice immanente du Tout-Puissant. Pour se faire attendre parfois, Elle n'est pas moins certaine. Si Elle ne se produit pas ici-bas, Elle sera appliquée dans l'Au-Delà et cette fois sans appel, foudroyante, terrible, définitive.

Jusqu'à notre dernier souffle, nous avons la faculté de nous repentir, de racheter nos erreurs, nos crimes même, par un retour sur nous-mêmes — par un réveil de la conscience atrophiée, endurcie. Nous perdons tout espoir lorsque l'âme sans s'être rédimée, franchit les portes de l'Eternité.

Voilà pourquoi l'Ecriture Sainte dit : « Celui qui prie pour ses ennemis, amasse des charbons brûlants sur leur tête ».

La prière est le meilleur palladium pour se préserver des maléfices.

L'on est, il est vrai, tenté souvent de rendre le mal. Sous la violence du choc douloureux, ainsi que lorsque l'on reçoit une balle, un coup de poignard, l'on riposterait volontiers par des coups.

C'est la révolte de l'être sous l'impression douloureuse.

Beaucoup ne le font pas parce qu'ils n'ont pas d'armes ; d'autres parce qu'ils ne se doutent pas de ce qu'il leur arrive mystérieusement. Enfin certains, sachant qu'ils sont frappés et qui les frappe, refusent de rendre le mal pour le mal, laissant à Dieu le soin de les protéger et de faire justice selon Ses vues.

Ils arrivent même à se vaincre : ce n'est pas sans luttes, sans révoltes, parfois très violentes, qu'ils finissent par dompter la nature, par se dominer, par retrouver le calme après la tempête formidable qui les a bouleversés. Après avoir sacrifié à la faiblesse humaine, qui, sous le malheur, l'injustice, la souffrance, plie foudroyée ; l'apaisement s'est fait : l'âme s'est reprise, s'est retrempée, a récupéré de nouvelles énergies dans sa *Foi*, dans sa confiance inaltérable en Dieu. La créature s'est abîmée aux pieds du Créateur, Lui laissant le soin de la défendre, de la protéger, sans Lui demander de la venger. Elle a prié pour ceux — infiniment misérables, et à plaindre — qui font le mal : Elle a prié, non pour être délivrée de leurs maléfices, de leurs infâmes machinations, de leur injustice, de leurs crimes ;

mais pour qu'ils se repentent alors qu'il est temps encore, avant que pour eux, sonne dans l'Eternité l'heure FATIDIQUE.

Se venger, est quelquefois très facile : Le mot vient à la pensée, qui tuerait plus sûrement qu'une balle. Puis il s'efface et n'arrive pas jusqu'aux lèvres.

Il a suffi d'un millième de seconde pour arrêter ce mouvement de révolte, pour ne pas déchoir vis-à-vis de soi-même : pour ne pas manquer de confiance en Dieu. Et, forte, armée cependant pour la lutte, l'âme a laissé passer en paix les criminels et les complices. Elle a plané plus haut, toujours plus haut ! s'est réfugiée près de Dieu, le sollicitant d'éclairer ceux qui l'avaient torturée : le priant de leur pardonner.

Pour les amateurs de magie, Kabbale et autres manœuvres criminelles, le choc en retour entre deux compères ou commères démoniaques, se produit par des pratiques aussi stupides que l'envoi. En retournant les mêmes liquides, poudres de perlimpimpin, conjurations, adjurations, anathèmes, blasphèmes et autres thèmes aussi peu efficaces que tous les abracadabras du monde entier.

Il n'y a qu'un choc en retour absolument certain, le plus utile et miraculeux à envoyer à ses ennemis.

C'EST LA PRIÈRE.

Nous n'avons pas qualité pour juger nos semblables et pour appliquer les peines. Si la justice humaine dans ses tribunaux peut sévir en ce qui concerne les crimes de droit commun, elle n'a pas le pouvoir de juger les âmes, de leur infliger la punition psychique. Elles ne relèvent pas du tribunal de l'homme, mais du Tribunal Suprême où le Souverain Juge rend Ses arrêts. Et ceux-là sont justes et équitables. La Lumière qui fait souvent défaut dans les causes terrestres fait, se dérouler, comme un cinématographe, toutes les actions, toutes les pensées, toute la vie de celui qui est là, en présence d'un juge, que l'on ne peut ni tromper ni circonvenir, ni influencer. Il n'y a pas de recours en Grâce.

C'est la Justice des Justices, sans erreur judiciaire.

Ne faites donc pas le mal, que ce soit pour vos passions ou pour votre défense. Celui qui se venge tombe aussi bas que le criminel. Si le crime est du ressort de la justice humaine, défendez-vous loyalement. La Loi doit vous protéger. Et pourtant parfois, l'on n'invoque pas cette puissance ; l'on ne peut pas toujours se défendre, sans éclabousser autour de soi, sans salir ce qui ne doit pas être mis en cause. Il faut courber la tête, laisser gronder l'orage et souffrir en silence.

Mais Dieu voit et juge, et le criminel et le supplicié !

Il voit ! juge et délivre ! Dieu nous a donné la formule du choc en retour. La formule magique qui, il y a deux mille ans, tomba du haut du Golgotha sur le monde, des lèvres expirantes du Divin Crucifié.

Pardonnez-leur, mon Dieu ! ils ne savent ce qu'ils font !

Histoire de l'Astrologie.

Il nous a paru intéressant de remonter aux sources de cette science si attirante et qui a créé tant de mouvements divers ; sur laquelle se sont branchées, étayées, beaucoup de superstitions, de croyances erronnées et de commerces éhontés.

L'homme n'a jamais su se contenter de la vision des choses offertes à ses regards. Il a voulu sonder les espaces. Dans son avidité de curiosité, il a essayé d'escalader les cieux pour arriver jusqu'à ce Dieu invisible, sinon pour contempler Sa Majesté, pour l'adorer, se rapprocher de Lui dans le désir de se sanctifier ; mais pour savoir ce qu'Il peut être et Lui dérober les secrets mystérieux du destin et de l'Univers.

C'est l'Orient mystique, l'Orient poétique où tout prend des proportions colossales, qui développa cette science.

La Mythologie Hindoue avec sa Trimourti sacrée, ses dieux inférieurs, ses ramifications immenses, se prêtait merveilleusement à l'invention attributive d'influences magiques. Il était fort simple de relier toutes ces divinités avec l'Univers entier, et de leur assigner à chacune un rôle plus ou moins utilitaire, sinon réel.

La Bible Sainte, nous apprend dans la Genèse comment l'homme se perdit. Comment, par sa désobéissance, il fut puni par Dieu. Comment « Il mourut pour s'être empoisonné avec le fruit de vie ».

L'arbre de la science auquel il ne devait pas toucher, lui a été mortel. L'esprit ténébreux lui a suggéré l'intolérable envie de savoir ! Ce sentiment ne disparaîtra pas. Il sera l'obsession continuelle de l'Humanité. Elle sait déjà qu'il y a deux éléments le Bien, le Mal. Le Bien, elle l'a perdu ; le Mal l'a précipité dans le malheur. Le serpent n'est que l'image de Satan, de la tentation.

Bien avant la création de l'homme, de la terre, les révoltes des mauvais génies, *les Daints*, contre les bons génies, les *Délotas*, apportaient des troubles dans les sphères célestes.

La lutte après la création se continuera. L'homme a mécontenté Dieu. La religion Hindoue dit que « La race des géants *Azoours* était montée en iniquité et Brahmah, se repentit de les avoir faits. Et le déluge engloutit la terre et la race perverse » (*Padma Pouranah*).

Nous retrouvons donc aussi bien dans l'histoire sainte que dans l'histoire religieuse des Hindous, la mention du déluge comme la punition divine infligée à l'homme.

L'humanité poursuit son chemin, mais non, dans la voie de Dieu. Les hommes adorent le Soleil et bientôt toute la constellation. Et dans son orgueil, pour arriver jusqu'à ce Dieu qui a établi Son trône au plus haut des cieux, l'homme prétend construire un gigantesque édifice qui lui servira d'observatoire et peut-être même, de chemin pour franchir la distance qui le sépare de son Créateur. Ce sera la Tour de Babel, qui devait être foudroyée par le feu du Ciel. Leçon terrible donnée par le Maître à la créature, lui démontrant sa folie.

L'histoire primitive des peuples Asiatiques est assez difficile à établir. L'oriental est, et sera toujours mystérieux. Il n'est pas de documents assez précis pour déterminer le berceau et l'antiquité des empires qui formèrent des puissances ayant une véritable importance. Celui qui est considéré comme le plus ancien est l'empire Chaldéen. Ce fut une époque éblouissante toute de splendeur et de magnificence, que révèlent encore à travers les siècles, les ruines imposantes qui subsistent. La tour de Babel décimée montre ses grandioses prétentions presque au bord du Forât (Euphrate) et non loin, Babylone, où Sémiramis avait construit des palais enchantés. Et

Ninive, au bord du Tigre qui fut avec ses tours redoutables, ses forts, ses retranchements, la cité des arts, de l'industrie, et surtout de la religion païenne.

Du haut de la tour de Babel où se sont installés les Araméens ou Chaldéens pour étudier de plus près les secrets de l'univers, tomberont sur le monde entier l'erreur, la superstition et le mensonge.

Ce furent de simples pasteurs qui, tout en surveillant leurs troupeaux sous le ciel limpide des nuits parfumées de la Chaldée, étiquetèrent d'un nom cher à leur cœur, l'étoile qui leur semblait la plus brillante. De là, à lier commerce avec l'astre, il n'y avait qu'un pas et ce pas conduisit à l'idolâtrie. Le soleil fut nommé *Bel*, c'est-à-dire Seigneur. Les Chaldéens l'adorèrent, substituant le culte de la nature à celui du Dieu créateur. L'on voit qu'il n'y a rien de nouveau sous le soleil. Les Anciens, qui avaient reçu la tradition du vrai Dieu, auraient dû faire respecter la sainteté de la croyance. Ils furent au contraire les premiers à propager l'erreur. Du haut de la Tour de Babel, quoique inhabiles à établir des systèmes, ils notèrent et enregistrèrent les mouvements astronomiques dont ils étaient étonnés, sans cependant en connaître les causes.

Le peuple en les voyant instruits d'une science qui lui apparaissait surnaturelle, les vénéra. Il crut qu'ils étaient en communication avec les intelligences divines. Ces pseudo-savants profitant de ces dispositions admiratives, s'élurent au-dessus du commun des mortels, formant une classe supérieure, une caste privilégiée. Le sacerdoce était né, tenant sous sa dépendance toutes les autres castes, y compris le monarque. Les fables, les données les plus fantaisistes firent dévier les principes fondamentaux de la religion qui furent dénaturés, enveloppés de mensonge. Il y eut une version nouvelle de la création, où il était dit « Tout n'était au principe que ténèbres et eaux, renfermant des monstres, des êtres à deux têtes ; une d'homme ; une de femme, ayant deux ailes, quelquefois quatre. C'est ce qui fait que dans le temple de Baal l'on pouvait voir figurer ces personnages fabuleux.

Une femme Omorka ou Ommarka était la maîtresse de l'Univers. Mais un génie supérieur nommé Bel, l'ayant coupée en deux morceaux, forma ainsi le Ciel et la Terre. Ce fut de cette façon que le Seigneur (Bel) mit les choses en ordre. Il tua tous ces animaux monstrueux qui ne pouvaient supporter la lumière, puis il créa les astres afin de peupler le vide de l'Univers. La tête d'Omorka forma l'homme ; ce qui fait que l'intelligence lui fut dévolue. Il y a encore d'autres traditions tout au moins aussi étranges et c'est à regret que nous ne pouvons nous étendre sur cette mythologie si poétique de l'Asie, bien plus intéressante, en la tenant pour ce qu'elle est, que celle de la Grèce, qui d'ailleurs en fut une fille dénaturée.

Zoroastre puisa dans la loi de Djemschid soigneusement cachée dans le trésor sacerdotal quelques-uns des principes de son « système ». Oannès devint le dieu incorporel, unique créateur tout puissant des intelligences et adoré comme tel ; tout en laissant à Bel, c'est-à-dire au Soleil, le droit à l'hommage suprême comme créateur sensible de la matière.

Les prêtres chaldéens divisèrent le temps par soses, nères, sares. Les plus petits cycles comptaient soixante ans : les nères représentaient 600 ans qui multipliés par soixante ou par 600 donnaient un produit de 3.600 et même de 36.000 ans. L'âge du monde eût donc été de 4.320.000 années, remplies par dix règnes seulement, puisque l'histoire n'accusait que dix rois qui auraient eu une incroyable longévité.

Sémiramis très éprise d'Ara dont la beauté l'avait impressionnée voulut après la mort de son époux Ninus, partager le trône avec le nouvel élu de sa passion. Mais Ara fit le dédaigneux. Violemment irritée l'assyrienne livra bataille ; entra en Arménie, atteignit dans la plaine d'Araat, le malheureux prince qui fut tué. Sémiramis folle de douleur demande à la magie de ressusciter Ara ; mais ni les incantations, ni les évocations de la reine et des devins n'eurent ce pouvoir. Elle fit alors secrètement enterrer son corps dans du fumier et trouva un homme qui lui ressemblait, afin de prouver la puissance des Dieux.

Ces superstitions s'étaient propagées dans toute l'Asie et même au delà du Caucase. L'Arabie avait deux sectes, les As'habôl ashchas et les As'habôl hiyacel, adorateurs de simulacres et de chapelles.

Les Hiyacel sont les planètes ; demeure des intelligences dont le culte sera principalement attaché aux charmes, aux évocations, aux talismans, détenant leur vertu des influences sidérales. Cela fit désigner les métaux et les pierres qui correspondaient à chaque astre.

L'on retrouve en Arabie, en Chaldée, aux Indes, en Egypte la formation des loges sacrées.

La *Cause Première*, demeure réservée à la divinité.

La Providence, la nécessité, l'âme dont les formes sont sphériques.

Puis ensuite, mais d'ordre inférieur, les sept planètes.

Saturne dont la loge est sexangulaire.
Jupiter   —   triangulaire.
Mars   —   carré oblong.
Soleil   —   carré parfait.
Vénus   —   triangle dans un rectangle.
Mercure   —   triangle dans un quadrilatère oblong.
Lune   —   octangle.

En souvenir des hommes qui s'étaient illustrés avant le déluge et que les fils de Noé considéraient comme appartenant à ces sphères supérieures, l'on eût l'idée de les diviniser. Les cinq idoles des Adites, furent Wadd, Sawaô, Jaguth, Yaûk et Nasr. D'après Al' Firauzabad, le diable aurait lui-même déterré les statues de ces héros pour que les tribus de Sahâ, les vénérassent et les missent à la tête de leurs cohortes.

Il est fort difficile de séparer l'histoire, la religion et l'astrologie, qui sont liées si intimement chez ces peuples d'Asie.

Nous retrouvons aux Indes les sept planètes.

Le Soleil	Sourya l'aurore Arouna.
La Lune	Chandra.
Mars	Mungala.
Mercure	Bouddha.
Jupiter	Vhrihaspati.
Vénus	Schakra.
Saturne	Schani.

Plus, le Géant Rahou qui, coupé en deux, prétend avaler le soleil et la lune, lorsque leur évolution les rapprochent de lui. Ce sont les éclipses expliquées à l'orientale.

Nous retrouverons encore les planètes en Egypte, personnifiant les Dieux. En premier, dominant sur tous les dieux le « Grand Dieu Eternel » sans désignation, ni nom ; puis les huit dieux supercélestes qui s'engendrent réciproquement.

Knef ou Thot.

La Matière ou le monde.

Athor; Phta, Pan-Mendès et Hephestobula ; Phré ou Osiris, le Soleil, Piioh ou Isis, la Lune. Les dieux du ciel « Cabires » sont placés après les dieux supercélestes : le Soleil et la Lune sont indiqués comme étant leurs chefs.

Rempha-Saturne, Pi-zeous-Jupiter, Ertos ou Ates-Mars ; Surot, Vénus mâle ; Pi-Hermès le second Thot ; le ciel des étoiles, l'éther, le feu, l'air, la terre.

Ces douze dieux forment le zodiaque qui se divise encore en 365 décans ou démons.

Nous avons en plus, les incarnations successives. Le premier, Thot Hermès Trimégiste (trois fois grand) qui, dit-on, avant toute création, avait écrit en caractères divins ou sacrés des livres qui ne furent révélés qu'à la formation des âmes.

Nous retrouverons dans l'Olympe les planètes affublées des noms des déités païennes. L'astronomie pratiquée naïvement par les pasteurs Chaldéens avait glissé sur la pente dangereuse de la superstition, amalgamant la religion à la course des astres qu'elle déifiait.

Nous verrons l'astrologie pratiquée fiévreusement au moyen âge. Mais déjà un revirement s'est opéré. Les astres ne sont plus considérés comme des dieux ; mais comme un astérisme pouvant avoir une influence directe sur notre planète, non, par sa divinité mais, par ses fluides divers, ce qui peut très bien se produire. Si le fluide ou influence, n'a pas d'action sur la destinée, sur l'induction des événements. Il peut apporter à l'être, ses projections bénéfiques ou maléfiques en ce qui concerne la santé, le caractère, les défauts. La nature des vibrations opère seule, c'est de la physique pure.

Nous retrouvons donc au moyen âge sur les portails des cathédrales, au XIIe et XIIIe siècles les douze signes du Zodiaque reproduits ainsi que les bestiaires. La cathédrale de Paris en est ornée et aussi celle d'Amiens, qui sont remarquablement beaux et plus complets.

L'on sera étonné de voir figurer ces spécimens de la superstition sur des monuments consacrés au culte de Dieu. C'est que la civilisation occidentale s'inspira longtemps de l'art oriental. Ce ne fut que lors de la Renaissance qu'elle se débarrassa de l'influence de Byzance et de l'art arabe.

Nous retrouvons également dans les cathédrales sous l'apparence des deux tours obligatoires, les principes orientaux de la génération. Les deux tours symbolisant les deux sexes. L'immense hosannah d'amour, qui s'élève de tout l'Univers où la biologie perpétue automatiquement la vie dans toute la nature :

« *Croissez et multipliez* ».

Quant aux signes du Zodiaque, ils figurent simplement la révolution des mois ; et les bestiaires, les animaux de la création, ainsi que la mystérieuse influence des passions sur l'homme et sa dégradation.

C'est un avertissement qui indique, que l'homme

avant d'entrer dans la maison de Dieu doit laisser au seuil du temple ses passions et son indignité. Les adeptes de Mahomet déposent leurs chaussures à l'entrée des Mosquées. Ils ne peuvent infliger aux parvis sacrés la promiscuité des poussières de la route. Poussières de l'âme, impureté dont il ne faut pas souiller la maison sainte. Au moyen âge, l'on désignait couramment par ce distique mnémotechnique, attribué au poète Ausonne qui vivait au IV° siècle, les douzes signes zodiacaux

Zodiacus monstrat bissex ea signa notanda.

Mars	Avril	Mai	Juin
Sunt ARIÈS	TAURUS	GÉMINI	CANCER
Bélier	Taureau	Gémeaux	Ecrevisse
Juillet	Août	Septembre	Octobre
LEO	VIRGO	LIBRAQUE	SCORPIUS
Lion	Vierge	Balance	Scorpion
Novembre	Décembre	Janvier	Février
ARCITENENS	CAPER	AMPHORA	PISCÈS
Sagittaire	Capricorne	Verseau	Poisson

Des pasteurs chaldéens, des mages persans, des Brahmines de l'Inde, des prêtres égyptiens qui faisaient de la science astronomique par l'astrologie, une religion ; la science des astres, de l'Univers, détournée de son but, est venue échouer dans l'exploitation. Elle n'a pas recueilli comme par le passé la tradition erronée de la divinité. Elle a construit une nouvelle religion sur les pilotis de l'incrédulité, de la superstition, du mensonge. L'édifice s'est rapidement élevé, grâce à la complicité de l'humanité. La curiosité, le désir de savoir ont fait les frais de l'entreprise qui est prospère. —

Le rapide aperçu que nous avons donné est trop

écourté, pour édifier complètement sur toutes les pratiques nées de la déviation du culte de Dieu. Cependant, il est suffisant pour faire comprendre, plus clairement que les plus longues thèses, pourquoi l'Eglise se montre si sévère pour ces pratiques. Ces doctrines furent le point de départ de l'erreur, du mensonge, de l'Idolâtrie. Le Sabéisme sépara du vrai Dieu la majeure partie de l'humanité. Il prit naissance, dans le berceau du genre humain. Une seule branche de la grande famille conserva intacte la Loi du vrai Dieu. Ce fut le peuple de Dieu ! Les Hébreux qui sous la conduite d'un fils de Noé surent se préserver de l'erreur.

Les autres branches, issues des autres fils du grand patriarche, créèrent une si grande confusion avec toutes leurs inventions imaginatives, qu'elles embrouillèrent tous les principes. Elles crurent certainement être demeurées dans la vérité. Nous pouvons admettre leur bonne foi. Leur naïveté, leur besoin de merveilleux, l'exagération orientale, enchevêtrèrent dans un réseau inextricable, la vérité sous la fable. L'exploitation intervint et développa la superstition. Les fondements religieux reposant sur la base primordiale d'un Dieu créateur furent recouverts d'une couche opaque de doctrines neuves, faisant surgir des sous-dieux, coopérateurs de Celui que l'on ensevelit sous l'erreur.

C'est ainsi que certaines peuplades du continent noir disent naïvement et fortement convaincues :

« Le bon Dieu, il est devenu mort, c'est pour ça que le monde, li pas fini. »

D'autres prétendent également que le Dieu créateur mourut avant d'avoir terminé son œuvre et qu'il est enterré dans la pyramide de Chéops.

Il ne nous reste plus qu'à nous en prendre à

M. Pataud lorsque le fonctionnement des astres est défectueux, car si « le Bon Dieu est devenu mort », qui donc gère l'usine céleste ? Or, M. Pataud étant l'homme de la Lumière............ Concluez !

Tout cela est misérable autant qu'insensé ! Nous ne pouvons admettre qu'un seul Dieu Tout Puissant, Eternel. Un Dieu en Trois Personnes, qui se retrouve dans la Trimourti Hindoue ; en Egypte, dans Hermès Trimégiste.

De la vérité à l'erreur, la distance est courte. « Elle est dit, Bossuet, une vérité dont on abuse ». Une contrefaçon de la vérité et, comme en toutes choses, l'erreur se propage plus rapidement que la vérité.

L'astrologie est donc pour certaines confessions, la base de la religion ou du moins le développement de la tradition initiale revue, corrigée et considérablement augmentée.

Tout en reconnaissant la science astronomique et peut-être jusqu'à un certain point l'astrologie pour ses influences sidérales indéniables : le soleil, la lune ont fait leurs preuves. L'Eglise ne peut admettre certaines doctrines qui sont en dissidence avec les bases absolues de la religion. Elle ne nie pas la science, ni le progrès, mais Elle est absolument inexorable en ce qui concerne le mensonge et la superstition.

Et, rien n'est plus terrible, plus dangereux et plus difficile à détruire que l'erreur qui a pour base et point de départ l'absolue vérité. Le fanatisme oriental est si grand, qu'il est impossible de faire revenir en arrière tout un peuple où le sectarisme est élevé à la hauteur d'un dogme.

Il devrait en être autrement chez le peuple de Dieu, chez les chrétiens, qui, instruits de la vérité, ne devraient pas consacrer à l'erreur, à la superstition dont les faux prophètes se servent pour les exploiter.

Nous pouvons dire avec le Psalmiste.

Os habent, et non loquentur : Oculos habent et non videbunt.

Aures habent, et non audient ; nares habent et non odorabunt.

Il serait pourtant injuste de ne pas attribuer aux pasteurs chaldéens, la découverte de la rotation des astres. Ils eurent la révélation du mouvement, de la marche des corps célestes. Ce fut une révélation et non le fruit de la science car ils n'étaient qu'observateurs et nullement scientifiques. C'est ainsi qu'ils ne surent pas diviser le temps par années et que leurs cycles, réduits actuellement à dix années comprenaient 60 années et même 600.

Ce furent pourtant les prêtres chaldéens, qui inventèrent la sphère convexe et surent tracer le méridien, ainsi que fixer le point culminant du Soleil.

Pour eux, ce fut le bout du monde. Ils n'allèrent pas plus loin dans la science exacte, mais ils se rattrapèrent largement dans la superstition et l'Idolâtrie.

Il est vrai qu'ils n'avaient pas des poëtes chrétiens pour leur dire du créateur qu'ils reléguaient derrière les astres :

« L'Eternel est son nom ».
« Le monde est son ouvrage ».

et cet hosannah d'amour célébrant la bonté du créateur :

Mon vaisseau, de la mer profonde,
Sillonne les flots aplanis,
Néant entre deux infinis.
Je sens en moi ce double monde,
Dieu créateur, je te bénis.

Le ciel, gigantesque coupole,
Est plein d'astres brillants et clairs.
Que réfléchit l'azur des mers.
Et lac de l'un à l'autre pôle
Embrasse presque l'Univers.

Ah ! quel fourmillement d'étoiles
Qu'il est doux, qu'il est beau leur feu
Dans cet espace immense et bleu ;
La nuit semble entr'ouvrir ses voiles
Comme pour mieux nous montrer Dieu !

Vous tous qui consacrez vos veilles
A chercher l'or et la grandeur.
Quittez un instant le labeur
Pour contempler tant de merveilles ;
Vous ignorez le vrai bonheur.

Ecoutez ! Le ciel et la terre
Saisis de doux tressaillements
Confondant leurs embrassements ;
Dieu bénit l'amoureux mystère
Et son futur enfantement.

Créer toujours, créer sans cesse
Pour peupler des mondes sans fin,
Aller de l'homme au séraphin,
Veiller sur lui avec tendresse,
C'est l'œuvre de l'Amour Divin.

JULES DE LAMARQUE.

TROISIÈME PARTIE

POUR DÉVOILER L'AVENIR & DIRIGER LE PRÉSENT

I

L'Astrologie judiciaire

> Commençons par admirer ce que Dieu nous montre, et nous n'aurons plus le temps de chercher ce qu'il nous cache.
>
> Dumas fils.

Il ne suffit pas à l'humanité de connaître son passé, d'avoir vécu de la joie, des douleurs de l'heure évanouie. Elle veut palper, analyser, seconde par seconde, le présent ; savoir ce qu'il lui apportera de bonheur ou de malheur et plus encore, soulever le voile mystérieux de l'avenir peuplé d'inconnu, d'événements déterminants et concluants ; puisque la fin justifie les moyens.

Malgré l'effroi produit par la pensée de la mort, du terminus de la vie de l'être, une curiosité surgit plus forte que la crainte, qui pousse âprement à vouloir savoir !

Savoir quoi ? Qu'un jour, lorsque notre course sera

terminée, nous nous coucherons dans la tombe, restituant à la terre le limon dont nous sommes sortis ? Oui ! mais comment s'opèrera cet événement ? Quelles seront les circonstances qui produiront la séparation entre l'être tangible et l'être psychique ?

Pour beaucoup, l'événement redoutable se réduit à la crainte des affres de la mort amenant la cessation des jouissances terrestres. Le corps privé de sentiment, tout disparaît avec lui naturellement ou violemment, sans trop d'agonie ou dans une catastrophe. Et là ! git l'épouvante ! Comment mourrai-je ? Si la vision est terrible, un frisson mortel semble avancer l'heure fatidique. Si, au contraire, l'événement doit se produire sans secousse, l'on éprouve bien un léger frisson, mais l'on est tenté d'espérer que l'on sera oublié sur la terre et, l'insouciance étant l'une des qualités maîtresses de l'humanité, il devient tout naturel de se distraire de tristes pensers et de chercher encore à savoir si les années précédant le grand Tout ou le grand Rien ! selon la croyance, seront heureuses, fortunées, ou misérables.

Voilà à quoi sert l'astrologie judiciaire ! A connaître les étapes de notre vie, mais non à profiter de ces connaissances pour nous préparer au voyage qui suit notre passage sur cette planète.

Il est vraiment oiseux de déranger tous les astres pour leur extirper le secret de leur influence propre, ou combinée, sur notre existence, sans tirer de leur réponse un enseignement utile pour notre avancement.

En somme, le principe qui dirige l'humanité, qui lui fait soulever le voile mystérieux contient deux désirs.

Le désir d'être heureuse et celui de savoir si elle le sera ; comme si elle n'était pas assurée de le voir sans pronostics.

Mais voyons ce qu'est cette astrologie judiciaire et quelle est la confiance que l'on peut avoir en ses prédictions. Nous venons de constater que l'astrologie judiciaire fait partie de la Magie ou plutôt qu'elle est l'élément primordial de la Magie, qu'elle était pratiquée en Chaldée par les Mages, prêtres de la Sagesse antique qui s'adonnaient à l'étude de l'Univers, du monde physique et métaphysique. Nous avons vu dans le chapitre précédent que les Chaldéens avaient greffé la science astrale sur la religion pour la conduire à l'erreur.

Le mot Magie « Maghdim en Chaldéen signifie Sagesse. Si nous écrivons Sagesse avec une lettre majuscule, c'est qu'en l'esprit de la définition du mot elle représente la Sagesse Universelle, c'est-à-dire Dieu ! La Sagesse incréée, qui, Seule, dirige et connaît l'évolution des mondes.

Quels furent les premiers Mages et les révélateurs de la Magie ? L'Inde, la Perse, la Chaldée, l'Egypte ont fourni des travaux, des documents. Cependant les plus complets ou du moins, ceux qui ont été conservés plus abondants, sont ceux des Egyptiens, ce qui fait croire à certains auteurs que les Egyptiens détenaient une science plus grande que les autres peuples.

Nous trouvons alors, cette science dans les mains des prêtres qui formaient la première classe de la nation. Les Pharaons et les révolutions n'eurent jamais le pouvoir de détruire l'autorité sacerdotale des Mages.

« Le Zodiaque » que nous connaissons par les

douze signes représentant les douze mois, n'était pas l'horloge du destin que le populaire connaît. Le Zodiaque était le livre de la Sagesse où les Mages étudiaient les divins secrets. L'Hiérophante détenait le pouvoir suprême et transmettait ses ordres aux prêtres qui, eux, traduisaient la volonté au peuple.

Thèbes était la ville sacrée située dans la haute Egypte. Puis, la population débordante, s'étendit jusqu'au Delta exhaussé par le limon du Nil ce qui permit de pouvoir édifier sur ce sol précédemment marécageux.

Vint un jour où les guerriers las de leur oisiveté, fatigués d'être dirigés par les prêtres qui les entretenaient; se révoltèrent. Sous la conduite de Menès ils ne voulurent plus servir qu'un roi et remplacèrent la tiare d'or du pontife par la couronne de fer, qu'ils posèrent sur la tête de Menès, qui se créa une capitale distincte entre le Caire et Sakarak, ce fut Memphis.

Le pouvoir royal n'ayant pas la science de la Sagesse, ne put être absolu et Thèbes quoique dépossédée de la puissance exécutive, détenue jadis par le sacerdoce, n'en demeura pas moins l'influence dirigeante.

Au Thibet sur les hauts plateaux dans les monastères se poursuivent les études de la Magie, de la Kabbale.

Cette science ne se communiquait qu'à de rares initiés. Cependant quelques indiscrétions firent passer en Grèce des fragments de révélations au temps d'Homère et d'Hésiode. Après, Bérose, venu de Babylone à Athènes et à Cos, apporta des éléments plus étendus de la méthode des Chaldéens et Manethou produisait à son tour des débris de science égyptiaque.

Elle eut ses heures de déchéance, combattue par

le christianisme qui, n'admet pas ses pratiques conduisant à l'erreur.

Elle renaît au xive siècle ; et au xvie est dans toute sa splendeur.

Nostradamus publie ses « Centuries » prédictions à longue échéance qui nous annoncent encore à notre époque des événements sinon précis, du moins assez enveloppés pour que d'un côté ou de l'autre, la réalisation se produise.

Hippocrate, Gallien, Tacite, Ptolémée, Porphyre, Saint-Thomas d'Aquin, Kepler, Spinosa, Voltaire, etc. étaient convaincus de la validité de cette science basée sur la rencontre des astres produisant une influence faste ou néfaste sur la vie des humains.

C'est peut-être pour cela que tant de gens ont l'air d'être dans la lune.

Mais sans nier et sans affirmer le pouvoir d'investigation du Zodiaque, pour connaître notre destinée, nous pensons qu'il vaut mieux attendre tranquillement le bonheur ou le malheur, puisque nous ne pouvons pas changer les choses, et que la connaissance de l'avenir est défendue, parce qu'elle ne peut nous être utile, mais au contraire très préjudiciable. Elle empêche l'effort, le développement de notre volonté paralysée par la pensée que l'événement redouté est inéluctable. C'est nous dérober à l'activité et surtout à la Volonté de Dieu, qui veut que nous ayons confiance et que nous nous laissions guider par Lui sans Lui demander ce qu'Il entend nous céler.

La cause des inégalités du sort.

Voilà le grand grief qui actionne l'humanité. Il semble qu'il y ait une injustice criante à combler les uns et à jeter misérables en ce monde d'autres êtres.

Pourquoi, tous les enfants d'un même père ne sont-ils pas égaux dans le partage des dons, des avantages. Pourquoi ?

Les chrétiens, les croyants s'inclineront devant la Volonté Divine sans chercher à percer le mobile qui a déterminé la destinée de chacun de nous. Nous pouvons cependant dire que nous croyons qu'il est nécessaire que les êtres fassent un effort pour rétablir l'inégalité des chances lors de la répartition. Celui qui vient au monde privilégié de tous les avantages, sera peut-être beaucoup moins heureux que celui qui doit mettre tout en œuvre pour sortir de sa triste condition. Celui qui paraît avoir reçu les plus grands dons s'endort souvent dans la quiétude et voit péricliter ses affaires; il lui faudra alors sombrer ou se relever. C'est là, que la lutte devient intéressante. Il sera forcé de déployer une volonté beaucoup plus intense que celui qui, n'ayant jamais connu le bien-être, n'est pas amolli, est entraîné au travail, a une provision d'énergie. L'émulation est utile à l'humanité pour se glorifier à ses propres yeux : vouloir c'est pouvoir ; et de cette lutte contre l'existence sortent parfois des révélations qui ne se fussent pas produites, si tous les êtres avaient pu se laisser vivre tranquillement.

Il semble cruel de dire que la misère, la médiocrité sont nécessaires, et pourtant, c'est un fait avéré que l'ambition stimulée fait accomplir des miracles de volonté. Reste alors le déchet humain qui n'ayant pas le ressort suffisant pour la lutte est forcément meurtri. Cela se voit dans toute la nature. Il y a les robustes et les insuffisants. D'autre part, c'est donner à ceux qui sont forts le mérite de soutenir ceux qui ne le sont pas. C'est développer la charité, le plus noble des sentiments. C'est exhausser en dignité l'humanité.

Maintenant, si nous voulons trouver la raison dans les mystères de la Sagesse, nous verrons que chaque naissance se rapporte à la conjonction des astres avec le signe du Zodiaque régissant l'état du Ciel à l'heure de la naissance de l'être. Et si Dieu a voulu relier ainsi les mondes, c'est qu'Il avait probablement Ses raisons d'équilibrer les forces de la Nature. D'un côté comme de l'autre, avec ou sans croyance en l'Astrologie, nous sommes soumis à Sa Volonté que nous le voulions ou que nous ne le voulions pas.

Il est le Maître Tout Puissant.

Peut-on changer sa destinée.

Oui et Non ! Cette réponse qui semble quelque peu normande s'explique cependant très naturellement.

L'on peut changer sa destinée, si le changement est laissé à notre libre arbitre ainsi que cela se produit presque toujours. Si notre volonté, notre activité, notre conduite, notre initiative, notre caractère, nos mœurs, sont les éléments dérivatifs. Cela se conçoit aisément : il faut faire un effort pour diriger le sort, faites-le. Ne le faites pas, le sort vous dirigera.

Il est impossible de changer sa destinée si elle relève absolument du FATUM, si l'événement est décidé, écrit, paraphé, enregistré au Grand Livre du destin. Si La Volonté Suprême a voulu le rendre inéluctable, rien ne pourra entrer en lutte avec cette Force immuable. Tous les thèmes célestes, toutes les consultations d'astrologues, pourront constater la chose, si vraiment leur science est réelle dans cette partie, mais aucun, n'aura la puissance de détourner l'événement, de le retarder, de l'abolir.

Nous pouvons donc à notre gré changer certaines phases de notre existence lorsqu'il s'agit d'apporter des qualités personnelles ; être actif ou inerte, être courageux ou lâche ; être prudent ou imprudent ; mais en ce qui concerne les décisions du sort, nous ne pouvons que les accepter et nous résigner.

La puissance qui régit le monde.

Elle est formidable et nous anéantit sous Sa Volonté. Elle sait mieux que nous ce qu'il nous faut. Tout s'enchaîne dans l'Univers sous la direction de la Sagesse infinie.

Les matérialistes peuvent réfuter l'existence d'un Etre Suprême créateur du monde. Accréditer la Nature du rôle de créatrice ; croire qu'elle seule, opère toutes les transmutations chimiques, organiques, astrales. Ils n'enlèveront pas une parcelle de Sa puissance à la Sagesse incréée. Nier, n'est pas prouver. Les chercheurs, les savants, sont beaucoup plus prudents en la matière. Nous entendons, les véritables savants, non les charlatans, les présomptueux, dont la science faussée ne repose que sur l'erreur. Nous voyons souvent ces fortes têtes qui, durant leur vie, ont fait les fanfarons déniant la vie future, l'existence de Dieu, pris, à l'heure dernière, d'une véritable terreur au moment de franchir le seuil redoutable de l'Eternité.

Il était évidemment beaucoup plus commode de rejeter toute croyance. Cela permettait naturellement de se livrer à toutes les passions. Et cela était logique. Pourquoi se priver des jouissances de cette vie, si, après nous tout est fini ! Cela serait une véritable duperie. Mais alors pourquoi se tuer au travail, pourquoi chercher à être utile si tout meurt avec nous ? La gloire de la postérité ira donc échouer sur une pourriture ? Cela est illogique, et peu encourageant. Combien plus belle est l'espérance d'une vie future, où nos actes recevront la récompense ou la punition. Combien elle provoque l'émulation au lieu de la perspective désespérante du

NÉANT ÉTERNEL

Les phénomènes sidéraux.

En admettant que les Mages croient détenir les secrets de la Sagesse, — nous parlons des modernes — et, qu'ils se soient abusés sur leur science, combien cependant plus consolantes, sont leurs doctrines.

A l'encontre des matérialistes, ils ne nient pas l'existence du Maître Suprême et, s'ils pensent qu'il peut y avoir une corrélation entre les humains de notre planète et les mondes voisins, c'est qu'il se trouve probablement dans chacun de ces mondes des influences planétaires utiles à notre existence. Le soleil, la lune, ont pour nous de réels avantages éclairants et caloriques. Pourquoi le fluide sidéral n'influerait-il pas sur telle ou telle partie de notre être, développant ou annihilant nos qualités, nous mettant sur la voie de notre destinée par la polarisation. Chaque planète contient des éléments divers qui peuvent, en entrant en contact avec l'horloge céleste composée des douze signes du Zodiaque, représentant les douze mois comme notre cadran représente les douze heures diurnes ou nocturnes, nous apporter des influences bénéfiques ou maléfiques. Notre nature humaine, peut dans tous ses rouages se ressentir de ces influences ; recevant la force ou la dépression qui permet d'accomplir la destinée et même la diriger en ce qu'elle demeure tributaire de notre libre arbitre.

Cela peut également influer sur les événements fixes heureux et malheureux.

Le mécanisme de l'Univers si admirablement réglé par le Maître peut embrasser les plus petits détails ; même ceux, concernant les misérables atomes que nous sommes.

Le moindre grain de poussière n'échappe pas à la sollicitude de Dieu.

Voilà l'interprétation que l'on peut, sans transgresser les lois de l'Eglise, sans tomber dans la superstition occulte, donner aux phénomènes sidéraux qui sont appelés à jouer un rôle dans notre existence.

Naître sous une bonne étoile.

Cette locution courante s'explique par la constatation que l'on peut faire lors de la naissance d'un être en étudiant la carte céleste et la planète dominante à ce moment. Est-elle en bon aspect elle est favorable, en mauvais aspect elle est maléfique ; c'est ce qui s'appelle être né avec la chance ou sans avoir de chance.

Il en est de cela comme dans la vie. Trouvez-vous dans la foule pour voir un spectacle de la rue : vous serez peut-être placé au premier rang, voyant très bien ; peut-être très éloigné, ne voyant rien ; à moins que, jouant des coudes, faisant une trouée hardie vous ne parveniez à gagner la place favorable pour voir le spectacle, au détriment de ceux, qui se sont immobilisés en mauvaise situation.

Il y a dans le monde des gens qui réussissent en tout. D'autres qui n'ont que des revers. Et des dompteurs de revers, qui par leur volonté et leur industrie active, savent corriger la destinée.

Avoir la conviction que l'on est né sous une bonne étoile, est déjà un gage assuré de succès. La confiance en soi donne la hardiesse dans les entreprises, tandis que la crainte, le doute, paralysent et font tout avorter.

Souvent ici-bas, « la bonne étoile » se résume à savoir se dominer, à se confier résolument et à marcher de l'avant.

C'est toujours la Volonté que nous ne cessons de recommander qui joue le rôle de Bonne Etoile.

Les planètes et leur influence particulière.

Détendons un peu notre esprit. Cette petite consultation planétaire ne doit par être prise tragiquement, mais comme un délassement, une distraction sans importance ; car, s'il peut se produire des points de rencontre il y a lieu de croire que l'on doit constater beaucoup d'erreurs lorsque l'on traite légèrement une science aussi difficile, aussi compliquée, reposant sur le mouvement complet des mondes.

C'est pour cela que les charlatans, marchands d'horoscopes, ne peuvent pas être sincères et ne peuvent qu'induire en erreur. L'horoscope exige des calculs formidables ; pour établir un thème de nativité, il faut au moins 600 heures de travail, .

des connaissances très profondes et encore... ne faut-il pas se régler sur ce cadran qui ne laisse pas voir à tous la véritable heure.

Nous avons donc sept planètes qui correspondent chacune à un jour de la semaine.

☉	Le Soleil...................	Dimanche.
☾	La Lune....................	Lundi.
♂	Mars	Mardi.
☿	Mercure	Mercredi.
♃	Jupiter	Jeudi.
♀	Vénus	Vendredi.
♄	Saturne	Samedi.

Parmi les ramifications de la science occulte, nous retrouverons toujours les planètes comme base d'opération. Les signes du zodiaque pourront être négligés dans certaines branches, dans certaines opérations, mais les planètes sont toujours là, avec leurs influences bénéfiques ou maléfiques. Ce qui semble impliquer qu'elles jouent véritablement un rôle prépondérant dans l'orientation des mondes, alors que les signes du zodiaque ne sont que les enregistreurs du temps.

Cependant, nous pensons que ce n'est pas à l'apparition de l'enfant sur la planète que l'horoscope devrait être établi. L'être en gestation appartient déjà à notre monde si ce n'est *de visu* du moins est-il effectivement créature terrienne dans le sein de sa mère. Il faudrait relever l'état du ciel, le jour de sa conception ; ceux qui veulent ensemencer ou planter, choisissent le moment favorable au temps et à l'heure propice à la mise en marche. Cela se passe ainsi dans toute la nature. L'homme et l'animal dominés par l'emportement de leur désir se dérobent à cette loi. C'est ce qui fait que les influences astrales sont dévolues au petit bonheur ; la naissance sur laquelle on table seulement pour établir le thème céleste étant subordonnée à la conception, reste forcément tributaire de celle-ci, c'est-à-dire sans date assurée. L'homme, l'animal ne produit qu'un accident, au lieu d'un être doué de toutes les perfections et de tous les bénéfices de l'heure astrale.

Que sert alors de constater que l'opération n'a émis qu'un désastre, ou que, bien involontairement un chef-d'œuvre est éclos ?

Voilà encore une fois la Sagesse de Dieu qui se manifeste admirablement. Dieu a voulu créer l'homme et la femme, Il les a créés beaux, sains, doués de tous les dons. L'homme procréateur avec sa passion brouille tout et ne sait pas, quoiqu'il se targue de posséder la science infuse, même celle de la Kabbale, profiter de l'enseignement. C'est une mauvaise copie de l'original qu'il exécute avec son orgueil intangible.

Or, pour choisir le jour de la célébration d'un mariage, quelles sont les préoccupations qui feraient volontiers recourir à la science des somnambules extra-lucides ? 1° Savoir si la fiancée sera dans sa liliale pureté, sans que la lune se permettre d'intervenir fâcheusement ; 2° de savoir s'il ne pleuvra pas. La pluie quoique considérée comme signe d'abondance pour le jeune ménage est vraiment désastreuse pour une noce. C'est en cela que les peuples d'Extrême-Orient les peuples noirs, sont plus prévoyants que les Occidentaux. Nous avons vu dans « l'Amour Obligatoire » au chapitre des « Mariages à travers le monde » que les Chinois pratiquaient le « Lô Kiêt » évocations des sorts, des pronostics ; chez les sauvages l'on a recours au

« Tabou ». Ces rites qui nous font sourire et que nous traitons de superstitions, ne sont peut-être pas si ridicules qu'ils nous paraissent. Nous avons la bonne habitude de nous moquer aisément ; l'esprit de la civilisation s'affirme ainsi, sans se demander si ce qui lui paraît grotesque ne recouvre pas tout simplement une pratique intelligente.

Nous ne voulons nullement conclure que ces peuples détiennent la science de la Sagesse en agissant ainsi ; mais nous croyons pourtant qu'il y a de ce fait une précaution, une prudence, qui souvent nous font défaut.

Lisons maintenant la signature que les différentes planètes apposent sur notre humanité et la concordance ou la discordance qu'elles rencontrent avec les signes du Zodiaque.

Voici d'abord un sonnet sur les planètes, composé par La Taille de Boudaroy pour servir de frontispice à sa « *Géomancie abrégée* ».

Comme les éléments, en leurs cieux, les sept Corps
Ont Amour et discord ; Mars porte à toute rancune,
Fors qu'à Vénus la belle ; eux d'eux n'ayment Saturne.
La Lune et le Soleil ensemble ont grans accords.

Mais Jupiter et Mars ensemble ont grans discors.
Tous ont en Juppiter (fors Mars) amour commune,
Saturne hait Vénus, et Mercure, et la Lune.
Mais qui n'admireroit ces discordans accors ?

Tous sont avec Vénus (fors Juppiter) en concorde,
Mesme au Soleil Vénus et Juppiter s'accorde :
Qui n'admireroit Dieu en tant d'astres divers ?

Apprenez donc icy, vous pourceaux d'Epicure
Qui n'avez autre Dieu que Fortune et Nature,
Que Dieu de leur discord accorde l'Univers,

Ce sonnet représente « l'amour et la haine des sept planètes contre les athées. »

Saturne.

Influences favorables caractère profond, porté aux découvertes, prudence, bon conseil, réserve, laborieux, patient, méfiant, tenace, intéressé, économe jusqu'à l'avarice, autoritaire, impérieux, excellents gouvernants, sachant par leur zèle s'attirer l'affection des grands.

Influences défavorables. Caractère triste, mélancolique, rampant, dur, cynique, paresseux, timide, envieux, chagrin, taciturne, traître, menteur, trompeur, usurier, procédurier, égoïste.

Jupiter.

Favorable. Caractère noble, élevé, humain, miséricordieux, fidèle, doux, croyant, gracieux, affable, grave, réfléchi, de bon conseil, franc, prudent, généreux, serviable, correct, grave et gai, soigneux, aimant le faste, les grandes actions, bons chefs d'armée, bons juristes, bons magistrats et peuvent atteindre à la royauté.

Défavorable. Détient les mêmes qualités qui ne sont toutefois qu'apparentes. Le vice se dissimule sous la piété, la libéralité, la prodigalité, la grandeur d'âme, le faste et l'orgueil ; la piété recouvre la superstition ; l'hypocrisie, la pudeur, la timidité et la bonne foi, la dissimulation.

Mars.

Favorable. Fait les forts, les robustes, courageux, généreux et téméraires. Les fanfarons, méprisants, hautains, irascibles jusqu'à frapper, à provoquer, les désobéissants, les vindicatifs, querelleurs, impérieux aimant la guerre, les combats, la domination, l'orgueil. Braves, agiles, prompts, actifs, pétris d'amour-propre, désintéressés, prodigues; ils sont d'excellents capitaines, au civil de mauvais administrateurs, méprisent Dieu, ses œuvres, sont impies.

Défavorable. Caractère injuste, sans pitié, cruel, homicide, querelleur, tapageur, insultant, arrogant, ivrogne, tyran, gaspilleur, incendiaire, voleur, irréligieux, n'ayant aucun souci du bien d'autrui ni de l'avenir.

Le Soleil.

Favorable. Donne l'opulence, la probité, la justice, la bonne foi, la chasteté, la sagesse, la magnanimité, l'activité fébrile, la piété, la générosité poussée jusqu'à la magnificence, l'illustration, la célébrité; l'amour des distinctions, des honneurs, la protection des grands; mais peu affectueux pour la famille.

Défavorable. Hauteur, malice, fat, vaniteux, amour de tout ce qui brille, paraît, alors que tout est faux, clinquant, ne s'attache pas à être même simplement correct.

Vénus.

Favorable. Caractère gai, pacifique, aimable, sociable, compatissant, pieux, aimant beaucoup la parure, les soins et la propreté, la musique, la danse, les fêtes, les spectacles, la musique, le plaisir dans tout le sens le plus étendu du mot. Les manières sont élégantes, de bon ton, correctes, sont bons pour leur entourage, évitent les querelles, seront très touchés par l'infortune si elle les atteint, pardonnent les injures, sont heureux en amour et en amitié.

Défavorable. Timides, lâches, imprudents, peu délicats, efféminés, désagréables en amour, en amitié, pratiquant le vice, tous les désordres entraînant la perte de la dignité et le mépris public.

Mais, si Vénus se trouve dans la maison, elle peut balancer les mauvaises influences, selon la position des planètes malfaisantes.

Mercure.

Favorable. Esprit studieux, pénétrant, bon naturellement. Curieux, prudent, circonspect, affable, indulgent envers tous, de mœurs irréprochables. Aptitudes aux arts, beaux-arts, sciences, pratiqués avec succès, surtout pour les mathématiques, réussite dans les grandes entreprises.

Défavorable. Menteur, impertinent, importun, dissimulé, flatteur, trompeur, perfide, malin, parjure, faussaire, calomniateur, parasite, léger, inconstant, oublieux, railleur, parlant pour dire des riens, s'illusionnant facilement, se mêlant des choses qui ne le regardent pas, donne de mauvais conseils, criminel.

La Lune.

Favorable. Esprit subtil, conduite irréprochable, exemplaire, honnête, franc, délicat, discret; grande réputation, grands honneurs.

Défavorable. Esprit borné, bas, vain, frivole, caractère timide, vagabond, n'atteindra aucune position honorable : à moins que l'astre au moment de la naissance ne soit dans son premier quartier, ce qui donnerait des influences favorables.

INFLUENCE DES PLANÈTES
SUR LES DIFFÉRENTS AGES DE LA VIE

Saturne sur la vieillesse décrépite de 68 ans à la mort.

Jupiter sur le commencement de la vieillesse de 56 ans à 68.

Mars sur l'âge viril 42 ans à 56.

Le Soleil sur la jeunesse de 21 ans à 42.

Vénus sur l'adolescence de 14 ans à 21.

Mercure sur la première jeunesse de 4 ans à 14.

La Lune sur l'enfance depuis la naissance jusqu'à 4 ans.

INFLUENCE DES PLANÈTES SUR LA FORTUNE

Saturne.

Favorable. Grandes dignités, gouvernement, armées, grande fortune, découverte de trésors.

Défavorable. Perte des honneurs, dignités, abjection, servitude, ennemis cachés, pauvreté, infamie, exil, prison, échafaud, fin misérable.

Jupiter.

Favorable. Richesses, honneurs, liberté, alliances illustres, avantageuses, amis puissants, renommée, célébrité, nombreuse famille fortunée, réussite dans toutes les entreprises.

Défavorables. Les effets seront contraires, pertes, ruines, infortunes.

Mars.

Favorable. Grand guerrier, médecin célèbre, avocat illustre, chasseur émérite. Réussite dans toutes les entreprises, guerre, combats, victoires sur mer, sur terre, triomphe et richesses, honneurs dans la patrie.

Défavorable. Rixes, duels, procès, combats malheureux, perte de biens, de situations honorifiques, ruptures, vols, liaisons criminelles, incestueuses, homicides, ruptures, prison, mort violente.

Le Soleil.

Favorable. Dignités de premier rang, célébrité, amis puissants, apothéose jusque dans la postérité.

Défavorable. Désastres, malheurs, ennemis puissants, infortunes, revers, atteignant même les proches et l'entourage.

Vénus.

Favorable. Affection générale, gain assuré, emplois flatteurs, entreprises heureuses, bonheur en amour, en famille.

Défavorable. Les qualités, les chances sont neutralisées ou fortement atténuées.

Mercure.

Favorable. Inventions, découvertes sensationnelles produisant gloire, argent. Commerce florissant, ambassades, consulats, magistratures, emplois brillants et lucratifs. Amitiés puissantes et générales, appuis pour obtenir le succès dans les entreprises et d'immenses richesses.

La Lune.

Favorable. Richesses, bonheur, nom illustre, mariage fortuné, des enfants, l'amitié des grands, belles situations. Grandes possessions aux abords des fleuves ou au delà des mers.

Défavorable. Des hauts et des bas, vie tourmentée, bonne et mauvaise, succès et revers jusqu'à la mort.

INFLUENCE DES PLANÈTES SUR LA SANTÉ ET LA MORT

Saturne.

Favorable. Tristesse, chagrin, fièvre, hydropisie, phtisie, paralysie, apoplexie, léthargie, mort naturelle.

Défavorable. Accident par asphyxie, naufrage, chute dans l'eau, précipice, arme à feu, échafaud, mort subite.

Jupiter.

Favorable. Passion violente, inflammation du foie, variole, colonne vertébrale, mort naturelle ou par la vieillesse.

Défavorable. Mort par immersion, duel, guerre, ordre d'un autocrate.

Mars.

Favorable. Fièvre aiguë, hémorragie, charbon, fièvre tierce, peste, dysenterie, morsure d'un reptile, d'un animal enragé.

Défavorable. Mort violente, suite d'opération, perte d'un membre, distraction d'un médecin, combustion, coup d'épée, de canon, strangulation, décapitation.

Le Soleil.

Favorable. Mort rapide par fièvres, spasme, infection cachectique.

Défavorable. Mort par épidémie, arme blanche ou à feu, incendie.

Vénus.

Favorable. Mort naturelle, honteuse, suites d'accidents vénériens.

Défavorable. Mort violente, ignominieuse, abus de plaisirs, poisons, médicament intempestif.

Mercure.

Favorable. Mort naturelle, convulsion, fièvre chaude, neurasthénie aiguë, épilepsie, transport au cerveau.

Défavorable. Mort subite ou violente, poison, assassinat, châtiment par la loi.

La Lune.

Favorable. Mort naturelle, hydropisie, apoplexie, colique, diarrhée, vomissements, crise nerveuse.

Défavorable. Mort violente, chute dans l'eau, remède trop violent, assassinat ou échafaud.

Ainsi qu'on peut le voir, c'est absolument la boîte de Pandore déversant tous ses maux sur l'humanité. Un pot pourri de bon, de mauvais, où il est fort difficile de se reconnaître, et qui peut s'interpréter dans le sens que chacun veut bien lui donner.. Ajoutez à cela que ces principes rudimentaires, où il est déjà fort ardu de se diriger, vont se compliquer de la position relative des planètes avec celles des maisons du Zodiaque et l'on aura une faible idée de ce qu'est cette science hermétique, que le dernier des ignorants prétend posséder pour en tirer la mouture d'or, propre à assurer son existence, au détriment du bon sens. Nous dirons plus, de la tranquillité de ceux qui ont la faiblesse de se laisser conter toutes les sottises que ces gens, complètement incapables en la matière, se plaisent à leur inventer.

Avant d'entrer dans l'explication des signes du Zodiaque, nous allons voir l'importance des planètes sur les avantages ou les désavantages physiques de l'être; c'est un peu comme dans l'agriculture; lorsque le temps est propice, les produits sont beaux; la chaleur fait pousser les asperges, les petits pois; murit les fruits, dessèche le fourrage et la gelée, fait périr les jeunes pousses.

Mais, il y a toujours moyen de concilier les choses. Prenons le bon côté et laissons le mauvais. Si l'on se reconnaît dans le portrait tracé selon la planète présidant à la naissance et que ce portrait ne soit pas flatteur, il faut se dire qu'il n'est pas exact ou que les défauts sont autant de qualités. Une grande confiance en soi, se répercute sur la masse. C'est ainsi que font ceux qui, ne s'inclinant pas devant le sort, la contraignent à s'incliner devant eux.

Il y a tant de gens dans la vie que l'on admire parce qu'ils ont eu l'art de faire prendre pour des beautés, leur laideur physique et morale.

Portraits sidéraux.

Saturne ne donne pas à l'être une grande beauté. Couleur noire, safranée, les yeux faux ne regardant pas en face, mais errant de côté et d'autre ; maigres, courbés, petits yeux, barbe malingre.

La femme aura les mêmes défauts, peut-être bossue, ayant une mauvaise santé, une maladie de poitrine.

Jupiter. Belle et saine constitution, beaux cheveux, yeux noirs superbes, le nez fort, le menton fortement accentué, le teint brun, le cou rond, droit, plein de vigueur, les épaules, les bras, les jambes d'athlètes, une taille avantageuse.

Femme. Belles formes, belle taille, figure régulière, noble, expressive. Inspirera un amour sérieux, hommage rendu à son réel mérite et d'une durée indéfinie.

Mars. L'homme aura une taille normale bien prise, élancée. Les membres nerveux et souples, le front incliné en arrière et découvert, les cheveux tirant sur le roux et rares. Les yeux enfoncés dans l'orbite gris pâle. Le teint sans coloration et taché de son. Le nez pointu légèrement convexe, les lèvres en lames de couteau et pincées. Le menton pointu et relevé, la poitrine bombée, haleine forte, mouvements brusques, regard dur, menaçant, irrité.

Femme. Elle sera d'une esthétique parfaite, le teint grisâtre détruira l'effet de sa figure, les yeux gris, bleus, sous une apparente douceur révèlent la méchanceté. Les dents laides, noires, jaunes, sales. La gorge belle. Elle pourra être aimée pour son caractère plus que pour sa beauté.

Le Soleil. Dès l'enfance le type s'annonce en beauté. Les formes nobles, élégantes, bien proportionnées. L'adulte aura le nez aquilin, la bouche bien dessinée, les lèvres rouges, les dents saines et bien rangées. Les yeux bleus, le front haut et droit. Le menton indiquant la volonté et la force de caractère sera relevé. Le visage s'auréolera d'une belle chevelure blonde, l'air du visage, digne, majestueux, imposant.

Femme plutôt belle que jolie, distinguée, taille élevée, sa démarche, ses attitudes seront nobles comme son caractère. Elle rendra très malheureux son mari, s'il ne contente pas ses aspirations très élevées.

Vénus. L'homme sera de taille élégante, le teint frais, les yeux bleus, les cheveux blonds, le nez légèrement concave, la bouche moyenne, les lèvres rouges, les dents blanches, inégalement plantées. Le menton rond, le regard doux, ému, le sourire affable, mais il sera faible de constitution.

La femme excessivement jolie, douée de toutes les grâces, de tous les charmes, d'un caractère ravissant, voulant ce que veulent les autres, n'aura jamais d'ennemis d'amour, de rivales jalouses, mais laissera en mourant sa famille inconsolable.

Mercure taille petite, jambes arquées, épaules élevées et ratatinées, poitrine large, grosse tête, cou enfoncé dans les épaules, front vaste, cheveux durs et noirs, sourcils, rapprochés et drus, yeux, petits, noirs, brillants, enfoncés, nez camard, grosses joues, menton fourchu, bouche mal faite, petite, ne riant qu'avec contorsion.

Femme esthétique analogue à celle de l'homme, se répercutant sur le moral; cupide, sordide, acceptant toutes les compromissions pour de l'argent, se mariera ou plutôt se vendra à un vieillard afin de s'enrichir après sa mort qu'elle souhaitera impatiemment; quitte à la provoquer.

La Lune. L'homme sera flegmatique, de taille petite quoique bien prise; son académie ne le portera pas aux exercices violents, ni à la carrière des armes. Doué d'une grande finesse, il pratiquera plus volontiers les exercices qui demandent de l'adresse, de la souplesse, de l'agilité. Son teint sera blanc, ses yeux gris blafard, indice d'une âme paisible et douce; froid dans ses amours, il s'attachera à sa femme, à sa famille, mais sans élan, incapable d'un sentiment de haine, de dévouement, être neutre ne sachant pas se concilier les amitiés, ni l'affection.

Femme sera de belles proportions, blonde, yeux bleus, nez retroussé, joues rondes, visage ovale, bouche petite et bien faite, jolies dents, teint très blanc, très distinguée, rêveuse, poétique, tendre. Si la lune est en bon aspect elle sera heureuse, mais si cet astre est en mauvais aspect toute sa vie sera soumise à l'infortune et ses amours traversées.

Les signes du Zodiaque et leur relation avec les planètes.

Pour dresser l'horoscope, il faut se servir des signes du zodiaque. Ces signes sont au nombre de douze et désignent chaque mois de l'année astrologique. Celle-ci contrairement à notre année ordinaire d'après le calendrier Romain qui part du 1er janvier et à l'année liturgique qui s'ouvre à l'Avent, commence le 20 mars sous le signe du Taureau.

Nous verrons les dates sous lesquelles s'opèrent les substitutions de mois; les signes les représentant et les influences physiques qu'ils apportent dans notre santé.

1er mois ♈ Le Bélier, 21 mars - 19 avril. — Tête.
2e mois ♉ Le Taureau, 20 avril - 21 mai. — Col, épaules.
3e mois ♊ Les Gémeaux, 21 mai - 20 juin. — Les bras.
4e mois ♋ L'Ecrevisse, 21 juin - 22 juillet. — Poitrine, poumon.
5e mois ♌ Le Lion, 23 juillet - 22 août. — Cœur, foie, estomac.
6e mois ♍ La Vierge, 22 août - 21 septembre. — Ventre, intestins.
7e mois ♎ La Balance, 22 septembre - 21 octobre. — Dos, rognons.
8e mois ♏ Le Scorpion, 22 oct. - 20 nov. — Parties nobles, hanches.
9e mois ♐ Le Sagittaire, 21 novembre - 20 décembre. Cuisses.
10e mois ♑ Le Capricorne, 21 décembre - 19 Janvier. — Genoux.
11e mois ♒ Le Verseau, 20 janvier - 18 février. — Jambes.
12e mois ♓ Les Poissons, 19 février - 20 mars. — Cinq extrémités.

Pour établir un thème de nativité, il faut posséder une carte du ciel, de l'année où le sujet est venu au monde; connaître exactement le jour, l'heure afin de savoir si la naissance est diurne ou nocturne, ce qui a une importance considérable.

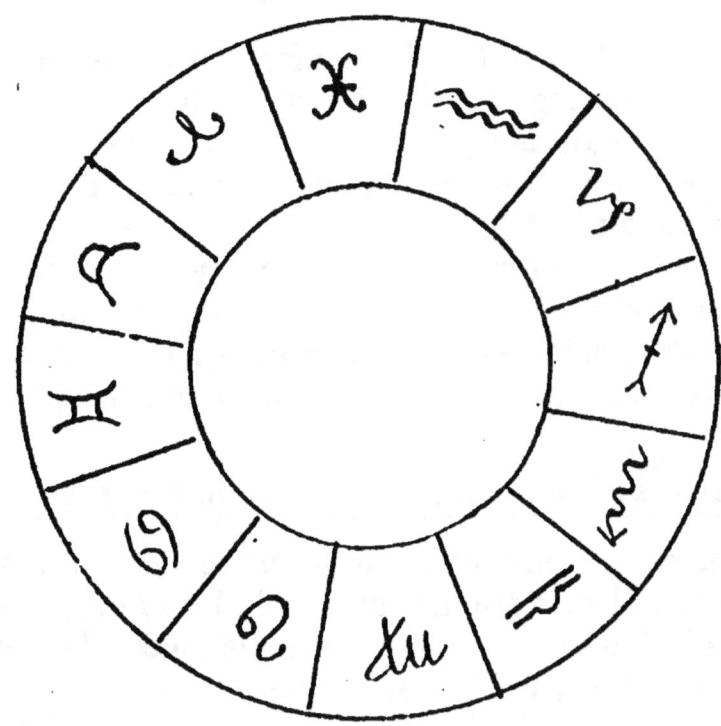

Horloge zodiacale

L'on oriente alors l'horloge zodiacale par rapport au mois où la naissance a eu lieu. Le signe sous lequel l'enfant est né devient la maison I. Il y a donc douze maisons représentées par les douze signes.

La Ire Maison correspond à la VIE.
La IIe — — RICHESSES.
La IIIe — — FRÈRES ET COLLATÉRAUX.
La IVe — — PARENTS, FOYERS.
La Ve — — ENFANTS.
La VIe — — SANTÉ.

La VII⁰ Maison correspond à des MARIAGES, CONTRATS.
La VIII⁰ — — MORT DANS GUERRE; PROCÈS.
La IX⁰ — — INTELLECTUALITÉ.
La X⁰ — — DIGNITÉ, CONSIDÉRATIONS SOCIALES.
La XI⁰ — — AMIS,
La XII⁰ — — ENNEMIS.

Pour plus de facilité, l'on pourra construire sur du carton, une horloge zodiacale selon le modèle dessiné avant et y indiquer les douze maisons dans leurs signes par ordre. Puis l'on place la maison désignée par le signe au n° 1.

Maintenant, après avoir vu comment se trouve placée la maison n° I, il faut se rendre compte de la position des planètes et de l'influence qu'elles peuvent avoir en concordance ou en dissidence avec les maisons.

Influence des planètes dans les signes du Zodiaque.

Le Soleil au moment de la naissance se trouvant dans la Première maison, ou s'il la domine, paralyse les influences planétaires maléfiques; l'enfant sera dominateur, noble, élevé de sentiments.

Dans la seconde maison, il annonce richesse, luxe, amis puissants, société distinguée.

Dans la onzième, amitié, protections royales et des grandes nations.

Dans la X⁰, hautes destinées.

Dans la VIII⁰, aide efficace en cas de revers.

Dans la V⁰, mariage heureux, enfants aimants, gloire et bonheur des parents.

Dans la III⁰, s'il survient des malheurs, ils seront courts relativement.

Dans la 9⁰, voyages heureux, opérations commerciales.

Dans la IVe, amour très grand de l'étude, grand orateur ou technicien remarquable.

Dans la VIe, santé superbe jusqu'à 30 ans et vieillesse maladive.

Dans la VIIe, héritage considérable qui sera dissipé dans la jeunesse, mais une bonne conduite et le commerce répareront amplement les pertes.

Dans la XIIe, perte d'argent, dans une banqueroute, par imprudence, retour d'un enfant que l'on croyait mort ou perdu, guérison d'une maladie qui ne laissait plus d'espoir.

La Lune dans la Ire Maison, fortune par commerce au-delà des mers ou par éléments liquides, pêcheries, canal, établissement de bains, source thermale, amitiés de personnages, surtout en femmes.

Dans la IIIe, réussite des entreprises industrielles ou commerciales.

Dans la IIe, longue vie calme sans événements.

Dans la IVe, somnambulisme.

Dans la Ve, rapt, folie.

Dans la VIe, longues maladies mais pas aiguës, faiblesses des jambes, de la poitrine.

Dans la VIIe, ni joies, ni chagrins.

Dans la VIIIe, persécutions de créancier intransigeants, mais qui seront désintéressés.

Dans la IXe, vols, assassinats, attaques nocturnes.

Dans la Xe, présents, héritages, missions glorieuses.

Dans la XIe, gain de procès, rentrée de fonds perdus.

Dans la XIIe, bonne santé avec femme riche, enrichira en adoptant le sujet.

Jupiter. Dans la Ire, admission dans les sciences, ministères, haute magistrature.

Dans la IIe, achat de domaines, heureuses opérations financières.

Dans la IIIe, héritage imprévu, découverte de valeurs, réussite d'un enfant.

Dans la IVe, découverte de mines, de trésors, bel emploi.

Dans la Ve, mariage heureux, mort d'une fille, perte de la femme jeune encore ou du mari.

Dans la VIe, chute prématurée des cheveux, affaiblissement de la vue, longues maladies.

Dans la VIIe, emploi perdu, revers, disgrâce, heureux changement de fortune.

Dans la VIIIe, changement de religion, ou voyage pieux, procès dans la famille.

Dans la IXe, découverte scientifique récompense éclatante, décorations.

Dans la Xe, honneurs et biens de toutes sortes.

Dans la XIe, difficulté vaincue, victoire sur les ennemis, réalisation d'espérances.

Dans la XIIe, amour de la domination poussée jusqu'à la tyrannie dès l'enfance, s'exerçant en famille et sur l'entourage, obtention de grandes richesses et de puissance ou rendra facilement service.

Saturne. Dans la Ire, enfance maladive peu d'aptitudes au travail, tristesse, vieillesse, chagrin précaire.

Dans la IIe, fortune modeste acquise dans petit commerce avec peine.

Dans la IIIe, dissension fraternelle, héritage après procès onéreux.

Dans la IVe, mort de parents, emprisonnement, duperie, faussaire prison.

Dans la Ve, procès en interdiction, enfants contrefaits, infirmes, aliénation mentale.

Dans la VIe rhumatismes, goutte, mauvaise humeur, tristesse.

Dans la VIIe, mariage désastreux, incompatibilité d'humeur, procès, divorce, infidélité, scandale.

Dans la VIIIe maladies incurables, mort douloureuse, orphelin, veuvage, misère.

Dans la IXe, dégoût du monde, retraite dans un couvent, un hospice.

Dans la Xe, professions humbles, pénibles, malsaines, peu honorables, subalternes civils et militaires.

Dans la XIe, expédients sollicitant la charité, publique, humiliations.

Dans la XIIe, victimes de calomnie, médisance, accusation déshonorante, détention injuste.

Mars. Dans la Ire, caractère emporté, violent, cruel, tempérament bilieux.

Dans la IIe, richesses volées, guerre, pillage, extorsion, vol à main armée.

Dans la IIIe, querelles, duels, procès entre frères, parents, amis.

Dans la IVe maison, querelles, blessures sérieuses, meurtre.

Dans la Ve, afflictions par les enfants, dissipations, ingrats, désobéissants.

Dans la VIe, vie agitée, aventureuse belle santé.

Dans la VIIe, mariage d'inclination, ménage peu uni.

Dans la VIIIe, mort violente, duel, combat, catastrophe.

Dans la IXe, retour à la sagesse, abandon de la vie publique, à la ville ou à la campagne.

Dans la Xe, alliance flatteuse, brillants succès.

Dans la XIe, attachement profond, dévouement, témoignages utiles et désintéressés.

Dans la XIIe, emprisonnement pour violences, mauvaise gestion, banqueroute, meurtre.

Vénus. Dans la Ire, beauté, riche tempérament, amour des plaisirs, gaieté.

Dans la IIe, fortune rapide, cadeaux somptueux, récompenses flatteuses.

Dans la IIIe, tous les dons du cœur.

Dans la IVe, dévouement familial, aux supérieurs.

Dans la Ve, beaucoup d'enfants charmants.

Dans la VIe, bonne santé, robuste, extrême vieillesse, pas d'infirmités.

Dans la VIIe aucune tribulation.

Dans la VIIIe, indifférence pour la mort, emprisonnement très court.

Dans la IXe, réussite dans les lettres, les arts d'agrément. Voyages utiles, scientifiques.

Dans la Xe, riches demeures, alliances superbes, protection des grands.

Dans la XIe bonne renommée, estime, respect et affection de ses concitoyens.

Dans la XIIe, confusion des ennemis, leur perte et réparation.

Mercure. Dans la Ire, influences faibles des planètes. Santé délicate.

Dans la IIe, bien mal acquis.

Dans la IIIe, procès en famille.

Dans la IVe, perte d'héritages des parents.

Dans la Ve, emploi dans la banque.

Dans la VIe, fortune par médecine illégale.

Dans la VIIe, mariage d'intérêt, heureux.

Dans la VIIIe, pertes de fortune, maladies aiguës.

Dans la IXe, fausse religion, hypocrisie.

Dans la Xe, renommée dans les arts, sciences.

Dans la XIe, amitiés, liaisons intéressées.

Dans la XIIe, commerce clandestin, condamnation pour faux, réhabilitation.

Avec ces quelques notions succinctes que nous avons cherché à réduire autant que possible. L'on pourra s'amuser à établir un horoscope. Pour avoir des vues plus étendues, si l'on veut étudier à fond l'astrologie, il sera loisible d'emprunter des documents plus détaillés qui se trouvent répandus à profusion dans beaucoup d'ouvrages traitant spécialement de cette science. Cependant, nous conseillons de ne pas faire état des résultats obtenus. L'erreur se commet facilement; l'interprétation des présages peut amener des terreurs, des découragements ou trop de foi dans la prédiction et produisant des catastrophes. C'est en outre une superstition que d'attacher trop d'importance à la divulgation de l'avenir. Mais l'on peut pourtant tirer un profit de cette distraction en découvrant... les défauts qui, souvent, réduisent à néant les plus belles espérances.

Nous donnerons encore des indications dans d'autres chapitres afin de compléter ces quelques aperçus; mais disons d'abord combien l'influence lunaire joue un rôle dans notre destinée. C'est en effet la lune qui par son attraction contrôle les marées des océans. Elle a sur la femme une emprise directe qui se renouvelle lors de chacune de ses évolutions et sur les sujets nés sous ce signe, elle peut selon l'aspect relevé à l'heure de la naissance, avoir un effet bénéfique ou maléfique.

Nous verrons dans ce conte hindou les malheurs de la pauvre petite princesse Sélénite, éprise si violemment de cet astre, que rien ne put la guérir du mal d'amour.

La princesse Sélénite (Conte Hindou).

Il y avait une fois à Lahore, une pauvre petite princesse si fine, si ténue, qu'elle semblait dans sa fluidité un nuage descendu de l'azur.

Diaphane, frêle, gracile dans sa chasteté enveloppante, elle évoquait la figure hiératique d'un lis immaculé sur sa tige élancée, que le plus léger souffle pouvait briser.

La fleur de son visage apâli aux transparences de cire se perdait dans la nuit d'une chevelure épaisse, bleuie par l'Orient où virotait une constellation de gemmes multicolores et lumineuses parmi les lotus sacrés.

Les yeux de rêve s'extasiaient vers la voûte céruléenne, cherchant à découvrir les sphères invisibles dont l'attirance paraissait prendre son âme.

Immatérielle, impalpable en ses amples vêtements de lourde soie azurée, brodés somptueusement de riches couleurs et de perles de Ceylan, elle flottait alanguie et le frisson voluptueux des précieuses étoffes rythmait sa marche lente, incertaine, d'une mélopée mystérieuse et troublante.

Elle subissait, disait-on tout bas, l'influence néfaste de la planète qui présidait à sa naissance. La Lune avait marqué cette jeune existence d'un sort fatal et sa vue jetait la petite princesse dans des joies extatiques d'où elle retombait brisée d'une tristesse profonde, d'une mélancolie douloureuse, lorsque le bel astre des nuits parfumées de l'Hindoustanie disparaissait à sa vue.

Lors de sa naissance, suivant l'usage consacré, le roi, son père, avait fait appeler auprès du berceau de son enfant, les plus Saints Bhramines, les plus savants Fakirs qui étaient accourus de tous les points de l'Inde et même des confins du Thibet, de la Mongolie, de l'Hymalaya.

Il leur demanda de consulter le Ciel, de demander à la Trimourti du Nirvana à Bhrama, à Vichnou, à

Siva par le Lotus Sacré, les secrets de la destinée de la petite princesse que les dieux lui envoyaient.

En une assemblée secrète, mystérieuse, les saints personnages se réunirent pour sonder les profondeurs de l'avenir, interroger les astres, après avoir procédé aux rites religieux, aux incantations et offert les sacrifices indispensables.

Tous furent unanimes à prédire que la jeune princesse serait douée d'une beauté merveilleuse, mais que son existence serait fauchée en sa fleur par une étrange passion, un amour impossible ; qu'il n'y avait aucun moyen occulte pour détourner cette catastrophe sinon de ne la laisser jamais en liberté la nuit. L'on devait, dès que la brise du soir descendait sur la terre, enfermer hermétiquement la jeune princesse et ne la libérer que lorsque le soleil irradiant, baignait de ses rayons brûlants les terrasses du Palais.

La Lune, dirent-ils au roi domine la destinée de l'enfant. Elle est malheureusement en mauvais aspect, présageant souffrance éternelle, souffrance secrète, inavouée, parce qu'inavouable dans sa folie ; c'est une destinée implacable, brisant un cœur épris d'un rêve irréalisable, d'un rêve qui tue.

En entendant cette prédiction, le roi entra dans une violente colère contre les mages. Il leur donna vingt-quatre heures pour trouver une solution qui changeât la formule de cet horoscope funeste, et les fit enfermer dans la haute tour du Septentrion transformée en observatoire.

Les saints personnages, réunis à nouveau mais connaissant l'inutilité de nouvelles recherches, se regardèrent sans rire. Leur situation leur apparaissait très clairement désespérée, sans le concours d'aucun thème céleste et sans étudier les astres.

Les vingt-quatre heures étant écoulées, le roi les fit comparaître et leur demanda s'ils avaient réussi à fléchir le sort.

Muets, consternés, ils baissèrent douloureusement la tête.

L'un d'eux cependant, laissa tomber « Bhrama est inflexible ».

Le roi, fou de rage, ordonna qu'ils fussent jetés dans la plus noire des prisons, située dans les fondations de cette même tour du Septentrion. Puis afin de s'assurer leur silence, espérant par un sacrifice désarmer la destinée, il leur fit secrètement trancher la tête.

Ayant cru ainsi conjurer le sort, il fit élever la jeune princesse dans la solitude, afin qu'elle n'entendît jamais raconter ces choses qui eussent pu frapper son imagination et déchaîner les événements prédits.

Il fut défendu dans tout le royaume, sous peine de mort, de parler de la consultation qui s'était ébruitée. Le peuple aimait son roi et le malheur prédit l'avait touché profondément. Il avait manifesté bruyamment à son souverain sa sympathie et son dévouement.

La petite princesse fut donc entourée de jeunes compagnes enjouées et gracieuses, dont la mission consistait à la distraire sans cesse, pour que la fatale obsession ne vînt pas s'emparer de son cerveau et réaliser la prophétie des Bhramines et des Fakirs.

Le roi mit tout en œuvre pour détourner les pensées de la princesse Sélénite et lorsque le charme mystérieux de l'astro commença, le malheureux père crut devenir fou.

Fêtes brillantes, riches parures, chasses dangereuses, distractions de toutes sortes, il ne sut qu'imaginer pour dissiper la hantise terrible et mettre au front de son enfant le rayon de l'éternelle joie, pour fixer auprès d'elle le bonheur rebelle.

Il ne put malgré sa sollicitude donner à ce jeune visage, l'expression enfantine, enjouée, charmante de son âge. Seule, une mélancolie empreinte de résignation, fut la poésie nimbant cette tête adorée aux lignes pures, diaphanes, que de grands yeux rêveurs où se lisait une tristesse infinie éclairaient ardemment. De ces yeux éperdus d'amour, jaillissait la flamme fatale, redoutée, lançant dans les espaces éthérés, l'âme conquise, brûlée par ce feu secret, mystérieux, dévorant.

Dès que de la voûte céleste, tombaient les voiles de la nuit, enveloppant d'ombres et de silence le palais et les jardins féeriques, l'enfant courait vers une vieille pagode abandonnée et se blottissait dans une haute cathèdre en bois de cèdre incrustée d'ivoire et de pierres précieuses, encastrée entre deux colonnes de porphyre qui s'élançaient vers les nues du haut des marches du temple en ruine.

Elle demeurait ainsi, immobile, immatérialisée, sans un mouvement décelant la vie; telle, une idole somptueusement parée sur son trône sacré. Elle n'appartenait plus à la terre. Ses yeux se rivaient avec amour au rayon lunaire qui venait se jouer dans la ténèbre de sa chevelure, baisant son visage qu'apâlissait encore l'émotion intense que lui produisait la divine caresse. Elle se sentait mourir de bonheur, baignée par cette clarté sidérale qui portait jusqu'au plus profond de son être le fluide adoré.

C'est en vain que ses femmes éparses sur les marches moussues et délabrées du vieux temple sacré, la pressaient de rentrer. Elle demeurait là, hypnotisée, ravie, n'entendant rien, désorbitée, ne voyant que le beau rayon qui déversait en elle des extases infinies, jusqu'à ce que l'aube blanchissante le fit disparaître.

Lorsque l'évolution de l'astre nocturne laissait la terre dans l'obscurité sur laquelle planait le subhamam (*brouillard du soir*), la pauvre petite princesse sentait la vie se retirer de son corps fluidique. Prostrée, prête à expirer, elle gisait inerte sur les coussins dans la grande salle du palais qu'elle ne quittait plus.

De ses yeux clos s'échappaient de lourdes larmes qui roulaient de ses joues translucides sur ses seins de vierges.

Elle ne confiait à personne ce profond désespoir; seule, sa vieille nourrice, la fidèle Abrafwan (eau courante) avait deviné ce qui tuait sa petite princesse aimée.

Elle était quelque peu sorcière et savait lire dans les airs, le feu, l'onde et par la terre, le secret des destinées humaines.

Elle avait découvert cette passion fatale qui déchaînait la tempête dans l'âme de son enfant, produisait un déchirement terrible en cet être fragile. Elle savait que par cette blessure s'échappait goutte à goutte la vie de la petite princesse Sélénite et que peu de lunes s'écouleraient sans que la catastrophe redoutée ne se produisît.

De quel sacrilège ne se fût-elle pas rendue coupable la pauvre femme, si elle avait eu le pouvoir de jeter dans les bras de son enfant éperdue d'amour, cet astre fugitif qui emportait son cœur et avec lui cette existence si chère. Mais il était si haut dans le ciel limpide, si près de Brahma dans ce Nirvâna inaccessible aux femmes où réside la Trimourti qu'elle ne pouvait espérer de l'atteindre jamais, ni de l'enchaîner pour l'empêcher de disparaître.

Les lunes se succédaient, la jeune princesse se mourait et l'astre implacable emportait chaque fois dans son halo sidéral quelques parcelles de cette existence qui était si complètement sienne.

Le roi voyant sa fille dépérir, fit partir dans toutes les directions des ambassadeurs, qui eurent pour mission de chercher dans les cours voisines le prince Charmant destiné à conquérir ce cœur meurtri, et à ramener la vie dans cet être que la mort marquait déjà de son empreinte.

Les plus beaux fils de l'Inde accoururent. La réputation de beauté de la princesse Sélénite était universelle. Chaque prétendant s'ingénia pour attirer ses regards.

Il y eut à cette occasion des fêtes somptueuses. Forcée d'y paraître, la pauvre petite princesse fit un effort surhumain pour obéir à son père. Elle consentit à accepter l'hommage des jeunes princes, promit de faire son choix parmi eux et de désigner l'heureux mortel qui devait être élu.

Mais sa chimère astrale la hantait plus que jamais au milieu des fêtes. Les paroles galantes de ses soupirants n'arrivaient pas à son oreille distraite. Sa pensée fuyait vers l'inaccessible et, aucun d'eux ne put obtenir de se faire aimer ni agréer.

Nul n'eut la puissance de faire s'envoler ce rêve douloureux et de conquérir ce cœur brisé par un mal mystérieux, incurable.

Dès que le rayon aimé apparaissait, sans aucun souci de l'étiquette, elle s'échappait bien vite, pour courir, toute palpitante se jeter dans la haute cathèdre du Dêv,t'han abandonné. Dans un transport de joie, elle tendait ses bras à cet amant divin qui prenait toute son âme, sa vie, et ne lui rendait en retour qu'une froide caresse inflexiblement, calme qui se jouait de cette agitation, de ce trouble dont se repaissait sa sérénité éternelle. Puis, indifférent, il se détournait, prodiguait à l'entour la même clarté caressante, et la pauvre enfant, affolée en le voyant évoluer vers d'autres lieux, l'implorait, le suppliait de ne pas l'abandonner, de l'emporter avec lui, d'avoir pitié de son martyre. Elle courait parmi les jardins, s'agenouillant au bord des pièces d'eau, prête à s'y engloutir tant elle se penchait pour voir son rayon adoré qui se mirait dans le cristal liquide. Elle allait vers les fontaines sacrées pour s'emparer de ce reflet trompeur, marchant jusqu'à l'aube, suivant en sa course l'astre fugitif, lui demandant la suprême caresse que, sans pitié pour ses larmes, sa détresse, il lui refusait impitoyablement.

Plusieurs fois la croyant perdue, on la rechercha et ce ne fut que fort loin du palais que l'on découvrit son corps inerte presque privé de vie.

Les Médecins, les Brahmines, les Fakirs furent mandés au palais. Le roi, fou de douleur, promit ses trésors à celui qui guérirait sa fille de ce mal étrange et mystérieux qui la conduisait à la tombe.

Hélas ! tout fut inutile. Aucun remède, aucune intervention magique ne purent cicatriser la plaie mortelle de cette âme blessée.

Les forces s'évanouissaient, la petite princesse comprit que la vie n'avait plus pour elle, de lendemain.

Elle voulut mourir dans la haute cathèdre de cèdre d'où elle pouvait contempler encore le rayon adoré qui, inflexible, la tuait sans pitié.

Il brilla ce soir-là d'un éclat sans pareil. L'on eût dit qu'il voulait attirer vers lui définitivement cette âme vacillante. Il vint caresser ce visage qu'envahissaient déjà les ombres de la mort, se posa sur les lèvres avides de son baiser, cueillit son dernier souffle qu'il emporta dans les sphères infinies, déposant dans le septième ciel, aux pieds d'Indra cette âme ardente et fidèle.

La princesse Sélénite, le visage extasié d'une joie paradisiaque, demeura figée dans la haute cathèdre de cèdre à l'ombre des colonnes porphyriennes du Devêl millénaire. Ses femmes par ordre du roi continuent leur service auprès de la princesse trépassée, formant nuit et jour sa garde d'honneur.

Lorsque Phœbé paraît, les yeux clos de la princesse s'ouvrent et se rivent ardemment à l'astre cruel. Des larmes coulent doucement qui se changent en perles précieuses du plus pur Orient.

Mais, lorsque les ténèbres enveloppent le palais féerique durant la disparition de la Lune, les paupières se referment et des perles noires glissent lourdement des yeux clos.

Jusque dans la mort, elle est demeurée fidèle à son rêve d'amour, de joie et de douleur, et l'astre inflexible accepte immuable cette offrande éternelle qui ne trouble pas sa sérénité.

Tableau des heures planétaires.

Le tableau planétaire que nous plaçons ici, sera utile à consulter en maintes circonstances. Il donne les heures propices pour les opérations magiques, la récolte des plantes et les évolutions des planètes.

HEURES	DIMANCHE	LUNDI	MARDI	MERCREDI	JEUDI	VENDREDI	SAMEDI
Heures de jour							
1e	Soleil	Lune	Mars	Mercure	Jupiter	Vénus	Saturne
2e	Vénus	Saturne	Soleil	Lune	Mars	Mercure	Jupiter
3	Mercure	Jupiter	Vénus	Saturne	Soleil	Lune	Mars
4e	Lune	Mars	Mercure	Jupiter	Vénus	Saturne	Soleil
5e	Saturne	Soleil	Lune	Mars	Mercure	Jupiter	Vénus
6e	Jupiter	Vénus	Saturne	Soleil	Lune	Mars	Mercure
7e	Mars	Mercure	Jupiter	Vénus	Saturne	Soleil	Lune
8e	Soleil	Lune	Mars	Mercure	Jupiter	Vénus	Saturne
9e	Vénus	Saturne	Soleil	Lune	Mars	Mercure	Jupiter
10e	Mercure	Jupiter	Vénus	Saturne	Soleil	Lune	Mars
11e	Lune	Mars	Mercure	Jupiter	Vénus	Saturne	Soleil
12e	Saturne	Soleil	Lune	Mars	Mercure	Jupiter	Vénus
Heures de nuit							
1e	Jupiter	Vénus	Saturne	Soleil	Lune	Mars	Mercure
2e	Mars	Mercure	Jupiter	Vénus	Saturne	Soleil	Lune
3e	Soleil	Lune	Mars	Mercure	Jupiter	Vénus	Saturne
4e	Vénus	Saturne	Soleil	Lune	Mars	Mercure	Jupiter
5e	Mercure	Jupiter	Vénus	Saturne	Soleil	Lune	Mars
6e	Lune	Mars	Mercure	Jupiter	Vénus	Saturne	Soleil
7e	Saturne	Soleil	Lune	Mars	Mercure	Jupiter	Vénus
8e	Jupiter	Vénus	Saturne	Soleil	Lune	Mars	Mercure
9e	Mars	Mercure	Jupiter	Vénus	Saturne	Soleil	Lune
10e	Soleil	Lune	Mars	Mercure	Jupiter	Vénus	Saturne
11e	Vénus	Saturne	Soleil	Lune	Mars	Mercure	Jupiter
12e	Mercure	Jupiter	Vénus	Saturne	Soleil	Lune	Mars

Thème de Thoth.

Sans se livrer à de nombreux calculs, sans être forcé de se procurer les éphémérides toujours incommodes à consulter, l'on peut établir un thème de nativité avec les formules du thème de Toth, que l'on retrouva gravées dans la chambre funéraire de Toth, prêtre dont l'existence remonte à la 4ᵉ Dynastie. il avait acquis une fortune considérable en vendant à tous, des présages qui émerveillaient la foule par leur réalisation merveilleuse.

Ce fut un Allemand, le Dr Johan Glaser de Leipzig, astrologue et égyptologue remarquable qui traduisit la formule de Toth qu'il appela heptascope. Il lui donna ce nom désignant le groupement sidéral des sept jours de la semaine.

On peut le diviser en quatre éléments :

1º La concordance entre le jour de la semaine et un astre déterminé qui permet de découvrir

Le maître du jour.

2º Celle qui existe entre l'heure du jour et un astre déterminé qui indique

Le maître de l'heure.

3º La lecture du tableau des décans qui désigne

Le maître des décans.

4º La situation des trois astres sur le cercle zodiacal.

Le maître du jour.

Le maître du jour indique la naissance, si l'on a cette donnée, le thème est facile à établir. Si l'on ignore le jour, il peut se trouver aisément en consultant le tableau suivant qui a pour base un numéro d'ordre désignant à chaque jour de la semaine correspondant à une planète.

CHIFFRE INDICATEUR	JOUR	MARCHE DU JOUR
1	Dimanche	Soleil
2	Lundi	Lune
3	Mardi	Mars
4	Mercredi	Mercure
5	Jeudi	Jupiter
6	Vendredi	Vénus
7	Samedi	Saturne

Le maître de l'heure.

Pour avoir le maître de l'heure, il faut étudier quel est l'astre dominant à l'heure où la terre, qui effectue son tour complet en 24 heures est atteinte à chacune de ses parties par l'influence sidérale de cet astre qui devient le Maître.

Voici comment se fait l'opération.

L'on consulte le tableau où sont inscrits le nom des astres et l'on compte de 5 en 5 à partir du maître du jour.

Le maître des décans.

L'on appelle décan, une période de 10 jours ; or, il y a dans chaque mois trois périodes de dix jours, ce qui fait trois décans ; tous les jours composant ces décans prennent le nom de degrés ; le premier degré part du jour où le signe du zodiaque commence son évolution. L'on peut donc avoir des dates exactes par les décans et par les degrés.

Il y a encore beaucoup d'éléments fort importants pour établir un thème dans tous ses détails. Les positions des planètes en exaltation, dans leur trône, en dignité, en opposition, en déchéance, etc., mais cela nous entraînerait trop loin.

Nous sommes persuadée, qu'avec ces notions

10.

élémentaires, en consultant le tableau des heures planétaires, l'on pourra fort bien se diriger dans le labyrinthe de l'astrologie. Beaucoup d'astrologues, faiseurs d'horoscopes n'en savent pas autant. Nous pouvons conter une aventure à ce sujet qui prouve combien peu il faut ajouter foi aux prédictions. Nous la certifions absolument authentique et nous pourrions citer les noms des intéressés.

Une jeune femme se trouvait dans une anxiété profonde. Des revers, des catastrophes l'avaient frappée, elle était absolument désorientée. Une femme, qui fréquentait chez elle, lui conseilla de faire établir son horoscope et lui donna l'adresse d'un astrologue réputé pour sa science merveilleuse. Il avait dit des choses étonnantes à cette personne.

La jeune femme suivit le conseil et se rendit chez le fameux astrologue qui prit ses lunettes, son horloge zodiacale, demanda à la cliente le jour, la date, l'heure de sa naissance, puis se livra à de nombreux calculs. Soudain, il dit :

— Madame, j'ai le plaisir de pouvoir vous annoncer que vos maux sont finis et que vous allez entrer dans une période de bonheur et de réussite.

Le visage de la jeune femme s'épanouit ; elle écouta quelques nouvelles prédictions banales, puis déposa une pièce d'or et s'en fut l'âme ravie après avoir chaudement remercié le devin.

Huit jours après, elle était victime d'une horrible catastrophe qui la privait d'un de ses membres et lui faisait endurer des souffrances sans nom, augmentait sa misère en ne lui permettant pas de travailler pendant plusieurs années. Elle vivait de son travail, travail artistique, c'est-à-dire aléatoire. En se voyant dans un aussi triste état après avoir cru sortir de peine, elle maudit le devin et comme elle n'avait pas l'habitude d'envoyer dire ce qu'elle pensait, elle lui écrivit une lettre ironique en le félicitant de sa lucidité :

— « Vous m'avez annoncé, Monsieur, que j'allais entrer dans une période heureuse. Il vient en effet de m'arriver telle catastrophe ».

L'astrologue ne se démonta pas pour si peu et répondit :

— Je suis profondément, affligé de l'accident qui vous est arrivé Madame.

Je regarde à ce sujet votre horoscope : Le *Bélier* en 8e maison m'annonce bien probabilité de blessure, mais sans spécifier et sans en indiquer la date. C'est pourquoi, je ne vous en avais pas parlé.

Et quelles souffrances vous devez endurer, je vous plains de tout mon cœur.

Veuillez agréer, etc.   X.

L'accident était si peu grave que l'on fut étonné que la victime n'en mourût pas. Mais on le voit, à défaut de science certaine, l'astrologue se tira avec esprit de cet incident.

L'on peut se convaincre par cet exemple de la créance qu'il faut accorder aux faiseurs d'horoscopes et que rien ne sert de connaître l'avenir puisque, il n'est pas dévoilé avec justesse et que l'événement se fût produit inexorablement.

Petit horoscope instantané.

Il est très facile de s'amuser en faisant un petit horoscope rapide qui ne demande ni carte céleste, ni horloge zodiacale.

Cette formule peut fournir un divertissement honnête et très attractif en même temps.

L'on peut sans conquérir ses grades dans la sorcellerie, émerveiller son entourage, par une divination subite, remplaçant avantageusement celle des sybilles, pythonisses de l'antiquité et même celle de nos modernes.

Entre soi, l'on peut rire de ces pronostics, passer quelques moments agréables sans que cela tire à conséquence et surtout sans que cette petite pratique divinatoire soit malsaine et malfaisante.

Pour obtenir l'oracle, vous demandez à une personne son nom de famille.

Prenons un nom historique pour le premier oracle.

Félix Faure. Ce nom bien connu nous donne 10 lettres ; nous nous reportons au tableau ci-contre et nous trouvons le nº 10 qui nous donne :

10 — Roue de Fortune, ascension.

Cela est très vrai puisque Félix Faure fut Président de la République Française.

Nous nous servons pour composer ce tableau des réponses de l'oracle des 22 arcanes du tarot.

1. — Habileté, diplomatie, ruse, adresse.
2. — Secrets, mystères.
3. — Germination, Fermentation, Fécondité-cerveau.
4. — Appui, protection, pouvoir, position stable.
5. — Science, imagination, inspiration enseignement.
6. — Amour, Beauté, Ame, psychisme, attirance.
7. — Secours, Protection divine.
8. — Justice, loyauté, droiture, équité, moralité.
9. — Prudence, religion.

10. — La roue de la Fortune, destin, élévation ascension.
11. — Force morale, Force occulte, énergie, travail.
12. — La résignation, l'œuvre, le fait, le sacrifice.
13. — Mort, destruction, néant du corps ou de l'âme.
14. — Changements, évolutions.
15. — Force majeure.
16. — Effondrement, malheur subit, foudroyant, chute.
17. — Le Ciel, événements heureux, espérance, prospérité, augmentation.
18. — Eau, Obscurité, terreurs, magie noire.
19. — Grand soleil, clarté, feu, lumière, révélation.
20. — Bouleversement, nouvelle, imprévu, éclat.
21. — Folie, déséquilibre, esprit agité, troublé.
22. — Vérité, Absolu Tout-Dieu.

La deuxième opération se fera en consultant l'alphabet de la roue de Pythagore qui sert dans le grand horoscope.

A = 1	B = 2	C = 4	D = 5	E = 3
F = 8	G = 10	H = 28	I = 15	J = 15
K = 16	L = 21	M = 19	N = 26	O = 8
P = 77	Q = 27	R = 11	S = 20	T = 6
U = 9	V = 9	X = 13	Y = 50	Z = 70

Nous reprenons le nom de Félix Faure que nous décomposons ainsi en mettant en regard les chiffres correspondants à chaque lettres :

F =	8	F =	8
e =	3	a =	1
l =	21	u =	9
i =	15	r =	11
x =	13	e =	3
	60		32

Nous additionnons ces deux totaux 60 et 32, nous obtenons

$$60 + 32 = 92$$

Le chiffre 92 étant plus élevé que 22 puisque nous n'avons que 22 arcanes, nous allons donc faire l'opération suivante

$$92 = 9 + 2 = 11$$

Nous trouvons donc l'oracle au n° 11 du tableau qui nous donne comme réponse :

Force morale, Force occulte, énergie, travail. Et ce fut ainsi pour le Président de la République, qui gravit les échelons par un travail acharné !

L'on peut classer cette récréation parmi les jeux innocents... qui le sont !

Savoir, c'est Pouvoir.

Nous disons, que Savoir, c'est Pouvoir.

Evidemment, la connaissance d'un événement destiné à se produire à une date déterminée ou sans que l'échéance soit indiquée, peut nous permettre de le détourner ou de le parer. Saurons-nous cependant, échapper à cet événement prévu, qui peut nous surprendre à l'improviste, tout en nous étant annoncé.

C'est que l'humanité est foncièrement légère. La leçon des choses est souvent perdue pour elle. A l'instant de la révélation, il se produit le « frisson » peur, méfiance, alarme. Toutes ces sensations s'énoncent aussitôt violemment. L'on se promet de veiller, de se mettre en garde pour éviter le danger. Puis, l'insouciance fait oublier, sinon la prédiction qui de loin en loin vient hanter la cervelle, mais la résolution prise de déjouer le sort.

Si donc nous disons. Savoir c'est Pouvoir, il faudrait ajouter ce mot qui fit la fortune de la Grande Catherine, qui fut sa devise :

Vouloir, c'est pouvoir. Tout nous ramène inflexiblement à ce talisman merveilleux : « La Volonté », la plus formidable des armes, mise par le Créateur à la disposition de la créature.

Mais il ne faudrait pas confondre volonté avec volontarisme. La volonté est une force ; le volontarisme, une faiblesse.

Vouloir le bien, suivre son chemin sans défaillance, sans découragement ; avoir la ferme volonté de lutter contre le sort, surtout contre soi-même. Ne vouloir que ce qui est droit, loyal. Avoir la Volonté de toujours conserver sa dignité au milieu de l'épreuve. Cela est noble, grand. Le Volontarisme, au contraire figure la sottise, l'orgueil imbécile, l'ambition injustifiée. Exigeant que tout se plie sous cette volonté qui n'en est pas une, qui n'est que le plagiat ridicule de la volonté, n'appartient qu'aux sots, aux impuissants et aux gens sans esprit.

Donc, si savoir, c'est pouvoir. Il faut que cette science serve à quelque chose, qu'elle se manifeste intelligemment. Mais nous pensons qu'il est fort difficile d'appuyer ce savoir sur une science qui, pour être utile, doit être exacte, par conséquent fort ardue. Or, aucune science, même la plus pratique, la plus élémentaire, ne livre, *de plano*, aux novices, ses secrets. Le plus simple des métiers exige un apprentissage, sous la direction d'un maître compétent — même celui de laveur de vaisselle —

Comment voulons-nous avoir la prétention de lire *a priori* dans le livre de la « Sagesse » de pénétrer les mystères de ces arcanes fermés où se trouvent contenus les secrets de l'évolution des mondes dans l'Univers ? Il a fallu des milliers d'existences enchaînées à travers les siècles pour arriver à formuler quelques certitudes et nombre de suppositions.

Prenons donc des éléments succincts de cette science, ce qui peut être pour nous un délassement, et ne nous basons pas sur les révélations, plus ou moins justes, que nous en tirerons, pour orienter notre existence. Nous posséderons alors, sans le concours du zodiaque et des planètes, la Science de la Sagesse; la véritable sagesse qui consiste à se confier à la Volonté Divine. Elle sait mieux que nous ce qui nous convient et dans Sa Sagesse. Elle a statué sur notre destinée. Nous ne craindrons pas alors le coup de queue du *Dragon*.

II

Les Oracles

Nous allons, dans ces chapitres, voir défiler la longue théorie des sottises et des superstitions humaines. Nous pouvons dire dès à présent pour notre excuse, que nous n'avons rien inventé en la matière et que les précédents, que nous avons suivis d'ailleurs consciencieusement, remontent presque à la création du monde. Cela ne justifie pourtant pas les idioties que pratiquent beaucoup de gens, constituant ainsi une religion étrange, faite de présages et de divagations révélés par des hystériques, des fous ou des exploiteurs.

L'on ne peut nier leur intelligence. Si leur savoir n'est pas réel, ils possèdent de façon irréfutable la connaissance de la mentalité humaine. Pour eux, en ce cas « Savoir, c'est pouvoir ». Et ils peuvent grandement puisqu'ils asservissent les gens — même les gens intelligents — à venir réclamer leur concours, à écouter leurs divagations présentées sous forme de révélations. L'Oracle constituait donc la réponse d'une divinité, à celui qui la consultait, par l'entremise des augures, pythonisses, sybilles et autres hystériques se disant interprètes des Dieux. Nous verrons plus loin en décrivant ces personnages quelle créance il était loisible d'accorder à ces individus prétendus détenteurs de l'omniscience, qui n'appartient qu'à Dieu. Ils faisaient ainsi dévier la religion sur la superstition. Or, superstition vient du mot latin *Superlare*, synonyme de *Superesse*, être un excès, ou superfétation.

Il y a une quantité innombrable de moyens pour consulter l'oracle. Nous ne pouvons ici définir chaque formule que l'on trouvera d'ailleurs dans des livres spéciaux. Nous nous contenterons d'énumérer la variété des procédés employés pour se livrer à la plus bouffonne et hilarante des sottises, dont l'humanité depuis la plus haute antiquité détient le record génial.

Les Grecs, les Latins pratiquaient la divination avec le concours des Augures, des Aruspices. Les Hindous appellent cette science « *Vijnâna* » ce qui signifie « Discernement ». Toutes les superstitions inventées et pratiquées dans tous les pays ayant d'imposantes et nombreuses institutions oraculaires, sont connues dans l'Inde, mais ne sont pas développées. Elles sont restées à l'état primitif fort simple. L'on y procède aux sacrifices, à l'examen des viscères des animaux, sachant que l'anormale contexture est *omineuse*, c'est-à-dire un « péché » auquel le remède s'applique par un « *prôyaçitta* » et c'est tout. L'Inde antique reçut cette science des Grecs et des Latins qui, eux la détenaient des Etrusques. Aussi ignorait-elle l'organisation des oracles de Delphes et de Dodone. Le devin ou sorcier Hindou du Kauçika-Sûtra est froid et méthodique. Il n'a nulle ressemblance avec les épileptiques de la Grèce Antique.

Chez les Hébreux qui s'intitulaient « le peuple de Dieu », toutes ces pratiques étaient formellement défendues.

Le Lévitique de Moïse (chap. XX) condamne l'homme ou la femme dans lequel l'esprit pythonique ou de la divination se sera incarné.

L'Exode au chap. XXII dit : Ne laissez pas vivre les devins.

Nathiel Moulth prétend que l'on doit s'instruire de toutes les sorcelleries pour vaincre les démons. Que si l'on ne connaît pas leurs ruses, l'on ne peut les déjouer. Il prend exemple sur Moïse qui, loin de faire, comme les magiciens de Pharaon un pacte avec le diable, imita et surpassa leurs prodiges avec la permission de Dieu.

Toutes ces raisons ne sont nullement concluantes. Moïse était Moïse une Force dirigée par Dieu. Qui de nous, malgré l'orgueil immense de la créature, peut avoir la prétention de ne pas sombrer dans le chaos des sortilèges, de la démonialité, etc., etc. Nous ne devons donc pas sous le fallacieux prétexte de combattre, de nous sanctifier, de remporter une victoire — qui, souvent ne nous est pas disputée — suivre la folle du logis. Nous avons le remède tout indiqué « La Prière ». C'est la meilleure arme pour détourner l'influence néfaste des augures et aussi, la plus complète indifférence et le mépris le plus dédaigneux pour ces sortilèges.

Augures, Aruspices, Devins, Sybilles, Pythonisses.

> Je ne sais comment deux augures peuvent se regarder sans rire.
> CATON.

Les Augures, les Aruspices ne riaient pas, parce qu'ils prétendaient exercer une sorte de sacerdoce.

Convaincus de leur omniscience, ils se prenaient fort au sérieux. Ils opéraient selon les rites consacrés, avec toute la gravité de personnages importants.

Quant aux Sybilles, Pythonisses, Pythies, les malheureuses n'avaient pas le sujet d'être hilares. Les prêtres les tenaient prisonnières avant et après la cérémonie. Leur vie était donc si emmurée que la gaîté ne devait pas souvent être leur partage.

Bien plus encore, la séance où se manifestait leur science divinatoire était pour elles un véritable martyre. L'on s'étonne et l'on trouve grotesque, l'espèce de frénésie qu'elles apportaient à l'accomplissement du rite divinatoire, les contorsions, les convulsions, les hurlements qui les accompagnaient.

Rien n'est plus simple pourtant à expliquer et cela, tout naturellement, sans sortilège, sans intervention surnaturelle.

La pythonisse était installée sur le trépied sacré et celui-ci placé sur l'orifice de l'antre par lequel l'oracle ou le Dieu communiquait ses décisions. Or cet antre ou gouffre, exhalait des vapeurs aromatiques ou autres, provoquées par une source chaude ou par une fumée artificielle qui, forcément, imprégnait les parties de la pythonisse assise sur le trépied. Ainsi en contact direct elle recevait à la face postérieure de son individu une brûlure qui ne devait pas précisément la réjouir et la mettre en gaîté. De là les cris, les contorsions et les hurlements à travers lesquels s'énonçait la sentence apprise à l'avance et toujours en vers, que les prêtres lui faisaient réciter pour être bien certains de la mémoire de leur auxiliaire. Nous avons à notre époque, sans tout cet appareil, les horoscopes populaires distribués par les miséreux et les vers de mirlitons pour nous communiquer l'oracle mis à toutes les sauces.

Si les augures ne pouvaient se regarder sans rire,

ce n'était qu'après la cérémonie, alors que le souvenir cuisant de leur divination s'étant apaisé, leur permettait de comprendre le grotesque de leur intervention.

Les collèges sacrés où s'instruisaient dans la science de la divination les augures et les aruspices, charlatans sacrés qui ont tenu une si grande place dans l'histoire païenne, avaient été créés, après que d'autres individus, se prétendant interprètes de la volonté des dieux, eussent ébloui les peuples par les moyens mystérieux qui leur donnaient la lumière.

Cassandre, fille de Priam, annonça vainement les malheurs de Troie. Aristandre, Mopsus, Calchas, furent aussi célèbres. Les Grecs allaient consulter Calchas avant de s'engager dans une expédition lointaine et aléatoire. Les pythonisses de Cumes, d'Endor, de Delphes, de Dodone ont laissé un renom qui s'est transmis à la postérité.

Les augures conservaient jalousement le secret de leur science, ne le livrant qu'à un fils ou à un successeur, adopté et instruit de cette science divinatoire et secrète, dans les mystères du temple.

La superstition augmentant, il fallut fonder de nouveaux collèges d'augures qui se chargèrent d'exploiter la crédulité. Il y eut à Rome plusieurs ordres qui surent se maintenir jusqu'à la chute de l'Empire. Ils furent cependant discrédités par Cicéron et surtout par Pulcher, qui, sans souci du sacrilège, fit jeter à la mer, les poulets sacrés, ce qui fit sombrer immédiatement l'autorité des augures.

Les Druides, les Gaulois, les Celtes pratiquaient également la science divinatoire à l'aide des livres sacrés et du gui jeté aux coqs, qui remplaçaient, sans contorsions, les célèbres pythonisses.

Ce ne fut qu'au XVIe siècle que Rabelais écrasa de sa puissante ironie les détenteurs de la science des augures et autres charlatans.

Sans aruspices, augures et pythonisses, le commun des mortels eut la science de consulter l'oracle en tirant des présages de toutes les manifestations qui se prêtaient à la superstition. De nos jours encore, fleurit intensément ce bouquet de hâbleries interprétées par l'intelligence humaine en dépit de l'instruction, laïque et obligatoire qui, reniant Dieu, laisse subsister en la cervelle de nos contemporains toutes les billevesées, chères aux temps préhistoriques, où l'ignorance pouvait être une excuse à cette crédulité. De nos jours, la divination n'a plus recours à l'examen des viscères ; les pythonisses ne se trémoussent plus sur le trépied sacré. Elles ne sont plus sous la dépendance des prêtres, mais bien au contraire, sont reniées par ceux-ci.

Elles gisent, non plus dans des collèges sacrés, ne pontifient plus sur des antres terrifiants. Elles sont installées luxueusement, ont pour trépied un fauteuil confortable. Tout comme leurs célèbres devancières elles exploitent l'humanité, vivent de ses largesses et justifient le mot de Caton qui est aussi attribué à Cicéron :

Deux augures ne peuvent se regarder sans rire.

Des différentes formes pour consulter l'oracle.

Nous avons réuni ici les nombreux moyens employés pour consulter l'oracle, du moins certaines de ces formules, car nous savons qu'il en existe encore d'autres. Il eût même été amusant de nous adresser au public pour obtenir des documents.

Cela eût été vraiment curieux de recevoir de tous les coins du monde quelque nouvelle manière propre au terroir et très couleur locale. Malheureusement, nous n'avons pu organiser cette consultation et ne pourrions s'il nous arrivait des communications, que les introduire dans d'autres éditions : le concours est donc ouvert.

Pratiques divinatoires.

Caffiomancie ou amergomancie, par le marc de café.
Onéorocatie ou Byzomancie, par l'interprétation des songes.
Rabdomancie et Xilomancie, par la baguette divinatoire et par le bois.
Aéromancie, par l'air.
Alectromancie, par le Coq.
Alvenromancie, par les orages.
Alphitomancie, par le froment.
Arithmomancie, Thiomancie, onomancie numérique, par les nombres.
Anagrammatisme, onomancie anagrammatique, par le changement de l'ordre des lettres du nom.
Astragalomancie, cubomancie, par les dés.
Cataptromancie, Pégomancie, par le miroir.
Céphalomancie, par la tête d'un âne rôti.
Clidomancie, par les clés.
Coscinomancie, par le sac ou le crible.
Cromniomancie, par les oignons.
Dactilomancie, par les anneaux posés sur les ongles.
Daphnomancie, par le laurier.
Géomancie, par les lignes tracées sur le sol.
Gastromancie, par une fiole pleine d'eau.

Hydromancie, par l'eau.
Lampadomancie, par la lampe.
Lécanomancie, par un bassin plein d'eau.
Libanomancie, par l'encens.
Lithomancie, par les pierres.
Margaritomancie, par les perles.
Molydomancie, par le plomb fondu.
Onéomancie, par le vin des libations.
Oxynomancie, onychomancie, par l'ongle.
Ornithomancie, par les oiseaux.
Pyroscopie, pyromancie, par le feu.
Stichomancie, en ouvrant au hasard Virgile, Homère en prenant garde au sens du premier mot lu.
Bibliomancie, de même par la Bible.
Sidéromancie, par la paille jetée sur le feu.
Chiromancie, par la main.
Physiognomonie ou physionomancie, par les lignes du visage.
Phrénologie, phrénomancie, par les bosses du crâne.
Astrologie, par la lecture des astres.
Nécromancie, par l'évocation des morts.
Fantasmagonie, par l'apparition des spectres.
Spiritisme, par la communication avec les esprits.
Magnétisme, par le somnambulisme.
Axmomancie, par la hache, la cognée.
Batrachomanie, par les crapauds, grenouilles, reptiles.
Bélomancie, par les flèches.
Botanomancie, par les plantes.
Oomancie ou ooscopie, par les œufs.
Tératascopie, par les monstres et autres prodiges, apparitions, pluies de sang, de pierres, commètes, etc.
Vitréomancie, par les vibrations du verre.

Le lecteur nous excusera de ne pas lui donner des explications détaillées sur toutes ces pratiques plus ou moins étranges. La place nous ferait complètement défaut et nous réservons notre intérêt aux éléments qui peuvent avoir un côté curieux, instructif et scientifique. Nous ne comprenons pas que l'on puisse statuer sur la destinée, parce qu'une oie s'est gratté l'oreille gauche avec la patte droite ou inversement, parce qu'un grain de blé a roulé dans un sens contraire ou parce que le vin a coulé dans certaines directions.

Réponses de l'oracle.

Toutes les réponses oraculaires sont à double échappement, ce qui permet de les interpréter selon l'état d'esprit du consultant et de les adapter à ses besoins. C'est le *Vade mecum* de la divination. Il existe dans les librairies spéciales à ce genre d'édition, de nombreux ouvrages où toutes ces pratiques sont décrites longuement avec les demandes et les réponses. Il sera donc loisible de se les procurer. Nous n'engageons pourtant pas nos lecteurs à perdre un temps précieux en se livrant à tous ces procédés empiriques, charlatanesques qui, sous une apparence inoffensive les conduiraient à la superstition invétérée et auraient pour résultat appréciable, de les diriger faussement sous la perfidie des prédictions distillées par des présages saugrenus.

Le casier des lettres et des chiffres magiques.

Nous trouvons dans l'Apocalypse au chapitre XIII que saint Jean l'Evangéliste, excellent arithmomancien marque le nom de l'Antéchrist du nombre kabbalistique 666. Ce passage a été longuement commenté sans livrer son mystère.

Les Grecs et Pythagore tout particulièrement dotaient d'une puissance mystérieuse certains nombres, basés sur la *triade*, la *trinité* comme 3, 5 à 7 et à 9 en combinant ces nombres.

Nicomaque, Ptolémée, Porphyre et beaucoup d'auteurs anciens, ont traité ce sujet ainsi que l'abbé Pierre Bungo, chanoine de Césène qui a écrit un ouvrage intitulé *de mysteriis numerorum* démontrant l'énergie physique miraculeuse des nombres.

Le nombre 9 en ajoutant les chiffres qui composent ses multiples donne toujours un multiple de 9. En les additionnant, et rejetant 9 chaque fois que la somme dépasse ce chiffre, le reste est toujours zéro.

Le nombre 3 a la même propriété, etc., etc.

Pour obtenir l'influence d'une planète il faut consulter la table du nombre mystique des planètes.

	NOMBRE MYSTIQUE
Saturne	15
Jupiter	34
Mars	65
Le soleil	111
Vénus	175
Mercure	260
La Lune	369
Etoiles de Première Grandeur	9

Le Créateur Tout-Puissant a pour nombre mystique 1 et la matière élément imparfait, a le nombre 2. Le nombre 1 ne pouvant se carrer, se place dans un triangle △. Le triangle que nous voyons dans les églises symbolise donc Dieu et s'il est entouré d'un cercle, il signifie que Dieu est éternel et que la créature est mortelle.

Arnaud a laissé un ouvrage intitulé *Géométrique*. Prestet, *Éléments de Mathématiques*, Ozanam, *Récréations Mathématiques* ; on peut aussi consulter les *Mémoires de l'Académie des sciences*, année 1693. Cela édifiera mieux que nous, les lecteurs désireux de s'instruire. Nous allons cependant leur indiquer une méthode facile par le carré magique.

74	74	74	74	74	74
74	11	25	24	14	74
74	22	16	17	19	74
74	18	20	21	15	74
74	23	13	12	26	74
74	74	74	74	74	74

En ce qui concerne les lettres, elles se rapportent aux chiffres selon leur rang dans l'alphabet A est n° 1 B n° 2 et ainsi de suite.

En cherchant à faire un carré magique, pair ou impair l'on peut déterminer entre deux noms, par les nombres, les chances de succès.

La *Théomancie*, section de l'Arithmomancie ci-dessus expliquée sommairement, était pratiquée par les Egyptiens, les Chaldéens, qui initièrent les Juifs.

Mais les Chaldéens divisaient leur alphabet en trois décades.

Ils changeaient en lettres numérales le nom de leurs clients puis les rapportaient à la planète correspondante trouvant ainsi la solution cherchée selon l'influence sidérale.

Nos lecteurs pourront pousser plus avant l'étude des nombres. Nous avons, nous, la sainte horreur des chiffres, nous ne les accompagnerons pas plus loin dans cette étude, ayant le désir intense de ne pas affecter trop violemment nos méninges tout en admirant, oh! combien, les favoris du dieu de l'arithmétique et des mathématiques qui nous a fort mal partagée en l'espèce.

Les jours fatidiques.

C'est encore une superstition dénuée de sens, d'attacher une importance bénifique ou maléfique aux jours.

Il n'y a ni bons, ni mauvais jours par influence directe : l'événement qui se produit les rend seul, bons ou mauvais. Les Romains marquaient d'une pierre blanche les jours heureux et d'une noire, les jours malheureux. Ce n'était pas une superstition, mais une constatation après l'événement qui les avait fait être bons ou mauvais.

Il existe des ouvrages, décrivant longuement les jours favorables à telle ou telle démarche, les jours où l'on doit s'abstenir. Tout cela est de la folie, en pratiquant ce système, l'on ne ferait plus rien.

La préoccupation de savoir si le chiffre 15 marque un jour heureux ou si le 18 sera malheureux obligerait à tenir une comptabilité excédante pour le cerveau humain et à laisser passer les jours, et même les années, sans profiter des chances occasionnelles qui peuvent se produire aux dates indiquées comme néfastes.

Il faut donc réagir contre cette sorte d'envoûtement qui anesthésie, embrume le cerveau et par action réflexe la Volonté, la liberté morale.

Nous pouvons, si nous attachons quelque importances aux révélations astrologiques, admettre que la planète qui régit notre existence peut influencer certains jours, les rendre bénéfiques ou maléfiques. Mais encore, ceci n'est qu'une simple supposition à laquelle il n'y a pas lieu, selon nous, d'accorder une créance absolue.

Il y a des gens qui n'entreprendraient aucune affaire le vendredi ; ce jour étant réputé maléfique ? L'on se demande vraiment en quoi ce jour est plus néfaste que les autres, alors qu'au contraire, si l'on se place sur le terrain astrologique, nous trouvons qu'il est consacré à Vénus, par conséquent propice à l'amour puisque Vénus est la déesse de l'Amour.

Pour les chrétiens, ce jour est celui de la Rédemption, donc heureux pour l'humanité qui a été délivrée par ce long cri d'amour et de douleur poussé sur le Golgotha par l'Homme-Dieu.

Le samedi qui était le jour du Sabbat interdisait aux Juifs toute occupation et leur défendait de se mettre en voyage. Ceci ne comportait aucune superstition. Le Sabbat était le jour consacré au Seigneur, qui avait prescrit à son peuple de le célébrer par le repos et par la prière. Le Sanhédrin est formel.

Le dimanche a succédé dans la Loi Nouvelle au Sabbat et repose sur les mêmes principes. C'est le jour du repos Dominical. Si les chrétiens, sans qu'aucune loi liturgique ne leur enfreigne de se mettre en voyage ce jour-là, évitent de le faire, c'est uniquement par respect pour le principe qui veut, que le dimanche soit consacré à la prière et nullement, parce que toute entreprise serait désastreuse.

Nous voyons donc qu'il n'y a pas lieu de craindre un jour plutôt qu'un autre pour vaquer à ses affaires, en dehors des raisons énumérées.

Or, il arrive parfois qu'au moment de faire une démarche, l'on se sent retenu par une impression purement nerveuse, qui incite à reculer, à laisser passer l'heure par une sorte de crainte qui assaille l'être. L'on sort de chez soi, accablé, prostré, faisant mollement le chemin, engourdi par un anéantissement physique qui se communique à l'esprit. L'on se dit que l'on va perdre son temps, que les choses n'auront pas le résultat espéré. Puis, subitement, le voile se lève, une intervention heureuse se produit, imprévue, réconfortante, qui met en fuite le doute et rend l'élasticité, la volonté à tout l'être. L'intuition est en défaut. Il est donc essentiel, alors même que l'on serait sollicité par une crainte aussi puérile, de faire appel à toute son énergie ; de vouloir dompter et la mauvaise chance et les obstacles ; beaucoup de démarches demeurent sans résultat parce que nous les faisons mollement, sans conviction ; ou plutôt avec la conviction, ancrée, que le jour pour les faire est un jour néfaste.

A titre de document, nous donnons ici la nomenclature des jours heureux et malheureux tout en faisant une réserve. Il est de toute évidence que les mois ne peuvent avoir des jours bénéfiques ou maléfiques pouvant s'appliquer indistinctement à tous les êtres ; des jours « omnibus ». Nous verrions alors en janvier le 13, réputé malheureux, ou le 25, toute la terre plongée dans la douleur ou sous le coup d'affreuses catastrophes. Or, si l'événement que nous estimons malheureux n'est pas d'ordre général, il nous est personnel et notre infortune peut très bien être un sujet de joie pour d'autres : voilà donc pour nous le 13 et le 25 malheureux, alors que pour X, Y ou Z ces dates sont heureuses. L'on voit la créance qu'il faut accorder à cette table que nous donnons pour satisfaire les superstitieux invétérés.

Elle fut, dit-on, remise par un ange à Adam. Il se fit une règle de conduite de la consulter, n'entreprenant, ne semant, ne transplantant rien en dehors des jours heureux. Et tout lui réussissait, dit un auteur qui ajoute « que si les agriculteurs suivaient cette méthode l'abondance entrerait dans leurs greniers ». Heureuse illusion !

Mais tout le monde n'est pas agriculteur — même en chambre — nous ne pouvons parfois que semer le vent et nous récoltons la tempête ; consultons donc la table pour le semer un jour heureux à moins de semer la tempête pour récolter le vent ! C'est ce qu'il doit arriver en cultivant la superstition. Mais ce que l'on sème avec certitude, c'est sa raison, son bon sens, ses facultés cérébrales et la récolte assurée est la folie à brève échéance.

Les fous sont des gens heureux, dit-on. Le tout est d'avoir la crise un jour heureux.

TABLE DES JOURS
Fastes et Néfastes

JOURS Fastes	MOIS	JOURS Néfastes
3, 10, 27, 31	Janvier	13, 25.
7, 8, 18	Février	2, 10, 17, 22.
3, 9, 12, 14, 16	Mars	13, 19, 20, 28.
5, 17	Avril	18, 20, 29, 30.
1, 2, 4, 6, 9, 14	Mai	10, 17, 20.
3, 5, 7, 9, 12, 23	Juin	4, 20.
3, 6, 10, 23, 30	Juillet	5, 13, 27.
5, 7, 10, 14, 29	Août	2, 13, 27, 31.
6, 10, 13, 18, 30	Septembre	13, 16, 18, 19.
13, 16, 25, 31	Octobre	3, 9, 27.
3, 13, 23, 30	Novembre	16, 25.
10, 20, 29	Décembre	15, 28, 31.

Comment l'on fait revenir la chance.

Par la volonté, la ténacité, la méthode.

Il ne faut rien livrer au hasard en ce monde, quoiqu'il soit de notoriété publique que « *Le Hasard est un grand maître.* Or, comme tout le monde ici-bas trouve son maître, il est à présumer que ledit hasard n'échappera pas à cette loi.

Le hasard n'existe pas. Il est le directeur des inavertis, des atones, qui se laissent aller à une neutralité désolante. Compter sur le hasard est compter sur les souliers d'un mort. Comment veut-on escompter l'intervention du hasard ou la redouter ?

Est-ce que rien de ce qui concerne notre existence, est livré au hasard ? Est-ce que tout n'a pas été prévu, réglé automatiquement ? Est-ce que le soleil, la lune, les astres, se lèvent et se couchent au hasard, en dehors des heures prescrites et qui se trouvent consignées avec certitude ? Si le Créateur, qui est le Maître de l'Ordre, a établi un régulateur aussi parfait, Il n'a pu nous laisser, nous, Sa créature, faite à Son image, à la merci du hasard. Il ne nous a pas oubliés dans la répartition harmonique de l'Univers ; et ce que nous appelons irréligieusement le hasard, que ce hasard nous apporte un événement bon ou mauvais, est une appréciation offensante pour la Divinité, qui, dans Sa sollicitude a préparé l'événement selon qu'Elle juge devoir nous l'envoyer.

S'il est bon, l'on se réjouit en remerciant cet agent neutre le « Hasard «. S'il est mauvais, l'on accuse Dieu et l'on déverse amèrement toutes les plaintes d'un cœur ulcéré. Voilà la logique humaine.

Il faut pourtant nous dire que, si certains événements apportent avec eux des joies imprévues, c'est qu'il est nécessaire de nous encourager. D'autre part, si nous sommes éprouvés, c'est qu'il y a lieu, presque toujours, de nous donner une leçon pour nous faire retrouver notre vitalité, afin que selon l'expression antique « nous ne nous endormions pas dans les délices de Capoue ».

Les grandes épreuves font accomplir de grands efforts ! et voilà comment l'on force la chance à revenir au bercail.

N'allons donc pas demander aux charlatans des talismans de chance, des gris-gris, qu'ils commenceraient par employer pour eux-mêmes, s'ils étaient convaincus du pouvoir de ces charmes.

Talismans et fétiches.

Les talismans et les fétiches sont distincts, quoique relevant de la même superstition et de la Kabbale.

Il y a les talismans pour l'amour,
Les talismans de protection,
Les talismans de chance,
Les talismans de longue vie.

Et bien d'autres appropriés aux besoins divers et aux circonstances.

Ils se font en différentes matières : pierres fines, métaux, parchemin vierge, etc., etc. L'or, l'argent, le cuivre sont gravés au jour consacré à l'Astre qui régit l'amour, la chance, la vie ou qui doit détruire les mauvais sorts et plus particulièrement donner :

FORTUNE, AMOUR, BONHEUR.

Les pierres précieuses que nous traitons dans un chapitre spécial sont gravées de même, après avoir été choisies selon le rite et consacrées.

Enfin, le parchemin qui doit être du parchemin vierge, c'est-à-dire fabriqué avec la peau d'un animal qui n'a jamais engendré. Mais, quelle préparation compliquée avec accompagnement de pierre de chaux, d'eau bénite, de formules abracadabrantes ou justement le mot « *Abracadabra* » joue le principal rôle. Il y a la pistole volante gravée d'un signe magique propre à lui faire réintégrer constamment la poche de son possesseur.

Les peaux d'enfants ; oui, vous avez bien lu ! les peaux d'enfants, ou des hiéroglyphes kabbalistiques assurent à leurs possesseurs, une vie indéfinie comme durée. Cela rappelle Gilles de Rais, de sinistre mémoire et Catherine de Médicis.

Nous en passons et des meilleures.

Tous ces talismans doivent être consacrés par tous les moyens en cours dans la sorcellerie. Inscriptions, figures, fumigations, incantations, méttant l'humanité à l'abri de tous les maux, lui déversant tous les dons.

Puisque nous parlons des talismans et des vendeurs de chance, il ne sera pas sans intérêt de raconter l'anecdote suivante qui se passa il y a une vingtaine d'années.

Une sybille moderne — le fait eut lieu à Paris — qui étalait un nom sonore dans les annonces des journaux et faisait distribuer dans les rues des prospectus prometteurs de réussites en tout, vit arriver chez elle un individu qui, disait-il, était employé dans un établissement où seules, les femmes pouvaient pénétrer. Nous ne le désignerons pas plus clairement afin de ne froisser aucune susceptibilité. Mais c'était une maison fort honorable dont la... directrice avait fait une impression profonde sur le cœur de cet homme, seul représentant du sexe mâle admis à s'occuper des gros travaux.

Il demanda à la sybille de le faire réussir auprès de la femme incorruptible qu'il convoitait et lui offrit cent francs pour avoir un talisman. La sybille lui dit en un boniment, qu'il lui fallait faire des conjurations et confectionner le talisman au jour favorable, que cela demandait huit jours.

Les huit jours écoulés, notre homme revint plein d'ardeur, mais la sybille avait oublié sa promesse et l'homme était là avec son argent. Or, cent francs ne se trouvent pas si aisément. Une inspiration subite lui vint ; appelant sa fille, elle lui dit de faire vite un petit sachet de soie bleue et de prendre dans la cheminée quelques pincées de cendres, de mettre quelques grains de gros sel, des fragments de balais de chiendent, de coudre le tout rapidement. Cela fut fait et remis à l'homme qui partit radieux avec son talisman tandis que la sibylle et sa fille se roulaient littéralement.

Il avait promis un autre billet de cent francs, si le talisman opérait, et le plus beau de l'affaire fut, que huit jours après, il l'apportait ayant réussi disait-il, profondément enchanté, tout étourdi de sa chance. Mais il ne fut pas seul à être étourdi, stupéfait. La sybille et sa fille se regardèrent avec un ahurissement qui n'était pas feint. Le pouvoir de leur sortilège fut pour elles une chose si fantastique qu'elles n'y auraient pas cru, si le billet de la reconnaissance n'eût été entre leurs mains un témoignage irrécusable, du grand pouvoir magique, que célébraient pompeusement les prospectus alléchants.

Niera-t-on après cela, qu'il y a un dieu pour les audacieux, les imposteurs, et que l'audace, soutenue par des éléments protecteurs même apocryphes, fait tout oser et conduisit au succès le plus invraisemblable celui qui se lança avec confiance dans une aventure qui devait aboutir par un renvoi justement mérité ?

Le fétiche est d'un cran au-dessous du talisman ou du pantacle. Cependant, posséder un bon fétiche est une chose assez rare, malgré le nombre invraisemblable des éléments qui peuvent être fétiches.

Ne riez pas, lecteur incrédule, si vous n'avez la foi, le fétiche n'aura aucune puissance et votre scepticisme causera votre infortune.

Puisque l'on vous assure qu'il y en a pour tous les goûts, pour toutes les bourses et pour tous les usages les plus baroques. Pourquoi douter ? Votre incrédulité n'est pas de saison. Tout le monde est plus ou moins fétichard. C'est se singulariser que de dénier une toute puissance à un fétu de paille, à une peau de serpent, à une fève, un haricot, un pois chiche, un crin de la crinière du casque d'un dragon et à la corde de pendu !!!! Voyons ! ne riez pas !

Comment ne pas aller bravement à l'aventure dans la vie ? lorsque l'on est aussi formidablement armé...

Cette maladie du fétiche est excessivement répandue et communicative. Il y a des gens qui ne feraient rien, s'ils n'ont sur eux leur fétiche favori. Superstition grossière où sombre notre intellectualité et notre prétention d'être civilisés. Nous imitons les sauvages, les peuples les plus lointains encore sous l'influence de ces pratiques. Leurs gris-gris, leurs amulettes sont pour eux le trésor des trésors, et tel de ces individus se laisserait plutôt trancher la tête que se laisser déposséder de ses fétiches.

Nous n'avons pas le droit de nous moquer vraiment ! puisque nous, les privilégiés ou les victimes de la civilisation, nous fraternisons avec eux dans le domaine de la sottise.

Comment peut-on s'inscrire en faux contre une superstition si généralement répandue ?

Il vaut mieux flatter la manie des fétichards et leur donner ce bonheur que Jules Janin dans son livre « Les petits bonheurs » n'a pas mentionné. Cela ne fait de mal à personne, d'ailleurs et ceux qui y consacrent en reçoivent une si grande somme de quiétude, de tranquillité, qu'il serait vraiment cruel de les en priver.

Un homme de génie sut, tout en donnant satisfaction aux fétichards, trouver la note amusante et de bon goût. Il n'inventa pas quelque fétiche macabre, composé d'éléments tragiques ou stupides. C'était un artiste doublé d'un psychologue. Il connaissait bien son époque et ses trouvailles élégantes, eurent un succès fou..

Contreau, le sympathique joaillier dont les fils continuent rue de la Paix à gérer la maison, était un homme fort accueillant, fort aimable dont l'esprit inventif sut donner au bijou l'allure finement artistique par le choix merveilleux des gemmes et par le travail exquis de la bijouterie qui les enchâssait. Au milieu de ses travaux d'art, une inspiration subite lui fit créer en 1878 le lézard porte-bonheur. Toutes les femmes voulurent avoir leur lézard et l'on en porta de façon prodigieuse ; les adaptant à toutes les circonstances. Ils servaient d'ailleurs de porte-fleurs. Après le lézard, toute la zoologie fut passée en revue pour la joie des jolies superstitieuses. 1879 amena la création du « cochon » porte-bonheur, jolie breloque qui fit accourir le public devant le magasin du boulevard des Italiens où Contreau était alors. Ce fut du délire et une véritable bataille pour arriver à apercevoir la sarabande folle de ces jolis petits cochons. L'on dut organiser un service d'ordre. Puis, vinrent les bêtes à Bon Dieu, les hannetons, qui se faisaient en gemmes taillées et graduées du plus joli effet. Après ce fut le bijou Oudja, motif arabe ou sur un carré ciselé reposait un « œil ». Et ce bijou était si artistique, si joli, que l'on ne pouvait dire que l'on avait le mauvais œil. Il y eut encore des amandes en or contenues dans un écrin, en forme peluche amande. Mais le succès des succès fut le « grain de café ». Taillé dans l'onyx noir, le grain de café reposait sur une branche de caféier en or et joaillerie délicate. L'écrin formait une balle de café en toile. Le grain de raisin succéda au café. Il était présenté dans des boites en bois de Chasselas de Fontainebleau. Tout passe et la mode évoluant remit en vogue, il y a une quinzaine d'années les grandes chaines sautoirs qui permettaient d'y ajouter la théorie des breloques fétiches : « Chapeau Loubet, souliers, 13, etc., etc. » Il y a 15 ans exactement, Contreau en voyant de minuscules tortues d'eau, eut l'idée de les habiller d'un fin réseau d'or, qui venait s'attacher sous la carapace sans blesser les mignonnes petites bêtes. Sur ce réseau d'or, l'on sertissait des pierres multicolores et toutes les élégantes, sur leur poitrine compatissante, offraient une hospitalité charmante à ces porte-bonheurs animés, qui se trouvaient ravis d'être aussi somptueusement parés et si agréablement logés. En même temps, les trèfles à quatre feuilles entre deux verres, sertis d'or, créaient un fétiche plus simple mais non moins conducteur de la chance. Contreau inventa après les canards, les masques japonais. Lors de la disparition de cet excellent homme, ses fils continuèrent à faire éclore des chefs-d'œuvre de délicatesse artistique et le 1er mai, — fut-ce l'esprit de leur regretté père qui les inspira — ils eurent l'idée de lancer un porte-bonheur qui eut le plus grand succès. C'est une petite branche de muguet des bois en or et joaillerie qui se pose sur deux branches de muguet naturel. Ce fut un triomphe. Toutes les femmes voulurent posséder ce joli bijou, avec la double joie d'avoir un motif artistique délicieusement ciselé et le porte-bonheur presque national, puisque le 1er mai ne saurait se passer sans que, toutes les poitrines féminines et même les boutonnières masculines, fussent fleuries de cette aspérule parfumée.

Lorsque la superstition s'énonce gracieusement, artistiquement, l'on peut sans remords la pratiquer : mais s'avilir dans des pratiques absurdes, vraiment nous ne pouvons encourager une aussi énorme sottise. Cette histoire du fétiche moderne nous a semblé intéressante et nous remercions MM. Contreau fils qui ont eu l'amabilité de nous documenter avec précision.

Une conception erronée tend à opérer une confusion entre le port du fétiche et celui des médaillles bénites, des scapulaires, que l'on traite de fétiches et d'amulettes.

Il n'y a nullement lieu d'établir entre ces pratiques religieuses et la superstition, aucun parallèle.

Les médailles bénites à l'effigie divine ou de saints, ne servent pas de fétiches ou du moins ne doivent pas avoir cet objectif. Elles sont, pour les chrétiens comme pour les parents qui portent sur eux les portraits des êtres aimés, un gage d'affection, de vénération. C'est un hommage que nous rendons à ceux dont les traits sont représentés par ces objets.

En ce qui concerne les scapulaires qui, eux aussi, sont traités de gris-gris. Ils sont imposés aux Fidèles, qui, voulant s'unir plus étroitement à un ordre religieux sans y entrer, en portent l'habit réduit de dimension. C'est une sorte de livrée qu'ils endossent, comme les serviteurs de l'ordre consacré à Dieu ou à sa Sainte Mère. Que les chrétiens, servant fidèlement leur Dieu espèrent de lui, protection et secours dans le danger, cela est naturel et n'implique nullement qu'ils doivent demander à ces reliques, à ces témoignages de leur foi, de leur donner la chance à la loterie ou aux jeux de hasard, pas plus, qu'ils ne réclament des choses inavouables et défendues. Qu'il se trouve, parmi ceux qui portent des médailles, des gens qui allient la superstition à la religion, cela peut se produire, comme il se produit malheureusement que des chrétiens ou soi-disant tels, demandent à des fétiches, sans pouvoir, de leur donner la chance qu'ils n'ont pas la confiance de réclamer à Dieu.

C'est une aberration mentale de part et d'autre et cela ne stigmatise nullement les médailles, les reliques vénérables et les scapulaires, pas plus que ceux qui les portent dévotieusement avec tout le respect dû aux choses saintes.

L'on reproche aux chrétiens d'avoir la croyance fervente que ces objets servent à les protéger comme les talismans réprouvés. Certainement ! ILS LE CROIENT ! et ils ont confiance en cette protection. Le Maître marque Son troupeau afin de le distinguer des autres et toutes les têtes qui le composent sont l'objet de Sa sollicitude. Il leur donnera ce qui est nécessaire pour leur subsistance.

Il y a donc lieu d'établir une différence très nette entre une pratique superstitieuse ne reposant sur rien et un acte dévotieux infiniment élevé.

III

Somnambules et Voyantes

Ces pythonisses modernes, ne se livrent pas aux contorsions épileptiques de leurs devancières, mais comme elles, divaguent à l'aise.

La somnambule endormie ou non, par le magnétiseur s'ensevelit dans le sommeil magnétique ; ou feint d'être endormie. Il y a des sujets remarquables, ayant toutes les qualités qui font du somnambulisme un moyen réel de divination, ou plutôt de révélation.

Il ne faut pas pourtant, comme cela se passe généralement, que le magnétiseur opère sur le sujet la transmission de pensée, s'il veut lui laisser la lucidité complète et la faculté de voir les événements et les faits. La transmission de pensée intercepte le fait réel. Le sujet interrogé lit dans la pensée du consultant ce qu'il désire ou dans la pensée de la personne sur laquelle sont faites les recherches et néglige le fait réel pour ne rapporter qu'une intention appelée à ne pas se réaliser. Exemple : le consultant désire savoir si un mariage, une affaire se conclura. La somnambule voit la pensée qui est affirmative, mais un obstacle vient s'interposer entre l'intention et le fait, et l'événement prédit ne se réalise pas ; elle n'a pas vu l'empêchement, parce que la transmission de pensée l'a déroutée. En ce qui concerne les dates, il ne peut être question d'y compter. Le temps n'existe pas pour la somnambule et bien rares sont celles, qui peuvent le déterminer avec précision.

D'autre part, il ne faut pas décourager le client en lui révélant que ce qui lui tient au cœur ne s'accomplira pas. Il ne reviendrait plus et le sujet endormi, endort à son tour le naïf client qui, revenant le reproche aux lèvres, lorsque la prédiction ne s'est pas réalisée, s'entend dire « que c'est un retard seulement » ou « qu'un obstacle s'est mis à la traverse ».

Il y a toujours de bonnes raisons prêtes à pallier et l'insuffisance et le mensonge.

Car le premier sentiment qui s'empare de l'esprit de la somnambule, est de s'évader de la contrainte imposée par la domination, et par cela même de mentir. C'est une force mystérieuse qui la pousse invinciblement au mensonge ; que ce soit une professionnelle ou une hypnotisée amateur et de bonne volonté, elle ment. Est-elle réellement endormie ? elle ment. Feint-elle de l'être ? elle ment toujours.

Il est donc prudent de ne pas ajouter une croyance trop grande aux révélations par le sommeil magnétique, et surtout de ne pas trop se livrer. Le sommeil ne doit pas au réveil laisser trace de la consultation, prétend-on ! Et pourtant, l'on s'aperçoit parfois que le sujet n'a rien oublié. Etait-il réellement endormi, ou n'était-il qu'immobilisé ? Voilà le doute qu'il est permis d'émettre, lorsque surtout une nombreuse clientèle se presse dans le salon de la pythonisse, qui succomberait sous le faix s'il lui fallait s'enfoncer complètement dans cette extase profonde plusieurs fois dans une heure, et par conséquent nombre de fois durant sa journée.

Il y a certes parmi ces professionnelles des personnalités lucides et honorables, faisant consciencieusement leur métier. Leur réputation n'est pas surfaite. Elles jouissent d'une considération méritée.

Mais à côté — car toutes les professions ont leur sommet et leur bas-fonds — que de fraudes, que de manigances, que de chantages !!!

L'erreur d'une prédiction inventée à plaisir est le moindre des dangers qu'offrent ces relations. La connaissance des événements futurs, tout en étant apocryphe, peut coûter bien cher et faire perdre la tranquillité.

Il y a de gros risques à courir dans ces expéditions où le sujet n'est pas seul à parler. L'On se livre, l'on raconte toutes ses affaires, ses secrets de cœur, de famille, de situation. Souvent par action réflexe les secrets d'autrui et cela, tombant dans des oreilles indélicates, avides, cupides ou simplement malfaisantes peut amener des incidents regrettables, des catastrophes.

Mais l'esprit et le cœur humain étreints par l'angoisse, la passion ou le désir d'acquérir, se livrent imprudemment, poussés par une sorte de fatalité, d'inconscience qui ne leur permet pas de réfléchir et de garder silencieusement le secret de leurs joies, de leurs douleurs et de leurs préoccupations.

Voilà ce qui fait la fortune des marchandes d'espoir dont la formule magique assure la réussite en tout.

La réussite n'est pas douteuse, elle s'accomplit à leur profit. En cela elles n'ont pas menti.

Depuis quelques années, la somnambule a été quelque peu démodée. Elle est remplacée par une nouvelle incarnation divinatoire « *La Voyante* ».

Sans le secours du sommeil magnétique, le sujet, recourant à ses seules facultés, ou prétendant être inspiré par un esprit qui s'incarne en son sein, reçoit la révélation des mystères de la destinée. La voyante débite ses boniments plus ou moins vrais, promet toujours amour et fortune.

Si les choses se réalisent, cela va bien ; si elles échouent « c'est qu'un mauvais esprit s'acharne après le client, barrant la route, mettant en fuite la chance, lui infligeant une guigne noire, persistante et tenace ».

Inutile de dire que parfois la guigne est personnifiée par la voyante elle-même, qui, jouant double rôle, sert les ennemis du client en leur révélant ses affaires. Cela lui est d'autant plus facile que la confiance lui est acquise. Elle prévient l'intéressé des pièges qui lui sont tendus, des trames ourdies. « Ne dites pas vos affaires surtout, si vous voulez réussir ». Que ne dit-elle « surtout à moi ». Et les malheurs s'enchaînent, les amitiés se brisent, la situation sombre, le vide se fait ; sans compter d'autres accidents plus graves si l'on commet l'imprudence d'ouvrir sa maison au sujet extatique si dévoué.

Il y a pourtant, il faut le reconnaître, de véritables voyantes qui font consciencieusement leur métier, qui savent lire dans le livre du destin et ne se mêlent pas à des intrigues malhonnêtes.

Mlle Couëdon mit à la mode ce genre de divination. L'ange Gabriel lui composait en bouts rimés de merveilleux pronostics ; ce fut une fureur à Paris d'aller consulter la célèbre inspirée et de l'entendre déclamer ses prophéties, comme une élève de première année du Conservatoire.

12.

Nous n'eûmes jamais la curiosité d'aller demander à Mlle Couëdon le secret du destin. Eut-elle pu le changer ?

A l'Exposition Universelle, dans la section du Vieux Paris, une femme, au type étrange, brune, extrêmement jolie, élégante, attirait la foule. Qu'avait donc cette femme pour charmer ainsi ? Certes, toute sa personne, son visage aux traits expressifs faisaient songer à ces houris qui, les soirs d'été apparaissent sur les hautes terrasses des palais féeriques de l'Orient. Ses yeux doux et rêveurs semblaient perdus dans l'infini, extériosant l'âme et la faisant s'envoler vers l'Au-Delà. Une impulsion mystérieuse poussait les visiteurs nombreux vers elle ; on voulait savoir, connaître son identité, et l'on apprenait qu'elle était l'une de ces privilégiées qui ont le pouvoir de lire dans le livre fermé du destin. C'était une fille des Zingares affinée, occidentalisée, mais conservant sous le vernis mondain de notre civilisation, le parfum de la fleur du pays des rêves, et dans ses yeux la lumière éblouissante d'un ciel lointain. C'était Michaëlla, la femme du célèbre Cagliostro le dominateur qui avait fait d'elle un *sujet* merveilleux de voyance.

Rien d'empirique, ni dans le geste, ni dans le costume, ni dans la parole ; ses révélations se traduisaient, sans emphase, courtes, concises, sans accompagnement d'ange ou de démon ; mais la voyance dans toute sa plénitude et dans toute sa lucidité. Le charme étrange que dégageait cette fille de la Bohême Antique, ravissait ceux qui venaient à elle pour qu'elle soulevât en leur faveur le voile du destin. Elle arrivait précédée d'une réputation colossale, après avoir parcouru le monde en tous sens, après avoir été fêtée dans toutes les cours du globe où son talent lui avait valu les plus enivrants succès. C'était elle qui, au simple contact d'un papier touché par le malheureux Alexandre — le roi de Serbie — avait dépeint, avant l'événement tragique, toute la scène de carnage. Terrorisée, se roulant dans le sang qu'elle voyait couler à flots, repoussant les assassins, jouant tout ce drame comme si vraiment elle y assistait. Et cela le 20 mars 1903, quatre mois avant que ce crime odieux ne fût perpétré. C'est en vain que le Ministre de Serbie averti de cet incident, fit entendre là-bas le signal d'alarme. L'on ne voulut pas le croire. L'on n'écouta pas la voix de l'inspirée, de cette admirable voyante qui avait vécu cependant et souffert par réflexe toute cette tragédie. Pantelante, elle roula sur le tapis sous l'empire de la terreur ressentie par cette vision de pourpre faisant tomber sous le glaive des bourreaux, le roi, la reine, ces époux épris d'un amour impérieux, invincible et qui devaient être unis jusque dans la mort.

Michaëlla Petrovici quoique très jeune encore ne professe plus ou du moins ne consent à recevoir que quelques privilégiés, ou lorsqu'il s'agit d'apporter à une œuvre de bienfaisance l'appoint charitable de sa présence. Elle revit dans son élégant logis au milieu des souvenirs nombreux des admirateurs enthousiastes de son immense talent, les heures de gloire qui accompagnèrent ses pas sur les deux hémisphères. Et cette voyante, cette inspirée, détient réellement la lumière. La lumière irradiante qui perce les nues et va sonder les mystères du destin.

A côté de ces voyantes prédisant l'avenir, mettant leurs facultés au service des douleurs, des passions, des multiples inquiétudes de l'humanité, pour la guider, la consoler, une autre voyante est venue, faisant de la voyance un usage moins tragique, créant un genre amusant tout en étant d'un grand intérêt. C'est la voyante instantanée peut-on dire. Elle répondra à votre pensée, vous lira votre nom, votre numéro de permis de chasse, de carte d'identité, vous dépeindra la valeur d'une pièce de monnaie, le millésime ; que la pièce soit en cours ou qu'elle soit exotique, antique et désuète. Et cela va si vite ; les questions et les réponses roulent avec une telle rapidité que l'on ne peut comprendre comment tant de renseignements mystérieux, peuvent être découverts en un si court espace de temps.

Il faut avoir assisté aux séances que donne le ménage Spitzner — Debra, pour savoir combien est merveilleuse la voyance de la charmante Nadine. Elle s'avance, belle, sculpturale, gracieuse infiniment. Son mari lui met un bandeau noir d'étoffe épaisse et l'interroge : c'est alors le feu roulant sans interruption tant que dure la séance. C'est comme un crépitement de balles dans une fusillade bien nourrie, qui laisse confondu d'étonnement le spectateur, incrédule d'abord, conquis et enthousiasmé après l'expérience. Là encore la régularité d'existence ; des gens charmants, corrects, instruits, d'une éducation parfaite. Un ménage uni, des enfants ravissants. Une femme, excellente mère de famille qui, en dehors de ses séances, tout en parcourant le monde s'occupe de son intérieur ; bonne, accueillante. Le mari partage son temps entre sa famille, ses affaires et l'école Foraine dont il est le secrétaire dévoué et intelligent. Fils du Dr Spitzner ayant commencé lui aussi, ses études médicales qu'il dut abandonner à la mort de son père pour se consacrer à sa mère et la seconder dans ses affaires, il s'est adonné à la *domination* qu'il exerce sans charlatanisme, demeurant simple, affable, sans se targuer d'une science réelle, d'écrivain, d'occultiste et de philanthrope qui lui a valu les palmes académiques.

Cette vision d'intellectuels est reposante. La voyance pratiquée ainsi, n'a rien de commun avec les divagations mensongères de créatures de lucre et de trahison, déshonorant la corporation qui d'ailleurs fort sagement les renie.

Il ne faut pas croire que ces phénomènes de voyance s'accomplissent sans efforts. Les séances nombreuses, se succédant, la tension du cerveau, produisent une fatigue intense. Ce labeur quotidien consciencieusement accompli, malgré le don magnifique de la nature fait, de cette profession fort dure, un mérite de plus à ceux qui l'exercent avec intégrité.

La bonne aventure.

Ainsi que nous l'avons vu précédemment, il y a de nombreuses raisons d'être prudent. Il ne faut pas s'aventurer au hasard, à la recherche de la clé mystérieuse du Destin.

Il est nécessaire de faire une sélection, de savoir reconnaître la vérité d'avec l'imposture. Se lancer étourdiment dans le premier antre divinatoire venu sans se soucier d'y être dévoré par le monstre qui pontifie, est d'une imprudence condamnable.

Il faut avoir une ligne de conduite et ne pas s'en départir. La première de toutes les précautions à prendre, est de ne pas accepter à la légère une indication donnée très souvent par quelqu'un qui, connaissant notre douce manie, peut avoir intérêt à nous diriger vers la demeure d'un thaumaturge complice, afin de connaître nos pensées, nos affaires, nos secrets. Lorsque l'on sait dans votre entourage, que vous cultivez cette petite passion, de consulter et d'interroger le sort, l'on vous glissera insidieusement un nom et une adresse qui vous feront rapidement accourir à cette source d'informations. Or, c'est vous qui serez l'informateur. En quelques instants, vous aurez mis à nu votre pensée, votre âme, ses peines, ses joies, ses désirs : sans être nullement pressé de questions. *L'affaire est dans le sac.*

1º Après avoir convenu du prix, écoutez en silence les révélations ; ne dites ni oui, ni non, alors que le fait est conforme ou pas à la vérité.

2º Ne donnez aucune indication sur vous-même, sur votre nom, votre demeure, votre profession, et encore moins le nom et la désignation des vôtres, ou de vos amis.

3º Si vous voyez une nombreuse assemblée réunie, semblant attendre le moment où chaque personne doit pénétrer dans le temple mystérieux ; allez-vous-en bravement ! A moins que le thaumaturge ne jouisse d'une réputation universelle justifiant l'encombrement de ses pénates.

Il y a malheureusement beaucoup de dessous dans la vie humaine et tel thaumaturge médiocrement installé, ne doit ses succès qu'à la façon de procéder pour connaître les tenants et les aboutis sants du client. C'est un véritable service de fiches.

Etes-vous pressé ? L'on vous cède complaisamment la place. « Je ne suis pas venu pour consulter, ou j'ai le temps d'attendre » avec ravissement, vous remerciez très chaleureusement la personne si aimable qui, avec un renoncement méritoire vous cède son tour ; s'infligeant la torture d'une station longue, toujours ennuyeuse.

Mais, lorsque vous repartez, vous pouvez remarquer de nombreux vides. La personne même qui vous a si gracieusement obligé, n'est plus là pour recevoir de vous un dernier remerciement plein de reconnaissance.

C'est que tous ces gens réunis, faisant la salle, sont des comparses qui vont jouer leur rôle. Vous serez suivi, filé et l'on saura qui vous êtes, où vous demeurez, quels sont vos relations, vos moyens d'existence, etc., etc.

Vous vous étonnerez un beau jour d'avoir des ennuis. Que votre réputation subisse une flétrissure dont la source vous échappe. Peut-être des événements plus graves se produiront-ils, sans que vous puissiez déterminer le moteur qui actionne le courant. Vous, ou d'autres, serez victimes d'un chantage bien organisé, selon les documents que vous aurez fournis ou que l'on aura su découvrir.

C'est le résultat de votre imprévoyance, de votre légèreté, en allant confier vos pensées, vos secrets ou en favorisant leur découverte par votre présence dans une maison louche, fréquentée par des aigrefins.

Les femmes, toujours sous l'empire de leurs sensations, émotives, toujours avides de révélations troublantes, éternelles, chercheuses d'inconnu, sont les victimes vouées à l'avance au chantage. Elles sont les clientes aurifères qui font des revenus importants à tout un monde interlope.

Leur curiosité d'amoureuse leur fait perdre la notion la plus élémentaire de la prudence. Il leur faut alimenter leur cœur aux eaux troubles des confidences et des prédictions fausses, perfides, dont sortira le danger qui brisera leur affection et leur vie.

Les mettre en garde contre la puérilité de ces démarches et contre leurs conséquences grosses de gravité, est prêcher dans le désert. Elles sont reçues avec tant d'affabilité, d'égards, on leur témoigne une sympathie si touchante, qu'elles ne peuvent croire vraiment, que la trahison puisse se glisser sous le couvert de ces conseils qui paraissent dictés par l'intérêt, pour la réussite des projets qui leur sont chers.

Eh ! oui ! Ils sont en effet dictés par l'intérêt, ces merveilleux conseils ; mais pas pour le vôtre, hélas ! Ils sont dictés pour l'intérêt du donneur de conseils qui joue avec votre cœur, avec votre vie, avec votre honneur, sans se soucier du mal qu'il produira. Il vous laisse glisser sur la pente fatale, vous promet toutes les joies, parce que s'il vous disait la vérité, — en admettant qu'il ait la science nécessaire pour la découvrir — s'il ne vous leurrait d'une espérance trompeuse, s'il vous parlait raison, vertu, courage, devoir, résignation : vous ne reviendriez pas et la mine fructueuse serait tarie.

Que ne pouvez-vous, ainsi qu'Asmodée, pénétrer invisible dans le sanctuaire du Destin. Vous verriez après votre départ, la commère hilarante, se gausser de vos prétentions et se divertir à votre sujet.

Tout ce qui a été dit durant votre consultation, est redit, enflé, dénaturé ; vous devenez l'objet d'une moquerie odieuse, émise dans des termes ignobles où l'on vous affuble des noms les plus orduriers. Tous vos beaux sentiments, la fleur de votre âme que vous avez exposés naïvement sont souillés par l'obscénité des réflexions, des appréciations.

Vous avez roulé dans la fange, et cela en payant, en alimentant de vos deniers une tourbe infecte et malfaisante.

Voilà où conduit l'amour du merveilleux et la légèreté qui vous ont fait frapper à une porte, sans être assurée que derrière cette porte, ne se trouvait pas une trappe ouverte, prête à vous happer au passage. Vous vous y êtes engloutie et avec vous tout ce qui devait être respecté.

Allez un jour dans cette maison où vous avez laissé tant d'or ; allez-y ruinée, n'ayant plus le moyen d'enrichir le donneur de conseils ; demandez-lui de vous tracer la route à suivre. Faites-lui part de votre détresse ; vous verrez alors la face de l'être sous son réel aspect ; le masque affectueux, déférent tombera et les paroles méprisantes, cinglantes, outrageantes, jailliront acerbes, de ses lèvres qui, jadis, n'avaient pour vous que des sourires, des mots affectueux, obséquieux. L'on vous fera payer cher les égards passés. Et vous saurez enfin ce que l'on pensait et disait de vous, lorsque vous aviez le dos tourné.

Mais cette leçon des choses est souvent inutile. L'expérience n'empêchera pas de recommencer et les marchands d'espoir continueront à exploiter l'humanité.

Le magnétisme, l'hypnotisme.

Nous pénétrons maintenant dans le domaine de la science exacte. L'on ne peut nier la puissance voltaïque dégagée par la nature humaine, qui impose sa Volonté, domine et produit des effets que jadis, l'on eût condamnés comme relevant de la sorcellerie.

Le Magnétisme, à notre époque, n'est pas seulement employé pour plonger dans le sommeil somnambulique un sujet destiné à révéler le destin ; il a subi une autre direction et dans la thérapeutique on l'emploie pour guérir certaines maladies affectant le système nerveux.

Les Drs Luiz, Charcot et tant d'autres, l'ont débarrassé du côté charlatanesque, en l'élevant au rang de guérisseur.

L'homme, la femme, qui possède un fluide assez puissant pour agir sur les névrosés, les déséquilibrés et les natures qui sont susceptibles d'être dominées, détient un précieux pouvoir curatif.

Son énergie vitale passant au sujet peut amener une amélioration sensible, faire disparaître les accidents dont il était tributaire.

Tous, nous possédons à des degrés divers ce fluide invisible bon ou mauvais.

Il ne faut pas s'étonner des sympathies subites ou des antipathies irraisonnées que nous subissons à notre insu, malgré notre volonté de réagir. C'est une émanation de cet agent physique dégagée par l'être, sans que, souvent, celui-ci en connaisse la puissance.

Sympathie d'épiderme dira le public ignorant. Non ! mais polarisation intense. C'est un fluide qui va rejoindre un autre fluide. Cette combinaison produira la sympathie. En sens inverse, avec tout autant de violence, naîtra une antipathie invincible.

Mesmer fut l'innovateur de cette science, nous parlerons de lui plus loin.

Un nommé Crignon fonda le syndicat des magnétiseurs de France. Il fit des conférences, soigna des malades et finalement, groupa autour de lui des magnétiseurs, des magnétiseuses, qui opérèrent des cures intéressantes.

A la Salpêtrière, les médecins ont depuis quelques années employé ces forces vitales pour guérir les malheureuses victimes de la vie. Les phénomènes nerveux y sont traités savamment et le magnétisme a conquis ses grades.

L'Hypnotisme est l'une des manifestations du magnétisme. C'est l'auto-suggestion qui peut, selon la mentalité de l'expérimentateur, selon sa conscience !!! pousser le sujet à accomplir une bonne action ou un crime, soit endormi, soit éveillé. L'être devenu neutre obéit à la consigne inflexible qui lui a été donnée lors de l'Hypnotisation.

Il faut donc se méfier des magnétiseurs, amateurs et des Hypnotisateurs imprudents qui, sous le prétexte misérable de convaincre la galerie, et eux-mêmes, de leur force fluidique, se livrent à des fantaisies plus ou moins divertissantes, dangereuses et criminelles.

Une femme ne doit pas accorder imprudemment le droit de se laisser magnétiser. Sait-on sous l'influence de la volonté qui s'impose, quelle action lui sera commandée ? ou ce qu'il pourra résulter de déshonorant pour elle ?

Laissons donc les magnétiseurs opérer sur leurs sujets propres ; les savants se livrer à leurs expériences thérapeutiques, et gardons notre libre arbitre, notre Volonté, saine, débarrassée de toute influence, bonne ou mauvaise qui nous asservirait et nous enlèverait nos moyens d'action.

En 1898, vint à Paris un thaumaturge américain, qui fit accourir à ses séances toutes les classes de la société. Il se nommait le Dr Edward's. Saint Paul était le nom sacré qu'il prenait pour déverser le fluide magnétique, propre à guérir tous les maux. C'était un vieillard aux cheveux, à la barbe argentés avec ses yeux bleus, son air inspiré qui semblait réclamer au plafond du salon le fluide mystérieux. Il prétendait incarner l'apôtre saint Paul. De là ce surnom et, pour mieux affirmer son origine sacrosainte, il montrait volontiers les stigmates de ses mains, de ses pieds. Ces membres en effet étaient fourchus.

Il y avait foule dans ses salons, et même jusque dans l'escalier. Le public n'avait rien à payer. Il entrait par la porte grande ouverte, comme dans un temple et, après avoir passé sous la douche humaine destinée à guérir toutes ses infirmités, même et surtout, celles réputées incurables, il ressortait par une autre issue, gardée par des employés munis d'un plateau où s'étalaient des billets de banque, des louis et de la menue monnaie. Après avoir reçu l'aspersion céleste, l'on ne pouvait refuser de contribuer aux besoins du saint homme et on laissait tomber l'obole sans trop de regret. Mais tout a une fin ici-bas. La police eut l'indiscrétion de mettre le nez dans les affaires du pseudo-apôtre et les embrouilla. Il alla s'installer dans un autre quartier, moins élégant, emmenant avec lui la jeune vestale préposée au plateau et chargée d'entretenir le feu sacré de la prospérité.

Les recettes cependant diminuaient. Que se passa-t-il par la suite. Saint Paul subit-il la tentation de saint Antoine ? nous l'avions perdu de vue et ne sûmes pas le fond des choses ; mais les journaux après avoir chanté ses louanges, durent enregistrer que sa force magnétique s'était concentrée sur la jeune vestale et que, sous l'empire d'une jalousie furieuse — les saints eux-mêmes n'y échappent pas, — il avait joué du revolver, du couteau comme un simple mortel et blessé gravement la gardienne du trésor sacré, qui lui réclamait des dommages et intérêts.

Cela se termina au palais de justice. Ainsi s'effondra la gloire du thaumaturge qui avait la spécialité, avec ses passes inspirées, de faire dormir les gens. A-t-il endormi ses juges ? La mémoire nous fait défaut sur le dénouement de cette affaire.

Le fluide animal.

Le fluide animal ou humain se dégage de l'être selon sa force de vitalité.

Nous possédons tous plus ou moins ce fluide qui nous est indispensable pour nous soutenir, qui entretient notre jeunesse, notre beauté ou plutôt, qui en est le facteur mystérieux.

Dès que les forces s'affaiblissent, la décrépitude arrive. Le courant ne passe plus, revivifiant : la loque humaine s'infléchit et glisse sur le revers de la montée de la vie.

Les enfants possèdent dans toute sa pureté

ce généreux fluide. Les jeunes gens en sont imprégnés et l'homme fait en est saturé, à moins d'un traumatisme atteignant la santé.

Les vieillards conscients ou inconscients, ont la révélation de cette force. C'est ce qui fait qu'ils recherchent les caresses des enfants. Ils se retrempent au contact de cette sève et ces effluves apportent à leur sénilité un regain de verdeur. Il semble tout naturel que la vieillesse prodigue à l'enfance une affection touchante et que celle-ci y réponde. Ces deux pôles semblent attirés l'un vers l'autre, faits pour se rejoindre et former le cercle magique.

Mais c'est un sentiment de fanatique égoïsme, qui étreint le vieillard. De ses mains tremblantes qu'il passe sur la tête des petits, dont il caresse aussi les mains, les membres, en passes mystérieuses, il récolte le fluide régénérateur. L'on s'écrie : voyez comme grand-père reprend, c'est le plaisir de voir son petit-fils ; cela le rajeunit de se trouver avec les enfants. Oui, cela le rajeunit, au dépens de l'enfant qui est délesté du fluide nécessaire pour sa formation, pour sa croissance, à son insu : à l'insu même du spoliateur. L'échange s'opère mystérieusement et la vie s'infuse dans le corps flétri, allongeant de quelques moments cette existence prête à finir.

Dans les familles peu fortunées, l'enfant, la jeune fille couche avec une vieille femme. Les parents occupent leur lit, cela prend une chambre, la grand'mère, la jeune fille ou le jeune enfant s'entassent dans un autre : il y a des nécessités cruelles. L'on sait bien que cela n'est pas sain. L'enfant respire le même air qu'exhalent les poumons usés. Voilà le motif que l'on donne, en gémissant de la pénurie, qui impose cette situation.

Ce n'est pas l'haleine parfois nauséabonde, viciée qui est le plus grand facteur de dégénérescence pour l'enfant, pour la jeune fille. C'est le fluide de jeunesse, de santé qui lui est enlevé, qui va se transfuser à cette vieille femme que la tombe réclame. Les fraîches couleurs s'effacent ; une lassitude extrême envahit le jeune être, qui semble miné par quelque mal mystérieux, alors que le transfusé se reprend à vivre.

Dans les squares, dans les jardins publics, il y a de ces vieillards, ramasseurs de fluides qui ont la spécialité d'attirer les jeunes enfants. Leurs poches bourrées de bonbons, de jouets, leur air de bonhomie, leur aspect vénérable font dire aux mamans « voici le papa gâteau des enfants ». Et sous cette apparence patriarcale, le ramasseur de fluides opère son commerce d'échanges. Il donne des jouets, des gâteaux, et prend en retour la vie.

Il peut sembler cruel de priver de ces joies innocentes, ceux qui n'ont que quelques heures encore à passer sur cette terre. L'affection qu'ils portent à l'enfance apparaît naturelle et cependant elle tue.

L'impulsion est donnée secrètement par la nature. L'esprit est innocent chez ces vieillards. Une attraction les pousse à récupérer leur vitalité comme le lézard cherche le soleil.

C'est aux mères qu'il appartient de veiller.

Le spiritisme.

Nous retombons ici dans l'occultisme, dans les ténèbres de l'Au-Delà, dans le mystère troublant du monde invisible et par conséquent nous sommes sur un terrain scabreux, brûlant, provoquant les foudres de l'Eglise.

Nous n'avons jamais voulu nous adonner à ces pratiques. Nous en avons subi le choc. Nous ne pouvons nier certains contacts directs qui nous sont arrivés, sans les avoir sollicités, et qui n'ont pas été toujours bienfaisants : loin de là.

Nous avons en la matière une opinion formelle qui nous a fait décliner toute expérimentation. Cette opinion est basée sur des considérations d'ordres divers, mais que nous croyons être absolument fondée.

Si l'Eglise interdit les communications avec les habitants de l'Au-Delà, c'est qu'elle estime la chose dangereuse, nous ne dirons pas seulement pour notre âme, notre salut — il y a des gens qui n'ont guère le souci de ces choses — mais pour notre mentalité.

Savons-nous quelles sont les forces auxquelles dans notre ignorance nous pouvons nous meurtrir ? Savons-nous si, sollicitant une communication ou sollicités par elle, nous ne nous mettons pas en péril ?

Nous ! les humains, les êtres vivants, allons à visage découvert. Eux ! les invisibles ne se montrent pas, gardent le secret de leur identité ; car, malgré la révélation du nom qu'ils portaient sur la terre, qui nous dit qu'ils soient ce qu'ils prétendent ? Et que ce ne sont pas des esprits perfides, infernaux ?

S'aventurer à échanger une correspondance mystique sans savoir à qui elle s'adresse ; et qui nous l'adresse, est fort imprudent d'une part. D'autre part, il y a des gens dont le système nerveux défectueux ou trop fragile, sombrerait irrémisciblement dans ce commerce spirite ; s'affectant des révélations, demandant des détails sur cet Au-Delà mystérieux si redoutable avec lequel l'on ne doit pas jouer. Nul de nous, ne peut savoir jusqu'où il sera emporté lorsqu'il dépasse la frontière de la tangibilité.

Une autre raison qui selon nous est capitale et qui doit être le principe de l'interdiction Ecclésiastique. C'est que nous devons laisser en paix les morts. Ils ont révolu sur la terre le cycle qui leur avait été assigné ; ils sont entrés dans l'Eternité, dans la béatitude ou dans l'expiation selon leurs œuvres ; nous n'avons donc pas le droit de les rappeler sur cette planète où ils ont souffert, où ils ont laissé derrière eux des affections. Déchirante a été la séparation : c'est leur infliger un renouvellement de douleur en les forçant à revenir parmi nous : ne fut-ce que quelques instants. Il y a là un sacrilège que l'on devrait comprendre.

Sont-ils heureux, dans la Lumière Eternelle. Pourquoi les déranger, leur faire revivre notre misérable existence ? Sont-ils malheureux, condamnés à expier, devons-nous, pour notre bon plaisir les détourner de cette expiation ? Apporter à leur châtiment une dérivation ? Avons-nous le droit et, nous dirons plus, le pouvoir d'interposer notre Volonté entre celle du Maître ? de leur faire quitter le séjour de paix ou de douleur ; en fraude, parce que cela nous plaît, et plus fréquemment, parce que cela nous amuse, est un passe-temps offert à notre oisiveté, à notre désœuvrement, pour satisfaire un caprice ou notre curiosité malsaine.

Nous le répétons, il y a là, un sacrilège et en même

13.

temps une sottise amère que nous démontrerons plus loin.

Nous devons donc nous incliner devant l'Autorité infaillible de l'Eglise qui, mieux que nous, connaît le danger et par sa défense veut nous en préserver.

Les tables tournantes.

Avez-vous assisté en amateur à ces séances macabres, où groupés autour d'une table, les mains étendues, formant une chaîne magnétique, le visage angoissé, la docte assemblée attendait la communication qui devait indubitablement se produire, par le seul contact des paumes manuelles, et d'une prière étrange, murmurée par le chef des consultants, accompagnée de signes de croix ?

Pour l'observateur, qui dans la pénombre git sur une chaise et peut à l'aise analyser ce tableau, l'impression n'est pas douteuse. Il peut se croire au milieu d'une assemblée de fous.

De loin en loin, lorsque l'esprit se fait trop attendre, une voix module respectueusement :

— Y a-t-il un esprit ?

Silence !

Et les mains crispées, tout en voulant être inertes, diffusent plus que jamais le fluide conducteur ; qui ne conduit rien.

Nouvel appel.

— Etes-vous là cher esprit ?

Silence !

Alors un immense découragement se peint sur les figures : c'est la désolation des désolations.

— Rien encore ! murmure-t-on, nous n'aurons pas d'esprit ce soir !

Voilà la seule parole sensée et vraie ; mais il était inutile d'ajouter ce soir. L'esprit aurait dû leur venir avant de se livrer à ce sport singulier. Cependant, il ne faut pas être vaincu. Et, après une nouvelle imposition des mains, la même voix demande : mais plus acidulée.

— Voyons ! Y a-t-il un esprit, oui ou non ?

A ce moment, probablement sous l'empire de la crainte, un craquement se produit et la table esquisse un mouvement de valse, qui n'est pas encore la valse chaloupée.

— Ah ! voici un esprit ! s'exclame l'interrogeant. L'émotion est à son comble.

Mais l'esprit qui, probablement est un farceur, semble faire le gros dos et se contente d'imprimer à la table un mouvement de tangage et de roulis sans vouloir délier sa langue. Immédiatement l'on s'écrie :

— C'est un esprit neuf ! ou c'est un mauvais esprit !

— Voyons, mon ami ! si vous ne voulez rien nous dire, allez-vous-en et envoyez-nous quelqu'un. Envoyez-nous Napoléon, ou Mme Deshoulières.

L'esprit, ainsi mis à la porte s'esquive lestement et l'attente, anxieusement, recommence. Enfin un mouvement net, précis, indique que le personnage qui s'annonce ainsi, connaît son affaire. Un soulagement subit délivre les poitrines oppressées et met la joie sur les visages.

— Qui êtes-vous, cher Esprit ?

Silence.

— Voulez-vous nous répondre ?

La table exécute un Fandango.

— Oui. Eh ! bien, vous frapperez un coup pour

oui, deux coups pour non ! Nous allons vous poser des questions.

Ici, alors il faut tirer l'échelle. Il nous serait impossible de transcrire toutes les questions saugrenues, qui sont posées avec une religiosité, et un sérieux imperturbables. Et la table tourne, s'incline, frétille, se déclanche, contorsionnant en une danse de Saint-Guy les consultants ravis.

Que voulez-vous ? Avec la meilleure volonté, en y mettant toute la ferveur la plus grande, il est absolument impossible de contempler une scène pareille, sans éprouver un très vif sentiment de malaise. Il vaut mieux aller se divertir aux fêtes foraines où le prestigieux et amusant Tarentino donne des séances de tables tournantes qui désopileraient les gens les plus grincheux ; là au moins l'on peut rire de bon cœur et sans arrière-pensée aussi bien de l'expérience hilarante, que de la joie du bon public qui se roule littéralement. C'est à notre avis, la seule application sérieuse et raisonnable de la table tournante.

Comment peut-on croire que Napoléon, ou Mme Deshoulières, ou n'importe quel individu trépassé, vienne se mettre à la disposition d'un groupe de détraqués, pour leur signer des révélations burlesques ? D'autant plus que dans d'autres cercles, fonctionnant à la même heure, par diverses latitudes, leur présence peut être requise et qu'ils seraient ainsi doués, non du don d'ubiquité, mais d'un nombre infini de multiplicités pour satisfaire aux exigences.

Croyez-vous franchement que Napoléon viendra dire à la dame étriquée dans son corsage, à la figure émaciée, encadrée de bandeaux à la Malibran, si celui qui règne dans son cœur lui donnera toutes les joies de l'amour. Qu'il pourra rassurer la grosse dame, dont les formes plantureuses, croulent lamentablement, sur le sort de sa fille qui fréquente la classe de danse de l'Opéra et lui révéler si celle-ci, trouvera le commanditaire sérieux, pour qu'elle puisse assurer les vieux jours de sa maman, nouvelle Mme Cardinal et ainsi de suite pour tous les êtres hybrides qui pratiquent l'accaparement des esprits, afin de se faire guider sur le cours de la bourse ou sur le résultat des courses.

La sottise est si manifeste qu'elle exclut vraiment l'irréligion. Elle se dérobe à toute censure. Ainsi que les fous ne sont pas responsables, si leur démence les pousse à s'exhiber *coram populo* dans la tenue primitive du premier homme, avant la faute.

Voilà donc les mentalités qui ont la prétention de franchir les portes de l'Au-Delà, de pénétrer les mystères des mondes invisibles et de sonder les profondeurs de l'Eternité !

Doit-on rire ou pleurer ?

Les esprits frappeurs.

Existe-t-il des esprits frappeurs ?

Oui ! cela est indéniable ; il faudrait être véritablement sourd pour ne pas entendre le tintamarre qu'ils font dans certaines maisons.

Les gens sceptiques — il y en a partout, — disent très sérieusement « c'est le bois qui travaille ». Cela est exact aussi. Le bois joue, se dilate, se retire, éclate. Tous ces phénomènes sont d'ordre purement physique et souvent peuvent se constater par une fissure, un gondolement, un retrait, une déviation.

Mais ces bruits n'ont pas la même sonorité, la

même signature, que celles des esprits frappeurs. C'est un coup plus sec, plus impérieux, plus laconique peut-on dire, une sorte de chiquenaude plus ou moins appuyée soit dans le mur, le bois, le papier.

Nous faisons porter un message à une personne ; et, après avoir supputé le temps nécessaire pour que le message soit dans ses mains, nous entendons un coup assez fort frappé dans la bibliothèque. Bon ! la personne nous remercie. Une autre fois, un coup sec nous avertit que la personne vient de rentrer. C'est une sorte de télégraphie sans fil ou plutôt, le fil est le fluide magnétique qui nous arrive par cette voie mystérieuse.

Nous apprenons ainsi que cette personne est spirite. Cependant, nous, qui ne sommes pas versée dans le spiritisme, qui ne savons pas comment s'opèrent ces manifestations, et qui savons pourtant, que les esprits frappeurs ont une très fâcheuse réputation, nous nous demandons, comment il se fait que cette personne emploie les esprits réputés infernaux : ou du moins subalternes, pour faire ses petites commissions ?

Car, c'est là, une conviction ancrée chez ceux qui s'occupent de spiritisme, que les esprits frappeurs sont des esprits mauvais, dangereux mais encore infiniment farceurs. Nous préfererions que l'esprit de Lumière vint lui-même à nous.

— « Eh bien ! et les Esprits, sait-on de leurs nouvelles ? Contez-nous donc cela ».
— « J'en puis dire de belles
Sur ces Esprits, chez nous, installés en seigneurs,
Frappeurs, hurleurs, grogneurs, et même ramoneurs ;
Mesdames, n'en déplaise aux bûches étonnées,
On dit qu'ils font un fier bruit dans les cheminées ;
Ils roulent des fauteuils et des chaînes de fer ;
On dit même qu'on peut ouïr « leurs mots d'enfer ».

— « Mais vous nous faites peur, nous serons agitées
De vilains cauchemars pendant plusieurs nuitées,
Nous entendrons crier maint follet chevelu ».
— Madame, je me tais, mais vous l'avez voulu. »

(Extrait des poèmes du Charolais.)   Marie Suttin.

Il faut entendre parfois éclater de toute part, jusque dans le feu ce concert formidable produit par le déchaînement de Forces vertigineuses, destinées à produire des effets maléfiques ; c'est un vacarme assourdissant, et l'on peut se dire que les choses vont aller tout de travers. Nous avons vu remuer sur un chevalet, un lourd panneau de bois représentant la Sainte famille d'après un primitif. Ces figures sacrées auraient pourtant dû mettre en fuite les malins esprits ; mais nous avons constaté qu'ils ne respectent rien. Après tout, les modèles qui avaient posé jadis étaient peut-être des gens de sac et de corde en dépit de leur physionomie sacro-sainte et naïve.

On a souvent parlé des maisons hantées ; à Yzeure notamment, la population fut révolutionnée. L'on prétend que ces phénomènes ne se produisent que par la présence d'un médium qui, souvent ignore sa puissance.

Il n'y a donc, qu'à ne pas s'occuper de ces manifestations, et surtout à ne pas s'en effrayer. Dieu est plus fort que le diable ; il faut prier, se mettre sous Sa garde et laisser les mauvais esprits continuer à folâtrer puisque cela les amuse.

Il faut surtout prier pour ceux qui les emploient ; que ce soit pour le mal ou pour d'autres motifs. Les forces mystérieuses sont toujours dangereuses à manier; tout autant que les explosifs, qui souvent tuent le manipulateur.

Pourtant, cette petite correspondance infernale ou mystique n'est pas sans charme. La solitude se trouve peuplée par le souvenir, la pensée qui arrive, par cette voie surnaturelle, nous apprendre que l'on ne se désintéresse pas de nous, que l'oubli n'a pu se faire ; et lorsque le silence tombe glacial, créant un vide affectant, une tristesse profonde succède à la joie produite par ces signaux étranges.

Cependant, comment discerner la provenance amie ou ennemie de ces bruits ? Ainsi que nous le disons précédemment, il est fort difficile ne se guider dans le labyrinthe spirite et de savoir avec qui l'on est en relation.

Les médiums dont nous parlerons plus loin, les voyants, les extatiques, voient souvent l'esprit ; ils peuvent même le dépeindre. Ils le prétendent du moins. Et nous ne pouvons pas trop nous fier à leurs affirmations. Ils sont trop souvent comme certains esprits frappeurs, d'aimables farceurs, ou des hypnotisés dont on peut dire avec quelque raison « qu'ils prennent leur rêve pour la réalité ».

Le meilleur esprit en l'espèce, consiste à faire appel à l'esprit de la raison et du bon sens. Et celui-là conseille de ne pas s'aventurer dans les mystères troublants de l'Au-Delà. De s'en tenir à la conversation avec les vivants, tout aussi intéressante, aussi instructive et récréative, que celle des esprits : qu'ils soient esprits de ténèbres ou esprits de Lumière. Ajoutez à cela qu'il ne manque pas sur notre planète de gens, qui ont l'esprit farceur, et nous aurons toute la série macabre des évadés terrestres à notre disposition. Elle sera tangible, donc certaine, et nous serons libres à notre tour de faire... de l'esprit frappeur, transcendant, translucide et même farceur.

Le médium.

Possédez-vous une certaine dose de fluide magnétique animal ? vous voilà immédiatement sacré, médium.

Etre médium est en somme « être intermédiaire ». Par le médium, l'on peut établir la correspondance avec les habitants de l'Au-Delà. C'est le médium qui pose la demande et... donne souvent la réponse. Il s'hypnotise lui-même et son interprétation n'est pas toujours heureuse.

La médiumnité n'est pas d'ailleurs décernée — comme les concessions funéraires — à perpétuité. Lorsqu'un sujet, dit « médium » a produit une course de cinq années, c'est tout ce qu'il peut faire. Le médium farceur ou plutôt convaincu de sa puissance sans fin n'est pas rare. Il pontifie, croit de la meilleure foi du monde à son sacerdoce, et s'imagine être constamment en commerce avec les esprits. C'est une hallucination continuelle qui le tient sans arrêt, dans une sorte d'atmosphère mixte ; le rivant à la terre par les pieds, alors que sa cervelle est dans la lune.

Il y a des médiums auditifs, écrivains, voyants, somnambules.

La Typtologie nous indique toutes les nuances à ce sujet. Mais nous savons d'abord que pour que l'évocation réussisse : il faut trois choses de première nécessité :

1º La Volonté de Dieu ;

2º La Volonté de l'évocateur ;

3º Le consentement de l'évoqué.

Voici vraiment beaucoup de conditions à remplir, pour obtenir une communication ayant souvent pour objet de demander des choses profanes et parfois, plus que profanes pour ne pas dire équivoques. Car le spiritisme, bon garçon, se prête facilement à toutes les compromissions, lorsqu'il est pratiqué lucrativement par des compères, auxquels l'on ne peut dénier de posséder l'esprit pratique.

Nous ne voulons nullement attaquer les convaincus, les spirites « spirituels » qui cherchent dans le commerce avec les esprits, des leçons de sagesse, quoique nous pensions qu'ils ont le livre de la Sagesse tout naturellement à leur portée et sans frais d'évocation : « L'Ancien et le Nouveau Testament, Les Evangiles, où la Force Universelle, la Force adjointe selon le rite spirite se nomme Dieu et Jésus tout simplement. Nous avons l'enseignement traduit par les prophètes, dicté par Dieu. Pourquoi aurions-nous recours à une superfétation d'interview, avec des esprits qui ne peuvent être que des sous-ordres, c'est-à-dire comparativement des esprits inférieurs tout en étant dits de Lumière.

Admettons donc, que le médium soit privilégié des trois grâces requises, et que la Volonté de Dieu, primant tout, accorde la communication.

Voici d'abord le médium auditif, qui entendra des voix lui murmurer à l'oreille les réponses plus ou moins oiseuses concordant ou non avec la demande non moins biscornue. Il est vrai, que le mérite fort intelligent de ces réponses est l'ambiguïté, ce qui permet de les adapter à la mesure de chacun selon l'usage que l'on veut en faire.

Le Médium écrivain s'arme d'un crayon, d'une plume et, sans savoir ce qu'il écrit, laisse aller sa main, inerte, sans volonté et les mots s'enchaînent. La plume ou le crayon court sur le papier enregistrant le plus souvent un cours de morale — que sans le concours spirite, l'on pourrait lire dans un livre purement terrestre — où les réponses sont aussi mystérieuses et à double face, que celles du médium auditif. Reste alors le médium voyant ou le somnambule. L'un, sans être sous l'influence magnétique converse avec l'esprit, le voit, sait ce qu'il pense, ce qu'il va dire ou plutôt suit ses propres pensées ; le médium somnambule est endormi, il voit les morts pourrait leur parler : mais presque toujours il est accablé par l'effroi de la vision, terrorisé et l'on parvient difficilement à lui arracher quelques lambeaux de phrases incohérentes qui, cousus les uns aux autres sont parfois aussi explicites que le mot Abracadabra, le Sézame ouvre-toi de la Kabbale.

Mais il y a encore une quatrième formule qui, à elle seule, réduit l'évocation à Néant ! Il faut qu'il ne se trouve présent à la cérémonie aucun trouble-fête, aucun incrédule, aucun railleur et farceur qui, pris d'une méfiance... louable, veuille pénétrer les secrets de la séance.

L'on voit dores et déjà, combien les évocations spirites offrent des difficultés et des déboires, aussi bien aux médiums qu'aux assistants ; sans compter ceux de l'esprit, qui se trouve blessé dans sa susceptibilité, tout comme un simple terrien. Ce qui prouve que la mort n'assagit pas et que les défauts de l'humanité se répercutent dans l'Au-Delà, ou que le médium, prête sa propre nature, à ceux qu'il est censé invoquer de par sa Volonté, selon l'observance des trois conditions à remplir.

Laissons donc en paix nos morts dans le repos Éternel. L'Eglise nous donne une grande leçon de charité posthume en réservant dans tous ses offices dans ses prières liturgiques joyeux ou douloureux, un *memento* pour les fidèles trépassés, et loin de les rappeler dans notre vallée de larmes, disons avec Elle :

Requiescant in Pace

Le spiritisme et les empiriques.

Sans être douée d'un specticisme aigu, nous sommes édifiée. Le côté charlatanesque des évocations apparaît clairement, et donne à l'esprit évoqué, un rôle spécial où l'irrespect s'allie à la stupidité.

AVEZ-VOUS DES INQUIÉTUDES ? De quelle nature sont ces inquiétudes ? Nous ne spécifierons pas. L'humanité piétine sur la planète avec une agitation continuelle, qui prouve qu'elle est toujours sous le coup d'une émotion quelconque.

Alors, pour calmer ces inquiétudes, l'on se livre à une petite séance de spiritisme ; soit avec la table de nuit, oh ! honni soit qui mal y pense, l'esprit sera indulgent pour la pénurie d'instruments, ou avec un guéridon spécial — ceci est plus correct et plus facile à faire évoluer — ou bien l'on court chez un médium et crac, avec ou sans esprit, mais avec l'offrande indispensable, l'on obtient la communication d'un esprit qui paraît, trop heureux d'accourir, pour vous rassurer ou pour vous confirmer dans la crainte qui assaillait votre esprit.

VOULEZ-VOUS DES RENSEIGNEMENTS PRÉCIS SUR TOUT CE QUI VOUS INTÉRESSE ? La séance ici sera mouvementée. Notez que nous demandons des renseignements précis ; c'est-à-dire qu'il ne faut pas de réponses à double échappement, pas d'hésitation, mais une réponse claire, lumineuse et nette. Et puis, c'est une consultation de grande envergure. « Tout ce qui vous intéresse ». Eh ! ce tout est vaste comme le monde ! Faudra-t-il à ce pauvre esprit une patience, une résignation, une condescendance pour fouiller de la cave au grenier de votre pensée et vous révéler les mystères si différents si disparates, et même, si prosaïques, dont se compose l'existence terrestre. Voyez-vous la grosse bonne femme qui accourt effarée parce que son perroquet est malade.

— Ah ! ma bonne dame vite, demandez à l'esprit si mon coco va crever ? Ah ! que j'suis donc tourmentée ! une bête si gentille, qui parle si bien. Faut-il qu'y en ait d'la crapule pour faire tort à un si bon animal, presque un enfant, doux comme un agneau du Bon Dieu. J'suis sûre qu'c'est c'te poison d'Adèle qu'y a donné quéque mauvaise graine, ben sûr ! ou du persil ! Ah ! mon Dieu, s'y il en meurt quéque je vas devenir !

— Allons, ne vous désolez pas, voici l'esprit.
— D'mandez lui s'y va crever.
Réponses hésitantes, ni oui ni non.
— Ah ! Vous voyez, ah ! malheur ! malheur !
— Voyons, cher esprit, vous voyez l'affliction de cette bonne dame. Donnez-nous au moins un conseil.

L'esprit fait le gros dos et la table chaloupe.

— Ah ! j'vous le dis, y va crever ! D'mandez-lui s'y faut lui donner du vin sucré ou s'y l'vétérinaire pourrait l'guérir.

Le médium qui n'est pas très ferré sur la thérapeutique ornithologique, éprouve quelque embarras.

— Voyons cher esprit, vous avez entendu ce que demande cette pauvre dame, répondez.

L'esprit. — Donnez-lui de l'huile de ricin !

Et la bonne dame ravie s'en va bien vite essayer la médication surnaturelle, qui doit sauver son cher coco.

Avez-vous des affaires de famille ? D'Héritage, de Procédure. Vite, consultons l'esprit qui ne peut demeurer insensible à nos espoirs, à nos déceptions, à nos besoins matériels. Et voilà comment de purs esprits débarrassés des préoccupations lancinantes de l'humanité, sont réduits à retomber des hauteurs de l'Empyrée, dans tout le bourbier de notre existence.

Avez-vous des peines de cœur ? Ceci est plus accessible à la psychie. L'esprit se souvenant des êtres laissés en détresse sur la planète, des âmes étreintes par un indicible désespoir, ou par un amour ardent, se fait par la voix du médium, consolateur. Si la réponse est défavorable, un cours de morale suit, détournant la pensée de son but principal, prêchant la résignation, le renoncement, le sacrifice. Si l'espoir est permis ou si le farceur pense que la révélation heureuse emplira ses poches, vite la bonne parole sort convaincue; les détails, n'ayant rien d'éthéré, mais terriblement pratiques, sont prodigués, promettant, amour, délices, joies bien-être, confortable, fortune.

Soupçonnez-vous votre mari ? L'esprit qui a peut-être passé par là, par toutes les affres de la jalousie; qui a senti poindre à son front les protubérances symboliques du ridicule, qui a connu toute la gamme des jaunes, éclate et tonne contre le volage, le libertin; ou philosophe, il conseille la philosophie; farceur, aimant à semer la discorde, il confirme la catastrophe, mettant en l'âme éplorée de la crédule cliente un désespoir mortel.

Et voilà la comédie inqualifiable que l'on prétend faire jouer aux esprits, aux désincarnés qui ont laissé ici-bas leur livrée terrestre ; qui avec elle, ont été délivrés de nos misères, de nos inquiétudes, de toutes nos sensations émotives raisonnées ou irraisonnées. L'on prétend les asservir, les réduire au rôle d'oracles ; les associer à ces parties de pile ou face que pratiquent les gens superstitieux qui, ne sachant pas se diriger, faire la lumière sur ce qui les intéresse, trouver en eux la force intérieure qui conduit et fait supporter l'épreuve, s'en vont relancer les élus de Dieu ou ses bannis, pour leur demander des insanités ou des choses équivoques.

Voulez-vous vous venger, jeter la guigne noire, faire succomber par la maladie, par la souffrance morale, défigurer, enlaidir votre ennemi. L'esprit se chargera de tous ces crimes. Il vous servira dans votre vengeance, s'acharnera sans pitié aucune sur l'être voué à votre « Vendetta ».

Voilà certes des applications diverses du spiritisme, ou du moins, de ce que certaines gens dénomment ainsi et qui n'est que la grossière parodie, une déviation de notre belle religion par les prières qui accompagnent ces séances.

Les esprits lors de leur séparation d'avec leur dépouille mortelle, ont été jugés par Dieu. Ils ont donc comparu en Sa présence et le rayonnement de Sa Majesté a mis en eux Sa sanctification. C'est une rupture autrement puissante entre eux et la terre que l'acte définitif du dernier drame. Il ne peut donc plus leur être possible, après avoir contemplé la Lumière Éternelle, de retomber dans l'obscurité de notre néant terrestre. Si Dieu leur accorde de coopérer aux événements humains, ils peuvent s'intéresser aux âmes aimées, laissées dans l'exil de ce bas monde. Nous pouvons et cela sans le secours d'aucun médium, directement, les prier d'intercéder pour nous ; leur demander de nous protéger, surtout s'ils ont laissé derrière eux, par leur sainteté, leur intégrité, leur vie édifiante, leur foi, un sillage lumineux attestant leur vertu : Dieu peut accueillir favorablement leur prière si nous-même avons en Lui une confiance aveugle. Ce sont des intermédiaires tout indiqués, sans qu'il soit nécessaire de se livrer à des cérémonies bizarres pour leur dire nos peines, nos angoisses. *L'Amour Dominant* est un lien qui survit et ne se brise pas. La sollicitude terrestre ne s'évanouit pas : elle se continue efficace, formelle. Qui de nous dans les heures de découragement, dans les phases douloureuses, périlleuses, n'a jeté un cri de détresse, implorant le secours de son père, de sa mère, comme l'enfant pleure et appelle ses parents lorsqu'il souffre ou qu'il est étreint par la peur ?

Et presque toujours ce cri est entendu. Dieu permet que le secours soit annoncé par ceux, en qui se répercutent encore nos douleurs. L'évènement redouté se dissipe, ou un secours inattendu nous est dévolu.

Ceci n'a rien de commun avec la superstition. Ce n'est pas une pratique spirite, selon ce rite spécial. C'est un élan spontané de celui qui est torturé vers ceux qui, le précédant dans l'Eternité en le laissant au sein des fluctuations de l'existence, veillent toujours sur l'être chéri et le protègent, avec la permission Divine. En nous servant d'eux comme intermédiaires, nous rendons hommage à leur caractère, à leur vertu ; nous les honorons et nous ne les associons pas à tous les tripotages malpropres, obscurs et maléficiants, injure suprême, que l'on puisse adresser aux morts.

La vénération des saints est issue de ce principe. Nous leur demandons leur appui, les sollicitant d'intercéder pour nous : ce qui n'implique pas que nous les adorions, comme le pensent certaines gens. Nous leur rendons hommage : ce sont des auxiliaires agréables à Dieu, qui se chargent de Lui présenter nos prières, comme les favoris d'un souverain remettent nos suppliques à celui, dont nous ne pouvons approcher et qui ont assez d'influence sur un esprit pour obtenir de lui, ce qui fait l'objet de notre requête.

La nécromancie.

Ici, nous allons nous trouver à cheval sur la Kabbale et sur le spiritisme.

La nécromancie est l'art qui consiste à évoquer les morts, non par l'interrogation de l'esprit, qui ne révèle sa présence que par des phénomènes auditifs, tout en conservant son invisibilité, mais en réclamant de lui, une apparition qui doit se produire sous une forme fantomatique, spectrale.

C'est encore la conjuration et les pactes faits avec l'Esprit du mal.

Il y a tant de gens, qui, las de tirer le Diable par la queue veulent enfin voir sa figure parce qu'ils espèrent faire cesser leur misère, obtenir des largesses, sans se soucier de leur provenance.

Nous avons l'habitude — fâcheuse du reste, — de dire très sincèrement ce que nous pensons ; mais en la circonstance, nous nous contenterons de sourire de cette confiance, au moins étrange en la puissance du sieur Lucifer, et de l'absurdité de ces évocations ayant pour but de se livrer corps et âme à Satan. Sans tant de formalités, sans tant de cérémonies burlesques et charlatanesques, il est très simple de se lier au triste personnage, sans solliciter son apparition. Le mal est toujours facile à faire pour ceux qui, s'écartant de la vérité se jettent dans l'erreur. Celui qui déserte la voie de Dieu tombe fatalement dans la voie maudite, avec ou sans vision du Diable et de sa fantasmagorie. Son esprit malfaisant est bien véritablement diabolique. Nous estimons qu'il n'a nullement besoin d'évoquer le Malin, puisqu'il séjourne en lui et le tient sous sa dépendance. En ce qui peut résulter des conjurations démoniaques : elles sont simplement une hallucination de cerveaux malades.

Une petite anecdote assez amusante à ce sujet, nous fournira un exemple confirmant ce qui précède.

Certain soir, en entrant dans notre chambre, nous entendîmes sortir du lit un ronflement insolite, espèce de ronronnement continu et régulier.

Nous avions alors à notre service une espèce de vieille femme, sorcière invétérée qui, à notre grand ennui nous rabattait constamment les oreilles de ses divagations, trouvait des mauvais présages en toutes circonstances, prétendait voir les esprits et se livrait dans notre parc à des chevauchées sabbatiques.

En entendant ce ronflement elle s'écria terrifiée :

— Maladetto Porco ! Le diable est dans la chambre !

Nous haussons les épaules et nous l'envoyons elle-même à tous les diables.

— Il est dans le lit, insista-t-elle.

— Vous êtes folle !

Et nous nous mettons, très sceptique, à chercher la cause de ce phénomène. Les couvertures bouleversées, retirées ne nous donnèrent pas la révélation attendue et le ronronnement continuait toujours. Nous résolûmes de passer outre et nous nous mîmes au lit ; puis nous congédions la vieille folle qui nous énervait par ses glapissements en lui disant de nous laisser la paix avec toutes ses idioties, car elle ne voulait pas nous quitter en ce pressant danger. Enfin, elle disparut, non sans nous avoir instamment suppliée, de l'appeler si nous nous trouvions en péril.

Nous prîmes alors notre livre de chevet l'Imitation de Jésus-Christ et très tranquillement nous commençâmes à lire. Le silence le plus solennel planait sur toute la maison. Seul, le ronronnement continuait toujours, mystérieux, laissant invisible le prétendu diable. Au moment où nous allions céder au sommeil, une oscillation se produisit au pied du lit et nous voyons apparaître, craintive, se sentant en défaut d'obéissance, Jézabel (ainsi nommée parce que nos chiens lui livraient des courses folles et nous disions en nous rappelant nos classiques : ma mère Jézabel, que des chiens dévorants se partageaient entre eux), dite Minoute, notre chatte noire. Dans un accès d'affection, elle s'était faufilée au premier étage et s'était glissée parmi les couvertures. Elle savait bien qu'elle faisait mal, qu'elle devait demeurer en bas, enfermée dans la cuisine avec ses enfants et lors de nos recherches, elle s'était sournoisement laissé choir sur le tapis et terrée sous le lit, tournant et retournant pour éviter d'être découverte. Câline, elle vint implorer notre pardon qu'elle obtint sans beaucoup de peine, et cette nuit-là, nous la passâmes avec le diable qui cependant ne nous emporta pas, ni ne nous tordit le cou.

Il n'y avait qu'à rire de l'aventure et à railler la sorcière et ses terreurs ; cela ne manqua pas, ce qui la vexa considérablement, si bien qu'elle nous dit que nous ne croyions ni à Dieu, ni à Diable et que nous en serions punis.

A Dieu si, au Diable, en principe selon les préceptes de l'Eglise; mais à son apparition dans notre lit? nous étions il faut l'avouer, parfaitement incrédule.

L'on appelait jadis nécromans, toute une série de gens, baladins, charlatans devins, jongleurs, et autres phénomènes de foires, mettant à l'envers les cervelles par leurs tours de passe-passe, leurs orviétans et surtout leurs boniments. Ils étaient accusés de sorcellerie. Ce qui pouvait justifier cette appréciation, était leur adresse à pratiquer certains tours d'escamotage, de physique, aujourd'hui connus et que les prestidigitateurs exécutent avec une dextérité, une aisance admirables.

Toute cette fantasmagorie frappait l'esprit populaire, d'une superstition imaginative, en ces époques naïves et trop crédules, si bien que l'on prétendait que les nécromans ou nécromanciens devaient avoir conclu des pactes avec le diable.

Nous n'en sommes plus là aujourd'hui, depuis que Robert Houdin nous a fait admirer ses tours merveilleux et cependant, il y a encore des esprits assez bornés, pour croire qu'ils peuvent obtenir du diable ce que Dieu leur refuse. Il se rencontre également des adeptes de la nécromancie qui se livrent à l'évocation des morts.

En admettant que ces conjurations aient un effet certain; que ces apparitions ne soient pas une hallucination de leur cerveau; à quoi servent-elles? Que prouvent-elles?

Le pouvoir de l'humanité? Le doute est permis à cet égard?

Puis encore, pour provoquer la manifestation, sait-on le cérémonial, la complication des rites, les préparations indispensables pour obtenir une apparition? sans compter que l'attente est souvent trompée; alors, tout est à recommencer un an après seulement.

Il ne faut pas croire que les esprits, les fantômes, soient à la disposition du premier appelant. Ces pratiques d'ailleurs, nous l'avons déjà dit sont sacrilèges et l'Eglise les répudie avec juste raison.

Nous savons que l'on allègue très sérieusement, que la science cherche à s'enrichir de découvertes intéressantes; que l'homme doit arriver à sonder la profondeur des mystères qui l'environnent.

Et puis? qu'en fera-t-il? A quoi lui serviront ces communications?

Profitera-t-il de l'enseignement révélé par ces personnages appartenant à d'autres atmosphères? Ciel ou Enfer, deviendra-t-il meilleur? S'amendera-t-il, ou bien sa vanité, son orgueil, sa curiosité seront-ils satisfaits de la force dominante qui soumet tous les mondes à sa volonté?

Il y a des natures, essentiellement impressionnables, qui ne pourraient vivre en paix avec la pensée qu'elles sont entourées d'un monde invisible et mystérieux. Leur raison sombrerait sous l'effroi, la terreur, dans l'expectative de voir surgir un spectre grimaçant, de sentir un frôlement fluidique les effleurer.

Ces évocations, si elles sont probantes, sont donc une mauvaise action, dont l'intérêt de la science recevra peu d'avantages, alors que probantes ou non, elles peuvent faire infiniment de mal en détraquant des natures qui n'y sont déjà que trop prédisposées.

L'amour du merveilleux.

Le mystère qui entoure le merveilleux a toujours eu pour l'humanité une attirance extrême.

Tous ! nous avons subi ce phénomène qui d'ailleurs a été produit par les légendes, les contes, les histoires fantastiques, dont l'on farcit le cerveau humain dès l'enfance.

Les génies, les gnomes, les lutins, les farfadets, les fées, les elfes, les sylphes, etc., jouent un grand rôle dans la littérature à l'usage des petits. C'est évidemment la poésie destinée à leur voiler les réalités brutales de la vie. Si l'enseignement dissimulé sous ces légendes pouvait être compris d'eux, cela serait instructif, orienterait leur esprit vers le bien en leur faisant voir le combat que se livrent les bons et les mauvais instincts.

Mais trop souvent, ces lectures, ces récits, n'enfantent que des terreurs, des superstitions, que l'âge, la raison, et le raisonnement, n'arrivent pas à faire évanouir.

Le croquemitaine, le géant qui emportent les enfants méchants, désobéissants, créent des terreurs et produisent une conception fausse des choses. Et plus tard, l'homme, la femme, revenu de ces erreurs, ne croyant plus à croquemitaine, aux géants, aux fées, conservera cependant, le principe morbide de la superstition; le germe de l'amour du merveilleux, qui évoluera et se greffera sur le désir de connaître l'avenir, d'interroger le destin, de lier commerce avec les esprits sidéraux ou infernaux selon ses instincts, ses passions, ses besoins : le tout amalgamé à la religion.

Le bon sens, la logique, la raison seront mis en déroute par le merveilleux, qui deviendra le conducteur tout puissant. Le libre arbitre, la volonté, tout ! sombrera devant cette force irrésistible, le « merveilleux » qui semble tout conduire, satisfaire à toutes les aspirations.

Régler son existence sur des données aussi fragiles est jouer sa vie sur un coup de dés.

L'imprudence éclate visiblement, elle est formelle, flagrante. C'est se laisser aller à la dérive, aboutir au gouffre, parce que le merveilleux a statué et que toute initiative a semblé non seulement inutile, mais puérile, en face de la détermination inflexible du sort.

Voilà où conduit le merveilleux, qui incite à l'abstraction de la volonté, de l'effort, qui est la répudiation de la Sagesse, l'abandon des principes méthodiques et surtout de la confiance en Dieu, faisant dévier la religion, l'orientant vers une autre, erronée, qui croit, devoir demander aux oracles, une documentation qui ne peut être aussi digne de Foi, qu'est l'enseignement donné par le Créateur à Sa créature.

Le merveilleux trouve admirablement sa place dans la poésie, dans les légendes destinées à distraire l'humanité de ses préoccupations quotidiennes ; c'est une sorte d'envolée offerte à son imagination, pour la soustraire durant quelques instants aux réalités implacables.

C'est le vol des chimères que l'on aime à caresser et qui bientôt s'efface et s'évanouit dans les régions éthérées qui les ont vu naître.

Voilà la seule façon anodine de cultiver le merveilleux.

Un joli conte bleu dont l'homme, toujours enfant, délasse son cerveau.

Les poètes en vivent maintenant, les adeptes en meurent.

Mais qui arrachera la femme aux griffes si prenantes du merveilleux.

Il y eut un personnage jadis, qui tenta cet effort gigantesque. Orphée eut la constance de pousser la recherche d'une frivole épouse jusque dans les Enfers. Mais l'attirance prodigieuse fut plus forte que l'amour d'un époux. La cervelle de la femme ne put se défendre de se mettre à l'envers, de jeter en arrière un regard de regret et le merveilleux au grand désespoir de l'époux qui, pourtant semait l'harmonie sous les pas de sa bien-aimée, reconquit sa proie.

Si, par hasard, nous avons le désir de nous aventurer dans la caverne mystérieuse du merveilleux, que cela ne soit qu'une simple escapade, une incursion passagère, pour nous distraire et non une occupation chronique.

Refermons bien vite la porte et mettons-y un solide cadenas, afin d'y enfermer à tout jamais, les chimères et les obsessions que font naître les révélations troublantes et presque toujours mensongères que nous communiquent les augures... moyennant finance : partie solide, indéniable, qui fait de leur science une science utile et merveilleuse, pour eux.

IV
La Cartomancie

La cartomancie possède une histoire tout comme les peuples qui ne sont pas heureux !

Les cartes Tarots viennent de l'Inde, elles furent importées par les bohémiens.

Mais d'où viennent les bohémiens appelés aussi Zinganes, Zigeuner, Zingari, Gitanos, Gypsies, Cigains ou Tsiganes ? D'où viennent le vent et l'oiseau ? Ils viennent de l'Orient; de l'Orient aux vives couleurs, au ciel irradiant de lumière, au soleil brûlant.

Sorciers, bateleurs et filous;
Gais bohémiens d'où venez-vous ?

Telle est la question que leur pose la chanson du maître et qui leur prête encore cette réponse.

D'où nous venons? L'on n'en sait rien.
L'hirondelle.
D'où vient-elle !

Et la chanson a du moins le mérite d'émettre une vérité.

Nous ne savons d'où viennent les gens de bohême.

Certains indices portent à croire qu'ils ont émigré de l'Hindoustan et qu'ils appartenaient à la famille opprimée des parias, dont ils seraient une branche vagabonde.

Marsden, Pallas, Bernouilli, Rudiger, Grellmann et d'autres savants, croient que les Bohémiens s'évadèrent un jour en voyant apparaître les hordes conquérantes d'un guerrier descendu du Thibet et de la Mongolie.

S'étant réfugiés dans les contrées habitées par les Zinganes, ils furent encore réduits à s'enfuir ; suivis de leurs hôtes, ils passent par la Perse, gagnent l'Arabie et se divisent en multiples bandes qui prennent leur vol dans toutes les directions, se partageant le monde.

Maintenant, qu'est-ce que ce Taroth, dit des bohémiens ? Quel vertu, quel pouvoir a-t-il et qu'est-il pour eux ?

Le Tarot ou Taroth, nom donné par les Egyptiens est le livre saint des bohémiens. Il est leur bible, leur oracle, leur jeu, et leur gagne-pain. En portant sur lui son Taroth, le bohémien porte sa fortune et sa force.

Le livre de Toth, contient tous les secrets de l'Univers ; il est la science universelle, représentée par les 78 lames ou palettes qui le composent.

C'est le livre du destin, A. Rosh. La lettre A signifie, Doctrine, science ; et Rosh, Mercure, qui en étant précédé de la consonne T, donne l'interprétation. Tableau de Mercure.

Rosh, signifie encore, commencement. Il y a encore une autre définition du mot Tarot, c'est-à-dire « *Le chemin royal de la vie* » du mot « *Tar* » chemin et ro, rog, ros, roi.

Quant au nom de Thot qui semble appliqué à un roi il peut très bien ne représenter que l'histoire des rois Egyptiens et mieux encore le Dieu Thot.

Court de Gébelin est très affirmatif à ce sujet et s'appuie sur les attributs divers qui se trouvent représentés dans les tarots, tant pour les figures que pour le globe qui surmonte le sceptre à triple croix du roi, que l'on peut voir sur la table d'Isis sous la lettre T T symbole de la régénération de la nature que l'on exhibait dans la fête des Pamylies en l'honneur d'Osiris retrouvé.

Certains emblèmes, comme le grelot, qui décorent les tarots, indiquent une provenance asiatique indéniable. Les idoles, les robes des bayadères Hindoues sont ornées de grelots, la Bible en fait mention ; les Arabes l'ont également ; ainsi que le fou, presque divinisé chez ces peuples qui considèrent la folie avec le plus grand respect car elle est sacrée pour eux.

Bien avant Court de Gébelin, Singer, Brestkopf, Benneton de Peyrins donnent, mais sans une affirmation très nette, une origine Orientale aux tarots des Romains de la décadence. Innocenti Ringhierri, gentilhomme Bolonais, dit en 1551, en citant le « Jeu du Roi » :

« Tratto dal jiosco delle carte, già ritrovato da industrioso (come io credo) e molto savio inventore. » Qui se traduit par :

« Ce jeu est tiré du jeu de cartes, inventé par un sage bien ingénieux. »

L'Arétin attribue leur invention à Palamède. Les Grecs au siège de Troie charmaient leurs loisirs en jouant aux cartes, aux échecs et au jeu de l'oie. Saint-Cyprien assez obscurément d'ailleurs, les aurait citées dans l'un de ses ouvrages.

En émigrant de l'Inde, le Taroth qui y était en vénération parce qu'il était le livre mystérieux et sacré, écrit non, pour le divertissement des peuples, mais pour leur instruction, est devenu un jeu, et une superstition tout à la fois. Les nombreuses combinaisons du Taroth permettaient de lire les oracles dans ce livre symbolique ayant force de prophéties sacrées, sans que nous devions établir la moindre équivalence entre elles, et les prophéties des saints patriarches de l'ancien testament.

C'est donc bien à tort que le P. Menestrier donne pour origine aux cartes, le règne de Charles VI où disent encore certains auteurs, « ce jeu fut inventé pour distraire de sa folie le malheureux prince que sa cruelle et volage épouse traître à son roi, à la France confinait dans le fond d'un vieux palais, afin de détenir plus sûrement le sceptre royal et le droit de trahir. »

Il fut évidemment confectionné un jeu de cartes pour cet infortuné monarque, d'après l'ancien Taroth des bohémiens; mais les figures sont plus nettes, plus soignées; les couleurs moins brutales et les noms des personnages s'adaptent à l'époque, tout en étant désignés par des héros de romans de la chevalerie, mettant en scène Le Sarrazin, c'est-à-dire l'Asiatique; Egyptien, Maure, Bohémien.

Feliciano Busi publia en 1742 une histoire de Viterbe, dans laquelle est citée la déclaration d'un nommé Covelluzo, qui affirme que le jeu dit *Naïb* venant des Sarrazins y fut apporté en 1359.

Les cartes s'appelaient donc en Italie « Naïb, Naïbi », en Espagne « Naypes » et les arabes dénomment « Nabi » le diseur de bonne aventure.

L'introduction des cartes en Europe dut se faire plutôt par l'Espagne que par l'Italie, quoique nous ayons vu se diviser les bohémiens pour émigrer sous divers Cieux. Cependant, l'abbé de La Rive, en dépit des commentateurs célèbres, tels que le P. Menestrier, le P. Daniel de Bulles, Depping, Paul Lacroix, Picquot Duchesne aîné, Lebor etc., soutient vigoureusement l'opinion qu'il a, que le Taroth est arrivé par l'Espagne, Bernouilli, lui, affirme que c'est par l'Italie et Heinecken, par l'Allemagne.

L'Allemagne doit être mise hors de cause parce qu'il faudrait que les bohémiens aient pénétré en Europe par le Caucase, alors que par Tanger, le chemin leur était plus accessible ayant été ouvert par les Arabes et par les Maures.

Les Espagnols ont la passion des cartes. Paschasius Justus qui, au XVIe siècle, parcourait cette contrée, dit avoir fait, de longues étapes sans trouver les choses indispensables à l'existence : telles que le vin, le pain, mais que dans le plus petit bourg il trouva toujours des marchands de cartes. Ce goût passa jusqu'à l'île de Saint-Domingue, où elles étaient faites avec les feuilles de Copey, arbre indigène.

Alphonse XI, roi de Castille en 1332 constitue un ordre dit « de la Bande » dont les statuts publiés par l'évêque Don Antoine de Guévare, prédicateur de Charles Quint, « commandoit à leur ordre que nul des chevaliers de la Bande n'osast iouer aux cartes ou déz ».

Ces statuts furent traduits en français par le Dr Gutery qui aurait modifié le texte original en introduisant le mot « Cartes ».

En 1387, Jean Ier de Castille, les prohiba à nouveau; mais le Taroth des bohémiens, le livre saint de la Kabbale qui est considéré comme l'abrégé de l'astrologie, est devenu un jeu et les cartes à jouer sont nées et se développeront.

Ce n'est donc que vers la seconde moitié du XIVe siècle sous Charles V et non sous Charles VI, malgré l'opinion du P. Menestrier, que les cartes après avoir été introduites dans les provinces du Midi de la France, conquérirent Paris.

En 1366, alors que Duguesclin qui prétendait combattre les Sarrazins menait ses bandes en Espagne et les livrait à Henri Transtamare, ces cartes divertissaient les soudards. En 1369, Charles V rend un Edit prohibant les jeux de hazard et d'adresse. Dés, tables (échecs Trictrac), paume, quilles, palet, boule (ballon), billes, mais des cartes il n'est pas encore fait mention pas plus que dans « Confort d'Amy » que le poète Guillaume de Machau adresse au roi Charles V lors de son avènement au trône, où il lui recommande, de ne pas jouer aux dés ; il ne parle pas des cartes.

Aucun concile, aucun écrivain, nul monument ne mentionne les cartes. Ce n'est qu'en 1397 que le Prévôt de Paris, par une ordonnance en date du 22 janvier fait « défense aux gens de métiers, de jouer les jours ouvrables, à la paume, à la boule, aux dés, aux *cartes*, aux quilles ».

Bullet s'appuie cependant sur un passage de la chronique de Jehan de Saintré où il serait mentionné que Charles V jouait aux cartes, ce qui indiquerait la connaissance du Taroth à Paris de 1375 à 1376. Le P. Ménestrier qui a tout embrouillé, cite un compte de Charles Poupart ou Charbot Poupart, argentier du roi « Donné à Jacquemin Gringonneur, peintre, pour trois jeux de cartes à or et à diverses couleurs, de plusieurs devises, pour porter devers le dit seigneur roi, pour son ébattement, cinquante six sols parisis ». Cependant ni Froissart, ni Moustrelet ne parlent de ce divertissement offert au malheureux dément Charles VI pour charmer sa réclusion et pourtant dans le Recueil de « Le Laboureur » ils s'étendent longuement sur les éléments variés mis à la disposition de la folie royale. Or c'était toujours le Taroth, mais qui était devenu carte à jouer et non livre sacré.

Un document qui figura dans la bibliothèque de M. de Lamoignon, et passa dans celle du duc de Roxburg, puis appartint à Sir Egerton Bridges, et, intitulé « Le *Roman du roi Méhadus* » représente le roi jouant aux cartes avec trois seigneurs de sa cour. Il est à supposer que le jeu était la « *Bataille* ».

Quelques-unes des cartes de ce jeu royal sont conservées à la Bibliothèque nationale; elles viennent de la collection de M. de Gaignières sous gouverneur des petits enfants de Louis XIV. Il n'en reste que dix-sept.

Ce ne fut que sous Charles VII que la carte française fut tirée mais les personnages orientaux firent place à la chevalerie française.

C'est la Hire, Etienne de Vignolles qui devient le valet de cœur; Hector le Troyen, chef de la famille des rois de France est le valet de carreau ou Hector de Gallard, Ogier le Danois, un preux des temps de Charlemagne, est le valet de pique. Lancelot le valet de trèfle.

Les rois deviennent Alexandre, David, César, Charlemagne.

Les dames, Pallas, Rachel, Judith, Argine; Pallas représente Jeanne d'Arc, ce fut une reconnaissance minime de Charles VII.

Argine ou Regina est Marie d'Anjou, femme de Charles VII; Rachel la reine de beauté; Agnès Sorel et Judith est la femme de Louis le Débonnaire. Cependant le P. Daniel qui donne ces explications insinue que Judith représente Ysabeau de Bavière.

Nous ne pousserons pas plus loin l'historique des cartes. Le Taroth a vécu sinon dans certains pays : Allemagne, Suisse, Italie, Espagne et la carte française, le piquet, a remplacé le livre des bohémiens; elle est devenue carte à jouer.

Ceux-ci gémissent, se lamentent sur le sacrilège, la profanation qui font dériver la sainteté du Taroth en un jeu d'agrément ou de désagrément, selon que la fortune évolue.

Les sybilles seules et les devins ont conservé le Taroth, mais là encore une substitution s'est opérée. L'antique Taroth aux figures orientales a été modernisé par Alliette, qui plagia le livre des Asiatiques en habillant ses personnages selon la mode du moyen âge. C'est un anachronisme et une hérésie tout à la fois puisque Alliette qui retourna son nom pour s'appeler Eteilla, nom sous lequel est édité son Taroth, écrivit ses ouvrages de 1772 à 1785.

Mais cet ex-coiffeur ne devait pas reculer devant la profanation qui lui faisait, pour son commerce, dénaturer le Taroth « ce livre rédigé par dix-sept mages en comprenant le deuxième des descendants de Mercure, Athotis, petit-fils de Cham, arrière petit-fils de Noé, qui, Tri-Mercure ou troisième de ce nom, ordonna le livre de Thot, suivant la science et la sagesse des ancêtres ».

Il peut s'appuyer sur Raymond Lulle, Jean Bellot, Agrippa, d'Aubly, Duchesne, Crolius, etc., et donner une apparence asiatique à ses inventions en disant : « J'y trouve le temps, le lieu, par la discipline du grand Hipparch le Rhodien, et du juste Aristarch, le Samien » dont la dénomination quasi religieuse ne trompe pas les érudits qui savent lire « Hipparque et Aristarque ». Il est étrange que certains auteurs puissent citer Eteilla comme un *savant*. S'il eut l'art de fasciner les belles dames par ses prédictions et de faire courir tout Paris dans l'Hôtel Crillon situé rue de la Verrerie où il s'était installé, il a dénaturé le Taroth en faussant complètement les 22 arcanes, les planètes et les signes du Zodiaque qu'il attribue indûment à certaines lames n'ayant pas qualités honorifiques pour recevoir ces signes. Il est en complet désaccord avec le Taroth, le vrai, celui des bohémiens dont la justesse ne peut-être réfutée.

Beaucoup de gens s'amusent à se tirer les cartes, c'est une distraction pour certains et une superstition pour d'autres qui sont légion. Le Taroth n'était pourtant pas destiné à cet usage impie. Il est vrai que notre Bible antique, l'Ancien Testament les Saints Evangiles sont également profanés par l'humanité en mal de connaissance de cet avenir, de cet inconnu, que les Arcanes du grand Thot doivent lui révéler. Mais qui sait lire dans ce livre mystérieux ? qui a la science des nombres et surtout la clé pour savoir comprendre ces textes voilés, ces révélations qui exigent une science exacte des mondes planétaires et du mouvement de l'Univers ? Amusez-vous donc mais ne vous guidez pas sur une interprétation qui ne peut être juste parce que vous ne savez pas et parce que le Taroth garde jalousement son secret. Ainsi qu'il vous serait impossible d'ouvrir un coffre-fort, si vous ne possédez le mot qui fait déclancher les combinaisons de la serrure, alors même que vous en auriez la clé en main, comme vous ne savez découvrir sous les mots, la profondeur du sens des livres saints.

Les cartomanciennes et le Taroth.

Rien n'est plus aisé, pour ces pythonisses modern-style, de convaincre de leur science une clientèle superstitieuse et crédule.

Elles étalent pompeusement une diversité de jeux aux couleurs éclatantes et variées, depuis le modeste jeu de piquet jusqu'au fameux Taroth, copié à l'instar de celui des bohémiens et dénaturé.

Les jeux, selon la fortune ou la pénurie de la pythonisse, sont neufs et propres. Les autres, véritables nids à microbes sont si crasseux que l'on n'ose véritablement s'aventurer à les toucher.

Après avoir débattu les honoraires qu'il convient de

verser pour être priviligié d'une consultation plus ou moins complète, la pythonisse commence à pontifier.

Elle vous fait choisir ou étale elle-même une partie du jeu.

Déjà, cette façon d'opérer est insolite. Jamais les bohémiens ne procèdent ainsi et pour l'excellente raison que leur Taroth composé de 78 cartes ou lames, sont autant de documents qui ont chacun plus de 52 sens. Consultez une véritable bohémienne, elle ne vous fera tirer qu'une seule carte et sur ce simple document, elle vous décrira toute votre existence. Eteilla fait prendre 42 cartes. Pourquoi ? Parce qu'il n'a pas la clé du livre de Toth.

Il se peut cependant que la pythonisse tombe juste et que l'on recueille quelques vérités. C'est qu'alors elle a la double vue. Ceci est une chose indéniable. Il y a des êtres privilégiés qui voient ce qui nous échappe, et les Taroths ou les simples cartes deviennent un canevas sur lequel elles brodent.

Le raisonnement est convaincant. Comment voulez-vous qu'en une consultation qui ne dure que quelques minutes, même quelques heures, l'on puisse faire les multiples calculs qu'exigent 42 lames alignées où évoluent tous les éléments de l'Univers ? Comment voulez-vous croire que ces femmes, la plupart sans instruction et même possédant une instruction avancée, puissent pénétrer cette science hermétique issue de la Sagesse ? Une comparaison s'impose. Le premier venu, n'ayant pas passé à l'école de droit pour étudier le Code, livre pourtant à la portée de tous, n'ayant pas l'allure hermétique quoique très filandreux en tous ses méandres, pourra-t-il connaître à fond toutes les rouèries de la procédure, parce qu'un beau jour, il s'est avisé de gagner sa vie en ouvrant un cabinet de consultations juridiques. Non! cela tombe sous le sens.

Que la tireuse de carte aligne le jeu de piquet; puis, compte... 1, 2, 3 4, 5, un jeune homme blond, 1, 2, 3, 4, 5, un homme de carreau etc., qu'elle assemble ces cartes en donnant un sens à ces rencontres cela se peut, la prédiction sera plus ou moins juste, mais quant à connaître la véritable signification du Taroth il n'y faut pas compter, du moins celle qui est réelle, qui est l'interprétation des mages; c'est-à-dire des prêtres, des savants ayant étudié dans le livre de la Sagesse.

Il y a un proverbe qui prétend que « l'on naît rôtisseur et que l'on devient cuisinier ».

L'on peut devenir tireuse de cartes, mais non détenteur du secret de la Sagesse. L'initiation ne se délivre pas. Couvrez d'or les bohémiens, ils prendront votre argent, car cette race est cupide et rapace, mais le secret des secrets ne vous sera jamais livré. Pour eux ce serait non seulement une trahison, mais encore un sacrilège et puis, ils peuvent avoir certaines connaissances en la matière, sans posséder cependant le mot magique; la clé des clés que les mages ne livrent pas au profane, parce que le Taroth n'est pas une distr... ion, mais un livre saint renfermant les mystères sacrés d'une religion, qui, pour ne pas être la nôtre, est respectée de ses adeptes et ne doit pas servir à contenter notre superstition.

Le taroth modernisé peut donc suffire pour dire la bonne aventure comme un jeu plus étendu, plus complet que le piquet; en tenant compte des arcanes, des planètes, des numéros de rencontre qui changent la valeur des cercles et leur explication; en joignant la double vue à tous ces calculs algébriques vous pourrez consulter le destin. Mais comme le Sphynx, il sera toujours mystérieux et d'une interprétation facultative.

Si même vous rencontrez de véritables bohémiens, ils vous *tireront les cartes* ; c'est une concession douloureuse pour eux, qu'ils font en appliquant leur livre saint à ce commerce, parce qu'il faut qu'ils gagnent leur pain ; mais, ils riront de vous en arrière avec la joie immodérée d'avoir dupé *un roumi*.

Les arcanes majeurs.

Il y a dans le Taroth 22 arcanes. Arcane, en latin arcanum « *secret* » et qui plus est « secret mystérieux », il y a des secrets qui finissent par venir au grand jour, c'est une chose dont l'éclosion est remise, il y a le fameux secret de Polichinelle que tout le monde connaît, il y a des secrets mystérieux qui ne voient jamais la lumière. Les 22 arcanes du livre de Thot ont pu laisser échapper certaines parcelles de leur secret, mais il y a toujours au fond de chacun, une force mystérieuse qui ne se révèle pas.

Nous allons les énumérer sans prétendre leur donner le sens exclusivement réel, mais celui que les érudits de la cartomancie leur attribuent.

Voici une description donnée par le mage Papus, si bien documenté sur ces choses. Elle ne concorde pas dans son ensemble avec les descriptions données plus loin, ce qui prouve que les différents auteurs ne sont pas d'accord et que les interprétations varient parce que nul n'a la clé certaine du taroth, alors que l'univers entier connaît les lettres de l'alphabet et les chiffres du cadran.

QUE VEUT LA FEMME

		LAMES DU TAROT	SIGNES ZODIACAUX ET PLANÈTES	
א	Aleph	Le Mage............	Soleil	Volonté
ב	Beth	La porte du Temple.	Lune	Science
ג	Ghimel	Isis Uranie........	La Terre	Action
ד	Daleth	La pierre cubique...	Jupiter	Réalisation
ה	Hé	Le maître des Arcanes	Mercure	Inspiration
ו	Vau	Les deux routes.....	La Vierge	Epreuve
ז	Zaïn	Le char d'Osiris....	Le Sagittaire	Victoire
ח	Heth	Thémis............	La Balance	Equilibre
ט	Teth	La lampe voilée....	Neptune	Prudence
י	Jod	Le sphynx.........	Le Capricorne	Fortune
כ	Caph	Le lion...........	Le Lion	Force
ל	Lamed	Le sacrifice.......	Uranus	Mort violente
מ	Mem	La faux...........	Saturne	Transformation de l'homme
נ	Non	Le génie humain...	Le Verseau	Initiation humaine
ס	Samech	Le typhon.........	Mars	Fatalité
ע	Haïn	La tour foudroyée..	Le Bélier	Ruine
פ	Pé	L'étoile des mages..	Vénus	Espérance
צ	Tsadé	Le crépuscule......	Le Cancer	Déception
ק	Caph	La lumière........	Les Gémeaux	Bonheur
ר	Resh	Le réveil des Morts..	Les Poissons	Renouvellement
ש	Shin	La couronne.......	Le Taureau	Expiation
ת	Tau	Le crocodile........	Le Scorpion	Récompense

Parmi ces arcanes, nous relevons les 7 jours de la création correspondant aux jours de la semaine.

1er jour......	La lumière............	Le Soleil	Dimanche
2e jour......	Le ciel	La Lune	Lundi
3e jour......	Les plantes	Mars	Mardi
4e jour......	La nuit et le jour......	Mercure	Mercredi
5e jour......	Les oiseaux, les parfums	Jupiter	Jeudi
6e jour......	L'Homme, les animaux.	Vénus	Vendredi
7e jour......	Repos	Saturne	Samedi

L'on remarquera que ces arcanes ont une triple explication, puisque les planètes, quelques signes du zodiaque et les 4 éléments s'y inscrivent, sans oublier qu'ils ont d'autres significations mystérieuses qui ne nous sont pas révélées. Il y a un sens hermétique

15.

contenu dans tous les attributs dessinés sur chaque lame tel le n° 5 représentant la pierre cubique, assise du monde où l'homme enfermé dans le cercle magique, dans l'éternité représentée par un serpent qui se mord la queue, symbolisant Dieu immuable, n'ayant eu ni commencement, ni fin. Et de ce cercle l'homme ne peut sortir ni être touché puisqu'il est sous la garde de Dieu, préservé dans ce cercle magique, mais aussi captif du *maître*. Il est entouré de 4 animaux qui peuvent représenter les 4 parties du monde ou les 4 âges. L'enfance, la jeunesse, l'âge mûr, la vieillesse, les 4 saisons, les 4 quartiers, de la lune, les 4 parties de l'année.

Le N° 1. Le chaos, esprit de Dieu............ Le Bélier.
Le N° 2. 1ᵉʳ jour de la création : La lumière. Le Taureau.
        1ᵉʳ élément, le feu.
Le N° 3. 2ᵉ jour de la création : Le ciel...... Le Cancer.
        2ᵉ élément, l'air.
Le N° 3. 3ᵉ jour de la création. Les plantes.. Les Poissons.
        3ᵉ élément, l'eau.
Le N° 6. 4ᵉ jour de la création : Le jour...... La Vierge.
Le N° 7. 5ᵉ jour de la création : Les oiseaux les parfums................... La Balance.
Le N° 5. 6ᵉ jour de la création : l'homme, les animaux................... Le lion.
        4ᵉ élément, la terre.
Le N° 8. 7ᵉ jour de la création : Repos...... Le Scorpion.

Ainsi qu'on le voit les 4 éléments sont contenus dans ces premières arcanes.

Nous aurons maintenant les 4 points cardinaux représentés par les vertus.

Le N° 9. La justice................... Le sagittaire.
Le N° 10. La tempérance................... Le capricorne.
Le N° 11. La force................... Le verseau.
Le N° 12. La prudence................... Les gémeaux.

Puis les événements de la vie de l'homme.

Le N° 13. Le mariage........ Le grand-prêtre ou Hiérophante
Le N° 14. La Force majeure. Le Diable.
Le N° 15. La maladie........ Le Mage.
Le N° 16. Le jugement..... Jugement dernier.
Le N° 17. La mort.......... Le Néant.
Le N° 18. Le capucin....... La lampe voilée.
Le N° 19. La misère........ Le temple foudroyé.
Le N° 20. La fortune....... La main du destin.
Le N° 21. Le char du despote Le despote africain.
Le N° 22. Le Fou.......... La folie de l'alchimiste.

Puis les 4 points cardinaux avec leurs symboles significatifs à plusieurs sens.

La justice que doit chercher l'homme. Celle de Dieu qui est toujours immanante.

La tempérance, l'homme doit dompter ses passions, pratiquer la vertu.

La Force. Il doit être Fort contre le sort. Il est soumis à la Force Universelle, Dieu.

La prudence, il faut qu'il la pratique dans la vie et Dieu seul est prudent.

Puis les événements qui peuvent se produire au cours de la vie humaine.

Le mariage, la famille.

La Force majeure, le diable, la tentation.

La maladie qui déjoue les projets, le mage qui connaît les secrets de la guérison aussi bien pour le corps que pour l'âme, la Volonté.

Le jugement. Jugement dernier, comparution de l'être devant Dieu. Le tribunal suprême.

La mort. Le néant, mort physique, mort morale.

Le capucin, la lampe voilée, le mystère de la Sagesse, le voile indique que la lumière ne luit pas au hasard et pour tous.

La misère, le temple foudroyé, Dieu tient notre

sort entre ses mains, il précipite l'orgueil au fond de l'abîme, La ruine.

La Fortune, Avec son bandeau passe à travers la foule, il faut savoir se trouver sur son passage.

Le char du Despote. Les guerres, les procès, les querelles et aussi, le char de la Toute Puissance, le Trône de Dieu qui domine sur toute la création.

Le Fou. La folie et la Sagesse selon l'emploi que l'on fait des dons. Le savant qui s'attarde à vouloir pénétrer le grand œuvre et celui qui prétend détenir la conception de la Sagesse.

Voilà les quelques observations que l'on peut tirer de ces arcanes. Elles ne sont cependant que superficielles et le fond nous échappe, parce qu'il repose sur toute une série de calculs. Le livre de Thot, le livre des Védas ne se laisse pas feuilleter par ceux qui ne sont pas initiés.

En somme, le Tharoth contient la science astronomique et non astrologique qui n'est qu'un dérivé, la description du macroscome ; et le microscome, impuissant ne peut avoir la prétention de lire à livre ouvert dans ce formidable document.

Les veilles sorcières qui dans les lavoirs, les marchés tirent les cartes pour 10 centimes avec des débris de vieux taroths crasseux ne peuvent pas avoir la clé de ces arcanes qu'elles prétendent posséder. Nous comprenons donc parfaitement que les bohémiens qui vénèrent leur livre Saint, le Taroth, gémissent, s'indignent et méprisent profondément ceux qui le parodient. Nous devons respecter cet acte de Foi de leur part quoique nous n'appartenions pas à leur religion.

Les oracles par les cartes.

En déduisant les 22 arcanes, des 78 lames ou cartes, il nous reste encore 56 cartes qui se divisent en 4 séries.

Les coupes ou cœurs.
Les dames ou trèfles.
Les bâtons, grelots ou carreaux.
Les glaives, épées, ou piques.

Nous remarquerons que tout dans le Taroth se dénombre par quatre.

Les 4 Séries,	4 huit.
4 Rois,	4 sept.
4 Dames,	4 six.
4 Valets,	4 cinq.
4 Chevaliers,	4 trois.
4 Dix,	4 deux.
4 Neufs,	4 as.

Pourquoi ce chiffre 4 qui est toujours là fatidique, mystérieux ?

Nous savons que le cœur signifie joie, amour.
Le trèfle argent, richesses.
Le carreau, voyages, contrariétés.
Le pique mort, chagrins, malheurs.

Mais pour procéder à l'interprétation des cartes, il faut savoir les assembler, les lire dans leurs diverses significations selon l'entourage et c'est là, que gît la difficulté. Pour nous qui n'avons pas la clé du Taroth, nous ne pouvons songer à donner une valeur personnelle à chaque lame et il nous faut savoir quelles influences bonnes ou mauvaises se groupent autour d'elles. Il y a des livres assez explicites à ce sujet, c'est une question de mémoire pour apprendre toutes ces combinaisons sur lesquelles nous ne pouvons nous étendre plus longuement ; d'autant plus qu'elles varient à l'infini.

Il y a encore à observer le sens de la carte. Droite, ou renversée, le sort change. Il faut donc marquer d'un signe le haut de la carte, si l'on se sert du jeu de piquet, car les taroths sont munis de ces indications et l'on ne peut avoir de doute sur la position.

Voici quelques significations des numéros de rencontre.

4 as, périls, dangers, emprisonnement, mauvais commerce.

Trois as. Nouvelles favorables, réussite.

Deux as. Complot contre le consultant.

Quatre rois. Réussite complète, dignité, honneurs.

Trois rois. Conseil d'hommes.

Deux rois. Amitiés d'hommes, projets.

Quatre dames. Festins, plaisirs, soirées.

Trois dames. Bavardages.

Deux dames. Amitiés de femmes.

Quatre valets. Arrivée, réunion de jeunes gens.

Trois valets. Dispute, faux amis, calomnie, agression.

Deux valets. Déclaration, projets trahis selon la série.

Quatre dix. Réussite, conclusion d'une affaire.

Trois dix. Indécision, mauvaises opérations.

Deux dix. Changement.

Quatre neufs. Grand événement.

Trois neufs. Evénement ou vol. Fortune, santé.

Deux neufs. Petites rentrées d'argent, gain.

Quatre huit. Courte absence, événement.

Trois huit. Présents, mariage, vexation, spectacle.

Deux huit. Galanterie, marivaudage, caprice de cœur.

Quatre sept. Intrigues, succession, procès.

Trois sept. Grossesse, maladie, agression.

Deux sept. Nouvelle connaissance.

L'entourage spécifie le bon ou le mauvais de l'horoscope, ainsi que le sens, qui d'un bon événement, fait un mauvais ou encore, en retarde l'accomplissement.

Il vaut donc mieux s'occuper de la correspondance des cartes que de leur valeur propre et surtout, il faut n'attacher à cet oracle qu'une importance médiocre. C'est un simple divertissement sans conséquences qui ne doit empiéter sur les devoirs, les affaires sérieuses et guider, influencer notre vie, malgré les corrélations, les apparences de vérité qui pourraient se produire.

Nous ne devons pas oublier que ce genre de divination comme tous les autres d'ailleurs est sujet à l'erreur, qu'il est superstitieux, que les noms propres ne sont pas écrits sur les cartes; que l'on peut confondre les sujets, se monter la tête se croire trahi, trompé alors que l'on est aimé et que la jalousie trouve là une complicité déplorable, néfaste et presque toujours erronnée.

Nos aïeules du xviiie siècle, lorsque l'âge les confinait dans leur logis, après les brillants succès mondains et que les amours désertaient leur route, faisaient des patiences, des réussites, pour charmer leurs loisirs, reposer leurs yeux et les réjouir par la vue des couleurs bariolées des cartes. Imitons-les, tout en n'attachant pas à la réussite ou à son manque plus de valeur que cela ne comporte c'est-à-dire aucune.

L'on prétend que l'infortunée reine Marie-Antoinette faisait durant sa captivité une réussite qui porte son nom et qui toujours lui assurait qu'elle périrait. C'est sans doute une légende comme tant de faits qui se transmettent et s'amplifient lorsque le merveilleux s'y trouve mêlé.

Si en vous disant la bonne aventure vous pouvez vous distraire, amusez-vous de ce jeu, cela vaudra mieux que d'aller vous faire conter des balivernes, donner des conseils pernicieux, dépenser votre argent et vous monter la tête ensuite. Cela sera moins désastreux, à moins que vous ne vous preniez au sérieux comme augure, ce qui deviendrait une véritable calamité. Vous ne pourriez plus vous regarder sans rire ! Or, rire au dépens des autres peut sembler infiniment drôle, mais être forcé de rire de soi-même !...

N'insistons pas !

L'Amergomancie.

L'amergomancie est la désignation scientifique destinée à recouvrir d'un nom pompeux la vulgaire pratique du marc de café.

Elle ne remonte pas d'ailleurs au déluge. Elle est absolument moderne. Les « Mareuses » voient la foule accourir dans leurs salons. Le prix n'est pas élevé : il ne dépasse pas 3 francs pour une consultation tout à fait grand jeu.

Il est même loisible d'opérer soi-même ; cela fait passer le temps si la prédiction est sujette à caution. Cependant, il ne faut pas croire qu'il suffise de mettre ses lunettes et de regarder les figures, les dessins bizarres et divers qui s'offrent à la vue de tous. Non !

il y a une méthode tout comme dans la sténographie et l'hébreu, il y a une signification propre à chacun des hiéroglyphes.

Mais avant, il y a le rite, le rite sacré à observer pour que la consultation vaille.

Préparation.

On doit préparer le café dans une cafetière en laissant au fond tout le marc qui s'y trouve déposé, en retirant la partie liquide pour lui conserver toute son épaisseur. Il faut laisser en repos cette préparation durant une heure.

Puis l'on met la cafetière au feu pour que le marc en chauffant se mélange à l'eau. Dès que la mixture est à point, l'on verse avec une cuiller sur une assiette blanche — sans ornements ni dessins — le marc après l'avoir remué. L'assiette doit être très propre, sans tache, — comme l'agneau — et séchée au feu. Il ne faut l'emplir qu'à moitié et l'agiter en tous sens durant au moins une minute et cela légèrement, adroitement surtout pour ne rien éclabousser. Il faut souffler trois fois sur le marc en mettant toute sa volonté pour connaître ce que l'on désire apprendre. Après ceci, l'on verse tout doucement dans un récipient l'excédant de liquide et l'assiette conserve les particules du marc qui forment l'oracle.

Le marc de café possède l'immense avantage de pouvoir être consulté à toute heure du jour, de la nuit, tous les jours de la semaine, qu'ils soient pairs ou impairs, fatidiques ou non, que le temps soit radieux ou maussade à pleurer. Mais, ce qu'il ne faut pas; c'est douter! Ah! avec le doute, nous doutons que les choses se passent bien.

Les figures du marc.

Après avoir contemplé votre chef-d'œuvre, découvert parmi les figures, les portraits de vos amis, connaissances, ennemis, etc. ; il faut vous débarrasser de cette infatuation de voyance qui ne signifie rien, si vous n'avez la science. Si vous ne connaissez pas les véritables principes de l'art.

Les croix.

Un grand nombre de croix, Hypocrisie, mensonge.
Quatre croix, Mort violente.
Trois croix, Dignités.
Une seule croix, Mort.
Ajoutons que votre voyance pourra alors vous servir à distinguer les figures qui entourent ces croix ou sont sous leur lugubre poids. Cela vous permettra de découvrir le sujet frappé.

Les lignes.

En petite quantité, Aisance.
Une petite ligne courte, Voyage.
— longue, Grand voyage.
Un grand nombre de lignes, Vieillesse précaire.

Figures géométriques.

Carrés, Désagréments, ennuis.
Carré long, Peines conjugales.
Carré à angles, inconstance.
Carré environné de croix, infidélité.

Beaucoup de cercles, argent.
Cercle à facettes, Heureux mariage.
Cercle à côté d'une maison, l'on en possédera une.
Maison avec un arbre, la maison sera à la campagne.
Maison à côté d'un triangle, Elle viendra d'un héritage.
Ronds en chapelet, Chagrins d'amour.
Couronne de croix, Deuil prochain.
Triangle, emploi honorable.

Meubles.

Coffre, Lettre.
Roue, accident.
Voiture, mort d'un ami par accident.
Fusil, Soucis, tracas.
Fenêtre, vous serez volé prochainement.

Animaux.

Animaux quadrupèdes, peines.
Chevaux, message, nouvelle.
Bêtes à cornes, gain.
Chat, trahison.
Chien, il faut se tenir sur ses gardes.
Coq, vigilance.
Poules, caquets.
Canards, cancans.
Chouette, hibou, malheur.
Oiseau, fortune.
Serpent, trahison.
Poissons, invitation à dîner.

Ainsi que nous le disons plus haut, le signe doit être défini selon son entourage. A côté de lui se trouve presque toujours l'explication complémentaire.

Les figures par les fleurs.

Rose, santé.
Saule pleureur, maladies.
Buissons, taillis, arbres, retards.
Un bouquet, selon le nombre de fleurs, très heureux présage.

Mais nous avons omis de donner la formule cabalistique indispensable pour que l'opération soit parfaite.

En jetant l'eau sur le marc de café, il faut dire :
Aqua horaxit venias carajos.

En remuant le marc avec la cuiller :
Fixatur et patricon, explonabit tornaro.

En jetant le marc sur l'assiette :
Hax verticalme, pax fontas marabum, mox destinatus virda posal.

Si, avec toutes ces formalités, vous ne parvenez pas à connaître l'avenir ; c'est véritablement que vous y mettrez une absolue mauvaise volonté.

Alors, laissez-vous vivre naturellement sans solliciter l'oracle. Attendez béatement les décisions du sort, cela ne changera rien aux événements et vous ne fatiguerez pas vos yeux en essayant de déchiffrer ces mystérieux hiéroglyphes, ces arabesques, ces astragales et toutes les bêtes y compris celles du Gévaudan qui, ainsi représentées ne sont pas aussi dangereuses, aussi malfaisantes que la bête humaine.

Ne cherchez pas à reconnaître si la croix vous recouvre, vous êtes toujours assuré de voir cet événement s'accomplir et celui-là, on peut le prédire avec une certitude absolue.

V

La Chiromancie

Qui in manu omnium signal, est noverint singuli opera sua...

JOB.

Il (Dieu) a tracé dans la main de tous les hommes des signes, afin que chacun d'eux pût connaître sa destinée. Telle est la citation que nous lisons au chapitre 37, verset 7 du livre de Job dans les Saintes Ecritures.

Nous nous trouvons donc avec la chiromancie, en présence d'une science exacte, d'une feuille de route signée par Dieu lui-même, par notre créateur, qui a marqué selon sa volonté toutes les étapes de notre existence, tout en laissant à notre libre arbitre la faculté de prendre le chemin direct ou de traverse, de sombrer dans l'abîme ou de l'éviter.

La signature de notre main n'est pas toujours inexorable. Un événement marqué dans la main gauche qui est le document original, la bonne feuille, le décret, peut cependant être annulé ou tout au moins considérablement réduit si la main droite ne lui apporte un corollaire certain, inévitable.

Dieu, dans Sa sollicitude, a pris le soin de préparer notre voyage. Il ne nous a pas jetés à l'aventure sur la planète. Il serait d'ailleurs étonnant que la Sagesse incréée, se fût montrée moins prévoyante qu'un chef d'expédition, qu'une maison de commerce qui n'envoie pas au hasard ses soldats, ses voyageurs, sans leur tracer un itinéraire, tout en leur laissant certaines surprises imprévues en cours de route.

Beaucoup de gens réfutent ces choses, et lorsque l'on essaie de leur en faire voir le principe, ils se montrent plus qu'incrédules.

Le seul aspect des mains avec leurs lignes profondes ou superficielles devrait pourtant être concluant. Pourquoi portons-nous ces hiéroglyphes incrustés dans notre épiderme s'ils n'ont une utilité quelconque ? L'On répondra que l'usage que nous faisons de nos mains, le travail les produit. Ceci est absolument inexact. Voyez la main d'un nouveau-né dès son entrée dans la vie, à la première seconde de son existence. Il n'a rien touché, n'a pas travaillé et sur cet épiderme fragile comme une fleur, se dessinent nettement, sans être cependant aussi accusées que chez l'adulte et même chez l'enfant les lignes horizontales, transversales et obliques. Ceci est irréfutable.

S'il nous est défendu de consulter l'avenir par certains moyens réprouvés, et souvent inexacts, il ne nous est pas interdit de prendre connaissance de la carte topographique destinée à nous diriger dans notre voyage ; de nous préparer à subir courageusement les passages difficiles, douloureux, les événements extraordinaires ou naturels qui doivent marquer dans notre vie. Nous avons également le droit de savoir si l'événement indiqué ne peut être détourné, évité. Cela éveille notre prudence, redouble nos forces pour la lutte et nous prépare au choc qui, s'il est inéluctable sera amorti par la résignation lors de l'échéance fatale.

Voilà pourquoi la chiromancie est une science exacte parce que cette carte que nous portons sur nous, a été tracée par Dieu, contresignée par Lui. C'est un matricule qui est enregistré sur le divin livre des destinées humaines. Et cette comptabilité ne s'arrête pas à l'homme. Les animaux portent également ces lignes parce que rien dans la nature n'est soustrait à l'intérêt du Créateur.

C'est donc là un motif sérieux de ne pas nous révolter contre le sort, puisque ce sort qui ne nous semble pas propice a été décrété par Dieu. Nous devrions savoir que vis-à-vis de Lui toute révolte est inutile.

Nous allons donc étudier les principes fondamentaux de cette science, donnant seulement un aperçu général des grandes lignes, des monts, une vue d'ensemble sur la main qui, ainsi que le visage, révèle le caractère, les aptitudes, sinon la destinée.

Nous pouvons à l'aise être incrédules, cela n'efface pas la signature visible et que l'on ne peut nier, qu'offrent à l'œil nu, nos traits, notre conformation physique, révélant notre tempérament, nos qualités, nos défauts que nous le voulions ou non, que nous croyions ou non.

Et c'est par cette connaissance de l'espèce humaine que la rencontre des êtres destinés à s'unir pourrait s'opérer dans d'heureuses conditions ou avec moins d'aléa.

Les secrets du destin.

Il faut, ainsi que dans toute science, étudier, s'instruire de l'A. B. C. préliminaire.

Il y a en toutes choses une méthode, des principes,

des bases, qui servent à établir l'opération.

La première condition pour se rendre compte des lignes d'une main est de ne procéder à cette étude que lorsque la digestion est faite ; lorsqu'un repos de deux ou trois heures après une fatigue, un travail manuel, une marche, a laissé au sang le temps matériel pour se remettre en place sans provoquer un afflux, qui dénaturerait la couleur des lignes ; ce qui a une importance considérable pour leur lecture.

Puis il faut étendre sans effort la main gauche, qui est le document positif, l'appuyer légèrement sur un coussin, l'ouvrir rationnellement sans contraction musculaire la refermant trop ou la distendant exagérément par l'extension des doigts. Il faut qu'elle offre une surface plane comme le feuillet d'un livre, laissant saillir normalement les monts.

A l'aide d'une loupe, l'on étudie la conformation de la main, des doigts ; l'on jette une vue d'ensemble sur les lignes et déjà l'on peut pronostiquer l'influence de la planète dominante.

Nous retrouvons ici les 7 planètes qui apportent leur collaboration ou plutôt qui régissent l'être.

Il y a donc des mains dites du :
Soleil
Lune
Mars
Mercure
Jupiter
Vénus
Saturne.

Toutes ces planètes impriment à la main une forme facilement reconnaissable. Elles ont leur siège sur les protubérances de l'intérieur de la main et que l'on nomme monts.

Jupiter régit l'index.
Saturne régit le médius.
Appolon ou le Soleil, régit l'annulaire.
Mercure régit l'auriculaire.
Vénus régit le pouce.
Mars régit le creux de la main.
La Lune régit le côté inférieur.

Selon que les monts sont effacés, développés ou exagérés l'influence des planètes est diverse.

DE LA CHIROMANCIE

La première opération destinée à établir la chiromancie physique, consiste à étudier les formes de la main et des doigts, ce qui permet de découvrir la signature astrale.

Nous devons cependant avertir que l'influence planétaire révélée par l'aspect de la main, peut ne recevoir qu'imparfaitement les bons ou les mauvais effets de l'astre dominant, selon la concordance ou la discordance fournies par l'inspection des monts et des lignes.

Il n'est pas toujours possible de se livrer à l'examen des mains : il peut cependant être utile de se renseigner sur une personne pour connaître sa mentalité. La forme de sa main, nous édifie à ce sujet sans qu'elle se doute qu'elle nous offre un document révélateur.

Il y a autant de formes que de planètes. C'est-à-dire sept :

Nous avons des mains du :

Soleil, main longue étroite, doigts longs et lisses.

Lune, main longue très belle, doigts longs et lisses.

Mars, main large et courte, forte, doigts ronds.

Mercure, main longue, étroite, doigts presque carrés.

Jupiter, main large et courte, l'index plus long que l'annulaire.

Vénus, main molle, charnue, belle, annulaire plus long que l'index.

Saturne, main longue, sèche, osseuse, droite en baguettes à nœuds.

L'on sait donc au premier examen que le sujet appartient à telle ou telle planète.

Maintenant le détail de la main nous donnera ses défauts, ses qualités.

Large, Idées larges, énergie, brusquerie, élan.

Etroite, les idées de même, imagination insuffisante, positivisme, avarice.

Molles, paresse, amour des plaisirs, grande sensibilité, impressionnabilité, indifférence, imagination active.

Dures : volonté, énergie, activité plutôt physique que cérébrale ou dans ce cas, dureté, inflexibilité.

Ridées à l'extérieur, bienveillance, sociabilité, aménité, affabilité, grande serviabilité.

Creuses : la lutte avec chances de réussite, mais avec des entraves continuelles.

Bombées : mains de chance naturelle, réussite sans effort et en toutes choses, belle situation financière.

Sans lignes à l'intérieur de la main : placidité, manque de cœur ou très grande puissance de volonté.

Si la main est large avec ces indications, cela

indique une nature difficile à émouvoir, se laissant vivre, fataliste.

Très striée de lignes : événements nombreux, séries interminables de peines, de coups d'épingles mélangés à de grandes douleurs, nervosisme, sensibilité aiguë, tempérament inquiet se tourmentant pour des futilités.

Entre tous ces éléments, il faut savoir s'orienter. Les indications qui précèdent sont une base d'opérations servant à étayer l'examen qui amplifie ou diminue la valeur des signes généraux.

L'on ne peut pronostiquer à la vue d'une main la mentalité du sujet. Il se trouve parfois des anomalies dans la nature. Des mains très régulières, très belles peuvent appartenir à des êtres dénués d'intelligence, et même moins qu'intelligents, alors que leur aspect signifie intelligence et d'autres, ayant de vilaines mains sont très intelligents, plus même qu'il ne serait utile, alors que leurs mains présagent sottise et même idiotie.

Cependant, il y a toujours, ce fameux bout de l'oreille de l'ours, qui passe et fait reconnaître l'imposture. C'est en cela qu'il est utile de bien connaître la *chirognomonie*, c'est-à-dire l'aspect total de la main.

Division de la main.

Partie Haute commençant à la racine des doigts pour aboutir à leur extrémité. Cette étude nous documente sur l'intellectualité du sujet.

Partie Basse de la racine (poignet) à la base des doigts (matérialité).

Des doigts.

Longs, recherche, minutie, mesquinerie, correction, cérémonieux.

Très longs, susceptibilité, minutie poussée jusqu'à la manie.

Courts, vue d'ensemble, administration, organisation.

Pointus, carrés, spatulés, ayant chacun deux genres de formes.

Les doigts lisses, spontanéité, élan, aimant peu les chiffres, tout en ayant la faculté d'assembler spontanément certains chiffres.

Doigts à nœuds, calcul, jugement froid, réflexion. En 1re phalange, le nœud indique philosophie, méthode, doute, scepticisme, investigation. En 2e phalange, exactitude, ordre, classement, tout est à l'alignement, inflexiblement.

Les nœuds sont aussi, par déformation, le signe visible de rhumatismes.

Doigts pointus, poésie, imagination, emballement aussi, pose, manque de simplicité, goût, mais affecterie, manière.

Très pointus, exagération, mensonge, vol, amour du romanesque, du sectarisme religieux, tout est calcul, la grâce, le charme, sans sincérité.

Doigts carrés, clarté, justice, ordre, droiture, exactitude, simplicité, devoir.

Très carrés, exagération en toutes ces choses. C'est le fanatisme, l'ardeur appliquée constamment et jusqu'aux plus petites choses.

Doigts spatulés (évasés) laissant les chairs former bourrelet, moral débordant, activité vertigineuse, indépendance, sports, chevaux, inventions mécaniques, taquinerie, idées noires.

Très spatulés, natures tyranniques, indisciplinables, révolte, athéisme, scepticisme, indépendance, tracasserie, fanatisme pour les sciences positives.

Doigts gras à la base, sensualité de la chair de la table, du bien-être.

Trop gras, boursoufflés, exagération de ces goûts.

Doigts tordus, mal faits, antipathiques, pouce en bille, ongles courts, à éviter, grand danger pour les autres.

Les trois phalanges se divisent ainsi :
1re (onglée), Divine.
2e (onglée), Logique.
3e (onglée), Matérialité.

Les ongles.

Ongles longs (sertis très loin dans les chairs), Timidité, indécision, faiblesse, réserve impénétrabilité, dissimulation.

Ongles courts, disposition à la *surveillance* à tout voir par soi-même, ordre, contrôle, critique, lutte littéraire, moquerie, persiflage.

Ongles rongés (avec doigts spatulés), ergotage, contradiction, taquinerie, dispute, énervement, irritabilité, récrimination continuelle.

La paume.

Matérialité très longue en rapport avec les doigts et plus indiquée si les doigts sont très gras à leur base et courts.

Intelligence, Paume courte avec doigts longs.

Signification particulière des doigts.

Le Pouce est composé de 3 phalanges : Longues ou courtes. Larges ou étroites.

1re phalange : Volonté.
2e phalange : Logique.
3e phalange : Mont de Vénus.

1re *Phalange* (onglée) *Longue*, volonté puissante, énergie, amour de la perfection et volonté d'y arriver.

Très longue, orgueil immense, tyrannie, domination.

Moyenne, passivité, inertie, abandon.

Courte, indécision, obéissance, gaîté, tristesse, mélancolie, fluctuation.

Très courte, abattement, colère, naïveté, découragements, pas de volonté, mélancolie invincible.

Large, volonté inflexible, persévérance, force dans la faiblesse.

Très large, entêtement aigu et même suraigu.

En bille, violences pouvant aller jusqu'au meurtre ou au calme, grande mélancolie.

2e phalange, longue et épaisse, logique, bon sens.

Courte et mince, les qualités précédentes diminuent.

Pouce long dans son ensemble, despotisme, orgueil excessif, domination.

Très long, atteignant la 2e phalange de l'index, beaucoup d'esprit.

Pouce court, volonté croulante, se laissant dominer, indifférence, fatalisme.

Renversé en arrière, dépense, générosité.

Trop renversé, prodigalité, sens moral douteux ou pire.

Index ou Jupiter.

Très long, orgueil, autorité, commandement, domination, mysticisme lorsqu'il se termine en pointe, amour du décor, du luxe, de la somptuosité et des fêtes, confiance en soi.

Médius ou Saturne.

Très large en spatule, indépendance, révolte, scepticisme.

Très long, défiance de soi, des autres, orgueil voilé, craignant le ridicule ou l'échec, ne voulant pas s'aventurer, tristesse, spleen.

Annulaire ou Soleil.

Plus long que Jupiter, goûts artistiques indépendants de l'ambition.

Long, goût artistiques et aptitudes.

Aussi long que Saturne, attrait pour le merveilleux, les dangers, les entreprises extraordinaires, les voyages périlleux, le jeu.

Auriculaire ou Mercure.

Long, amour de la science, conscience, souplesse, agilité, exercices corporels, intelligence acérée, éloquence, vivacité de pensée, aptitudes commerciales.

Court, conception rapide et assimilation facile.

Intérieur de la main.

Nous avons donné les noms des monts et indiqué leur place à la base des doigts qui portent le même nom. Nous donnerons maintenant, l'explication des lignes principales :

Ligne de Vie, contournant le pouce.
Ligne de Tête, au milieu de la main.
Ligne de Cœur, soulignant les monts.
Ligne de Chance, allant du poignet à Saturne.
Ligne du Soleil, parallèle se dirigeant sur le Soleil.
Ligne Hépathique, allant de la ligne de vie à Mercure.
La rascette, bracelet de plusieurs lignes ou une seule, autour du poignet.

Explication des monts.

Jupiter développé normalement, noblesse, ambition, goût de la table, du beau, du décor, bienveillance, serviabilité, protection.

Informe ou absent, les qualités précédentes s'affirment en défauts aussi violents.

Les Jupitériens sont de taille moyenne, bien faits, gais, ont de beaux yeux humides, lumineux, le teint frais, calvitie précoce, portent la tête haute, le regard assuré ne se baisse pas. Les maladies à craindre sont de fréquents maux de gorge et des enrouements subits.

Mont de Saturne.

Bien formé, découragement, tristesse noire, désespoir, scepticisme, aptitudes aux sciences exactes. Influence par sa solitude les religieux, l'austérité rigoureuse.

Absent, fatalité complète, inexorable, ou nullité

d'existence, sans espoir, sans but et attraction de la mort par suicide.

Les Saturniens sont en général très grands, anguleux, maigres, décolorés et basanés, ont les cheveux rares sans aller jusqu'à la calvitie, baissant les yeux, ne regardant jamais en face semblan attirés vers la terre.

Maladies rares mais accidents et infirmités, blessures aux jambes, surdité presque certaine.

Mont du Soleil.

Bien formé indique les aptitudes artistiques, le goût fin, délicat et sûr et la célébrité assurée, le calme moral, l'équilibre certain sans tirer aucun avantage vaniteux de leur supériorité, les personnes ont conscience de leur valeur et le respect d'elles-mêmes.

Absent, la matérialité suffit à remplacer les hautes aspirations.

La taille est moyenne, bien faite, harmonique, la physionomie sympathique et même très belle, maladie, les yeux délicats, à soigner, à ménager.

Mont de Mercure.

Bien formé, aptitudes médicales, commerciales, scientifiques de toutes natures. Orateurs, comédiens, chimistes, inventeurs, travailleurs, studieux.

Absent, tout le contraire, vivacité de corps, de langage, d'esprit.

Taille petite : Figure longue assez agréable, jeunesse de corps, d'esprit, longue.

Les glaces attirent les Mercuriens ; ils s'y contemplent attractivement.

Accidents, explosifs, chutes, collisions.

Mont de Mars.

Bien formé, turbulence, contradiction, énergie forcenée, querelle, bataille, guerrier.

Absent, lâcheté, crainte, peur, frayeur.

Attraction du danger que les Martiens ne redoutent pas.

Taille robuste, grande chevelure rousse, figure vivement colorée. Les yeux sont grands, hardis, les gestes brusques, grands, désastreux, parlent fort, aiment le bruit, s'emportent souvent.

Maladies de poitrine, blessures par armes à feu ou autres.

Mont de la Lune.

Bien formé, natures contemplatives, attirées par l'eau, grande mobilité d'idées, d'impressions, d'imagination, aptitudes littéraires, poétiques, ou du moins, goût prononcé pour ces choses.

Taille grande, corpulence, lourdeur physique, teint blanc mat, yeux saillants à fleur, de couleur et d'expression vagues, n'aiment ni la marche, ni les efforts physiques, paresseux, nonchalants.

Maladies : Paralysie, hydropisie, fluxion de poitrine, pleurésie, accidents par l'eau ou sur l'eau.

Mont de Vénus.

Bien formé, affabilité, gracieuseté, goût de l'harmonie, de l'eurythmie, des parfums, des fleurs, un amour immodéré de plaire. *En excès* goût immodéré des plaisirs, sensualité violente.

Absent, sécheresse, froideur, égoïsme, insensibilité aux belles choses, manque de goût.

Taille au-dessus de la moyenne, physionomie fine, blanche jusqu'à la transparence, cheveux souples et fournis, très résistants. Les yeux riants, humides, voluptueux et en saillie.

Maladies : Le cœur avec tous ses accidents, palpitations, anévrisme.

Principales lignes.

Ligne de Vie nette, sans accident ni rupture, longue vie, caractère calme, résignation.

Pâle, délicate, lymphatisme.

Courte (dans les 2 mains), mort à l'époque où s'arrête la ligne. Une autre ligne suivant le même parcours et continuant prolonge l'existence, la brisure ne produit qu'un accident réparable.

Double ligne, existence très longue.

Rompue (dans une seule main), maladie à la date indiquée par la rupture.

En Chaîne, existence délicate, nerveuse, précaire.

Les lignes émergeant de la ligne de vie pour fuser en s'élevant, sont favorables, si bien tracées ; succès par mérite personnel.

Point, maladie ou accident à l'étiage.

Croix, événement fatal.

Ligne brisée en deux tronçons (encadrés et réunis par un carré) maladie très grave sans mort.

Ile, maladie, langueur de la durée de l'île.

Ligne de Tête.

Ligne de tête droite barrant horizontalement la main : égoïsme, avarice, avidité, ordre, entente des affaires administratives, excessifs.

Terminée en fourche, mensonge, diplomatie, prétextes habiles.

Descendant vers le mont de la Lune, poésie, imagination, idéalisme, descendant jusqu'à la rascette, tendance à l'occultisme, au spiritisme ; terminée par une étoile, folie.

Remontant vers Mercure, finesse, génie des affaires, avidité, habileté, poussées jusqu'à l'excessivité... maladroite et louche.

S'arrêtant sous Saturne, mort prématurée, idiotie écourtée, n'arrivant qu'au centre de la main, intelligence bloquée, légèreté, inconscience, oubli des principes moraux, d'ordre, d'économie.

En tronçons, absence cérébrale momentanée maux de tête, amnésie partielle.

Brisée sous Saturne, deux tronçons superposés blessure grave, tête, jambes.

Séparée de la ligne de Vie, coup de tête, franchise involontaire, décisions brusques, inconsidérées confiance en soi.

Liée à la ligne de Vie, timidité.

Ile dans la ligne de tête, maux de tête, migraines plus ou moins longues et fréquentes selon la longueur et la quantité d'îles.

Etoile sur la ligne de tête, danger de blessure à la tête ou de folie.

Avec trop de rameaux, maux de tête, cerveau faible.

Ligne de Cœur.

Normale, longue, bien tracée, tendresse, affection, bienveillance, amitié.

Creuse, rouge, droite coupant toute la main, méchanceté, cruauté, violence.

Pâle, débauche sans amour du cœur, rapprochée de la ligne de tête, hypocrisie, duplicité.

Commençant sous Saturne, affections malheureuses, sécheresse de cœur.

Entre Saturne et le Soleil, sottise.

Sous le Soleil, orgueil, fatuité.

Entre le Soleil et Mercure, bêtise, avarice.

Sous Mercure, avarice, ignorance, incapacité.

En chaîne, prédisposition aux maladies du cœur, palpitations, etc. Inconstance, infidélités.

Se réunissant à la ligne de tête, union peu heureuse, mariage ne procurant que des chagrins, ou mort violente, accident fatal.

Points, chagrins d'affection.

Ligne de cœur absente dans une main, égoïsme ou maladie grave.

Sans rameaux aux extrémités, sécheresse de cœur.

Avec trop de rameaux, faiblesse de l'organe.

2 rameaux aux extrémités, équilibre parfait.

Ligne de Chance ou Saturnienne.

Partant du poignet, bien tracée droite, chaîne, bonne santé dans la vieillesse.

Brisée à la ligne de tête, malheur, changement de situation.

S'arrêtant à la ligne de cœur, fatalité par affection ou par les parents.

Ascendant jusqu'à la seconde phalange de Saturne, grande fatalité, prison et même plus.

Coupée sur le mont de Saturne en nombreuses lignes horizontales, obstacles en tout, mais un carré formé par ces lignes protège et préserve.

Allant vers Jupiter, grande réussite, renommée, célébrité, haute situation.

Ligne du Soleil.

Droite, bien tracée, gloire, réputation, richesse, distinction par le mérite, amour de l'art.

Irrégulière, essais malheureux.

Absente, projets échoués, même avec une véritable ligne de chance, et aussi vie courte.

Plusieurs lignes du Soleil, aptitudes diverses en art.

Une seule ligne donne réussite plus certaine.

Les lignes en travers de la ligne du Soleil, obstacle, luttes, mais réussite après labeur acharné ; dans les deux mains, perte de biens, de fortune.

Ligne Hépatique.

Bien formée, elle contrebalance l'influence néfaste de la ligne de vie si celle-ci est fragile, accidentée, elle peut donc rendre la vitalité, la longévité.

Très colorée, brutalité, orgueil.

Teintée de jaune, affection du foie.

En triangle dans Mars avec la ligne de tête, aptitudes aux sciences occultes.

Réunie par une étoile à l'extrémité de la ligne de tête, couches dangereuses, difficiles et aussi avec d'autres signes, stérilité.

Hachée, estomac paresseux.

Anneau de Vénus.

Bien tracé partant de Jupiter entre Saturne pour arriver au Soleil entre Mercure aide à l'intuition, donne la sagesse, l'excès d'impressionnabilité, de sensitivité, spontanéité, d'intelligence, de compréhension, forces spirites.

La Rascette.

Trois lignes bien indiquées affirment vitalité supplémentaire, augmentation de fortune, héritage s'il se trouve une croix au milieu des trois lignes.

Elles annoncent aussi chacune une période d'existence de trente années.

Signes divers.

Le Carré est toujours un signe de préservation.
Les Points, Blessures graves, chagrins, maladies nerveuses.
Les Croix, changement de situation ou de position.
Sur Jupiter, mariage, union d'inclination.
Sur Mercure, indélicatesse.
Sur Vénus, amour unique.
Sur la Lune, exaltation, paroles exagérées, idées sublunaires.
La Croix dans le quadrangle (entre la ligne de tête et de cœur, mysticisme.
Croix dans la plaine de Mars, esprit batailleur, querelleur, mauvais coucheur.
Etoiles.
Sur Jupiter, élévation imprévue, gloire, heureuse union, Ambition satisfaite, décorations, honneurs.
Sur Saturne, fatalité, paralysie, maladie incurable, mort par décapitation ou autre supplice.
Sur Mercure, tous les vices, tous les mauvais instincts, voleur, faussaire, etc.
Sur la Lune, maladie aqueuse, naufrage, mort sur l'eau.
Au bas du Pouce, fatalité d'union, malheur par les femmes.

Sur Vénus, mort de parents, d'amis chéris.

Au bas de la ligne de tête, folie ou blessure.

Avec ces quelques éléments, l'on pourra s'amuser à se dire ses vérités et surtout les dire aux autres, et les juger, ce qui est bien plus agréable que de se juger soi-même. Si cette science paraît séduisante et que l'on veuille en pénétrer tous les arcanes, l'on pourra compléter cette étude sommaire en étudiant l'*Abrégé de Chiromancie et de Chirognomonie appliquée*. Ce livre, fort simple, très net et très pratique se vend chez Vigot frères, éditeurs, 23, place de l'Ecole de Médecine. Il est conçu d'après la méthode de Desbarrolles et signé très modestement par Mlle M***, seule élève et continuatrice de Desbarrolles.

Or, Mlle M***, que nous avons le plaisir de connaître se nomme en réalité Marthe Desbarrolles, elle a continué, dans cette grande maison blanche du 95, boulevard Saint-Michel, qui semble égarée au milieu des jardins, à décrire les destinées comme le faisait son célèbre maître et parent, feu Desbarrolles, qui vivait dans cet immeuble et y recevait l'aristocratie mondaine et des lettres. Affable, timide, très doux, il apportait une conscience sacerdotale à l'étude de la main.

Nous mîmes son talent et sa science à l'épreuve en nous présentant à lui, il y a de longues années, en nous faisant passer pour une ouvrière, fagotée, déguisée, afin de savoir si réellement l'on pouvait prédire l'avenir sans tenir compte de la situation connue. Le doute a toujours tenu la première place dans notre esprit et nous a fait sans cesse chercher à comprendre et à analyser le fond des choses.

Donc, accompagnée d'une camériste aussi jeune que nous, nous arrivâmes comme deux écervelées, riant, heureuses de faire une escapade. L'excellent Desbarrolles, secoué par un coup de sonnette bruyant vint nous ouvrir et nous lui demandâmes si c'était lui qui disait la bonne aventure.

— Oui, Mesdemoiselles, dit-il en souriant. Il nous fit entrer et commença par nous. Il prit sa loupe, regarda sur toutes ses faces notre main, puis nous dévisagea ; nous affections toujours l'allure de deux filles du peuple en partie folle.

Mais Desbarrolles nous dit :

— Madame, vous n'êtes pas ce que vous voulez paraître.

— Moi, comment ?

— Vous n'êtes pas une ouvrière, malgré votre doigt criblé de coups d'aiguilles.

(Nous avions pris cette précaution).

— Je ne comprends pas ?

— Vous êtes mariée, vous appartenez à une vieille et illustre famille, vous avez du sang royal dans les veines, vous êtes riche et puissante.

— Ah! bien! par exemple! Vous rêvez, Monsieur !

— Non, Madame, je ne rêve pas !

Maintenant, que nous jouons à visage découvert, je vais vous dire toute votre vie.

Et il fouilla tout, famille, mariage, situation, avenir, nous donnant les dates fatales, annonçant les catastrophes avec une précision qui, hélas! se réalisa à la lettre.

Il nous prédit le renversement de notre situation, nous fit un si lugubre tableau d'infortunes que nous ne pûmes nous empêcher de lui dire :

— Mais vous êtes fou, Monsieur !

— Je le voudrais, pour vous, Madame, car je suis certain que vous traverserez tous ces mauvais jours.

Mais en dépit de cette fatalité, vous dominerez le sort par une volonté implacable, et vous mourrez dans une position très élevée.

— Je serai peut-être pendue !

— Non ! dit-il en riant.

La séance avait duré près de six heures et tout s'est réalisé aux époques précitées, avec et sans notre consentement ; nous revîmes encore l'excellent Desbarrolles, lorsque les tragiques événements prédits furent accomplis et depuis Mlle Marthe Desbarrolles a bien voulu nous donner l'indication précise aux tournants difficiles et avec la même bonne grâce et la même sûreté que son oncle.

Nous devons ajouter d'ailleurs qu'elle nous a aussi prédit la mort dans une haute position tout en affirmant également que nous ne serions pas pendue, que nous avions la vie dure et que même si l'on nous tuait, nous n'en mourrions pas. Voilà qui est consolant et l'on s'expliquera combien nous vénérons une science qui nous permet de braver, les sorciers, les sorcelleries et les envoûteurs sataniques qui doivent avoir certains monts très anormaux pour être si bêtement criminels.

Pour arriver à une étude complète de la chiromancie, il faut prendre le livre de Desbarrolles « *Mystères de la main, révélations complètes* », édité chez Vigot frères ; cela est plus instructif et plus intéressant que de fabriquer des philtres, des pantacles et des pactes avec le diable.

La poignée de main.

Sans attendre la divulgation des lignes, des formes de la main, nous pouvons savoir immédiatement qui entre en rapport avec nous. Le geste inélégant de la poignée de mains qu'inaugura le XIXe siècle et que les femmes acceptèrent prosaïquement, est bien le plus incorrect des gestes, succédant au salut respectueux, au baisemain déférend de jadis.

Selon la franchise, du geste, sa retenue, sa passivité, son inertie, vous savez quelle est la main qui prend contact avec la vôtre.

Pression ferme et douce, personnage droit, loyal, bien élevé, cordialité.

Pression violente, torturante, goujat, brutal ou audacieux, fat.

Main inerte, s'accolant sans pression, hum ! la franchise ne brille pas et l'émotivité est pôle Nord.

Pression douce, s'allongeant outre mesure, de mauvais goût, insinuant des choses qui... que, enfin des choses qui pour n'être point dites ou chantées sur un air connu, avec des paroles explicites, ne s'expriment pas moins dans ce langage... maniéré.

La poignée de main protectrice, qui laisse tomber négligemment l'aumône de cette faveur d'approche.

La poignée de main reconductrice, vous poussant chaleureusement vers la porte avec une hâte fiévreuse de se débarrasser de vous.

La poignée de main bienveillante, gage de protection, retenant votre main comme pour sceller un pacte.

La poignée de main banale.

Oui ! Oui ! entendu. Bonjour ! ce n'est que vous, ça ne compte pas.

La poignée de main officielle, entente cordiale, élevée à la hauteur d'une institution, s'accomplit en plusieurs temps 1, 2, 3.

La poignée de main qui ne vous tend qu'un ou

deux doigts (ah! ce que vous comptez peu pour moi).

Là poignée de main répulsive.

Enfin la poignée de main des amoureux, les mains dans les mains, les yeux dans les yeux, Extase, délice, joie et autel ou hôtel meublé.

Nous en oublions certainement, ne fut-ce que celle du malappris qui tend à une femme sa large patte pensant lui faire une grande politesse en l'obligeant à mettre la sienne fine et fragile dans ce battoir prêt à la meurtrir.

Après avoir bien étudié les divers genres de poignées de main en usage, il serait peut-être utile de nous délivrer de cette manifestation amicale sans amitié ; banale et sans conviction autre que l'usage établi. Cela nous éviterait certains contacts épidermaux à températures variées depuis le pôle Sud jusqu'au pôle Nord en passant par les atmosphères humides et brumeuses, par les bouillons de culture où les microbes pullulent à l'aise, où toutes les hygiènes du monde ne peuvent arriver à produire des surfaces planes, nettes et polies.

Que de catastrophes lamentables dans certaines poignées de mains !

Les lignes des pieds.

Nous avons vu que l'on peut lire dans la main les événements, le caractère et la physiologie humaine. Là ne s'arrête pas la révélation. Il est une autre façon d'opérer peu connue et qui, pourtant est très explicite.

Nos pieds sont des documents aussi affirmatifs que nos mains.

Cette pratique divinatoire est peu usitée en Europe alors que dans l'Inde elle est courante.

Nous avons été mise tout récemment en relation avec une fille de Brahma qui, seule, à Paris, se livre à cette science.

La princesse Rhadia, née à Pondichéry, se livre, comme certains personnages hindous à l'étude des phénomènes psychiques et tout particulièrement aux révélations des signes et lignes pédestres. Elle est extraordinaire : Donne sur la vie, sur le caractère, sur la santé des détails nombreux et absolument justes.

Vêtue de son pagne aux couleurs multiples, ornée de ses bijoux étranges sertis dans ses oreilles, dans ses narines elle évoque les idoles asiatiques, grave avec cette allure si pleine de dignité des Orientaux semble égarée en notre civilisation moderne comme ces déesses que quelque voyageur rapporta de l'Inde pour ornementer un logis parisien.

C'est une étrange figure, donnant une idée parfaite de ce qu'est ce peuple mystérieux et profond si documenté sur l'occultisme et sur toutes les pratiques secrètes des rites inconnus.

La princesse Rhadia Rattinom a tenu dans ses mains, les pieds les plus célèbres. Elle suscite la curiosité Parisienne qui, toujours à l'affût de l'inédit, fête cette devineresse exotique qui lui a offert un nouvel aliment à son désir de révélations étranges, de mystérieuses sources d'information pour connaître cet avenir troublant, redoutable ou charmant. Aussi Rhadia est-elle entourée, fêtée, ce qui ne l'empêche pas de regretter son beau ciel de lumière et son temple hindou où là-bas elle était déesse. Mais elle est enchaînée ici par le succès et tout en soupirant après sa patrie, elle prédit la chance, le bonheur et l'amour aux Parisiens, déshérités du soleil et de la poésie des contrées lointaines qui l'ont vu naître.

VI

La Physiognomonie

Si la main nous donne l'indication du type astral, nous dévoile les secrets de l'être, le visage nous le révèle encore plus sûrement.

La forme, les lignes, les méplats, les diverses parties, les organes, tout constitue un dossier véritable, exempt de mystère ou renfermant le mystère selon la volonté qui sait apposer ou déposer le masque, pétrifier le Facies ou lui laisser sa mobilité.

La Race.

Nous avons d'abord la révélation de la race, races blanche, noire, jaune, rouge, desquelles jaillissent des rameaux formant des subdivisions selon les croisements qui produisent le « métis », contractant de par l'alliance de deux races antitypes les qualités et les défauts de cette dualité originaire. A la longue, les types procréateurs s'estompent pour la couleur, mais l'ossature, le squelette décèle toujours l'atavisme et c'est la race la plus forte qui surgit et domine.

C'est ainsi que des gens ayant le teint très blanc, les cheveux lisses donnent par leur silhouette vue dans l'ombre l'impression d'un nègre.

La race jaune conserve ses pommettes saillantes,

son visage à ossature violente, ses yeux en vrilles, bridés.

La race rouge avec sa grande pureté de lignes se dévoile par la protubérance des lèvres et par le dessin spécial de la bouche.

La Tête.

La tête doit être de proportion normale ni trop grosse, ni trop petite.

Elle doit être, selon la statuaire antique, la neuvième partie de la figure humaine, c'est-à-dire du corps : de huit pour les modernes, de sept pour la femme.

Les têtes trop volumineuses sont celles des hydrocéphales ou phénomènes, à moins qu'elles ne soient un signe de grossièreté, de brutalité ou d'excessive bonté.

Trop petites, c'est la faiblesse avec tous ses inconvénients.

Trop arrondie, trop allongée, cela n'est pas encore la régularité enviable qui indique la perfection.

Le port de tête est également symptomatique : l'orgueilleux la porte haut levée, laissant majestueusement tomber sa parole sacrée, son sourire condescendant. Ou froidement, il sourira, froncera les sourcils arrogamment, le mépris se lit sur son visage. C'est un entêté, un orgueilleux, un fourbe, tout ce que vous voudrez hors ce qu'il faudrait être. La tête qui évolue ainsi qu'une girouette sera légère et l'esprit médiocre.

La tête qui cherche à terre les objets perdus, indique constance et sagesse.

Le Front.

Une tête en forme de poire — est sujette à caution — gourmandise, matérialité, sensualité.

Une tête allongée, curiosité, envie, crédulité.

Une tête ronde est la perfection du genre.

Le front, développé bien dessiné est noble dans ses pensées, ses instincts, ses penchants ; le développement de la partie comprise entre les oreilles et les tempes dénote l'amour des jouissances terrestres.

Les fronts fuyants, activité, douceur, imagination, timidité.

Front proéminant, surplombant la face, esprit borné, lourd ; arrogance, brutalité, caractère exécrable à moins... de signes contraires.

Front vertical et droit est de peu de valeur intellectuelle, le front du penseur est en général droit jusqu'aux deux tiers de sa hauteur et s'arrondit jusqu'aux cheveux.

Un front très élevé, visage allongé, menton pointu : ineptie, nullité.

Front osseux, naturel querelleur, opiniâtre ; et si la calvitie l'avoisine, le caractère est grossier.

Le front arrondi saillant par le haut, plus large qu'élevé, jugement sûr, cœur froid, précision de mémoire, idée rapide.

Front irrégulier court bosselé, ridé, plissé, il faut se méfier. Si la peau est tendue, sans plis, ni rides, front impassible, ni joie ni douleur ; caractère soupçonneux, prétentieux, sans générosité.

Front bombé par le bas, amour des voyages,

Bombé au milieu, mémoire des faits historiques.

Bombé dans le haut, philosophie.

Les rides du front parallèles, rapprochées et horizontales, indiquent la réflexion.

Verticales, remontant vers les cheveux, dédain, mépris.

Des rides épaisses, paresse.

Entrecroisées en tous sens, folie ou sottise, le pli de la pensée est entre les sourcils remontant vers les cheveux ou dénotant haine, vengeance.

Sans rides, esprit léger superficiel exempt de préoccupations ou de travaux intellectuels.

C'est le front des jolies femmes et des enfants, à moins qu'ils ne se livrent à des grimaces produisant des rides automatiques, c'est-à-dire sans origine physiognomonique.

Les Yeux.

Les yeux dénoncent la pensée, les émotions de l'âme. La bouche peut mentir, l'œil la contredit impitoyablement.

Les criminels, les menteurs, les voleurs, les gens faux ne regardent jamais en face. La colère fait jaillir des lueurs ainsi que l'indignation.

L'amour les embellit, les rend lumineux. La timidité les fait se baisser avec grâce et la fierté les élève alors que la bonté les incline vers ce qui est en bas.

Les yeux gros ronds, sont un indice de médiocrité.

Très bleus, très clairs, très grands la conception des choses est profonde, étendue, facile, d'une grande sensibilité, méfiante, le caractère peu maniable, inflexible.

Les yeux humides, voilés, largement fendus, révèlent une profonde émotivité.

Petits, ronds, perçants, ils indiquent la ruse, la raillerie, la moquerie et la cruauté.

Les yeux noirs, brillants pétillent d'esprit, de gaîté.

Les yeux gris, bleutés, douceur, amabilité, sensibilité.

Les yeux verts sans éclat, irascibilité, mauvais caractère.

Les yeux bruns, courage, virilité, vivacité, emportement.

Les Sourcils.

Les sourcils droits barrant horizontalement la face, férocité ou sagesse, équité.

Sourcils arqués, bonté et force de l'esprit.

Sourcils anguleux, esprit actif, productif.

Sourcils épais et bas, force et vigueur.

Minces et plats, absence d'intelligence.

Sourcils fins, soyeux, nature d'élite, aspirations élevées, sensations délicates.

Sourcils en buissons, individus rudes, farouches, indisciplinés, sans forme, mal élevés.

Sourcils rapprochés, touffus, marche inflexible vers un but déterminé.

Sourcils convexes à l'angle de l'œil, calcul; *renflement au milieu,* musique.

Sourcils irréguliers, mobiles, passion, agitation.

Sourcils réguliers, fixes, calme, sérénité.

Les Paupières.

Les paupières horizontales barrant la prunelle, adresse, ruse.

En demi-cercle, timidité, délicatesse, nature bonne.

Paupières très accusées, peu larges, parallèles enveloppant un œil grand ouvert mobile, brillant, lumineux, orgueil, colère, mais goût sûr et science exacte des choses.

Le Nez.

Le nez s'adaptant directement au front, sans creux ni enfoncement sous l'arcade sourcillière, dénote noblesse, grandeur de sentiment et d'esprit.

Ayant une racine très large, qualités supérieures.

Nez courbé ou aquilin, caractère énergique, opiniâtre et impérieux.

Nez romain ou grec, activité, énergie, résignation.

Nez creusé à la racine, mollesse, faiblesse ; avec *une bosse au milieu,* poésie, imagination excessive.

Nez camus ou camard légèreté, insouciance.

Nez pointu, esprit pénétrant, science, rouerie.

Nez rond au bout, franchise, violence ; mais loyauté, générosité d'âme, d'esprit sans hypocrisie.

Nez épaté vers la bouche, luxure, gourmandise, passions violentes.

Nez court, expert, simple, facile à duper.

Petit, mobile, mince, moquerie, rosserie.

Nez charnu, épais, gros, bonté mêlée de sensualité.

Nez uni, bien fait, aux ailes mobiles, esprit étroit, cœur sec ; *les ailes vibrantes,* sensualité, volupté.

Nez retroussé, affectueux, dévoué, loyal et franc, tel est le caractère avec un enjouement continuel.

Nez rutilant, agrémenté de bourgeons, ivrognerie débauche ou âcreté du sang.

La Bouche.

La bouche bien faite, bien dessinée, aux lèvres normales, caractère franc, honnête, droit.

Bouche irrégulière, maniérée, dégradation par les passions.

Bouche pincée, fierté, sottise, ruse, méchanceté, cruauté.

Bouche tombante, ouverte, bêtise, idiotie.

Lèvres épaisses, bonhomie, sensualité ; *minces,* régularité, ordre, égoïsme, ruse, préjugés.

Lèvres minces en lames de couteaux, méchanceté, froideur.

Lèvres fortes accentuées, entêtement, flegme, noceurs.

Le rire continuel est l'indice de la sottise, de la moquerie inintelligente.

Le sourire, celui de la finesse, de l'intelligence, de la bonté simple, tranquille, de l'indulgence ou dissimule la ruse, la moquerie, la perfidie.

Les Dents.

Les dents longues, timidité.

Courtes et petites, tempérament robuste ou faible.

Larges, épaisses, robustes, longue vie.

Bien rangées blanches, cœur honnête, bon, esprit doux, poli.

Les dents irrégulières dénotent l'envie, la bassesse.

Le Menton.

Le menton mou, charnu, double, sensualité.

Ferme, osseux, raison opposée à la matière.

Plat, égoïsme, froideur, sécheresse.

Menton en galoche donne de la distinction.

Menton pointu, saillant, esprit sarcastique, railleur.
Menton retiré en arrière, douceur, placidité.
Une incision nette, esprit résolu, sage.
Menton en retrait et petit, timidité.
Menton épais, gros, lourdeur, intelligence opaque.
Menton en forme de ganache, outrecuidance, fatuité, jouisseurs, égoïstes.

Les Joues. — Le Teint.

Les joues charnues bonté ou sottise.
Maigres, étroites, sécheresse.
Enfoncées, creuses, renflées vers les yeux, caractère débonnaire, aimant, serviable, cœur sensible.
Le teint jaune, bronzé, tempérament bilieux, mélancolique, irritable, ambitieux; *vermeil,* sanguin, gai, emporté mais bon, sensible mais sensuel.

L'Oreille.

L'oreille moyenne finement ourlée, esprit, distinction, jugement.
Petite, timidité.
Grande, charnue, plate, lourdeur, inintelligence.
Oreille lisse, immobile, froideur, égoïsme, insensibilité.
Mobile, mince, vivacité, intelligence, impulsion, courage, indépendance.
Ecartée, musique ou crime.

Le Cou.

Le cou, long, maigre, mince, faiblesse.
Gros, fort, en chair, courage, force, activité.
Lourd, arrondi, gracieux, volupté.

Long, beau, souple, élégance, noblesse.
Penché, résignation.
Altier, force, fierté.
Enfoncé dans les épaules, esprit retort ou découragement, emprise implacable du sort.

Les Cheveux.

Les cheveux doux, fins, lisses, timidité, droiture, délicatesse, faiblesse organique.
Rudes, crépus, force, âpreté.
Noirs, mélancolie ou audace.
Châtains, amabilité, douceur, coquetterie.
Blonds, natures sensitives, voluptueuses, sans ardeur, passions, comme les brunes frêles, délicates, sentimentales ou cruelles, vindicatives.
Roux, natures méchantes, cruelles, perfides ou très bonnes.

VII

La Phrénologie

Gall et Lavater ont été les maîtres et les innovateurs de cette science. Ce fut à la suite de longues observations que ces deux auteurs conçurent le plan de leurs traités de la phrénologie, c'est-à-dire de l'art de découvrir le caractère, les instincts de l'être par les bosses du crâne et par sa forme. L'ouvrage de Lavater contient de nombreux volumes qu'il est intéressant de consulter, mais nous ne pourrions être aussi prolixe et ne donnerons ici que les traits, caractéristiques principaux, laissant à nos lecteurs le loisir de s'édifier à fond sur la question avec ces maîtres, selon que cette étude aura pour eux une attirance et un intérêt particulier. Nous ajouterons que la phrénologie en révélant les instincts, les aptitudes, les dangers, est une précieuse indicatrice pour le développement de l'enfant. Les bosses crâniennes ou faciales traduisent très sûrement les évolutions futures de l'être et cela sans superstition, parce que l'organisme se trouve intéressé, pour ainsi dire décrit, divisé par cases, selon les lobes du cerveau, qui mettent en vibration la nature humaine. L'on dit couramment : « il a les cellules atrophiées ou il a une case oblitérée », lorsque le sujet apporte une incapacité quelconque au fonctionnement normal de ses facultés.

Nous donnons ici pour plus de facilité deux figures; l'une présentant la face du crâne, l'autre le crâne *post face*. En se reportant aux numéros inscrits, correspondants à la description, l'on aura ainsi rapidement une vue d'ensemble de la phrénologie, qui, plus complète, donne des distinctions à l'infini, puisqu'il faut plusieurs volumes pour l'exposer dans toutes ses périodes.

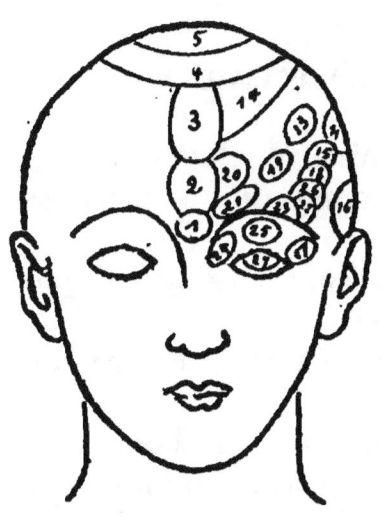 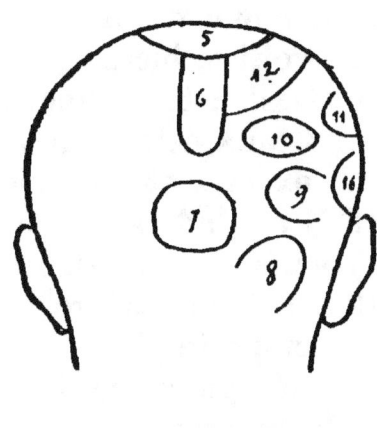

Description des bosses.

1. Sens des choses, mémoire des faits, éducabilité, domesticité des animaux, perfectibilité.
2. Comparaison, sagesse comparative.
3. Bonté, bienveillance, esprit de justice, sentiment de l'injustice, sens moral, conscience, bienveillance.
4. Religion, aptitudes à la théologie.
5. Entêtement, opiniâtreté, constance, persévérance.
6. Orgueil, arrogance, présomption, fierté, sentiments élevés, dignité, autoritarisme, despotisme, amour du faste de la grandeur.

7. Philogéniture, affections naturelles.
8. Amour psychique.
9. Courage, instinct batailleur.
10. Amitié, mariage, sociabilité.
11. Prudence, prévoyance, indécision, hésitation, tendance au suicide.
12. Vanité, amour propre, émulation, gloire.
13. Poésie.
14. Musique, imitation.
15. Amour de la propriété, prévoyance, vol, convoitise, lucre.
16. Destruction, meurtre, sanguinaire, chasseur.
17. Beaux arts, constructeurs, compositeur, sciences exactes et mécaniques.
18. Ruse, adresse, habileté, finesse, mensonge, hypocrisie, fourberie, dissimulation.
19. Critique, satyre, esprit de répartie, causticité, emporte-pièce.
20. Métaphysique, idéologie, induction, réflexion.
21. Topographie, voyages, orientation, amour de la nature.
22. Harmonie, couleurs, rapports exacts.
23. Calcul, mnemothecnie, dates, nombres, mathémathiques.
24. Mémoire des visages.
25. Mémoire des noms, élocution, collection.
26. Musique et ses diverses branches.
27. Les langues.

Les femmes pourront aisément avec leur opulente chevelure échapper à l'indiscrète investigation et tenir secrets, leurs instincts, leurs défauts, ne laissant à leur gré que leur qualité se révéler. Mais les hommes ! les pauvres hommes, holocaustes perpétuels, avec leur tête rase, leur face imberbe, si séduisante, puisque la mode ainsi le décréta, comme ils vont être cloués au pilori par toutes les indiscrétions, aussi redoutables que les instantanés, qui saisissent un geste, une situation scabreuse qui pourtant ne réclamait pas la publicité. Nous les plaignons vraiment ! Si les femmes les connaissent à fond elles les fuiront ou... les adoreront. Nous savons que ce sexe enchanteur, évolueur, brûle ce qu'il a adoré et inversement. Que de malheurs dans l'air. Hélas ! nous en frémissons. Et nous les aurons déchaînés. Cependant, une connaissance très approfondie de soi-même, des autres, peut donner l'indication utile pour une rencontre, une destinée. Chacun, apportant franchement, loyalement ses documents — quel rêve — les caractères seraient moins exposés à certaines surprises, que l'on ne peut constater qu'après la conclusion, sans retour; si ce n'est par le divorce. Et nous savons que ce mode de libération est inadmissible pour les chrétiens. Nous savons également que la femme est toujours la victime du divorce, alors même qu'elle le sollicite, nous dirons plus, surtout si elle le sollicite !

Démolir est très bien, mais pourra-t-on reconstruire ? Vouloir désagréger la famille est peut-être génial ! Cependant que trouvera-t-on pour la remplacer ? Le foyer éteint, où iront échouer ceux — très nombreux — qui ont un besoin absolu d'affection, de soins, de dévouement ? Où ira surtout sombrer l'enfant ?

Et ce besoin de foyer se manifeste hautement puisque l'homme, la femme, sans famille, les divorcés cherchent la chaleur si douce des foyers amis ou s'empressent de se reconstituer un nouveau foyer.

Malheur à l'homme seul ! dit l'Ecriture. Malheur à

l'homme, à la femme, à l'enfant. Malheur à la trinité humaine qui disperse le feu de la famille pour s'en aller à travers la tempête qui l'engloutira inexorablement, jettera ces trois êtres sur des points divers, arides ou hospitaliers ; à moins qu'ils ne se perdent corps et âmes dans le gouffre qui les attira.

Le mariage ne s'est souvent conclu que par un coup de tête. Coup de cœur, coup de tête parfois sont synonymes. Un frisson passe. L'on mourra si l'on ne peut obtenir l'être qui l'a fait ressentir. Et ce frisson a lié pour la vie! puis la brise qui l'a fait éprouver ayant passé, le frisson a disparu. Voilà pourquoi, il serait utile d'étayer sur de plus solides matériaux le monument de la famille en s'orientant, en apportant à cet acte qui doit être définitif, toute la prudence et toute la documentation propres à assurer sa sécurité, son indestructibilité.

VIII

La Graphologie

« Donnez-moi dix lignes de l'écriture d'un homme, et je me charge de le faire pendre, disait Laffemas ».

Cela semblait quelque peu extraordinaire à une époque où les choses les plus simples passaient pour surnaturelles ; à une époque où la sorcellerie jetait le trouble dans les esprits, où tout apparaissait compliqué de mystère.

La graphologie, de nos jours, ne sent plus le souffre ; c'est une science ; et rien qu'une science d'observation. L'homme livre avec son écriture le secret de son caractère, de sa mentalité, de ses penchants, de ses qualités, de ses défauts.

L'abbé Michon fut le novateur de cette science, quoiqu'il commît souvent des erreurs assez graves. Desbarolles, qui apportait en tout, une conscience et une méthode admirables, fut un maître en la question. Il écrivit sur ce sujet un traité intitulé « Mystères de l'écriture » et l'abbé Jean Hyppolyte Michon dans le « Système de la Graphologie », se trouve en concordance parfaite avec Desbarolles. Leurs conclusions sont identiques.

Si l'on peut définir l'individu d'après l'écriture, c'est que la main qui trace les caractères, n'est que la servante de notre pensée. Par elle, arrive sur le papier nos émotions, nos agitations, et, forcément nos manies, nos habitudes qui se révèlent ainsi à notre insu.

Prenez l'écriture de plusieurs personnes; prenez-la en divers moments. Vous retrouverez toujours la forme fondamentale, le type de la psychologie, mais avec des nuances indiquant les oscillations produites par un événement, une préoccupation.

L'être impassible, immuable, n'existe pas. Tous, plus ou moins fortement, nous vibrons, et ces vibrations se traduisent et trahissent notre secret.

Il est évident que, pour connaître une personne sous son véritable jour, il faut posséder un spécimen d'écriture libellé dans une période de tranquillité, qui laisse aux caractères leur apparence naturelle et propre.

Il y a encore d'autres conditions qui peuvent dénaturer l'écriture. Une grande fatigue, une impression nerveuse, momentanée, sans cause. C'est un nuage qui passe et c'est tout. Souvent même, au début d'une lettre, d'un travail, l'écriture est hésitante, heurtée, n'a pas la netteté, la régularité et la beauté de la forme qui peu à peu reparaîtront avec l'exercice. Il en est de cela comme de la voix qui a besoin de s'échauffer; des doigts, qui se délient peu à peu sur le clavier et de la marche, pénible dès le début d'une course, alors que l'être n'a pas pris un élan suffisant.

La régularité du moule n'est donc pas stable car après un long travail, la main fatiguée rend souvent l'écriture plus irrégulière, plus bouleversée qu'au début.

L'écriture renversée, ne laisse pas aisément percer son mystère; c'est ce qui fait que les gens qui écrivent ainsi, ne jouissent pas d'une réputation de franchise et de loyauté. L'on peut cependant se tromper et cette écriture, beaucoup plus nette, sert parfois à établir des travaux moins difficiles à déchiffrer que l'écriture penchée avec ses pleins, ses déliés, ses pattes de mouches ou ses angles aigus révélateurs.

Cependant, l'on peut être trompé par l'aspect des caractères et telle personne qui possède un véritable tempérament combatif, astucieux, perfide, brutal même, aura une écriture fine comme un fil. Elle sera lourde, commune, mal élevée, sans éducation, sans instruction, et son écriture sera correcte, élégante même, en dépit des fautes d'orthographes, des velours et des cuirs qui émaillent son style épistolaire, cela fait songer à la définition que Rossini donnait de l'Alboni, un éléphant qui a avalé un rossignol : ce qui semble moins extraordinaire, qu'un rossignol ayant avalé un éléphant.

D'autres ayant une souplesse utilitaire varieront à l'infini l'aspect des caractères, imitant à s'y méprendre textes et signatures de nombreuses mains selon l'usage qu'il convient d'en faire.

Des gens chétifs, fluidiques, frêles auront une écriture lourde, monumentale, comme pour se convaincre d'une force qui leur est refusée et qui leur semble si désirable. Ne pouvant y prétendre, ils cherchent à donner le change aux autres et à se tromper eux-mêmes.

Voilà certes beaucoup de conditions qui mettent le graphologue dans l'incertitude et le déroutent.

Aussi, ne peut-on statuer que sur les écritures normales, faisant pour ainsi dire corps avec le sujet, étant un véritable cliché de l'individu. De même que l'on ne peut que difficilement tirer des déductions de l'écriture de ceux qui écrivent beaucoup et longtemps. Forcément, ce mouvement automatique et la fatigue inhérente à l'abus de l'usage de la plume donnent une empreinte faussée, que ne contient pas un texte écrit pour l'examen, en toute liberté d'esprit et sans une application soutenue ; ou, sous le feu de la composition alors que d'autres préoccupations rendent secondaire la forme de l'écriture.

Prenons donc pour bases, les règles générales, les principes établis, qui permettent de faire, tout au moins, une enquête superficielle sur les écritures diverses. C'est une étude amusante, si ce n'est un document précis, car si Laffemas prétendait se servir de dix lignes d'écriture pour perdre un homme, il eût été dangereux de lui livrer notre spécimen, et nous ne risquons point en tentant cette petite expérience de finir en faisant une assez laide grimace au bout d'une potence, espérons-le du moins.

Et puis, l'on prétend que rien ne ressemble plus à un coquin, qu'un honnête homme et inversement. Voilà qui est rassurant !

Quelques exemples confirmeront ce que nous disons plus haut.

Gyp, dont le talent est si fin, si nerveux, dont la silhouette est ténue et délicate, possède une écriture monumentale. Ses lettres ont presque un centimètre de hauteur. M. de Max qui a la réputation d'avoir une apparence efféminée offre la même particularité.

Paul Féval qui écrivit des romans fantastiques, de cape et d'épée, avait une écriture d'écolier. Lamartine étalait des pattes de mouches fines et élégantes.

Nous possédons un nombre assez important d'autographes qui, au simple aspect offrent une contradiction formelle avec la nature physique de l'auteur, et peuvent pour l'analyse créer des difficultés et même la rendre très incertaine.

Des principes graphologiques.

Une écriture penchée, fortement inclinée, indique une nature sensible, mais lorsque cet élan est troublé par des lettres subitement redressées c'est que la sensibilité veut se dissimuler sous une apparente rudesse. Une écriture absolument couchée nous force à conclure à une sensibilité exagérée.

L'inclinaison dénote la bonté ; mais aussi la jalousie.

Une écriture régulière, droite, espacée convenablement, dénote un esprit ordonné, clair, positif. Très lisible : la précaution, le calcul, la minutie et la manie. A ces signes se joint une ponctuation irréprochable.

L'écriture droite appartient aux natures froides, rigides et sévères.

La négligence, le manque d'ordre se traduisent par une écriture irrégulière et par l'absence de la ponctuation.

Les natures ardentes, actives, entreprenantes, se manifestent par des écarts de plume. Les mots espacés signifient prodigalité et plus l'espace est grand, plus la prodigalité s'affirme. Mais lorsque, malgré l'espace les finales sont brèves la prodigalité est endiguée, alors qu'elle s'annonce extrême lorsque les finales s'allongent dans l'espace libre.

Le manque de jugement s'inscrit en une écriture serrée, inégale, sans intervalles permettant aux lettres de paraître dégagées. C'est un véritable chaos.

Une écriture nette, lisible, bien formée, donne l'impression d'une nature bien équilibrée, sereine; aimant ce qui est juste, beau, ne se départissant que difficilement de son calme.

Les mots qui se touchent, aux finales écourtées indiquent l'économie ; l'avarice a des lettres serrées, inégales, droites, petites, entassées, sans alinéas, utilisant le papier sans laisser ni marges ni blancs ; l'écriture est sèche, comme le cœur sans pitié.

Un savant présente des caractères gothiques et même chinois, car souvent il écrit fort illisiblement.

Les lignes droites régulières dont l'espace est normal dénotent une nature franche, droite, loyale, jusqu'à la candeur où toute dissimulation est inconnue. Il n'en est pas de même des lignes qui ondulent où se dévoilent la ruse, l'habileté et tous les vilains défauts du manque de franchise.

Les lignes qui évoluent vers le haut donnent, énergie, courage, persévérance. Jointe à la fermeté de l'écriture, la nature se révèle extraordinairement énergique ; mais l'ambition se manifeste par l'attention exagérée.

Les lignes qui déclinent sont l'indice du découragement, de la timidité, de la souffrance morale, n'ayant aucune confiance en elles.

Alternant et oscillant de haut en bas, le caractère est inégal, sujet à des alternatives, de courage et de démoralisation.

Les natures exaltées ont une écriture extravagante faisant opérer aux lettres des évolutions fantastiques en dessus et en dessous des lignes.

Lecture des caractères des lettres.

Nous verrons dans ce chapitre l'importance graphologique de la hauteur et de la forme des lettres, ainsi que de leur position.

Selon la hauteur des lettres, nous pouvons reconnaître la valeur morale de l'individu. Une écriture haute, bien formée, indique la grandeur d'âme, les sentiments nobles, élevés, alors que des excès en hauteur, en évolution formulent exagération, orgueil, vanité : l'écriture ratiocinée, vulgaire, commune est le symbole d'une nature étriquée, ayant des sentiments petits et bas.

Les natures impressionnables qui se laissent aller à la mobilité de leurs nerfs produisent des lettres panachées de hauts et de bas caractères.

Une écriture égale, où toutes les lettres conservent le même alignement, dénote la franchise ; l'habileté tout en étant loyale, est tempérée par une certaine réserve prudente ; les caractères imprécis, les négligences dans la forme, sont l'indice du désordre.

L'esprit étroit, sans poésie, se fait connaître par la compression des lettres qui semblent ne pouvoir saillir au-dessus du sol, ainsi que les idées rebelles à l'innovation et sans hardiesse.

L'inertie, la mollesse produisent des lettres informes, non bouclées, mais à courbes très indiquées parmi la variété des caractères hauts et bas.

Une écriture très distincte composée de mots minuscules finissant de façon aiguë est le signe des gens *habiles*. Les natures essentiellement fines exagèrent cette démonstration qui est illisible, alternant dans le même mot : des lettres de dimensions diverses sont un indice de finesse très grande, qui peut atteindre la dissimulation.

La candeur, la naïveté se traduisent par la régularité des lettres qui semblent être dues à une application soutenue.

Les mots qui vont en s'augmentant de hauteur sont attribués aux natures ayant une grande franchise, une entière loyauté. La juxtaposition des lettres nous donne encore de précieux renseignements.

Isolées, n'ayant aucune liaison entre elles, les lettres présagent économie, qui peut aller jusqu'à l'avarice, comme aussi dénoter la tendance poétique ; la faculté de composition artistique.

La méfiance, l'esprit méticuleux ainsi que le calculateur, l'adepte des sciences positives, exactes n'espacent pas les lettres, tout en laissant une séparation nette entre les mots.

L'intuition, la déductivité s'indiquent par des lettres liées régulièrement les unes aux autres. Si un brisement se produit, le don est plus restreint.

Des pleins et des déliés nous indiquent encore une autre nuance du caractère.

L'écriture légère, presque immatérielle nous dit que les sens ne dominent pas ; alors que la sensualité s'affirme, ces lettres sont plus larges, volumineuses très appuyées vers le milieu.

Les gourmands révèlent leur défaut par une écriture qui semble entourée de confitures, elle est pâteuse sirupeuse.

Les natures molles, sans volonté n'ont aucune forme dans l'écriture qui est aussi veule que la main qui la forme.

Les angles et les courbes sont encore des indicateurs précis pour dénoter la volonté la bonté, la bienveillance, la simplicité, la timidité, etc., etc. La volonté, lettres à angle aigu les traits fortement indiqués. La volonté et l'entêtement se remarquent à la base des lettres qui est très aiguë. Les volontés chancelantes n'ont aucune fermeté barrent mal les *t* qui sont peu nets ; et des courbes nombreuses, attestent l'irrésolution continuelle.

La bonté, la douceur, la bienveillance et la mollesse, l'inertie ont des courbes moyennes, mais jointes à une inclinaison assez prononcée et ne présentant pas de traits trop appuyés.

La simplicité n'a recours à aucun panache et n'use pas du *d* retourné, ni des déliés extravagants. La coquetterie au contraire, cherche à produire des effets d'élégance par une écriture ampoulée.

La timidité brise ses courbes et ne fait pas saillir les *d*.

Les lettres pompeuses, aux majuscules trop importantes annoncent l'intuition du commerce, ainsi que les courbes qui s'enlacent trop, les chiffres sont très nets.

Description détaillée des lettres.

Les lettres selon leur accompagnement donnent l'interprétation des diverses tendances de l'être.

Nous voyons les lettres *a*, *e*, *d*, *g*, *y*, dont les boucles sont hermétiques, nous indiquer le mensonge, et si elles s'ouvrent en bas, l'hypocrisie, alors qu'ouvertes en haut la méfiance est exempte.

Il en est de même des majuscules qui, trop hautes, trop affirmatives, sont indice d'orgueil et même, par leur exagération, comparativement avec l'écriture, peuvent dénoter l'exaltation.

Trop petites, sans importance, elles attestent l'humilité. La gêne se devine pas les majuscules trop serrées dans leur tiges qui se touchent presque. La lettre C avec un crochet trop appuyé en dedans des majuscules constitue l'orgueil; une spirale s'enroulant sur elle-même en forme conique, accompagnée de lettres inclinées, est l'indice de la jalousie. La lettre D en majuscule, crochet en voluto, signifie prétention ; le D en se courbant à gauche et revenant à droite reprendre la lettre suivante indique une faculté d'assimilation, alors que les *d* minuscules brisés à l'ascendance sont l'indice de la timidité et s'ils ne se recourbent pas, sans dépasser de façon anormale, ils sont la simplicité. La lettre F barrée en retour au milieu produisant angle aigu et se reliant à la lettre suivante, volonté obstinée, barrée de haut en bas, la barre diminuant ; opiniâtreté.

La lettre L majuscule trop importante en hauteur et en largeur. orgueil ; se surélevant sur sa base, semblant prête à s'envoler fatuité, admiration de soi-même.

La lettre M majuscule avec crochet revenant dans la lettre ; Orgueil. Le premier jambage élevé, les deux autres plus petits, aristocratie habituelle, rationnelle, modestie.

La lettre T par ses barres fournit toute une série d'observations.

Les *t* barrés haut ; commandement, *t* de plus en plus hauts. Domination si la barre du côté droit est plus forte ; orgueil : barre descendant de haut en bas ; opiniâtreté, allant rejoindre les lettres suivantes ; emportement : barres légères à pointes fines ; jointes à des lettres sans fermeté aux courbes nombreuses : irrésolution, manque de volonté, indécision.

Le *t*, minuscule barré par le milieu à angle revenant se relier à la lettre suivante : volonté poussée jusqu'à l'obstination.

Le *t* barré avant les lettres : vivacité ; sans barre : faiblesse, découragement.

Le crochet peut être un ornement et révéler par sa forme gracieuse le désir de se faire remarquer, être une recherche élégante, une absence de simplicité. C'est toujours une marque d'infériorité intellectuelle et d'un manque de distinction.

Dans les lettres majuscules, le crochet dénote égoïsme, prétention, admiration de soi-même.

En général, le crochet appartient aux natures qui, visant un but, prennent un détour pour y arriver en ligne directe.

Le point nous apprend qu'il est utile parfois de mettre les points sur les i et aussi de dire après un discours : un point, c'est tout.

Les natures timides, indécises, molles, sans conviction indiquent à peine un point, qui est si léger qu'il semble honteux de se mettre en évidence.

Appuyé, en coup du maître, lourd ; l'esprit est positif, la volonté formelle, la compréhension fermée.

Pâteux : sensualité, instincts peu nobles ; affectant la forme d'un accent ; ardeur, vigueur, intellectualité débordant de formes bizarres, impossible à classer : grave atteinte aux facultés cérébrales ; très en place, bien formé : minutie des moindres détails. Très haut : esprit vif imagination ardente ; sans point sur les i ; le dédain, l'indifférence se manifestent ainsi, à moins que ce ne soit l'indice d'une nature confiante.

Lorsque le point manque à la fin des phrases : la conclusion est analogue à la précédente.

Des traits tirés pour séparer les phrases donnent une impression de lucidité et de clarté ; mais s'ils remplacent les points finaux, ils sont placés comme préservation préventive de toute tromperie, par un esprit méfiant.

Paraphes et signatures.

Les esprits élevés qui ne consacrent pas à la vanité, à la gloriole n'entourent pas leur signature de ces broussailles hiéroglyphiques dont s'ornementent les noms des gens sots et pétris de prétention.

Les rois, les princes, les gentilshommes signent simplement leur nom sans particules, ni paraphes d'aucune sorte ; c'est le cas de dire: « un point c'est tout », c'est moi ! il n'y a pas à en douter ! C'est dans sa simplicité, la manifestation de l'orgueil qui affirme ainsi, qu'il n'y a pas à s'y tromper.

Cette façon très aristocratique, a pourtant à l'heure actuelle le formidable inconvénient de produire des ennuis considérables avec l'état civil. Si jadis Bourbon, Condé, jetés sur un parchemin, indiquaient le roi de France, le prince de Condé, nul ne se refusait à l'admettre. Allez donc aujourd'hui signer ainsi et votre état civil sera tout falsifié. Vous deviendrez M. Bourbon, Condé tout court et si vous tenez à vos prérogatives, estimant avec justes raisons, qu'elles certifient votre descendance, vos droits successifs et succédants, qui vous seront contestés avec l'acte privé de vos qualités et particules, il vous faudra entreprendre un procès, payer des droits fabuleux pour faire rétablir votre identité et même, pour remettre en ordre un acte qu'un scribe distrait d'une mairie, aura dénaturé. Et le temps interminable, et les démarches, et les frais exorbitants, vous prouveront surabondamment, que votre simplicité orgueilleuse vous a joué un mauvais tour.

Signez donc votre nom, clairement, dans toutes ses prérogatives ; ce qui ne vous oblige pas à l'entourer de fioritures hétéroclites dont nous allons voir les distinctions, peu distinguées.

Le paraphe qui s'enroule autour du nom est propre aux natures artistiques, dont l'imagination s'enveloppe d'un nuage, pour mieux s'isoler du commun des mortels.

Le commerçant forme un labyrinthe autour de son nom, comme pour isoler son coffre-fort des cambrioleurs et des emprunteurs, des solliciteurs de crédit. C'est aussi la signature des hommes d'affaires, qui édifient un bastion afin que l'on ne se mêle pas de pénétrer dans leurs petites affaires. Il faut bien vivre.

Le paraphe revenant sur lui-même en fouet bouclé est celui des habiles qui poursuivent un but, c'est également celui de l'arriviste, de la coquette et des jeunes filles : il faut bien qu'elles arrivent aussi... à faire des sottises.

Le paraphe qui enveloppe complètement la signature indique le désir très nettement exprimé de ne vivre que pour soi, ou à la rigueur pour sa famille, en demeurant étranger à l'évolution des mondes.

Le paraphe en coup de yatagan, de stylet, partant de la dernière lettre en un trait net; colère, violence. S'il est terminé par une ligne épaisse, appuyée, descendante ; inflexibilité, résolution, lutteur, militant.

Le paraphe simple trait, terminé par un crochet : ténacité. C'est le harpon jeté ! et harpon rime avec crampon.

Le paraphe, ayant forme de trait soulignant le nom, orgueil de la naissance, de la qualité, sottise.

Paraphe à angle aigu, descendant rigide ou courbe, indique une intention de se mettre en avant, de se faire remarquer.

Le paraphe zigzaguant comme un éclair, indique une énergie farouche.

Le paraphe de forme imprécise, étrange, sans caractère dévoile une nature fantaisiste, originale et sans direction.

Avec ces quelques éléments de graphologie, l'on pourra en se procurant le dictionnaire complémentaire s'amuser à disséquer tout son entourage et découvrir tous les défauts des gens qui, trop confiants, voudront bien, bénévolement se mettre sur la sellette pour se laisser passer au crible de la critique sans suivre le conseil de Laffemas.

Extirpez-leur donc le document révélateur, accusateur, dix lignes de leur écriture, que beaucoup vous délivreront sans méfiance et même avec ivresse, supposant que vous faites collection d'autographes, ou que leurs charmes, ont opéré un prodige.

Mais, pour finir, nous vous donnerons un conseil. Si ce petit jeu peut charmer les jours maussades et pluvieux, les longues soirées d'hiver, il est pratiqué parfois malheureusement par des gens qui font un usage utilitaire des pattes de mouches, des écritures moulées ou même heurtées et baroques. Méfiez-vous donc et n'accordez jamais légèrement ni votre document graphologique, ni votre signature. Une femme surtout doit être sur ce point, réservée jusqu'à la pruderie et même, jusqu'à la pudibonderie. Les petits papiers compromettants jouent toujours un rôle terrible dans les drames, les tragédies et les divorces. L'opinion de Laffemas prouve que la lettre la plus innocente peut s'interpréter de différentes façons, et devenir un témoignage accablant pour l'imprudent.

Lorsque nous étions toute jeune femme avec notre

nature enjouée, inconséquente, ne connaissant pas le mal, ne le soupçonnant même pas, nous nous lancions très ingénument dans des aventures dont nous ne sondions pas la gravité qui eût pu en résulter.

Nous aimions tant à rire de tout. Rire est le propre de l'homme, dit Rabelais, mais Figaro nous apprend qu'il faut se hâter de rire pour ne pas pleurer ; et c'était bien notre situation.

Donc, un jour, laissant notre verve s'épanouir, nous libellions à l'un de nos amis d'enfance, une lettre où librement s'étalait toute notre fantaisie, lorsque nous fûmes interrompue dans notre élucubration par l'arrivée d'un de nos parents, homme âgé occupant une situation des plus prépondérantes en Europe.

— Qu'écris-tu là ? nous demanda-t-il, après les premières effusions.

— Une lettre à X...

— Fais voir, nous dit-il.

Et il lut ; puis très tranquillement il commença tout un cours de morale, nous disant, comme Laffemas, que cette lettre contenait de quoi nous faire pendre : puis il conclut. Tu es jeune, franche, sans détours, tu ne vois pas le mal et tu n'as pas l'expérience de la vie qui ne s'acquiert qu'avec l'âge. Ecoute ce conseil dicté par mon affection. N'écris jamais ! Brise ta plume, mon enfant.

Hélas ! que n'avons-nous pu suivre ce conseil ; briser notre plume qui nous a conduite aux travaux forcés et ce qu'il y a de pire, c'est que nous entraînons dans cette aventure imposée par le sort, de nombreux lecteurs qui, eux aussi, sont condamnés aux travaux forcés, qui consistent à nous lire.

Nous leur en exprimons tout nos regrets, ayant

confiance en leur indulgence qui nous fut toujours acquise et atténue nos remords de n'avoir pas suivi le conseil vénéré, en ne brisant pas notre plume. Nous espérons toutefois n'être pas pendue.

En confidence cependant, nous avouerons tout bas que nous ne sommes pas sans inquiétudes à ce sujet. Notre écriture souvent indéchiffrable, informe, enchevêtrée met à la torture les braves typos chargés de composer nos ouvrages, et, ils pourraient bien à la longue se venger de la torture atroce que nous leur infligeons en les forçant parfois à réclamer le secours de somnambules extra-lucides pour leur dévoiler le sens des mots illisibles — et ils sont nombreux — que nous même ne pouvons reconstituer.

La couronne du martyre nous est-elle réservée ?

IX

La Cryptographie

La cryptographie renferme deux opérations. L'une destinée à se servir d'une encre spéciale pour correspondre secrètement, dont nous donnerons les formules.

L'autre employée à confectionner les pantacles et à libeller les pactes passés avec le diable.

Nous apprenons dans un livre très documenté, qu'il n'est pas indifférent pour ce genre d'exercice d'employer une encre quelconque ; mais qu'il faut absolument se servir d'une encre magique, qui, pour chaque pacte, doit être renouvelée et n'avoir jamais servi. Sans cela, il n'y a rien de fait et Satan se refuse à toute transaction. Voilà qui est terrible ! mais, si l'encre est composée soigneusement, religieusement, selon la formule, les pactes, pantacles et talismans produiront sûrement leur effet. Ceci est encourageant au moins. Il n'y a plus qu'à se laisser vivre dans une douce quiétude et à attendre... avec une confiance méritoire digne peut-être d'un meilleur sort.

Voilà donc cette formule magique, mirobolante, diabolique et charlatanesque qui doit apporter richesse, amour, bonheur, vengeance, honneurs, sauf l'honneur, quantité disponible et de peu d'importance semble-t-il.

Nous la donnons dans toute sa simplicité, espérant que nos lecteurs trouveront que, dans la vie, l'on a assez souvent l'occasion de broyer du noir, sans le faire en compagnie de Satan, et que l'encre ordinaire, sans être magique, produit suffisamment parfois des effets diaboliques sans augmenter la dose. L'encre ordinaire fait des taches indélébiles. Combien celle destinée à correspondre avec Satan doit-elle être encore plus tenace et corrosive.

Encre magique.

Noix de Galle..........................	10 onces.
Sulfate de fer ou couperose verte.........	3 —
Alun de roche..........................	2 —
Gomme arabique......................	2 —

Réduire le tout en poudre excessivement fine et l'employer comme suit.

Il faut acheter tous les ingrédients sans en demander le prix, les payer avec une pièce blanche, sans compter, ni regarder l'argent rendu. Acheter de même un pot vernissé (ah ! s'il a servi, si par avarice sordide l'on veut se soustraire à ces conditions, tout est raté).

Prenez de l'eau de source, pas de l'eau de fleuve, ni de lac, ni d'étang, ni...! enfin il faut de l'eau de source; c'est à prendre ou à laisser, mêlez-y une petite quantité de la poudre afin d'obtenir un noir assez intense.

Mettez cette cuisine diabolique sur un feu de sarments de vigne sauvage, coupés en pleine lune de mars, de branches de guy coupées la veille de Noël et de tiges de fougères cueillies la veille de la Saint-Jean (23 juin pour les ignorants). Lorsque l'eau entre en ébullition l'encre est à point et peut servir immédiatement dès qu'elle est refroidie.

Nota. L'histoire ne dit pas si le reliquat de l'encre inutilisée peut servir aux gens économes pour leur correspondance terrestre, leur tenue de livres, etc., etc., afin que rien ne soit perdu.

Il n'y a pas de petites économies.

Eh bien, maintenant, que vous êtes en possession de cette encre magique, qu'attendez-vous, incrédules, ou poltrons, pour converser avec messire Lucifer ? Eh ! ne tremblez pas ; il n'est pas si mauvais diable qu'on le dit, et nous sommes persuadée que votre recherche le flattera infiniment et qu'il n'en soupçonnera nullement le mobile intéressé, à moins que vous ne mettiez cyniquement les points sur les i. Ah ! nous oublions le plus important, nous vous exposions à recevoir de lui des témoignages de sa mauvaise humeur. Tâchez de le traiter avec courtoisie, informez-vous de sa santé, de celle de sa famille, de son petit dernier. Si même vous avez une bonne recette ménagère à lui glisser pour faire disparaître les cors aux pieds ou contre les rages de dents, vous lui serez très agréable. Surtout, ne lui parlez pas de la température ni de la comète, cela l'horripile, il a été inondé et n'a pas reçu d'indemnité.

En observant ces choses l'entrevue sera cordiale, et même affectueuse. Vous pouvez vous risquer sans crainte.

L'encre mystérieuse dite sympathique, fut fort en usage jadis à l'époque où les guerres, les embuscades nécessitaient une prudence très grande afin d'éviter qu'un message important ne tombât entre les mains d'un parti contraire. Aujourd'hui nous avons la correspondance chiffrée et à grille, qui d'ailleurs existait également autrefois.

L'encre sympathique dans d'autres conditions, jouit d'une réputation fâcheuse. Elle servit de tout temps à favoriser la correspondance clandestine amoureuse et à la dissimuler à l'œil inquisiteur des jaloux.

Cependant nous connaissons une circonstance, où elle joua un rôle imprévu et un mauvais tour à un mari qui avait des notions étranges de la liberté, du libre arbitre et une âpreté malheureuse pour ne pas employer un mot plus symptomatique.

Une femme très riche, s'était remariée ; elle avait épousé un veuf qui avait un enfant et qui habitait un vieux château-fort situé dans les Ardennes en pleine forêt.

Après les quelques jours destinés à passer tranquillement la lune de miel avec sa nouvelle épouse, qu'il combla d'attention, de soins, de prévenances, il pensa qu'il convenait par opposition à ces jours de rêve, de préparer la lune de fiel.

Toujours fort galant, il proposa à sa femme, pour compléter l'harmonie, d'aller passer quelque temps dans son château ancestral. La dame, assez vaniteuse, heureuse de jouer à la châtelaine fut ravie et le couple partit.

Les choses s'arrangèrent à merveille ; la réception fut superbe, la dame enchantée d'être traitée avec tous ces honneurs et avec tant de magnificence.

Elle était très forte en affaires et légèrement intéressée ; aussi, son contrat de mariage était-il un pur chef-d'œuvre de précautions, de réserves et de clauses méticuleusement méfiantes.

En somme, elle avait été épousée pour elle-même, puisqu'elle s'était si bien barricadée dans le code, que son mari ne pouvait rien attendre, ni exiger d'elle.

Tout alla donc fort bien jusqu'au jour où celui-ci lui demanda de vouloir bien régler une facture. La dame se retrancha derrière son contrat de mariage. Scènes, querelles, cris, et même coups et blessures, toutes les aménités conjugales furent représentées dans l'altier château, et finalement le mari enferma sa femme à double tour.

Cela dura un mois, deux mois, trois peut-être, et nul secours ne venait mettre un terme à la captivité de l'infortunée, car les passants ne passaient pas sous les fenêtres du château qui était enclos d'un mur d'enceinte comme au bon vieux temps.

Une scène terrible suivit une nouvelle explication et le revolver parla, par la voie de la dame. Cela n'arrangea pas les choses, le mari furieux faillit l'étrangler. Il fit dresser un acte par lequel la dame lui faisait don de sa fortune et voulut exiger sa signature.

Mais, après toutes ces phases désastreuses, ayant compris que dans ce château isolé elle jouait sa vie et ne recouvrerait pas sa liberté, elle résolut de ruser. Elle commença donc par protester, s'emporta afin de ne pas paraître céder facilement. Puis, elle entra en composition peu à peu, et finalement dit à son mari.

— Laissez-moi cet acte, il faut au moins que je le lise; puis, une fois seule, elle écrivit avec de l'encre sympathique une protestation et sur chaque page la reproduisit disant que, contrainte et forcée, prisonnière, menacée, elle signait, mais que cette signature n'étant pas donnée librement, elle en appelait à la loi. Elle laissa sécher l'encre qui ne laissa aucune trace, puis signa l'acte qu'elle remit avec son plus doux sourire à son mari. Alors, il lui demanda d'ajouter une procuration pour qu'il pût gérer ses biens. Elle voulut tout ce qu'il voulut et même, lui fit des excuses sur ses vivacités passées et sur le malentendu regrettable qui s'était produit entre eux.

Très ému le mari lui offrit de se rendre avec elle

chez son notaire pour la signature de la procuration et tous deux plus amoureux que jamais, se firent conduire à la ville.

Dès que la dame se sentit délivrée, de sa prison, avant de pénétrer chez le notaire, elle prétexta un achat à faire chez un fournisseur quelconque et, tandis que son mari montait la garde à la porte, elle glissa à une jeune fille de magasin une lettre, qu'elle fit porter sans retard chez le commissaire de police pour le prier de se rendre immédiatement à l'étude du tabellion.

Là, elle déclara avoir été contrainte et réfuta sa donation. Comme tous se récriaient en voyant l'acte net, sans rature, que sa signature rendait irrévocable, elle sourit et présentant l'acte à la flamme du foyer, l'on vit apparaître sa protestation.

Le tour était joué et sous la protection du commissaire, elle s'en fut, laissant son mari furieux et forcé d'accepter le divorce.

Cela réhabilite l'encre sympathique.

Voici la formule de cette encre :

Muriate de Cobalt...................	1 gramme
Eau distillée	10 —

En faisant chauffer le papier l'écriture apparaît puis après disparaît pour se retracer à nouveau à chaque présentation au feu.

Une solution d'alun donne le même résultat, mais les caractères laissent une trace jaunâtre.

Cette autre recette est plus facile à employer.

Eau	50 grammes.
Ammoniaque	20 —
Huile de lin	½ partie.

Pour dévoiler l'écriture plonger le papier ou l'étoffe dans l'eau, à chaque essai, l'écriture réapparaît.

Mais nous engageons nos lectrices et aussi nos lecteurs, à ne pas faire usage de ces recettes, sinon pour s'amuser ; qu'ils emploient l'encre magique pour causer avec le diable, cela est moins dangereux que d'expérimenter l'encre sympathique destinée parfois à transmettre une sympathie criminelle, et autrement périlleuse, que l'apparition du diable qui, elle, est plus que problématique.

Si le fait se produisait, que Satan voulût bien vous faire une visite de politesse et que par ces temps humides, il lui arrivât d'éternuer, gardez-vous bien de lui dire « Dieu vous bénisse » cela le froisserait considérablement et tous les pourparlers seraient rompus, alors même que vous lui direz gracieusement :

ABRACADABRA !

X

Les grands Charlatans

Ce titre ne doit pas induire en erreur le lecteur. Nous n'avons pas l'intention de le conduire sur les places publiques pour lui faire admirer le char monumental de quelque Mangin casqué, emplumé, empanaché, arracheur de dents, vendeur d'orviétans ou marchand de crayons.

Mais les époques passées ont affublé certains personnages d'une réputation légendaire, qui les a placés dans un axe spécial. Leurs travaux concernant le « Grand Œuvre » les stigmatisa du renom de sorciers, alors qu'aujourd'hui on les eût catalogués : « Savants ». L'explosion d'une usine, les feux des fourneaux d'expériences, les alambics, les serpentins, les matras, les creusets, les cucurbites, tout l'arsenal de nos modernes chimistes, semblaient alors les instruments d'une cuisine diabolique et le merveilleux était si à la mode, que la terrible étiquette leur est inflexiblement demeurée en dépit des révélations de la science et de l'instruction laïque et obligatoire, qui devrait cependant remettre les choses au point.

Il est juste pourtant de dire, que parmi ces personnages au réel savoir, se trouveront quelques héros d'aventures. Il y a lieu de dégager les uns et les autres du halo mystérieux qui, uniformément, les entoure.

Les sciences actuelles sont nées de sciences mystérieuses dont l'origine est si lointaine que nous ne pouvons la déterminer. L'alchimie donna le jour à la chimie, la Kabbale à la géométrie qualificative et fut la base des mathématiques. L'astrologie précéda l'astronomie.

Roger Bacon eut une vie douloureuse. Hypatie fut lapidé à Alexandrie par la populace qui incriminait son savoir. Alvaroës est jeté en prison, exilé. Bernard le Trévisan est aux prises avec sa famille qui veut s'opposer à ses recherches alchimiques, où s'engloutit sa fortune, Denis Zachaire est assassiné par un de ses parents qui voulait le forcer à lui révéler le secret de la pierre philosophale. Cardan meurt de misère après avoir végété constamment. Perrot, échoue à l'hôpital. Paracelse est assassiné, Bernard de Palissy et Borri succombent en prison.

Arnaud de Villeneuve, Raymond Lulle, Albert le Grand, Pernety, Nicolas Flamel, tous, ont contribué aux recherches scientifiques, jetant les jalons de la route que suivront les célébrités modernes moins infortunées, car leurs opérations seront au moins reconnues exemptes de sorcellerie.

Il est évident que l'alchimiste qui se servait de formules mystérieuses ne pouvait les tenir que de Satan.

« Son père est le Soleil, sa mère est la Lune, le vent l'a porté dans son ventre : la terre est sa nourrice. C'est là, le père de tout le Thélème de l'Univers. Sa puissance est sans borne sur la terre ».

Ce texte extrait de la table d'Emeraude d'Hermès Trimégiste le Thaut égyptien, tombant entre les mains de braves gens ignorants des termes alchimistes, devait leur faire multiplier les signes de croix avec un réel effroi. Tandis que le soleil, signifie l'or; la lune, l'argent. Et pour ajouter à l'effroi, ces damnés chercheurs commençaient leur « leçon » par ces mots « Au nom du Seigneur ».

Avoir la prétention de trouver la pierre philosophale c'est-à-dire de faire de l'or, de faire sortir des cornues et des matras, des pierres précieuses, cela ne pouvait être conçu que par des fous ou des démoniaques.

Le pauvre Edison, s'il eût vécu en ces temps superstitieux et ignorants en eût vu de cruelles avec toutes ses inventions diaboliques. Et les chemins de fer, les autos, les aéroplanes, etc., que de diables dans l'air. La réputation du célèbre Icare était déjà assez détestable sans y ajouter la théorie de nos intrépides aviateurs.

Roger Bacon. — Roger Bacon était un moine franciscain surnommé le Docteur admirable. Il étudia l'action des lentilles et des verres convexes, inventa les lunettes pour les presbytes, donna la théorie des télescopes. Ses observations astronomiques lui attirèrent l'accusation, terrible en ce temps, de se livrer à la magie. Cependant, il écrivit en réponse une lettre « *De nullite Magiae* » ce qui ne lui évita pas la prison. Il fut le créateur de l'optique, donna la théorie des miroirs ardents, de la réfraction, de l'arc-en-ciel. Il expliqua l'attraction de la lune sur les marées. Il eut le pressentiment de la machine à vapeur et des aérostats; mais c'est à tort, que lui est attribuée la composition de la poudre à canon qu'il connut, mais dont il n'est pas l'auteur.

Albert Le Grand. — Albert Le Grand fut un théologien remarquable. Il appartenait à la famille des comtes de Ballstœdt de Savingues (Souabe). Il entra dans le grand ordre de saint Dominique, professa, eut pour auditeur saint Thomas d'Aquin.

En 1245, il vint enseigner à Paris et eut tant d'élèves qu'il fut forcé de donner son enseignement sur une place publique qui devint la place Maubert, c'est-à-dire de maître Albert. L'on peut voir encore sur cette place la rue Maître Albert. Il fut évêque de Ratisbonne et mourut à Cologne en 1280. Il passa longtemps pour un magicien. Encore à notre époque, son nom traîne sur d'immondes publications renfermant des recettes ordurières et stupides. L'opinion populaire se laisse circonvenir d'étrange façon, assimilant un grand savant, un philosophe, un théologien, un religieux, à un charlatan stupide, édifiant les masses sur les moyens de connaître, dès la conception, le sexe de l'enfant et bien d'autres choses extraordinaires.

Albert le Grand s'occupa de la transmutation des métaux. Son immense savoir se retrouve dans ses œuvres qui ont été publiées à Lyon en 1651 par le R. P. Dominicain P. Jammy et forment 21 vol. in-fol. Il est un fait qui doit écarter de son ombre l'accusation de magie et de sorcellerie, c'est qu'il fut béatifié sous le règne du pape Urbain VIII, le 29 septembre 1637, qui n'eût pas glorifié un démoniaque.

LE PETIT ALBERT. — A l'ombre de son nom, s'est glissé un autre Albert qui, modestement se dit « le petit ». Mais le public en achetant le livre intitulé le Grand Albert, fatras ignoble et le petit Albert, non moins ignoble et stupide, est persuadé qu'il achète deux ouvrages du même auteur, représentant une grande édition et une petite, formant appendice. Et le Dominicain, le savant merveilleux, enseigne aux farceurs comment l'on doit s'y prendre pour *empê-*

cher les chiens d'aboyer ou faire danser une fille en chemise. Il donne aussi la recette mirobolante pour se rendre invisible, d'une bague de mercure ou de poils d'hyène, qui a séjourné durant neuf jours dans le nid d'une hupe. Mais il est plus que probable que le dit petit Albert, fut parfois rendu invisible au public par la police attentive à ne pas lui laisser courir le danger d'être étouffé par ses admirateurs enthousiastes, et lui offrit souvent un logement gratis et la table, le mettant ainsi à l'ombre, loin des regards indiscrets.

Henri Corneille Agrippa. — Henri Corneille Agrippa de Nettesheim naquit à Cologne en 1486, c'est à lui qu'il faut rendre l'invention de la bague de poils d'hyène. Ce fut un personnage extravagant qui prétendait avoir à son service un diable qui se cachait sous la peau d'un chien noir. Il fut le médecin attitré de Louise de Savoie mère de François Ier, qui bientôt le chassa, car il s'était vanté de connaître l'avenir par la lecture des astres et lorsque la Reine voulut se faire révéler par lui, les affaires de France, il s'y refusa obstinément. Il mourut à 49 ans après avoir publié son traité de *philosophie occulte*. Cet ouvrage lui valut le titre de sorcier et l'abri hospitalier d'un cachot où, en philosophe, il put à loisir vivre enfin tranquille, après une odyssée mouvementée.

Nous classerons donc encore ce personnage parmi les charlatans dignes de cette épithète.

Aurèle-Philippe-Théophraste Bombast Paracelse. — Aurèle-Philippe-Théophraste-Bombast Paracelse de Hoheinheim, vit le jour à Einssidel dans le canton de Zurich en 1495. Son père, fils naturel d'un prince, lui fit donner une éducation brillante. Ses aptitudes particulières furent pour la médecine Il ouvrit un cours à Bâle et le premier acte qu'il fit, gravement assis dans sa chaire, dès la première leçon, fut de faire brûler les œuvres de Galien et d'Avicennes, pour n'expliquer que ses propres ouvrages. « Sachez disait-il à ses confrères, que mon bonnet est plus savant que vous, que ma barbe a plus d'expérience que vos académies : « Grecs, Latins, Français, Italiens, je serai votre roi ! » Et il le fut en effet. Il fut le réformateur de la médecine ; prétendit avoir reçu de Dieu le secret de faire de l'or, de conserver par ses remèdes la vie aux hommes durant plusieurs siècles. Il trouva le moyen, de les rajeunir, de les rendre immortels, enfin le remède à tous les maux.

En somme, malgré cet immense orgueil, ce fut un très grand savant. S'il se livra à l'alchimie, il ne fit que se conformer à la manie de l'époque ; manie qui hante encore à l'heure actuelle beaucoup de savants que l'on ne juge pas sévèrement, parce qu'ils blanchissent sur le creuset, ou qu'ils cultivent les bouillons de cultures afin de déterger le sang humain, de toutes les impuretés, et de toutes les toxines qui abrègent l'existence.

Il eut le tort d'entourer sa pharmacopée de formules cabalistiques, pour la rendre merveilleuse. C'est ainsi qu'il donne la recette de son élixir de longue vie dont nous reproduisons la formule, avec toutes les cérémonies étranges et cependant, peut-être plus naturelles et savantes, que le vulgaire ne le croit.

Eau céleste qui conserve et prolonge la vie. — Cannelle fine, girofle, noix, muscade, gingembre zédouary, galega, poivre blanc, de tout cela une once. Six pelures de bon citron, deux poignées de raisins de Damas, autant de rhubarbe, une poignée de moelle d'hyène, quatre poignées de graine de genièvre bien mûre, une poignée de semence de fenouil vert, autant de fleurs de basilic, autant de fleurs de millepertuis, autant de fleurs de romarin, autant de fleurs de marjolaine, de pouillos, de steccados, de franc sureau, de roses muscades, de rue, de scabieuse, de centaurée, de fumeterre et d'aigremoine. Deux onces de spicanardi, autant de bois d'aloès, autant de graine de paradis, autant de calami aromatisé, autant de bon macis, autant d'oliban, autant de sandal citum, une dragme d'aloès épatique, ambre fin et deux dragmes de rhubarbe.

Pulvérisez, pilez, passez à l'alambic, distillez; afin d'amener l'eau céleste à son point, après avoir su calculer les diverses influences des planètes. Cette eau céleste a un effet prompt et souverain. Un agonisant avec une seule goutte recouvre la parole, la raison, son ancienne vigueur. L'eau céleste prolonge la vie, conserve la force, l'embonpoint, donne l'apparence de la jeunesse à l'âge le plus avancé; elle détruit tous les maux, rage, délire, vertige, colique, ulcères, insomnie, mélancolie, surdité, cécité, toux, asthme, hydropisie, étisie, toutes les sortes de fièvres, les langueurs, la goutte, les catarrhes et la peste qui, à elle seule, renferme tous les maux.

L'indication de cueillir les plantes aux heures planétaires n'offre pas la superstition ridicule que l'on peut lui reconnaître. Il est évident que les savants étudiaient les simples, seule médication de l'époque et qu'ils devaient savoir quel était le moment d'exaltation de la plante pour parler le langage astrologique. Il faut que toutes les vertus des simples soient réunies et la récolte doit s'opérer sous tel signe en concordance avec telle planète parce que la plante est arrivée à maturité parfaite. Voilà la raison très sensée que l'on peut donner à ce conseil.

Mais, dit un auteur facétieux, Paracelse eût pu prolonger indéfiniment sa vie, être riche, or s'il mourut pauvre et jeune, c'est certainement qu'il le voulut bien.

Paracelse mourut assassiné à Salzbourg en 1541 et toutes les eaux célestes n'eussent pu le préserver de cet accident.

Nous pouvons dire ici :

« *La critique est aisée,*
« *Mais l'art est difficile.*

Le compilateur peut railler l'inventeur, sans porter atteinte à sa juste renommée.

Mais, comme toujours, la légende, redoutable tunique de Nessus, a force de loi. Elle s'affirme surtout lorsque, malfaisante, elle cloue au pilori, et l'intelligence, et l'honorabilité, alors qu'elle s'évanouit rapidement s'il s'agit de reconnaître la vertu et la science. Elle alimente les chroniques que la sottise lit avec ivresse, digne aliment offert en holocauste à l'ignorance.

CAGLIOSTRO. — Cagliostro peut à juste titre figurer parmi les charlatans. Ce personnage mystérieux, comte et colonel au service du roi de Prusse, fit accourir le Tout Paris d'alors, dans le quartier du marais où il habitait. Du haut de sa terrasse, il distribuait avec un boniment savant, son vin d'Egypte, ses poudres rafraîchissantes et sa pommade pour le teint. Entre temps, il débitait tout son répertoire sorcier, sur l'art de tirer l'horoscope, de deviner les numéros gagnants à la loterie, de prolonger la vie, de savoir ce qui se passe dans l'autre monde, de faire apparaître les ombres.

Il fut connu dans le monde entier sous divers noms. En réalité, il se nommait Ticho ou Mélisa ou Quaœc doctor ou Belmonte ou Acherat ou Pe" grini ou d'Anna ou Balsamo, ou Fenix.

Son pays natal était Palerme, Naples ou Malte.

Ses parents étaient des juifs très riches ou des artisans obscurs et fort pauvres. Il était, disent quelques auteurs, fils d'un grand maître de Malte et de la princesse de Trébizonde, et d'autres affirment qu'il descendait directement de Charles Martel. En ce qui concerne la date de sa naissance, elle serait vers la moitié du XVIIIe siècle quoiqu'il eût assisté aux noces de Cana et prédit à Jésus qu'il serait crucifié. D'autres assurent qu'il était né avant le déluge. Il fut danseur à l'Opéra, sans aucune réussite. L'on prétendit même que le célèbre comte de Saint-Germain fut encore un nouvel avatar de sa volumineuse existence.

Il parcourut le monde entier, eut tant d'aventures, de péripéties extraordinaires que nous ne saurions le suivre dans cette fabuleuse odyssée, ne pouvant lui consacrer la place qui revient à des personnages plus sérieux. Il eut l'art d'endormir le bon public ce fut un magnétiseur émérite qui se fit passer *pour une image de la divinité* : l'engouement distribua son portrait, celui de sa femme, sur tous les objets et grava ce poétique hommage.

> De l'ami des humains reconnaissez les traits,
> Tous ses jours sont marqués par de nouveaux bienfaits
> Il prolonge la vie, il secourt l'indigence,
> Le plaisir d'être utile est seul sa récompense.

Il faillit s'asseoir sur le trône de Courlande où l'enthousiasme des Courlandais voulait le retenir de force, en chassant leur duc pour donner sa place à *l'aventurier*, qui sut résister à la tentation de régner.

Puis, il fonda la *maçonnerie égyptienne* et racontait à ses adeptes, un roman extravagant qui justifiait sa prétention à la science secrète des Egyptiens déposée dans les pyramides, c'était le charlatan dans toute sa splendeur.

MESMER. — L'on confond souvent Mesmer avec Cagliostro. Beaucoup de gens sont persuadés, que ce fut encore un avatar de ce maître du frigolisme. Antoine Mesmer naquit à Munsbourg (Souabe) en 1735 et fut reçu médecin à Vienne. En 1766 il soutint dans une dessertation de « *planetarum influxu* » que les astres ont une action directe sur les corps par leur fluide pénétrant. L'aimant selon lui, produisait artificiellement le même effet, et finalement, il remplaça les astres et l'aimant par l'application des mains. La doctrine du magnétisme animal était née. Combattu à Vienne, il vint à Paris en 1778 exposer son « système », guérison assurée du nervosisme. Deston, régent de la faculté l'accueillit chaleureusement. Le roi Louis XVI lui offrit une pension de 20.000 livres en échange de son secret. Mesmer refusa. Bergasse organisa une souscription qui produisit 340.000 livres et Mesmer l'accepta. Les effets merveilleux du *baquet de Mesmer* attirèrent l'attention du gouvernement qui nomma une Commission chargée d'étudier, ces doctrines nouvelles. Bailly qui en était le rapporteur, constata les faits qu'il attribua à l'imagination ou à l'imitation. Cette conclusion discrédita Mesmer qui se retira en

Angleterre, puis dans sa ville natale, ou il mourut oublié en 1815. On lui prête cette définition de sa méthode. « Il n'y a au monde qu'une maladie, et j'en ai le remède au bout des doigts ».

Il est certain que Mesmer et Cagliostro se trouvèrent en présence. Mesmer avec son magnétisme animal guérissant, simplement sans drogues. Cagliostro ayant trouvé le secret de l'immortalité avec son :

Secret de la Régénération ou Perfection physique, par laquelle on peut arriver a la spiritualité de 5.557 ans, (Bureau d'assurance du grand Cagliostro).

« Celui qui aspire à une telle perfection doit, *tous les cinquante ans*, se retirer, dans la pleine lune de mai, à la campagne avec un ami ; et là, renfermé dans une chambre et dans une alcôve, souffrir pendant 40 jours la diète la plus austère, mangeant très peu, et seulement de la soupe légère, des herbes tendres, rafraîchissantes et laxatives, et n'ayant pour boisson que de l'eau distillée ou tombée en pluie dans le mois de mai.

Chaque repas commencera par le liquide, c'est-à-dire par la boisson, et finira par le solide, qui sera un biscuit ou une croûte de pain. Au 17e jour de cette retraite, après avoir fait une petite émission de sang, on prendra de certaines gouttes blanches, dont on n'explique pas la composition, et on en prendra six le matin et six le soir, en augmentant de deux par jour jusqu'au trente-deuxième jour.

« Alors, on renouvellera la petite émission de sang au crépuscule du Soleil. Le jour suivant, on se met au lit, pour n'en plus sortir qu'à la fin de la quarantaine, et là, on avale le premier grain de matière première. Ce grain est le même que Dieu créa pour rendre l'homme immortel, et dont l'homme a perdu la connaissance par le péché; il ne peut l'acquérir de nouveau que par une grande faveur de l'Eternel et par les travaux maçonniques. Lorsque ce grain est pris, celui qui doit être rajeuni perd la connaissance et la parole pendant trois heures, et, au milieu des convulsions, il éprouve une grande transpiration et une évacuation considérable. Après que le patient est revenu, et qu'il a changé de lit, il faut le restaurer par un consommé fait avec une livre de bœuf sans graisse, mêlé de différentes herbes propres à réconforter. « Si le restaurant le remet en bon état, on lui donne le jour suivant, le second grain de matière première dans une tasse de consommé, qui, outre les effets du premier, lui occasionnera une très grande fièvre, accompagnée de délire, lui fera perdre la peau et tomber les cheveux et les dents. Le jour suivant, qui est le trente-cinquième, si le malade est en force, il prendra pendant une heure un bain qui ne sera ni trop chaud, ni trop froid. Le trente-sixième jour, il prendra, dans un petit verre de vin vieux et spiritueux le troisième et dernier grain de matière première, qui le fera tomber dans un sommeil doux et tranquille, c'est alors que les cheveux commenceront à repousser, les dents à germer, et la peau à se rétablir. Lorsqu'il sera revenu à lui-même il se plongera dans un nouveau bain d'herbes aromatiques, et le trente-huitième jour dans un bain d'eau ordinaire dans lequel on aura fait infuser du nitre. Le bain étant pris, il commencera à s'habiller et à se promener dans la chambre, et le trente-neuvième jour, il avalera dix gouttes du baume du grand maître dans deux cuillerées de vin rouge, le quarantième jour, il quittera le maison *tout à fait rajeuni et parfaitement régénéré.*

Les femmes peuvent également bénéficier de cette méthode mais il leur est expressément enjoint de se retirer à la campagne ou sur une montagne avec la seule compagnie d'un ami qui doit leur donner tous les secours nécessaires et principalement dans les crises corporelles.»

Cette médication n'est certainement pas ordinaire. Malheureusement, il y a des lacunes, l'on ne nous donne pas la recette du secret des secrets. Mais ceci est une chose de peu d'importance. Nos savants sauront bien reconstituer ces mirifiques médicaments. Cependant, perdre la peau, les cheveux, les dents! les voir repousser le lendemain, être sûr de voir tout cela, de quitter la maison après les 40 jours, sans être obligé de se faire emporter par quatre chevaliers des pompes funèbres? Mais aussi atteindre la spiritualité de 5.557 ans! c'est tentant. Malheureusement l'on ne dit pas si le rajeunissement ramène à l'enfance... à tant que faire?

Allons, il n'y a pas à hésiter, sacrifions quarante jours et spiritualisons-nous. Nous en avons réellement besoin pour que le divin Cagliostro se soit ainsi amusé à nos dépens, à moins que ce remède héroïque ne soit souverain? Quelle perplexité! Mais il est certain qu'il a dû l'administrer et qu'il doit bien survivre l'un de ces privilégiés pour nous édifier. Espérons que ces lignes lui tomberont sous les yeux, à moins qu'une somnambule extra-lucide... Décidément, le comte de Cagliostro doit être classé parmi les charlatans.

LE COMTE DE SAINT-GERMAIN. — Le comte de Saint-Germain, est un personnage encore plus mystérieux que Cagliostro. Les deux aventuriers se trouvèrent d'ailleurs en présence ce qui dut être intéressant car il y a entre eux une connexité d'existence et de façon de procéder. Tous deux prétendent avoir assisté aux noces de Cana, c'est probablement ce qui établit la confusion, les enchevêtrant en un seul individu. L'on ne sut jamais quel était le véritable nom et le pays d'origine du Comte de Saint-Germain qui mourut à Slesvig en 1784, alors que Cagliostro meurt en prison à Rome en 1795. Le maréchal de Belle-Isle l'amena en France en 1740 et Louis XV, ainsi que Mme de Pompadour l'accueillirent fort bien. Il disposait d'une très grande fortune, était très savant, fort éloquent, et pourtant il eut la réputation d'être l'espion d'une cour étrangère, issu d'un Juif portugais, ou bâtard d'un roi de Portugal. Dans ses mémoires Cagliostro l'affuble du titre de Grand maître de la franc-maçonnerie.

Nicolas Flamel. — Nicolas Flamel, bourgeois de Paris, naquit à Pontoise en l'an 1330. Il exerçait la profession d'écrivain juré dans une petit échoppe auprès de Saint-Jacques-la-Boucherie à côté de l'ancien clocher ; elle s'appuyait à la chapelle dédiée à saint Clément. La redevance en était de quatre sols Parisis par an. Par la suite Nicolas Flamel fit bâtir sur cet emplacement le petit portail de Saint-Jacques et de nombreuses restaurations furent exécutées à ses frais dans l'église ainsi que des fondations de messes. Il fit construire des hospices, éleva des monuments publics et fut seigneur de sept paroisses aux environs de Paris avec quinze cent mille écus de revenu. Il avait épousé en 1370 une veuve Pernelle ou Petrenelle, dont il hérita en

1397. Il mourut en 1418 et fut inhumé en l'église Saint-Jacques-la-Boucherie, à laquelle il légua tous ses biens par un testament connu.

L'on prétend que sa fortune eût pour origine un rêve qu'il fit. Un ange lui apparut et lui indiqua le livre qu'il lui fallait trouver pour faire fortune. C'était un livre *couvert de cuivre ouvragé à feuilles d'écorces déliées, gravées d'une très grande industrie et écrites avec une pointe de fer*; une inscription en grosses lettres dorées disait, *faites à la gent des Juifs par Abraham le Juif*, prince, prêtre, lévite, astrologue et philosophe. Des années passèrent et Nicolas Flamel ne trouva ce fameux livre que très tard et par hasard, dans un lot de bouquins qu'il venait d'acheter, mais il n'y comprenait rien et se désolait. « Je fis vœu à Dieu et à M. saint Jacques de Galice pour demander l'interprétation d'icelles à quelque sacerdos juif ». Il fit le pèlerinage avec foi et reçut la révélation. L'oraison qu'il récita à ce sujet est célèbre ; nous la traduisons en français.

Oraison de Nicolas Flamel.

Dieu tout-puissant, éternel, père de la lumière, de qui viennent tous les biens et tous les dons parfaits, j'implore votre miséricorde infinie, laissez-moi connaître votre éternelle sagesse, elle qui environne votre trône, qui a tout créé et fait, qui conduit et conserve tout. Daignez me l'envoyer du ciel, votre sanctuaire, et du trône de votre gloire, afin qu'elle soit et qu'elle travaille en moi ; car c'est elle qui est la maîtresse de tous les arts célestes et occultes, qui possède la science et l'intelligence de toutes choses. Faites qu'elle m'accompagne dans tous mes œuvres, que par son esprit, j'aie la véritable intelligence, que je procède infailliblement dans l'art noble auquel je me vois consacré, dans la recherche de la miraculeuse pierre des sages que vous avez cachée au monde, mais que vous avez coutume au moins de découvrir à vos élus ; que ce grand œuvre que j'ai à faire ici-bas, je le commence, je le poursuive et je l'achève heureusement ; que content, j'en jouisse à toujours. Je vous le demande par J.-C., la pierre céleste, angulaire, miraculeuse et fondée de toute éternité, qui commande et règne avec vous etc. »

Il est évident que Dieu ne pouvait pas demeurer sourd à cette prière très compliquée. Peut-être, pour faire taire le bavard, lui accorda-t-il ce qu'il demandait, ou Flamel ayant fait quelque spéculation mystérieuse (l'on prétend qu'il lui fut confié par des Juifs bannis les sommes immenses composant leur trésor et leurs fortunes particulières. Et, qu'il se les appropria) voulut-il conclure à la découverte de la pierre philosophale. Ce qu'il y a de certain c'est qu'il devint riche, mais il fit bon usage de sa fortune et rendit grâces à Dieu par son zèle religieux. Il avait payé de son vivant les frais de sa sépulture dans l'église Saint-Jacques-la-Boucherie devant le crucifix et la Sainte Vierge. L'on prétendit que le trésor de Nicolas Flamel était enseveli sous la tour Saint-Jacques, d'autres pensèrent qu'il y avait lieu de faire des fouilles dans la maison de la rue de Marivaux qu'il habitait car avec un secret si mirifique, l'or ne coûtait rien et les fondations, les bonnes œuvres n'en avaient certainement pas épuisé le fond. Mais l'on ne trouva rien, pas même le fameux livre révélateur du secret des secrets : ce qui prouve une fois de plus, que la légende est une grande doreuse de chimères.

Maintenant que vous avez l'oraison, vous pourrez facilement confectionner la pierre philosophale; à moins qu'il ne faille la réciter en latin pour que l'opération réussisse. Nous n'avons pas pensé à cela en la traduisant, mais il y a un moyen de tout concilier et si vous voulez réussir dans *toutes* vos œuvres, nous ne disons pas dans *tous vos œuvres*, style alchimique, mais dans votre travail, dans vos désirs; si vous voulez obtenir la réussite, récitez en français ou en latin, ceci est indifférent, la plus belle des oraisons, celle qui renferme toutes les supplications et que Dieu comprend dans toutes les langues :

Le Pater noster.

Michel de Notre-Dame (Nostradamus). — Michel de Notre-Dame dit *Nostradamus* naquit à Saint-Remi (Provence), en 1503, d'une famille juive. Il acquit une grande réputation comme médecin durant les épidémies qui ravagèrent le Midi; notamment dans les pestes d'Aix et de Lyon. Il est également célèbre comme astrologue et publia en 1555 ses *Prophéties* où son habileté se manifeste par toutes les déductions que l'on peut en tirer. Cette grande vogue lui valut d'être attiré à la cour de France par Catherine de Médicis qui lui demanda l'horoscope de ses fils. Comblé de présents par la reine, il prit pied à la cour et devint plus tard le médecin ordinaire de Charles IX, qu'il suivit en déplacement lorsque le roi se rendit en Provence. Nostradamus devait mourir dans son pays à Salon près d'Aix en 1566, durant ce voyage.

Il se glorifiait d'être issu de la tribu d'Issachar parce qu'il est dit dans le supplément du *Livre des*

Rois que de grands hommes, versés dans la connaissance des temps sortiraient de cette tribu.

« *De filiis quoque Issachar viri eruditi qui noverant omnia tempora.* »

Docteur de la faculté de Montpellier, il s'occupa principalement de l'astrologie et publia ses « *Centuries* ». Il dédia les dernières à Henri II. Emmanuel, duc de Savoie et sa femme, la Princesse Marguerite, vinrent le consulter à Blois. Sa plume fut considérée comme divine et lui, comme un être plus qu'humain. Mais Jodelle, le plaisanta en ce distique.

Nostradamus cum falsa damus, nam fâllera nostram est,
Et cum falsa damus, nil nisi Nostradamus.

Il y a des gloires qui ne meurent pas et Nostradamus du fond de la tombe peut se réjouir. Ses prophéties sont encore à la mode grâce à leur obscurité qui permet de les appliquer selon la circonstance.

Mathieu Laensberg. — Mathieu Laensberg est moins bien partagé. Les renseignements sont plus vagues sur ce personnage qui vivait dans la première moitié du xviie siècle. Il était dit-on, chanoine du chapitre de Saint-Barthélemy de Liége. En 1635, il fit, sous le nom de Lansberg, un « Almanach » mais l'on ne sait si cette publication fut la première. Ce fut un grand mathématicien, on lui reproche pourtant de ne pas s'être contenté de ses prédictions, et d'avoir honoré la mémoire de Nostradamus en fouillant dans sa tombe.

Nous ne parlerons pas longuement de la Voisin, cette bohémienne sinistre qui fit de la magie utilitaire. Elle écrivit un livre « La boîte à l'esprit » que n'eût-elle l'esprit de fouiller dans cette boîte pour y trouver la prédiction qui devait lui faire connaître le sort qui l'attendait. Après avoir dévolu à ses contemporains tant de doses de poudre de succession, elle alla terminer sa vie criminelle en place de grève et le diable ne voulut même pas de son âme tant il la trouva laide.

Une autre femme eut son heure de célébrité : Mlle Lenormand (Marie-Anne-Adélaïde) — Mlle Lenormand vit le jour à Alençon en 1772 et commença en l'an II de la République à éblouir Paris par ses prédictions. Elle habitait 5, rue de Tournon au premier étage. C'est là que Bonaparte et Joséphine reçurent la révélation de leur future grandeur. Mlle Lenormand demeura dévouée aux Bourbons, comme elle le fut à Joséphine. Elle fut incarcérée parce qu'elle guidait l'infortunée Impératrice au moment du divorce, mais rien ne put lui faire trahir celle qui l'honorait de son amitié. Le fait est si rare qu'il vaut la peine d'être connu. Elle continua sous l'empire et sous la Restauration à prédire aux foules toutes les joies, toutes les tristesses et, convaincue d'avoir rempli une mission sainte en dévoilant les secrets du destin, elle mourut en, paix en 1843. Nous possédons un livre écrit par elle, intitulé mémoires d'une Sybille, relatant sa captivité ses interventions providentielles, et terminé par une série de notes intéressantes.

Mme Moreau. — Mme Moreau lui succéda dans l'appartement de la rue de Tournon. Elle était son élève et une fidèle. L'on pouvait voir dans le cabinet sacré, le portrait de la Grande Sibylle orné de couronnes d'or, de rubans violets, culte posthume à double effet : étiquette d'authenticité délivrée à celle qui lui succédait.

Depuis, le nombre des charlatans et des Sibylles est devenu si considérable, ils ont tous tant de talent que nous sommes forcée de clore ici ce livre d'or, parce que notre existence ne suffirait pas à relater les prodiges accomplis par tous ces personnages, successeurs, des mages de Perse, de l'Inde, de Chaldée, d'Egypte et autres lieux. Nous nous exposerions à faire des jaloux par quelques omissions. Nous pratiquerons donc en leur honneur le proverbe arabe.

« La parole est d'argent, le silence est d'or ! », alors que pour eux, c'est tout le contraire.

Nous ne dirons que ces mots :

Ils sont trop.

Il ne faut pas traduire notre pensée en disant :

« Ils sont de trop. »

Et puis n'ont-ils pas pour chanter leur gloire, la trompette toute puissante de la Presse, là, s'étale la nomenclature de tous les bienfaits qu'ils déversent sur l'humanité confuse de tant de largesses, surtout de tant de promesses. Ah ! s'il n'y avait un vieux texte du code civil, qui interdît cette profession, quels beaux revenus donneraient les impositions appliquées à cette industrie renfermant tant de branches. Cela vaudrait mieux que l'augmentation du tabac. Le poison de la superstition est beaucoup plus nocif et plus pratiqué que celui de la nicotine.

XI

Pauvres Maris

Pauvres maris ! Pauvres martyrs ! Pauvres victimes expiatoires de la superstition !

Si les hommes sont trop souvent d'affreux scélérats, d'inqualifiables bandits, d'horribles trompeurs, volages, infidèles et tyrans. Ils ne font qu'user de représailles justement méritées.

Quelle patience il leur faut, quelle résignation, quelle abnégation, quelle mansuétude sont requises, de leur pauvre âme endolorie, torturée jusque dans ses plus secrets replis.

Nous les avons assez souvent malmenés pour profiter de l'occasion qui s'offre aujourd'hui de leur rendre une justice, qui, pour être tardive n'est pas moins compatissante que sincère, équitable et loyale.

L'on ne saura jamais assez par quelles affres du désespoir depuis le comique jusqu'au tragique en suivant toutes les gradations, une âme d'homme peut être étreinte, passée au laminoir impitoyable, actionné par la main féminine.

Quelles sont les suspicions, les accusations, les inquisitions, torquamadanesque dont le cerveau féminin fertile en inventions, s'arme pour disséquer, dépecer, écarteler, tortionner sa victime.

La sorcellerie, la superstition siègent au tribunal fournissant les attendus, les conclusions sans preuves, ni corps de délits, créés tout d'une pièce par l'imagination, qui occupe le siège redoutable de l'accusateur public.

Nous n'avançons rien que nous ne puissions prouver : la cruauté s'exprime avec une éloquence terrible. Il n'y a pas de défense possible. Les faits sont irréels, inexistants ; ils sont d'autant plus graves. Leur intangibilité est la plus formelle preuve de culpabilité.

Le cerveau, non ! le cerveau est une urne précieuse contenant les plus riches des matières : l'intelligence, le bon sens, la raison, l'équilibre ; mais, la cervelle féminine, toujours en quête d'émotivité, ne peut demeurer calme, pondérée. Il lui faut se forger constamment des inquiétudes, des motifs de souffrance, des douleurs fictives, que par reflexe elle inflige aux autres — pour se soulager.

La jalousie, ce poison de l'âme se distille goutte à goutte, enfiellant l'existence la plus heureuse, mettant l'enfer en l'être qui juge à propos de répandre sur son entourage le feu dévorant, grésillant, plus terrible que celui qui flambait sous le gril de saint Laurent.

Un souffle, un nuage passe, et la femme avec sa nature volcanique se lance éperdument sur la piste aérienne, sans consistance, où l'égare le soupçon.

L'infortuné mari accusé, honni, injurié, proteste, redouble d'affection, d'amour, de constance et de soins ; il est l'infidèle, le trompeur, le mécréant qui ne mérite que la mort ou... pire.

Les larmes, armes terribles de la femme, inondent le foyer ; cette humidité cause un refroidissement qui redouble la tempête. Cris, querelles, menaces, voies de fait parfois ! et, dans la mêlée, frappant au hasard, les coups tombent et sur la victime et sur le bourreau.

Mais alors, il devient utile de confondre l'imposteur, et de le clouer sur place, interdit, par des preuves irréfutables.

Quelles seront ces preuves ? Et qui les fournira à l'âme courroucée, meurtrie, désolée, inconsolable, mais inexorable, forte de son droit de femme légitime qui n'entend pas être trompée et surtout que l'on ose lui prouver qu'elle s'insurge à faux ; qu'elle a pris le mors aux dents sans raisons plausibles : ce qu'une femme n'admettra jamais.

Ancrée dans sa conviction, elle mettrait tout à feu et à sang plutôt que d'avouer qu'elle s'est laissé induire en erreur, qu'elle s'est alarmée à tort et que ses scènes sont aussi ridicules qu'immotivées.

Les preuves ! elle les trouvera chez les conseillers de l'âme. Non chez les conseillers sages, éclairés et mystiques qui font entendre la parole sainte, la parole de paix, de conciliation, de pardon ; la parole raisonnable qui veut que l'on ne porte pas de jugements téméraires ni d'accusations sans preuves ; la parole qui incite à la résignation, à la charité, au dévouement. Mais le conseiller de l'âme jalouse saura au contraire tirer parti de l'animosité, de la surexcitation morale et dévoilera toutes les turpitudes, tous les écarts, toutes les escapades vraies ou fausses, de l'infortuné mari, mis sur la sellette, jugé, condamné, exécuté clandestinement sans même être entendu ! surtout sans être entendu.

Il est coupable ! L'oracle l'a certifié et ceci est une preuve sans appel que l'on ne peut récuser. Il est coupable ! criminel ! l'affirmation est formelle. Il y a une femme blonde ou brune, ou rousse à moins qu'elle ne soit chauve. Il est épris, amoureux fou, il dilapide le bien de la famille, il fait des folies pour cette passion ! et la pauvre petite femme légitime se prive de tout. Il lui a refusé encore ce matin, une fourrure, des diamants, une automobile, que son budget surchargé ne lui permet pas de lui offrir cette année.

Et les noms d'oiseaux, d'animaux exotiques et champêtres, pleuvent indifféremment sur le coupable et sur sa complice. Cela soulage ! Il faut bien se détendre les nerfs, ouvrir la soupape d'où s'échappe le trop plein d'une âme justement ulcérée, bondissante, écumante et furibonde.

Armée de ces preuves, indéniables, la victime de l'infidélité conjugale pourra se livrer à toutes les petites vilenies qui lui sont insidieusement suggérées ; surveillance occulte, il y a des agences et les domestiques que l'on peut transformer en argus, sans beaucoup d'efforts ; les lettres, les papiers, les poches, les meubles, passent au cabinet noir de la légitimité conjugale. Quel travail ! et souvent en pure perte. Rien ! Ah ! le misérable, est-il assez rusé, quel caffard ! ah ! il sait cacher son jeu.

L'oracle de plus en plus consulté pousse à la consommation ; c'est une veine inespérée qu'il faut exploiter. « Ne vous découragez pas, nous finirons bien par le pincer. » Et le malheureux suit son chemin tranquillement avec la sérénité d'une conscience sans remords.

Lasse de chercher dans le vide ce qui n'existe pas ; la douce compagne fait des scènes à tous propos. Le pauvre mari n'ose plus lever les yeux, sortir, changer de linge, choisir la cravate qui lui plaît, se commander un vêtement à la mode, se faire bichonner, frictionner, friser chez son coiffeur. La brillantine lustrant les cheveux calamistrés lui attire une tempête formidable, et les parfums ! Oh ! les parfums ! ils font éclater l'orage.

De ses narines frémissantes, délicatement impressionnables, la femme aspire ces effluves, nouvelles pièces à convictions, aussi palpables que ses soupçons. Scène, cris, tapage; ces parfums violents, de mauvais goût ; ignobles, sentent bien les bas-fonds qui les virent naître. Sont-ils assez entêtants ? Quelle est la femme abjecte qui ose se parfumer avec de telles horreurs, etc. Une femme ? Le mari tombe des nues ! — Mais, ma chère amie, c'est mon coiffeur... — Votre coiffeur ? ah ! ah ! Son coiffeur... Tenez, vous feriez mieux de vous taire... — Mais !... — Je sais tout ! — Tout ! Quoi ? — Je sais tout, vous dis-je.

Ici, la leçon instructive de l'oracle est récitée avec volubilité jusqu'à perte d'haleine et le mari effondré, sous ce flux de paroles, se tâte les parois cervicales pour s'assurer qu'il est bien éveillé, ou que sa tête est encore vissée sur ses épaules.

La superstition a fait une victime de plus.

Mais, elle ne s'arrêtera pas en si bon chemin et l'oracle ne laissera pas détourner la rivière qui alimente son moulin.

En avant les grands moyens; toute la sacrée magie, la magie blanche, noire, rouge, verte et bleue, rituelle ou macabre, gaudissante et rigolante, viendra apporter un concours précieux à cette âme en peine et séparer le mari... de cette créature, que l'on ne peut désigner que par des termes, dont le latin ne pourrait même pas braver l'honnêteté.

Ah ! si l'on avait quelque chose d'elle ; des cheveux, des dents, des... un fluide quelconque. Enfin ! nous allons commencer par détourner votre mari de cet amour. Apportez-moi des cheveux, des choses dont il se sert. Seulement cela sera long. Il faut faire des travaux très durs, très difficiles, il me faut jeuner, passer les nuits, m'en aller à deux cents kilomètres faire un pèlerinage nu-pieds, à la vierge de X., faire dire des messes pour les âmes du purgatoire, faire des aumônes pour les esprits qui vont s'occuper de vous ; puis, il faut des parfums et cela coûte très cher ; l'on ne peut offrir aux esprits de la camelote, des odeurs nauséabondes comme celles, que votre mari rapporte de ses rendez-vous. — Ceci est destiné à rallumer la vindicte — nous devons, si nous voulons vaincre et triompher nous servir de matériaux très purs, très fins, supérieurs à ce qu'emploie cette... (gazons) afin de nous placer dans un ciel supérieur etc. et la crédule et superstitieuse jalouse alligne les billets bleus, qui vont opérer tous les miracles et la venger.

Cependant les jours, les mois, les années se suivent et tout en fournissant un véritable budget à l'oracle, la situation ne s'est pas améliorée. Le mari est toujours décrété infidèle. On travaille contre nous dit l'oracle, il y a des forces ! Cette... (gazons) connaît le travail. Pourtant après les incantations, les adjurations, les conjurations, les abracadabrantes opérations, il a fallu varier les effets, attaquer la place vigoureusement, user des grands moyens. Le pauvre mari a été épinglé sur toutes les coutures ; tous ses vêtements sont bourrés de pantacles, de gris-gris. Il a ingurgité dans ses aliments une cuisine clandestine et diabolique, des poudres mystérieuses ont été semées sous ses pas, pour le retenir à la maison, pour l'empêcher de sortir, de se rendre chez cette... (gazons). Et toujours, aussi placide, il continue son existence cynique avec un sang-froid, une hypocrisie qui ne peuvent que révolter, lorsque l'on sait ce qui est.

Il supporte, résigné les vents, les bourrasques,

les tempêtes, les paroles ironiques, mordantes, agressives ; les allusions venimeuses. Pauvre innocent mari d'une coupable épouse, victime de la superstition ; il courbe la tête comme le plus misérable des criminels et son supplice ne finira jamais, car la superstition le tient, s'est acharnée après son pauvre être bouleversé et jamais, elle ne lâche sa proie, car elle est éternelle.

Et pourtant, il doit encore rendre grâce à Dieu, si au milieu de toute cette cuisine infernale, de ces conseils perfides, sa douce compagne outrée, pleine de ressentiments, n'a pas couvert son front de représailles. Si elle n'a pas jugé qu'il était un obstacle bon à supprimer, pour terminer le martyre qu'elle subit en étant liée à un pareil misérable, qu'il devient urgent de le condamner à mort, pour retrouver le calme, la quiétude et la liberté, d'aller recommencer avec un autre époux, la petite guerre faite au premier. La superstition, aidée d'influences occultes, a le bras long, elle est puissante et forte, dispose d'esprits supérieurs et inférieurs pour réduire les mortels à leur plus simple expression.

Un souffle s'envole ! que reste-t-il ? Un petit tas de cendres !

Que vouliez-vous que fit ce pauvre mari ?

QU'IL MOURUT.

XII

Pauvres Femmes

Les moissons pour mûrir ont besoin de rosée,
Pour vivre et pour sentir, l'homme a besoin de pleurs
La joie a pour symbole une plante brisée
Humide encore de pleurs et couverte de fleurs.

Alfred de Musset.

Après avoir compati au sort des hommes, nous ne pouvons refuser notre pitié à la femme. Cela est équitable, instructif pour elle.

Nous allons lui dévoiler son état d'âme qu'elle ne connaît pas souvent, jamais ? pourrait-on dire, s'il ne se trouvait quelques âmes assez solidement trempées, pour voir froidement les choses, tout en étant bouleversées, par le sentiment, meurtries, outragées et cependant résignées. Il y a des femmes qui, très prises par l'affection, atteintes jusqu'au fond de l'être par l'attirance, par le fluide psychique, savent pourtant conserver leur lucidité ; elles voient, jugent, et celui qui produit les mystérieuses vibrations, et leur moi intime. Si le sentiment qui les étreint est invincible, indéracinable, elles peuvent quand même peser et se rendre compte de la situation, nettement, clairement, froidement pourrait-on dire, si l'ardeur contenue du sentiment ne produisait une antithèse qui semble étrange.

D'autres sombrent dans le bourbier de la jalousie. Elles succombent ou se vengent lorsque leur douleur les dirige impétueusement vers la direction qui leur est inspirée néfastement. Ou encore, ainsi que nous l'avons vu, elles vont demander des secours à des forces occultes qui ne peuvent rien pour leur cœur, sinon, de le leurrer et d'ajouter une nouvelle torture à toutes les autres.

Pourquoi la femme agit-elle ainsi ? Parce que, c'est un pauvre être fragile que l'on meurtrit douloureusement et qui, sous l'empire de la souffrance, ne sait pas retrouver son aplomb, son équilibre.

La douleur irrupte violente, fougueuse, intolérable. L'esprit perd sa lucidité. Il ne conduit plus, mais suit, entraîné dans une course folle, cette malheureuse nature bouleversée, dont l'émoi en vérité fait pitié.

Tant d'éléments s'agitent en ce cerveau, et en ce cœur blessé. L'amour, l'affection, la confiance, l'orgueil, la dignité ; tout cela est aux prises et se débat dans un chaos terrible.

L'homme ainsi que le tigre de ses griffes acérées se complaît à faire saigner ce cœur. Cette rosée sanglante, le met en appétit. Il y a des hommes dont la sensualité se repaît des affres douloureuses que produisent ses extravagantes et multiples poursuites. Il met le trouble, constate que sa proie est à point et s'amuse à la jeter pantelante dans l'enfer de la jalousie. Il courtisera sous ses yeux toutes les femmes les plus diverses, impétueusement poussé par une sorte de cynisme, de sadisme. Il ramasse avec volupté ces effluves douloureux, qui attisent sa passion charrient à flot dans ses veines une lave incandescente qui le grise et lui fait accomplir l'action honteuse qui le disqualifie.

Il fait éclore un feu d'artifice de jalousies, de haines, d'envies. Jetant à toutes l'aumône d'un regard caressant, d'un frôlement, d'une faveur spéciale prouvant à chacune, sa dévotion et son respect.

Toutes peuvent se croire déités ; chacune d'elles paraît être l'élue de ce cœur retors, ou la duplicité et la déloyauté s'affirment avec le cynisme.

Et c'est une course folle vers la superstition, vers la méchanceté, vers les procédés indignes, abjects. Toutes ces femmes qui palpitent d'amour, de vanité, d'envie, d'orgueil, de jalousie ou de désirs divers, ont la prétention de demeurer triomphantes. C'est une mêlée terrible, une guerre à faire frémir tous les bataillons des cosaques du Don ; les phalanges barbares des sauvages de la brousse.

Froidement pourtant, tout en étant douloureusement meurtries, il y a des femmes qui ne suivent pas sur ce terrain, celles qui entendent dominer. La jalousie ne les étreint nullement. Elles éprouvent un sentiment beaucoup plus terrible, qui apporte à leur âme la pire des souffrances. Elles sont prises à fond par la tendresse que l'on fit naître, elles ont vu, où cela les conduirait, ont sacrifié leur vie à cette tendresse muette, bafouée, et leur mal est devenu un compagnon fidèle. Elles ne se soustraient pas à cette angoisse. Elles ne font rien pour chasser l'indigne, de leur pensée. Elles ne demanderont pas aux esprits infernaux un secours illusoire. A quoi bon ? Le coup est porté ; elles n'ont plus d'illusion ! La fleur d'amour est pourrie et ses racines, profondes, enchevêtrées, semblables à des racines dentaires que l'on ne peut extirper, parce qu'elles sont barrées, forment dans l'alvéole du cœur un foyer purulent qui infecte la vie.

Elles ont jugé ! Elles ont vu l'idole, ridicule, méprisable ! Elles ont compris le jeu cruel, infâme. Elles ont été atteintes non seulement dans leur dignité, dans leur foi, mais plus encore dans sa dignité à lui. Et cela est la pire des douleurs, l'irrémédiable douleur. Alors, elles ont fait, comme les fils de Noé, comme la reine Elisabeth d'Angleterre en voyant le poète Schakspeare ivre-mort dans une taverne de Richmond. Elles ont, en se détournant pudiquement, jeté sur cette nudité morale le manteau de la décence. Elles ont élevé un mur aussi haut que leur amour, se sont enfermées dans leur tour d'ivoire, pour ne plus voir s'abîmer dans ces turpitudes l'âme en laquelle elles croyaient trouver le ciel, et qui ne recèle que l'enfer. Et dans son aveuglement, l'homme s'ébrouant avec fatuité a décrété que cette retraite, hommage ultime d'un sentiment sincère, était dictée par la jalousie et l'envie.

Il y a des hommes qui tombent dans le piège de la poursuite qu'ils exercent. Ils se croient Augustes! dieux, parce que toutes les femmes bataillent en leur honneur.

Et les femmes sont assez sottes pour se livrer à ce pugilat de « rôdeuses de fortifs. » Elles mettront tout en œuvre pour obtenir la palme, être l'élue !

Quel bonheur trouveront-elles ?

Quelle sera la quiétude de cet amour, à moins qu'il n'y ait un dessous utilitaire qui fait disparaître la délicatesse de l'âme et qui, même, met l'âme complètement hors de cause. Pourquoi s'acharner, pourquoi se meurtrir doublement par l'indignation éprouvée de la déloyauté et du cynisme. Pourquoi se mettre le cœur en lambeaux, en revivant à perpétuité ce cauchemar angoissant, de voir sombrer dans un cloaque immonde toutes les choses respectables et saintes, dont le cœur avait fait sa dévotion.

Pourquoi la pudeur de leur âme ne les conduit-elle pas dans le désert, face à face avec Dieu, qui donne le courage, l'énergie, la résignation, sinon l'oubli.

Il y a pour la femme un sentiment de dignité à observer qui devrait être le principe de sa vie et de sa tendresse. La lâcheté des concessions que l'on se fait à soi-même ne prouve ni la force de l'amour, ni sa sincérité, mais au contraire l'égoïsme natif de la créature, qui accepte toutes les compromissions pour ne pas paraître vaincue. Il y a pourtant des défaites qui sont plus honorables que certaines victoires. Il y a des fuites qui sont des marches triomphales, parce qu'elles prouvent que le cœur a compris sa mission et sa voie, parce qu'il a su accepter en silence sa répudiation, pour ne pas laisser continuer la lâcheté à s'exercer, la nudité attristante à s'offrir en spectacle.

Le sacrifice ne s'est peut-être pas accompli sans déchirement, avec toutefois cette pensée que celui pour lequel il a été fait, se consolait si facilement, qu'il se contentait de consolations si peu relevées, qu'il n'y avait pas lieu de se tourmenter à son sujet.

Si la femme avait la vision nette des choses, l'homme ne pourrait pas continuer longtemps ce jeu de tombeur de cœurs. Il respecterait et la Femme et l'Amour, et l'on constaterait beaucoup moins, de laides et tristes choses.

Nous avons vu tant de drames, tant de comédies, de pasquinades et de pitreries dans la vie, que nous sommes formidablement documentée en la matière.

Pauvres femmes, croyez à notre expérience. Reprenez-vous alors qu'il en est temps encore. L'homme qui aime vraiment, qui est loyal et bon, qui a un sentiment sincère au cœur ne trompe pas — sinon accidentellement, la bête humaine s'affirme toujours — mais il ne se fait pas un jeu de briser l'âme confiante qui a cru en lui. Il ne l'outrage pas en se félicitant de la torture qu'il lui inflige, en prenant cyniquement ses ébats sous ses yeux.

A défaut de pudeur il y a toujours la bonne éducation.

N'allez donc pas demander aux empiriques le remède à un mal incurable. Tout se guérit, même la plaie du cœur, hormis le cynisme et la raillerie.

Votre mal est incurable et nul n'y pourra rien, parce que votre âme est blessée dans sa délicatesse, dans sa tendresse ; parce qu'elle a vu à nu l'âme de celui qui a ouvert la blessure. et c'est cette vue qui a mis la gangrène et rendra la plaie mortelle.

Pour satisfaire sa vanité, sa fatuité, il dira que c'est la jalousie, car s'il se voyait ainsi qu'il s'est révélé à vos yeux dilatés par l'épouvante, il ne pourrait supporter cette vision hideuse, humiliante pour son orgueil.

> Aux regards du matin, colorée et brillante,
> Voyez-vous cette pauvre fleur ?
> Le soir la trouve languissante,
> Inclinant sa tête mourante
> Et sans parfum et sans couleur.
> Mais mon amour ne passe point comme elle.
> Je t'ai donné, mon cœur, peut-il être infidèle ?
>
> NESTOR DE LAMARQUE.

La semence d'amour a fait éclore la fleur de douleur, que la rosée sanglante du cœur rend immortelle.

XIII

Tout pour l'Amour

Quand le soleil a bu sur la cime des bois
La fraîcheur des baisers que l'aube chaste y pose
La rosée erre encore aux buissons et parfois
Se pend, frileuse perle, aux lèvres d'une rose.

Du premier souvenir, immortelle douceur !
Frêle perle d'amour au temps cruel ravie !
— Ainsi, chacun de nous porte au fond du cœur
Un pleur tombé du ciel à l'aube de la vie.

ARMAND SILVESTRE.

Les pleurs et l'amour sont les compagnons inséparables de la femme. Ces âmes fragiles que l'on ne devrait effleurer qu'avec la fleur de tendresse sont brisées brutalement, reçoivent la mort de la main même, de celui qui sut les éveiller à l'amour.

Les âmes de femmes, comme des ailes d'oiseaux, palpitent sous la caresse du regard, de la parole de l'aimé. Tout de sa part est reçu avec ivresse, même l'ultime outrage du délaissement. S'il fait couler les larmes, il ne tarit pas la source d'eau vive qui bouillonnait et s'épandait sur l'aridité de son cœur, pour y faire fleurir la fleur de la constance.

L'amour ingrat dépose en s'enfuyant, l'immortelle funèbre sur la tombe de ce cœur qu'il a bouleversé et qu'il ensevelit sous des ruines. Pauvres cœurs de femmes, si prêts à se laisser prendre, si longs à se reprendre ! Comment peut-on s'étonner de les voir implorer toutes les puissances secourables, qui doivent ramener le cœur volage, qui met à leurs yeux d'amantes les pleurs douloureux.

L'Amour est le grand pourvoyeur des pratiques cabalistiques, de la superstition et de l'exploitation.

L'on ne peut savoir combien de malheureuses créatures, étreintes par ce sentiment, ont sombré dans le gouffre ouvert sous leurs pas.

La douleur d'amour est chose si cruelle, que celles qui en sont atteintes, recourent à toutes les pratiques, acceptent toutes les interventions pour trouver le moyen d'apaiser leur pauvre âme meurtrie.

Il faut les plaindre si l'on ne peut les guérir. La plaie qui saigne devrait être pansée doucement. Elle a droit à une grande pitié. Mais, comme tout ici-bas est l'objet d'une odieuse spéculation, le secours qui s'offre, crée des douleurs nouvelles.

Un cœur de femme qui souffre est pourtant attendrissant. La consolation ne devrait se déverser qu'avec délicatesse, comme l'on pose un baume précieux sur une blessure mortelle. Cependant il est des êtres vils et lâches, qui ne reculent pas devant l'ignoble trafic d'écumeurs d'épaves. Voici deux faits divers tout récents qui confirment de façon saisissante ce que nous disons :

Une jeune fille venait d'être abandonnée par son fiancé, c'était pour son cœur le chagrin profond et silencieux qui brise l'être. Elle était domestique et devait dérober ses larmes, accomplir les obligations de son état sans dévoiler l'état de son âme.

Elle était échouée sur un banc d'une promenade publique, veillant sur les enfants de ses maîtres tout en pensant à son infortune. Une femme vint s'asseoir près d'elle. Son visage sympathique sollicita la confiance de la jeune domestique et le secret qui l'étouffait jaillit de ses lèvres imprudentes.

L'inconnue la consola et lui offrit de lui ramener l'infidèle. Il suffisait d'avoir un objet ayant appartenu à l'amoureux fugitif, de mettre cet objet dans un mouchoir, ainsi qu'un louis. La jeune amoureuse n'hésita pas, elle remit à sa nouvelle amie, si compatissante, l'objet, le mouchoir et la pièce d'or. et rendez-vous fut pris entre elles pour se retrouver le lendemain au même endroit.

Toutes deux furent exactes, mais l'inconnue dit à la jeune fille que vingt francs ne suffisaient pas pour faire aboutir la conjuration et le retour de son fiancé. Elle lui soutira donc encore une trentaine de francs, puis une bague et un sautoir en or.

Ce fut la dernière entrevue. L'inconnue s'envola à tout jamais, ainsi que les espérances de la pauvre naïve qui ne revit ni la femme, ni son argent, ni ses bijoux et, encore moins, son fiancé.

Elle ne put qu'aller conter sa mésaventure à un commissaire de police qui, très aimable pour le sexe fragile, dut trouver des accents consolateurs propres à adoucir toutes ses désillusions.

Ceci nous remet en mémoire une aventure très amusante qui nous arriva en Algérie.

Nous habitions, à Alger, les tournants Rovigo et dans le calme de ce quartier, les bruits inattendus prenaient les proportions d'un événement.

Or, un matin, un cri retentit, M'Zab ! M'Zab ! cette exclamation nasillée nous intrigua.

— Qu'est-ce que cela ?

— Ça est une Mozabite, répondit la jeune Kabyle qui était à notre service.

— Qu'est-ce qu'une Mozabite ? que vend-elle ?

— C'est une femme qui dit la bonne aventure.
— La bonne aventure ! Comment ?
— Ah !... Je sais pas. Elle crie M'zab ! et on les fait monter.
— Bon, appelle-la.

Et voilà une grosse moricaude avec ses pieds nus, son jupon en cotonnade rayé de bleu, sa jupe retroussée en portefeuille, un espèce de haïck de toile bleue posé sur un madras bleu et jaune sous lequel passaient deux tortillons de crins noirs, qui fait une entrée majestueuse dans notre salon, non sans s'essuyer les pieds sur le tapis.

Elle nous découvrit en un sourire béat de crocodile un véritable clavier de piano, aux touches jaunes et nous dit :

— Tu veux bonne aventure ?
— Oui ! Que sais-tu faire ?
— Tout !
— C'est beaucoup de choses. Combien prends-tu ?
— Tu me donneras vingt sous.
— Bon, ce n'est pas trop cher.
— Et puis un jupon.
— Ah !
— Et puis, un corsage.
— Et puis... la lune ?
— Non !

Elle s'installa et tira un tarot avec lequel tous les régiments du spahis algérien eussent pu faire la soupe et graisser toutes les bottes. Elle nous fit tirer des cartes et fronçant les sourcils, la mine terrorisée elle dit, prophétisant avec une emphase tordante :

— Oh !... toi ! as un ennemi terrible.
— Pas possible !
— Faut pas rire ! il est terrible.

— Ah ! Bah ! tant que cela ?
— Tu lui as donné de tes cheveux, il te tient.
— Moi ! oh ! non, je ne donne pas mes cheveux comme cela.
— Alors ! on t'en a volé.
— Cela se peut !
— Mais, je vais le mettre sous mes pieds, tu verras, ce que je sais faire. Je vais lui faire rendre tes cheveux tout de suite.
— Pas possible.
Notre Arabe, bâillait d'admiration.
— Oh ! p'tite Ma, dit-elle, faut faire ce qu'elle dit.
— Tu es folle.
Alors la Mozabite se mit à trembler, à rouler des yeux, à se convulser :
— L'esprit me tue. Ah ! ah ! ce qu'il est terrible. Vite ! Vite, il faut le chasser.
— Avec quoi ?
— Avec l'œuf !
— L'œuf ?
— Donne-moi un œuf, et puis un bol, un mouchoir.
— Ah ! c'est bien des choses tout cela.
— Et puis cent sous ?
— Comment, cent sous ?
— Oui pour l'esprit ! et puis cent sous pour moi, parce qu'il faut que j'aille jeter tout ça dans la mer pour que la guigne s'en aille, après tu seras tranquille.
— Mais je suis très tranquille.
— Oh ! non, je le sens ! je le sens !
Assez intriguée, voulant voir jusqu'où iraient ces manigances, nous dîmes à notre Arabe de lui remettre ce qu'elle demandait, mais il fallut un second bol, puis encore un jupon en outre des onze francs. Enfin

après toutes ces exigeances l'opération commença mais, avant, elle voulut nous faire jurer par tout ce qu'il y avait de plus sacré que nous ne regrettions pas ce que nous donnions, que c'était de bon cœur ! Alors, elle prit l'œuf, le mit dans le mouchoir et nous dit de presser aussi fort que nous le pourrions pour écraser l'œuf qui était notre ennemi et qui allait nous rendre notre belle boucle de cheveux blonds cendrés. De plus en plus intriguée, nous écrasâmes vigoureusement l'œuf et le mouchoir fut ouvert. Alors ! Oh ! miracle ! les cheveux y étaient agglutinés d'œuf, dans une bouillie à donner la nausée. C'était une touffe de crins noirs pareils à ceux, qui tortillonnaient sous le madras de la pythonisse.

Triomphante, elle nous la tendit.

— Voilà ! tu vois ! ton ennemi il est péri.

Il n'y avait qu'à la remercier de ce secours inespéré et prodigieux.

Ravie elle s'en alla, emportant la vaisselle et les frusques, ainsi que le mouchoir après nous avoir souhaité toutes sortes de bonheur. Elle opéra son déménagement et nous l'entendîmes dans les tournants, continuer sa mélopée M'zab ! M'zab ! tandis que notre Arabe éberluée disait.

— Tout de même, c'est heureux qu'elle soit montée, P'tite Ma ; vous ne craindrez plus rien maintenant.

Et jamais nous ne pûmes lui faire comprendre que des cheveux noirs ne sont pas des cheveux blonds.

Il est vrai que la Mozabite, à cette observation, nous avait répondu « que c'était le diable qui avait changé la nuance. »

Comme quoi, il y a toujours moyen de s'entendre. Il s'agit seulement de n'être pas sourd. C'était très couleur locale et les voyages forment la jeunesse.

Le second fait divers rappelle un peu la façon d'agir de notre Mozabite, mais si notre curiosité fut sollicitée nous n'allâmes pas loin sur le chemin de la crédulité.

Cette fois, c'est une modeste couturière qui se lamente d'avoir coiffé sainte Catherine, sans avoir vu poindre le mari de ses rêves. Elle avait beau chanter pour chasser sa mélancolie dans sa solitude.

« Cours mon aiguille dans la laine,
« Ne te casse pas sous mes doigts ».

Le destin cruel qui ne faisait pas fleurir sous ses pas la fleur d'amour, navrait sa pauvre âme endolorie.

D'amères pensées hantaient sa cervelle lorsque soudain, on frappa à la porte. Elle se hâta d'aller ouvrir et se trouva en présence d'une gitane à peau lustrée, aux cheveux d'ébène, vêtue de vêtements multicolores. Elle tenait sur sa baguette magique une perruche qui souriait béatement.

D'une voix prophétique et rude, la bohémienne scanda ces mots prophétiques.

— Les jours de bonheur vont luire. Celui que vous attendez s'approche, il vient ! il est beau, jeune, vous serez aimée ! Ce sera un beau rêve, vous vivrez heureuse dans une joie continuelle. Donnez-moi vos économies, je vais aller les faire bénir à l'église.

Sous l'empire de l'émotion et de la joie intense que son cœur de vieille fille ressentait. Toute palpitante et empressée, elle remit sa petite fortune, plusieurs billets de banque, à la maugrabine.

— Ce n'est pas tout, dit celle-ci. Il faut me donner la moitié de votre chevelure. Et la pauvre naïve tendit sa tête et se laissa, à grands coups de ciseaux, enlever docilement toute sa toison du côté gauche.

La bohémienne disparut avec les trésors et la crédule couturière l'attend encore.

Le commissaire de son quartier sut très probablement consoler cette douleur ; il ne pouvait que lui donner des paroles de condoléances et des conseils démonétisés de prudence.

Tout le cœur de la femme se peint en ces deux traits. L'âme crédule s'ouvre si facilement à l'espoir !

Tout pour l'amour ! tout ! sur la simple perspective de voir se lever une aurore nouvelle, promettant le bonheur et les joies du cœur.

La superstition, s'affirme aussi secondant les événements, les faisant naître et comme conclusion déchaînent des douleurs nouvelles, insoupçonnées, qui jettent la créature plus durement encore dans le gouffre du désespoir. Du désespoir, de la solitude, et de la mystification cruelle, faisant s'envoler le beau rêve paradisiaque, la vision entrevue d'un bonheur ardemment convoité.

Et nous pouvons affirmer que dans ces deux aventures, l'argent volé, la chevelure coupée, ne sont pas ce qui auront affecté le plus péniblement ces cœurs de femmes assoiffés d'idéal et de tendresse.

Tout pour l'Amour !

C'est l'éternel roman, la vieille histoire toujours renouvelée.

XIV

La Science et l'Église

Nous avons parcouru dans ce livre le cycle de la superstition. Nous avons désenchevêtré de cette superstition la science; la véritable science, qui se trouvait embroussaillée dans le maquis épais de la sottise, de la crédulité et de l'ignorance.

Nous avons démontré les véritables raisons, les considérations pleines de sagesse qui émanent de l'Eglise pour condamner, défendre et prohiber toutes ces pratiques malfaisantes, sinon maléficiantes.

Nous allons ici encore, réfuter l'argument injuste, stupide, qui attribue à l'Eglise le rôle inintelligent et de mauvaise foi, que certaines gens prétendent lui assigner.

Selon ces gens, qui ne veulent pas admettre la loyauté des croyances, l'Eglise ne cherche qu'à étouffer le progrès, les manifestations de l'intelligence, les révélations scientifiques et les découvertes qui pourraient amoindrir son autorité.

Elle aurait un intérêt majeur à tenir les masses dans l'obscurité de l'ignorance, pour dominer et comprimer plus facilement les âmes.

Ceci est ausssi bête que malhonnête. Jamais l'Eglise n'a étouffé le développement de la science; de la vraie science. Elle y a même contribué puissamment puisque la majeure partie des découvertes précieuses ont été faites par des religieux, moines, prêtres, chanoines, papes !

Non seulement elle n'a jamais étouffé la science, mais c'est grâce à elle, que les témoignages du passé, formant le merveilleux document humain, nous furent transmis. Sans l'Eglise, sans les moines, les savants ecclésiastiques, personne n'eût recueilli ses témoignages précieux des civilisations antiques.

N'était-ce pas d'ailleurs le clergé qui détenait toutes les formules instructives ? N'était-ce pas dans les cloîtres, dans les monastères, en silence, dans le recueillement que s'accomplissaient les grands travaux, les recherches, les études laborieuses ? N'était-ce pas le clergé qui nous légua ces merveilles artistiques des manuscrits enluminés, écrits à la main qui font la gloire de nos bibliothèques nationales, des collections précieuses et rares et dont le modernisme s'est inspiré pour les copier... à la machine.

Les Pères de l'Eglise, saint Grégoire de Tours et tant d'autres n'ont-ils pas été les commentateurs érudits de l'Histoire ?

Les travaux des bénédictins ne sont-ils pas légendaires. N'assimile-t-on pas à un bénédictin, un érudit, un travailleur infatigable ?

Qui donc inventa les procédés pratiques pour l'optique si ce n'est un moine Roger Bacon, qui inventa le double échappement qui devait révolutionner l'horlogerie ? si ce n'est Gerbert, pape sous le nom de Sylvestre II, et le savant bénédictin Dom Jacques-Alexandre, l'un des inventeurs de l'horloge à équation qui écrivit en 1734 l'un des premiers ouvrages français sur l'horlogerie ? Albert le Grand n'était-il pas dominicain, et ne laissa-t-il pas des travaux très importants et savants, etc., etc ?

Il n'y a qu'à fouiller dans l'histoire de l'Eglise pour relever sur chaque feuillet, l'intervention et la participation du clergé dans les différentes branches de la science, de l'instruction, qui pour n'être pas laïque et obligatoire n'en était pas moins des plus savantes.

Si certaines précautions ont été prises par l'Eglise, si certaines défenses ont été édictées, si certaines doctrines ont été condamnées, c'est qu'Elle l'a jugé nécessaire. Si Elle a procédé à des autodafés, si Elle a lancé des excommunications, déposé des membres influents du clergé, interdit des prêtres : c'est que ces ecclésiastiques constituaient un danger.

Félix, Anaclet, Honorius V, Félix V, anti-papes, émettaient des doctrines simoniaques, que l'on pouvait croire orthodoxes, émanant de la chaire de saint Pierre, alors qu'elles étaient démoniaques.

Les précautions étaient prises pour ne pas faire dévier la science vers le charlatanisme, la superstition. L'ignorance rendait ces mesures non seulement prudentes, mais absolument obligatoires. L'on ne pouvait laisser se diffuser des enseignements qui, incompris, mal interprétés, par des cerveaux inaptes à recevoir la semence scientifique n'eussent pu germer faute de culture préparatoire. Les défenses prohibant certaines pratiques étaient dictées par l'intérêt porté aux peuples naïfs, qui se laissaient éblouir, terroriser, et entortiller par des jongleurs, des exploiteurs qui profitaient habilement des croyances erronnées du populaire, qui diffusaient même ces croyances pour abuser de ces natures neuves, faciles à endoctriner, à conduire dans la mauvaise voie afin d'obtenir d'elles avantages et bénéfices sonnants.

Si l'Eglise combattit pied à pied, la sorcellerie, les pratiques honteuses qui déshonorent l'humanité, c'est qu'Elle avait le souci très grand de la sécurité des âmes dont Elle a la charge fort lourde. De ceci l'on ne peut l'incriminer. N'est-ce pas son droit et son devoir rigoureux de veiller sur les âmes dont Elle aura à rendre compte au Maître, qui lui a confié le troupeau ! S'abstenir et laisser se propager les erreurs et les pratiques dangereuses eût été de sa part défaillir à sa mission. Elle devait donc agir rigoureusement en l'espèce. A côté de cette question d'ordre spirituel, mystique, sacerdotal, l'Eglise avait le devoir également d'interposer son intelligence au point de vue simplement humain : pour défendre le moral de l'être qu'attaquaient ces pratiques malfaisantes, pour la mentalité, aussi bien que pour la morale.

Elle avait le devoir, le droit de sévir pour restreindre le crime qui inévitablement se greffait sur ces manifestations cabalistiques; dévoyant les âmes, les cerveaux, créant un courant dangereux qu'il fallait par une répression immédiate et inexorable endiguer, rapidement.

Si Elle eut l'air d'étouffer la science, même parmi certains membres du clergé, c'est qu'emportés par l'ardeur des recherches, il se produisit parmi les savants ecclésiastiques, des divergences de doctrines, des hardiesses de thèses qui pouvaient, n'étant pas comprises, donner lieu à des interprétations contradictoires avec la vérité des dogmes, tomber dans l'hérésie créer des schismes.

Souvent aussi, les chefs de l'Eglise durent protéger les chercheurs contre leurs supérieurs, contre les religieux de leur ordre, qui, n'ayant pas l'esprit aussi développé, n'ayant pas le don de la science, vivant dans le zèle de leur foi évangélique, s'ensevelissant dans l'austérité, la prière et les mortifications, s'effrayaient de ces travaux. Leur cerveau ne vibrait pas aux choses de la science physique, métaphysique. Pour eux, leur vue n'embrassait que le Ciel : leur ferveur les détournait de tout ce qui touchait à la terre. Ces questions leur semblaient peu dignes d'intérêt, leur apparaissaient même condamnables et damnables. Ces gens qui étaient venus s'ensevelir dans les cloîtres pour y vivre en paix avec la seule pensée de Dieu, s'effaraient de la turbulence de leur voisin de cellule, qui avec ses expériences provoquait des explosions qui perturbaient leur sérénité mystique.

Il y a eu et il y aura toujours des cerveaux plus ou moins ouverts qui ne voient pas les choses sous le même angle. Ceci n'est pas spécial au clergé, mais est universel dans tous les corps d'Etats, enseignants et autres, dans toutes les classes sociales. L'on peut être religieux, profondément croyant, sans être intelligent ; alors que l'on ne peut être savant, intelligent sans être croyant ; car la science conduit forcément à Dieu.

Les sectaires ont toujours existé dans tous les milieux, dans tous les pays ; les fanatiques font infiniment de mal aux causes qu'ils sont censé défendre, alors même qu'elles ne sont pas attaquées et le fanatisme religieux est le plus terrible de tous, débordant l'autorité ecclésiastique, créant des complications inutiles.

Il est si terrible que les papes mêmes, les chefs suprêmes de l'Eglise, malgré leur volonté de protéger ces savants qu'ils admiraient, tel Clément IV, vis à vis de Roger Bacon, ne purent résister au flot qui montait soulevé par l'ignorance et par le fanatisme.

Il ne faut donc pas accuser l'Eglise d'avoir étouffé la science alors que, contrairement, Elle a été non seulement sa protectrice, mais sa mère; sa mère, sage, prudente, qui a cru devoir doser les révélations jusqu'à l'heure, où elles pourraient éclore sur un terrain fertile et n'être pas meurtrières.

L'Eglise n'a pas besoin d'être défendue; Elle est assez forte pour défier toutes les opinions et n'a cure de ces accusations ineptes; mais, il n'est pas inutile et c'est un devoir de conscience de remettre les choses au point, afin de ne pas laisser s'égarer ceux qui ne connaissent pas les faits réels et qui acceptent la légende comme parole d'Evangile, alors que cette parole, n'a pour but que de démonétiser l'Evangile et de créer un courant anti-religieux.

Fouillez l'histoire, fouillez consciencieusement, sans parti pris, sans opinion préconçue, sans pression; allez dans les bibliothèques, vérifiez les travaux des moines, des religieux à quelque ordre qu'ils appartiennent, jugez! Vous verrez toujours le mouvement scientifique partir de ce centre calorique, de ce foyer de lumière et cela s'explique naturellement, puisque ceux qui faisaient profession de vie monacale, devaient avoir au préalable conquis tous les grades universitaires qui étaient autrement sérieux qu'à notre époque. Il était donc tout indiqué pour eux d'être les pivots de la science.

Aujourd'hui l'instruction s'est diffusée, permettant à certaines intelligences de se manifester, de se révéler. Mais jadis, malgré l'absence d'instruction, les intelligences remarquables, indéniables, étaient comprises. Un humble enfant du peuple qui donnait des espérances trouvait l'appui pour faire ses études, parmi ce même clergé, qui se chargeait de lui. L'étincelle jaillissait du caillou : aujourd'hui, de tous les cailloux, ne jaillit pas l'étincelle. Et si l'étude de la science est accessible à tous, il ne s'en suit pas pour cela que la science se laisse atteindre.

Il y a des gens qui raffolent du chant et qui ne pourront jamais chanter parce qu'ils n'ont pas de voix.

Les plus nobles aspirations ne peuvent pas toujours se réaliser faute d'aptitudes suffisantes. Beaucoup entrent dans la carrière, pleins d'ardeur pour la lutte et peu nombreux sont ceux, qui en sortent vainqueurs. Le sol est jonché des cadavres des vaincus, dont les forces n'étaient pas assez développées pour soutenir le choc.

La couronne de l'immortalité ne se pose pas sur tous les fronts. Les grands savants comme Pasteur font époque. Cette renommée est enviable, elle enflamme les néophytes qui rêvent de conquérir la gloire ou tout au moins, la situation prospère leur permettant de tenir dans le monde une place honorable. C'est une ambition très louable que l'on doit encourager. Mais le génie n'est pas un apanage universel. Pasteur fut un génie et en même temps un chrétien. La science ne le conduisit pas sur le chemin de l'incrédulité ni de l'athéisme. Il rendit à Dieu ce qui venait de Lui. Il mourut comme un fils de l'Eglise. L'on put voir dans l'une des chapelles de notre Cathédrale métropolitaine les nombreuses couronnes déposées sur le cercueil de cet homme éminent, attestant sa gloire qui ne l'avait pas enivré. Il avait accompli sa tâche modestement, au milieu de l'admiration générale! sachant que Dieu Seul avait marqué son front du signe de l'immortalité. Sa belle âme, la journée terminée s'est envolée dans l'Eternité, allant déposer au pied du Trône du Tout Puissant cette moisson de lauriers.

Et comme le roi David dans le cantique des degrés, il a pu dire à Dieu « Seigneur, mon cœur ne s'est point enflé d'orgueil, et mes yeux ne se sont point élevés; je ne me suis point engagé dans les démarches grandes et éclatantes, qui fussent au-dessus de moi.

Ps. CXXX, vers I.

C'est une grande leçon que les savants devraient méditer. L'on ne comprend pas un génie irréligieux. Ambroise Paré disait : « Je la pançois, Dieu la guarit » et lui aussi fut un très grand savant. Il avait présent à l'esprit ce verset du cantique des degrés de Salomon :

« Si le Seigneur ne bâtit la maison, c'est en vain que travaillent ceux qui la bâtissent : si le Seigneur ne garde une ville, c'est en vain que veille celu qui la garde.

Ps. CXXVI, vers I.

Tout récemment encore, Chavez, l'intrépide aviateur, le héros tragique de la traversée des Alpes, mourant au champ d'honneur sur un lit d'hôpital, édifia plus le monde, en mourant en chrétien, que par le triomphe de son vol. Se voyant perdu, il demanda le prêtre et les sacrements des mourants. La gloire qui lui coûtait la vie, il la rapportait à Dieu ; sans fanfaronnade, sans respect humain, humiliant son âme avant d'aller rendre ses comptes à Celui qui lui avait donné l'intrépidité et l'ultime joie du triomphe.

Et l'Eglise n'a pas étouffé la science ni dans les

temps passés, ni dans les temps présents. Elle n'a étouffé que la fausse science : la science du mal, la science mortelle, qui malheureusement n'est pas morte car elle fait de nombreuses victimes.

Rien n'est plus attristant que de voir s'égarer un esprit supérieur. Il semble que la supériorité, cette parcelle de la Lumière Divine dont Dieu privilégie certaines créatures, devrait provoquer de leur part une reconnaissance infinie, se traduisant par une adoration profonde. Mais l'orgueil humain est plus fort que tout. Il étouffe la bonne semence et ne produit que la fleur d'ingratitude. Voilà pourquoi la Science est en révolte parfois avec l'Eglise et prétend l'accuser d'avoir voulu l'étrangler dans l'œuf, alors que contrairement, Elle l'a couvée comme une mère attentive, prudente et tendre et l'a conduite avec sagesse à l'éclosion, en son temps, afin que débarrassée des entraves de l'ignorance, de la terreur superstitieuse, elle puisse, en toute tranquillité, sûrement, prendre son essor en une magnifique envolée.

QUATRIEME PARTIE

LES PHÉNOMÈNES OBSCURS ET MYSTÉRIEUX

I

La Clef des Songes

Pénétrons l'arcane mystérieux qui trouble l'humanité. Nous allons disséquer ce cadavre intermittent qu'est l'homme aux heures de repos ; chercher à découvrir le mécanisme qui permet à son esprit de se désincarner en quelque sorte, pour aller faire l'école buissonnière, vagabonder et vivre d'une vie énigmatique où toutes les visions s'enchevêtrent indéchiffrables, symboliques, prophétiques.

Quelles sont les forces qui actionnent notre esprit, alors que notre vêtement terrestre gît inerte, immobile, que notre volonté semble engourdie avec notre enveloppe. Comment notre cerveau, notre âme, nos sens peuvent-ils vibrer, vivre d'une existence double où nous voyons ce que nous ne connaissons pas, où nous assistons à des événements, où nous mêmes sommes les acteurs de faits que nous ne prévoyions pas, que nous ne désirions pas ?

Par quel prodigieux don d'ubiquité, pouvons-nous accomplir cette excursion invraisemblable qui sans trêve nous replonge dans les joies, les peines, les terreurs, les misères de notre vie quotidienne dont le repos, le sommeil devraient, semble-t-il, nous abstraire durant quelques heures. Ce répit indispensable à notre réfection physique, apaisement de l'émotivité cérébrale, nerveuse, pourquoi cette quiétude n'est-elle pas accordée à notre esprit ? Pourquoi ?

Là gît le mystère ? L'énigme, qui n'en est peut-être pas une et que le sphynx n'aurait sans doute pas grand'peine à définir.

Nous n'avons pas la prétention d'être plus imprégnée de science que beaucoup de gens — des plus considérables — et qui demeurent pensifs devant ce problème. Cependant, il y a une déduction toute naturelle qui peut donner une explication très simple.

Il s'agit pour cela de croire à l'immortalité de l'âme et nous pensons que les incroyants, les matérialistes, tout en souriant de nos principes « crédules » selon leur théorie, ne peuvent pas — qu'ils croient ou non — qu'ils le veuillent ou non — changer de par leur opinion la face des choses.

Nous citerons un fait où l'athéisme se manifeste inintelligemment.

Deux carabins, dans un amphithéâtre de Paris, venaient de procéder à la dissection d'un cadavre. Ils cherchaient à s'instruire des moyens de tuer l'humanité — ceci n'est pas défendu — c'est une manière quelconque de la soulager. Mais ce jour-là une autre préoccupation les assaillait sans doute et l'un d'eux après le travail terminé dit à son camarade. « Voici le résultat de notre séance : J'ai trouvé tel et tel organe atteint ». « Moi, dit l'autre, j'ai constaté que la mort était due à telle lésion ». Bien, répondit le premier, mais dis-moi, as-tu trouvé l'âme ? » « Ma foi, non ! » ricana l'autre et tous deux enchantés de leur esprit s'en allèrent déjeuner.

Ils ne se rendaient pas compte qu'ils avaient exprimé une hérésie et une stupidité. Nous savons que l'âme s'évade avec le dernier souffle, alors que le corps est encore sous l'impression calorique produite par le sang. Ils venaient d'opérer sur un cadavre rigide, dont la frigidité indiquait que toute vie s'était retirée. Comment voulaient-ils trouver l'âme ? Entendaient-ils par âme, un moteur inconnu encore, animant le squelette et qui en cessant de fonctionner arrêtait l'essor de l'être. Ils avaient alors le moteur humain, le cœur, et celui-là, ils pouvaient le disséquer et chercher ses mystères. Mais pouvaient-ils disséquer l'immatériel fluide de la vie, pouvaient-ils procéder à l'anatomie de l'âme ?

Plus tard, il fut fait une communication, assez récente, où il était dit qu'au moment de la mort, il se dégageait du corps un composé fluidique, qui délestait le cadavre de 16 grammes et l'on concluait que ce devait être ce que l'on appelle l'âme, qui tout comme les drogues pesées chez l'apothicaire était évaluée à $\frac{1}{2}$ once.

Voilà néanmoins, une constatation intéressante, quoiqu'elle puisse donner le nom d'âme à un gaz quelconque.

Mais revenons après ces détours à la question palpitante qui nous intéresse. L'âme étant donc immatérielle, ne subit pas les exigences de la matière, et le repos n'existe pas pour elle à l'état obligatoire. Retenue dans sa prison charnelle, elle commande et obéit à la loi, puis se trouve libérée de son service lors de l'inactivité de la machine. Elle peut alors sans contrainte s'en aller déambuler ; n'est-elle pas fluidique ? Ne traverse-t-elle pas les corps les plus durs ? Ne franchit-elle pas tous les obstacles ? Par quelles atmosphères ira-t-elle vagabonder, ivre de liberté ? Sera-t-elle sollicitée par un fluide sympathique en une rencontre psychique ? Se trouvera-t-elle sur la route d'un criminel ? Verra-t-elle un spectacle magique ou horrifiant ?

Voilà en principe ce que l'on peut admettre tout en faisant certaines réserves sur la facilité ou l'entrave apportées à son dégagement et que nous expliquerons après ceci.

Va-t-elle encore se retremper dans les sphères éthérées ? Récupérer des énergies vitales aux foyers électro-magnétiques ? Il y a une chose certaine, indéniable, c'est qu'elle se livre à ce qu'en bon français nous appelons « des escapades ».

Une nuit mon âme a quitté son corps ;
Oh ! la nuit d'avril, oh ! la nuit vibrante,
Pleine de frissons, de bruits et d'accords !
Une nuit d'avril, je me suis fait plante.

Dans les profondeurs du sol maternel
J'ai plongé si loin toutes mes racines,
J'ai senti passer l'amour éternel
Aux muets baisers des plantes voisines.

Mon cœur s'est ouvert et s'est répandu,
Une heure, un instant, à travers le monde ;
Une heure, un instant, je me suis perdu,
O vie infinie, au sein de tes ondes !

JEAN LAHOR.

Le sommeil.

Nous devons donc, en suivant cette hypothèse de l'âme désincarnée momentanément, admettre que l'individu qui gît là, sur sa couche, n'est pourtant pas un cadavre. Il vit, respire, son cœur bat normalement ou irrégulièrement. Il vit ! C'est justement le point délicat. Si l'âme folâtre dans les espaces, comment ce corps peut-il exister ? à moins que cela ne justifie cet axiome si connu « C'est un corps sans âme ». L'âme reste-t-elle en communication ? Ainsi que la télégraphie sans fil, se sert des ondes Hertziennes, l'âme a-t-elle à son service une transmission mystérieuse, un signal d'alarme qui la fait se réincarner rapidement en cas de danger ou un fil de communication ?

Nous ne savons pas grand'chose malgré toute notre science humaine ; nous cherchons à percer les mystères, à soulever les voiles et le premier problème, celui de notre personnalité nous arrête dès les premiers pas. L'homme né contrefacteur invétéré eut depuis longtemps plagié l'âme s'il avait pu la découvrir et la distiller. Il est fort'heureux pour nous qu'il se trouve impuissant à nous doter de ses trouvailles. Nous serions probablement et même sûrement moins bien partagés que par le don de Dieu.

Le sommeil est, selon l'état physique et moral, léger, profond, agité, tourmenté ou calme. Il est encore intermittent : demi-sommeil, conscient, presque à l'état de veille.

Les différentes phases amènent forcément des impressions diverses et des phénomènes relevant de l'état morbide.

Les événements précédant le sommeil, les préoccupations, les souffrances physiques et morales, la digestion, la nature des aliments, l'insuffisance de confortable, le froid, l'extrême chaleur, influençant le sommeil, rendent plus ou moins facile, rapide, la désincarnation de l'âme, limitant sa durée et restreignant son éloignement.

L'individu reposant tranquillement, la situation de quiétude facilite l'essor de l'esprit ou âme : la digestion ou la fièvre accable-t-elle l'être matériel, il y a entrave. La lutte s'établit entre la matière et le fluide psychique d'où naissent les cauchemars, l'agitation qui précipite parfois le dormeur hors de sa couche.

Nous ne vivons pas en si bonne intelligence entre la matière et l'esprit. Il y a même des combats à l'état de veille. L'âme veut une chose et le corps refuse de l'exécuter. Nous avons souvent dit que la révolte est un principe absolument humain, nous l'appliquons « *in anima vili* ».

Les rêves.

Si nous croyons que notre âme s'envole et va parcourir à vol d'oiseau les espaces les plus divers, nous ne pouvons donc plus nous étonner de la multiplicité des images et de leur incohérence. C'est un cinématographe qui déraille.

Nous avons dit précédemment que le rêve pouvait recevoir l'impression de divers événements. Lorsque quelque circonstance, une pensée, une idée fixe a sollicité notre attention, il s'est pour ainsi dire développé en nous, comme sur une plaque sensible, le reflet de cette préoccupation. Le rêve peut très bien le jour même ou quelques jours après nous remettre sous les yeux ce cliché, et nous faire revivre dans le sommeil, les événements sollicités par notre pensée, alors même que nous serions délivrés de cette obsession depuis longtemps. C'est une réminiscence qui se produit. De ce rêve il n'y a aucune déduction à tirer. Les cauchemars nous l'avons dit, peuvent avoir une origine accidentelle physique et ne sont à de rares exemples près, qu'un trouble de l'être sous l'afflux sanguin qui crée des visions douloureuses, terribles ; ou la résultante d'une conscience criminelle, bouleversée, en proie aux remords.

Le rêve clair, lucide est chose beaucoup plus rare. Il n'y a même que ceux du sommeil précédant le réveil matinal qui ont une véritable importance, car pour les mêmes raisons décrites plus haut, la fatigue de l'être, le bouillonnement du sang, l'agitation des artères, ne lui permettent pas de se trouver dans une quiétude assez parfaite, pour entendre clairement le récit des visions que l'âme rapporte de son excursion.

D'ailleurs, nous le disons précédemment, elle a traversé des ambiances diverses ; ses souvenirs sont souvent décousus, ou elle ne dit rien des mystères qu'elle ne doit point révéler.

Elle s'est absentée et la matière est demeurée si profondément inerte qu'elle affirme n'avoir pas rêvé. Que faisait alors l'âme, l'esprit fluidique. Nous ne pouvons admettre qu'il dormît aussi ? Voici bien ce qui pourrait rendre plausible l'explication que nous donnons, d'une absence plus lointaine, plus prolongée dont l'âme garde le secret.

Les présages.

Nous dirons très nettement notre pensée en ce qui concerne l'interprétation des songes. Elle met aux abois bon nombre de gens qui selon le dictionnaire, la clé des songes, se désespèrent ou sont ravis de leur rêve.

Que l'âme nous laisse entrevoir certaines choses ; qu'elle nous avertisse d'un événement, que dans ses randonnées elle a découvert ou qu'elle a reçu mission de nous communiquer, cela est certain ; ce sont alors des avertissements. Mais aller chercher des présages parce que l'on a rêvé d'un perroquet, d'un bossu ou d'une table boiteuse, cela est absurde. C'est une superstition si grossière, si peu délicate qu'il est honteux de l'avouer.

Et c'est une préoccupation, une obsession lancinantes. Toute la journée se ressent de ce rêve fâcheux qui suspend sur la tête, le glaive à sept pointes de la destinée, autrement terrible que celui de Damoclès, de sinistre mémoire, qui n'avait qu'une pointe, pourtant, par laquelle fusa une réputation déplorable. Et l'on entend des femmes élégantes, se réjouir parce qu'elles ont rêvé d'immondices réputées dans l'Oneirocritie pour être un signe assuré de fortune, pronostiquer argent : ou se lamenter parce qu'elles ont vu en rêve du poisson mort ou un chien qui se grattait, un chat qui se roulait. Faut-il vraiment avoir la cervelle détraquée et du temps à perdre pour s'attarder à de pareilles billevesées, se rendre la vie insupportable, distiller chaque jour une goutte de fiel sur les joies, les bonheurs certains de l'existence, parce qu'un rêve auquel l'on attribue une interprétation superstitieuse est venu embrumer l'esprit.

Nous démontrerons par le trait suivant la valeur des rêves. Nous préparons pour ce livre depuis longtemps, les documents et les expériences afin de pouvoir nous rendre compte, non du fond des choses — il y a des choses insondables — mais de la valeur que l'on peut attacher à certaines pratiques. Nous avons mis une bonne volonté absolue à croire ; mais la foi ne s'est pas ancrée, nous n'avions probablement pas la grâce ou notre méfiance n'a pu absorber l'indigeste potion de la crédulité superstitieuse.

Or, un matin, après un rêve étrange qui nous avait mise en présence d'un chameau — ce n'est pas banal — que séparait de nous une porte renversée, qu'il voulait franchir — cela se complique, — nous nous dîmes que seule, la clé des songes nous donnerait une explication sérieuse de l'intervention nocturne de ce chameau dans notre existence, d'autant plus que travaillant à des choses plus élevées, ledit chameau se permettait d'envahir inconsidérément des sphères où il n'était pas de rigueur de l'admettre.

Bref, nous feuilletâmes fébrilement le livre révélateur et nous lûmes avec une joie profonde :

— Chameau ! richesses, possessions. Voilà au moins un rêve agréable pensâmes-nous, et, tout en rêvant à ces futures richesses, à ces possessions mystérieuses, qui ne pouvaient nous arriver que du pays des chameaux — sans mauvaise interprétation — nous continuons nos recherches afin de nous documenter consciencieusement pour transmettre à nos lecteurs un fait précis. En compulsant la table des réalisations par le quantième de la lune, nous découvrons ô ivresse ! que le rêve devait recevoir sa réalisation le jour même. Nous faillîmes briser notre plume, jeter au feu tous les feuillets de ce livre, puisque la Fortune arrivait avec ce bienheureux chameau.

L'événement attendu se produisit en effet le jour même, exactement, sans retard ni délai.

Nous reçûmes la feuille des impositions nous taxant assez lourdement.

Nous ne voulons nullement comparer l'Etat au Vaisseau du désert ; mais comme aucun autre message, aucune visite ne vinrent rompre notre solitude, nous ne pûmes appliquer cette dénomination à nul autre facteur.

Richesses ! possessions ! Cela d'ailleurs était exact, mais ne disait pas dans quelles mains échouerait la richesse, ni qui prendrait possession, et comme nous ne pouvions dire, ainsi que Louis XIV, l'Etat c'est moi, nous pensâmes que le chameau, oh ! celui du rêve — était un horrible farceur !

Voilà la créance que l'on peut donner aux rêves.

Il y a évidemment des exceptions. L'Histoire Sainte nous édifie sur certains rêves que firent les patriarches, les prophètes ; nous-mêmes, recevons également certaines communications inductives : Cela, ainsi que dans la grammaire, prouve que les exceptions confirment la règle et qu'il est sage d'accepter le rêve pour ce qu'il est : Une conversation à bâtons rompus, entendue à travers une porte bien fermée, qui ne laisse passer que des bribes de mots dénaturés, impropres à être assemblés pour former des phrases ayant un sens quelconque.

Vivez donc en paix sans vous torturer l'esprit.

Pour la punition des superstitieux, nous aurions voulu leur donner à la fin de ce livre, un petit dictionnaire d'interprétation des songes. Ces nomenclatures stupides leur eussent fait comprendre toute l'insanité qu'elles renferment, mais la place nous manque et ces documents courent les rues. Cependant une lumière soudaine surgit en notre esprit. Ce chameau est peut-être venu nous donner une grande leçon ; nous révéler que nous devrions pratiquer la sobriété, afin de prodiguer au fisc ; richesses, possessions. Il y a, nous le savons, plusieurs façons d'interpréter les oracles et les présages qui, ainsi, ont toujours le dernier mot.

Les mystérieux Thaumaturges qui interprètent les songes et en dévoilent le sens caché.

L'Antiquité, et même l'Histoire Sainte, nous offrent des exemples de songes prophétiques.

Le prophète Daniel divulga à Nabuchodonosor le sens de ses songes.

Joseph sut interpréter les deux songes de Pharaon.

La sagesse de leur esprit, leur faisait reconnaître, — sans que l'on pût taxer leur science onéorocritique de superstition, — l'allégorie ou plutôt l'avertissement donné par ces songes, afin que l'on put se préparer aux événements qui devaient se produire.

Ils avaient d'ailleurs un caractère prophétique. Ce n'étaient pas des hallucinations d'esprits malades, des puérilités de cervelles à la dérive.

Hippocrate, fondateur de la thérapeutique médicale, ne négligeait pas les songes de ses malades ; il s'en servait pour ses diagnostics.

Quant à Pline, son opinion est celle de beaucoup

de gens qui prétendent qu'il faut croire tout le contraire, citant le proverbe :

Tout songe, mensonge.

Nous pourrions relater à l'infini des exemples de songes prophétiques, dont la réalisation s'est opérée. Qui de nous n'a pas eu de ces révélations. Ah! Je l'avais rêvé, dit-on, lorsque l'événement se produit. Mais combien d'autres rêves, frappants pourtant, n'ont rien apporté de ce qu'ils promettaient, ou faisaient redouter.

Nous estimons donc qu'il est déjà assez oiseux de consacrer à la superstition, en se mettant l'âme en joie ou en deuil, pour un rêve limpide ou obscur dont le sens est énigmatique et la réalisation très problématique, sans commettre l'indicible folie d'aller demander à un thaumaturge quelconque, la signification de ce qui apporte en nous le frisson de plaisir ou la petite mort de l'angoisse.

Que les prophètes, les apôtres aient eu le don de démêler dans le fatras d'un songe, l'élément obscur de la vérité, cela est admissible. Ils recevaient la lumière, l'inspiration de Dieu et avec ces dons celui de la sagesse.

Mais l'on ne s'improvise pas prophète, ni apôtre, et à tous les farceurs qui se prétendent inspirés et débitent tant de mensonges, nous ne pourrions que dire lorsqu'ils affirment leur pouvoir de divination :

« *C'est la grâce que je vous souhaite* ».

Et nous ne sommes pas plus privilégiés qu'eux. Nous pouvons leur souhaiter la grâce, mais non la leur dispenser. Ce qui fait que d'un côté comme de l'autre, nous nous trouvons en présence de deux pôles négatifs, ce qui égale zéro.

Ceci est véritablement le mot de la fin.

Celui qui constate et avoue son impuissance est sur le chemin de la Sagesse.

Table de réalisation des rêves.

Il faut toujours compter les jours à partir de la lune.
1. Rêve très heureux.
2. Grande réussite pour le lendemain matin.
3. Rêve merveilleusement exact.
4. Des choses excellentes vous attendent.
5. Prenez-y garde. Il faut vous souvenir.
6. L'effet se produira dans 8 ou 10 jours.
7. Sous peu, vous aurez une grande joie.
8. Accomplissement sous trois jours.
9. Réussite suivie de malheur.
10. N'ayez pas confiance en votre bonne étoile.
11. Il se réalisera dans 4 jours.
12. Vous aurez une grande joie.
13. Méfiez-vous.
14. Ne révélez rien avant 3 jours.
15. Réalisation sûre (délai inconnu).
16. Immanquable, mais très long.
17. Dans trente jours seulement.
18. Inexorablement vrai.
19. Résultat funeste, tout l'opposé.
20. Dans 4 jours, une pleine réussite.
21. Exécution dans l'après-midi, la suite au prochain numéro.
22. Aujourd'hui même.
23. L'effet se produira à moins que vous ne l'empêchiez.

24. Méditer sur ce rêve.
25. Neutres, suivis de répétition les autres nuits.
26. Très heureux dans leurs effets.
27. Gardez-vous de révéler ce rêve avant un mois.
28. Il est déjà en voie d'exécution.
29. Rêves mensongers, se renouvelant dans l'avenir.
30. Rêves heureux.
31. Il ne faut pas prendre les choses à la lettre.

Il y a ensuite une condition dont l'observance est de toute utilité, parce que si l'on manquait à cette recommandation importante, il en résulterait d'affreux malheurs.

« Un rêve fait dans la nuit ne doit jamais être raconté avant que l'on n'ait mangé, ne fut-ce qu'une bouchée de pain. Autrement, l'on risque d'en empêcher l'effet, s'il est bon, et d'amener les pires catastrophes s'il est mauvais ».

Cela fait frémir vraiment lorsque l'on songe, combien les femmes ont de la peine à tenir leur langue et à ne pas divulguer leur état d'âme. Quel martyre vont-elles subir. C'est vraiment la pire des catastrophes ajoutée à la longue théorie des rêves angoissants.

Comment l'humanité peut-elle vivre en paix avec d'aussi graves préoccupations ? C'est affolant en vérité ?

II

LE LANGAGE DES FLEURS

Le langage des fleurs fut de tout temps cher aux amoureux. C'est pour eux, la façon secrète de correspondre, d'exprimer délicatement, élégamment leur état d'âme. Que de déclarations d'amour faites ainsi, en silence, mystérieusement, apportant dans le cœur troublé de la femme, de la jeune fille, cette émotivité délicieuse produite par l'arrivée du « Sélam » exprimant des sentiments insoupçonnés ou attendus avec ivresse.

C'est que chaque fleur, chaque plante, le plus petit brin d'herbe, a une signification propre, et une vertu particulière. Médicale, mystérieuse, magique ; toutes sont dotées de qualités, de défauts. Telles sont utiles ou dangereuses. Elles sont ! c'est-à-dire, elles vivent ; et si elles vivent de notre vie, nous vivons également de la leur.

> Je les aime, nos fleurs, toutes nos belles fleurs,
> Les unes, dans l'orgueil des hautaines couleurs,
> Dans les pompeux atours dorés des grandes dames,
> Passant dans tous les tons, jouant toutes les gammes,
> Ont robe de brocart et long manteau de cour ;
> Les autres, pour draper leur taille faite au tour,
> Rustiques, dédaignant les riches chamarrures,
> Ont la simplicité des naïves parures,
> Et la jeune fraîcheur des filles de nos champs.

(Extr. des poèmes du Charolais.)   Marie Suttin.

La poésie, la galanterie comparent la femme à une fleur. Ce qui apparaît superficiellement être une allégorie charmante est en réalité la vérité dans toute son expression.

La femme est belle, gracieuse, forte, frêle, délicate, bonne, utile. Son *aura féminéa* distille le parfum magique. Mais aussi elle peut avoir tous les défauts contraires à ces qualités, elle peut être l'anti-type réfutant l'exaltation poétique, et elle peut également diffuser les parfums désodorants, le poison.

Tous les peuples ont eu le culte des fleurs. Ne les verrons-nous pas toujours associées aux cérémonies sacrées, païennes, civiles, nuptiales, funèbres.

Une belle fête sans fleurs est aussi aride qu'une fête sans femmes. Toutes deux sont la joie des yeux, l'harmonie et le parfum de la vie. Aussi ne peut-on s'étonner qu'à travers les âges, les générations les plus reculées aient attribué aux fleurs, aux plantes, une vertu, une qualité et même un pouvoir occulte.

Si nous pénétrons dans la profondeur des forêts de l'Inde antique, nous verrons le culte rendu à la déesse sanguinaire qu'honorent les Thugs et qui demeure mystérieusement cachée sous le figuier des Banians aux longues tiges. Ils tressent pour elle la couronne mortelle avec les fleurs d'Antiar et d'Apastié.

Le Lotus est fleur sacrée. La Trimourti Hindoue s'est dévoilée aux humains dans les calices de ses fleurs sur le Gange sacré. Il est également l'objet d'une vénération en Egypte et croît sur les eaux du Nil.

En remontant au déluge, nous verrons la colombe de l'arche apporter à Noé en signe de paix, l'olivier symbolique et les fleurs, les plantes, au cours de l'histoire hébraïque jouer des rôles divers. Salomon ne trouve pas de comparaisons plus poétiques pour chanter la passion que lui inspire la jeune Abisag, la Sulamite bien aimée, que de faire éclore en son honneur toute la flore luxueuse et odoriférante de l'Orient. Il est évident qu'il n'eut pas comparé à la rose de Sçaron, au lis des vallées, une vieille mégère hystérique, cupide et cruelle.

Il avait le goût affiné et s'il légua à la postérité ce chant superbe du « Cantique des Cantiques » il put le faire sans redouter le ridicule.

La rose mystique, le lis immaculé se cultivent dans le jardin sacré que la religion édifia autour de la vierge Marie, symbole de pureté, de douceur; parfum divin de son âme chaste s'élançant comme le lis vers l'azur. Les palmes de la Judée jonchèrent le chemin lorsque Jésus rentra à Jérusalem en triomphateur acclamé par le peuple, qui peu de temps après devait poser sur Sa Tête Divine la couronne douloureuse faite de lianes tressées de l'arbre d'épines.

La mythologie païenne emploie à profusion les fleurs, les plantes et les parfums. Elle établit entre ses dieux et les produits de la nature une corrélation, les rendant tributaires l'un de l'autre.

Jupiter a le Chêne; Apollon, le laurier; Pluton, le cyprès; Vénus, la rose; Minerve, l'olivier et Diane, le myrte. Junon a le paon pour emblème. Le beau Narcisse est changé en la fleur, qui porte son nom, Daphné en laurier.

Les forêts seront dédiées aux dieux. Les bois sacrés, sous leurs voûtes mystérieuses verront s'accomplir les mystères du culte réservé aux personnages de l'Olympe. Elles seront de ce fait, l'objet d'une terreur sainte et les mortels craindront de s'aventurer dans les méandres des bois de Paphos, d'Idalie, de Cythère, dans les forêts d'Erymanthe et de Dodone en Epire : celle-ci consacrée à Jupiter. L'arbre fatidique, chêne colossal étend ses branches vénérables, comme des bras immenses, et recèle sous son feuillage épais des couples amoureux de colombes qui par leurs cris, leurs chants rendent les oracles.

Nous retrouvons encore chez les Romains de la

Rome païenne le culte des fleurs associé à celui des dieux et aux Saturnales.

Les vestales ceindront leur front de la couronne de roses blanches; la jeune épousée cueillera dès l'aube, de ses mains virginales la verveine qui sera sa parure nuptiale. César auréolera sa tête de laurier pour dissimuler une précoce calvitie. Des pluies de fleurs déverseront leur parfum dans les salles de festins sur les convives alanguis sur des lits, autour des tables somptueusement servies, et leur front couronné de roses, les fera pour quelques heures presque déités. Les divinités champêtres, les faunes, les sylvains sont couronnés de fleurs diverses. Les ondines enroulent parmi leur chevelure le nymphéa ou nénuphar; les Sirènes, des algues vertes, et le joyeux Bacchus, des pampres qui auréolent son visage rutilant. Le dieu Morphée cultive les pavots qu'il secoue sur les humains et sur lui-même.

Dans les Gaules, les druides cultivaient le gui, plante sacrée; quand nous disons « cultivaient » c'est une figure, car cette fleur symbolique, si elle avait droit à la vénération des prêtres et des prêtresses, si elle était la plante sacrée, était tout au moins située de façon presque inaccessible et les prêtresses demeuraient au pied du chêne tendant leurs péplum aux druides, qui après avoir détaché « le Gui » avec la serpe d'or, le laissaient retomber dans l'étoffe immaculée.

En Germanie, dans les forêts profondes, le chêne donnait aussi sa fleur. Le gui était cueilli par les druides comme dans les Gaules et le chêne consacré au dieu Thor. La forêt d'Irmintal était l'objet d'une vénération mêlée d'effroi. Sous ses voûtes sombres se dressait la redoutable statue d'Irmintal, héros saxon présidant aux opérations militaires que précédaient toujours des sacrifices humains. Les druides, les prêtresses couronnées de verveine, assistaient à ces fêtes sanguinaires et ce ne fut que sous Charlemagne que disparut en 772 la statue que défendait une forteresse. Il l'occupa ainsi que la forêt, ce qui mit un terme à cette idolatrie en faisant cesser par cet acte d'autorité, la superstitieuse terreur qui entourait cette solitude.

Plus tard, nous verrons dans cette même Germanie l'héroïne de Gœthe interroger la pâle fleurette, la symbolique marguerite que les amoureux consultent avidement pour savoir si l'amour illuminera leur vie, un peu, beaucoup, passionnément... pas du tout.

Nous verrons encore dans les hauts castels, dans les manoirs féodaux, la belle et languissante châtelaine, rêver sur l'écharpe soyeuse où ses doigts effilés tracent des fleurs aux couleurs éclatantes, qu'elle brode pour son chevalier, ou pour quelque preux qui recevra ce gage d'amour dans un tournoi, et encore pour s'en aller muni de ce talisman précieux, guerroyer dans de lointaines contrées et ajouter au coloris des fleurs aimées, la fleur purpurine d'un sang généreux, versé pour une noble cause ou pour les beaux yeux de sa Dame.

Les chapels de roses seront portés par les nobles dames, qui les abandonneront bientôt pour les ornements de tête, emperlés de pierreries multicolores, laissant aux « vilaines » le droit à la couronne florale qui leur semble indigne de leur beauté, de leur tête altière depuis que Byzance leur a enseigné la somptuosité de son luxe oriental.

Mais, nous verrons toujours la femme disposer artistement les fleurs, trouvant ainsi la complémentaire de sa grâce, de sa beauté. Ces sœurs fragiles, délicates et modestes, après avoir exhalé de leurs corolles transparentes les effluves de leur suave parfum, languissantes, meurtries; jalouses peut-être! s'inclinent silencieuses, résignées et meurent dans l'atmosphère attiédie, ou les amours et les baisers mettent des harmonies mystérieuses et tendres, qui accompagnent leurs âmes à travers les espaces.

Nous verrons, le galant page, venir déposer furtivement sur la fenêtre de la châtelaine qu'en secret, il aime éperdument, le « Sélam » qu'il a composé selon le rite consacré et que lui a enseigné quelque magicienne ou quelque troubadour.

Dans les déplacements des monarques, nous verrons des jeunes filles leur offrir le « Sélam » aux couleurs nationales et ceux-ci, ainsi que le jeune roi d'Espagne, Alphonse XIII, embrasser à pleines lèvres la robuste et jolie fille du peuple.

Nous avons pu voir dans *Fémina* le Président de la République donnant l'accolade à une jeune Suissesse qui lui a souhaité la bienvenue en lui présentant le « Sélam » de l'Hospitalité Bernoise et le Président paraît ravi, de presser dans ses bras officiels, cette belle fille aux fraîches couleurs, si pimpante sous le costume helvétique.

Nous avons vu dans la littérature revivre ce culte des fleurs en la *Dame aux Camélias*. Les petites voitures fleuries au printemps dévalisées par les femmes qui veulent parer leur logis de ces messagères du bonheur. La petite midinette, si turbulente depuis peu, a rénové la vieille légende du muguet porte-bonheur qui accompagnait la célébrité du Derby à Chantilly, et le 1er mai tous les corsages sont fleuris de blanches clochettes qui ne battent peut-être pas aussi précipitamment que ces petits cœurs anxieux de savoir s'ils seront aimés, un peu beaucoup, passionnément... ou, si les fleurs joncheront le corps de la jeune trépassée descendue dans la tombe, avant que la fleur d'amour n'ait éclos, ou pour avoir distillé trop violemment son parfum. N'oublions pas la fleur nuptiale. L'oranger virginal, symbole de pureté qui s'allie aux myrtes et aux lis et que l'époux ému, détache pour faire éclore la fleur d'amour.

La fleur n'est-elle pas le doux gage que l'amoureux conserve dévotieusement. Fleur fanée, séchée, qui exhale encore le parfum subtil de la femme aimée. Parfum du souvenir d'heures lointaines, ensevelies dans le néant, débris du cœur, lamentable et douce histoire d'âmes. Unies, désunies, disparues, envolées, séparées par l'oubli, l'inconstance, l'éloignement, la mort! Mort de l'être! Mort de l'amour. Ces témoins irrécusables, silencieux, de la passion, du souvenir, se figent parfois entre les pages des livres saints légués par les aïeules.

LE MISSEL

Dans un missel datant de François Premier
Dont la rouille des ans a jauni le papier
Et dont les doigts dévots ont usé l'armoirie.
Livre mignon vêtu d'argent sur parchemin
L'un de ces fins travaux d'ancienne orfèvrerie
Où se sentent l'audace et la peur de la main
    J'ai trouvé cette fleur flétrie.

On voit qu'elle est très vieille au vélin traversé
Par sa profonde empreinte où la sève a percé
Il se pourrait qu'elle eût trois cents ans
Elle n'a rien perdu qu'un peu de vermillon, mais qu'importe
Fard qu'elle eût vu tomber même avant d'être morte.
Qui ne brille qu'un jour et que le papillon
    En passant, d'un coup d'aile emporte.

SULLY-PRUDHOMME.

Mois Floraux.

Janvier vient de Janus dont les deux visages symbolisent l'année qui finit et celle qui commence. L'Orient et l'Occident.

Dans la Rome païenne, il était désigné comme le dieu de l'année, père du Temps. Sa fête était l'époque du renouvellement des faisceaux des licteurs, de l'élection des consuls et de changements de robes des Pères conscrits. La fleur est l'Ellébore noir.

Février donne comme fleur le Perce-neige.

Mars se trouve sous l'égide de Minerve et du dieu Mars. Minerve présidait au commerce, à l'industrie et Mars aux expéditions militaires des armées. La fleur est la Solanelle des Alpes.

Avril était à Rome le mois de Vénus, et la Tulipe odorante des jardins, annonçait la floraison de la nature sous les effluves du printemps.

Mai ou Maïa, synonyme de Cybèle-la-Terre. C'est le mois des fiançailles et l'amoureux offre à celle qu'il aime un bouquet de roses de mai dites roses de Marie, car c'est le mois consacré à la Vierge. La fleur est la Spirée fidenbule.

Juin est le mois des fleurs, des roses, qui ainsi que les lis éclosent à profusion. L'Antiquité célébrait son retour par des feux de joie et la tradition s'en est conservée par les feux de la Saint-Jean qui sont à la campagne des fêtes très populaires.

La fleur est Pavot, Coquelicot.

Juillet était en Grèce pour les Athéniens l'ouverture de l'an neuf et les jeux olympiques que l'on célébrait tous les quatre ans donnaient lieu à des solennités qui s'étendaient dans toute la contrée. En Egypte une fête sacrée se célébrait en l'honneur du Nil pour obtenir que son débordement fertilisât la campagne. La fleur est la petite Centaurée des prés.

Août est consacré à la déesse Rhéa présidant aux moissons. Sur son autel, l'on déposait les premières gerbes fauchées. La fleur est la Scabieuse des montagnes.

Septembre donnait à Rome la fête du clou sacré en l'honneur de Vulcain ; le grand prêtre se rendait au Capitole et plantait dans le temple de Minerve un clou d'or. La fleur est le Cyclamen.

Octobre. Bacchus après avoir conquis l'Inde, visita l'Egypte, initia les peuples à l'agriculture. Ce fut lui qui planta le premier cep de vigne. La fleur est le Millepertuis.

Novembre convie les chasseurs à fêter Saint Hubert et la Ximenie enceloïde est la fleur d'automne annonçant les frimas.

Décembre. Le Solstice d'hiver se célébrait jadis en Perse en l'honneur de la divinité Mythra. Les prêtres attendaient dans un temple obscur que le soleil parût, et pour célébrer cette résurrection, ils distribuaient aux assistants des gâteaux et des fleurs.

La fleur du mois est Lopétie à grappes.

Horloge Florale.

Tout dans la nature est automatique. Le Maître de l'heure a tout réglé et la nature poursuit sa marche rythmique avec une régularité beaucoup plus grande que nos horloges terrestres, si souvent capricieuses et détraquées.

Il n'est donc pas étonnant que les fleurs puissent composer la plus merveilleuse des horloges et que certaines d'entre elles, aient été choisies pour représenter le cadran parfumé sur lequel les heures, marquent la fuite du temps et sa course vers l'avenir.

Les jardiniers connaissent bien cette merveilleuse horloge qui leur indique les phases diverses de leur journée. Les amoureux avertis se servent de ces messagères pour transmettre secrètement l'heure de leur passage ou celle d'un rendez-vous ardemment désiré, sachant qu'ils peuvent compter sur la discrétion de ce Mercure galant.

Certaines fleurs ont en effet la faculté qui peut sembler magique de s'ouvrir ou de se refermer ponctuellement à la même heure. Ce sont ces sujets floraux qui forment le cadran mystérieux.

Minuit, Cactus à grandes fleurs.
Une heure du matin, Laiteron de Laponie.
Deux heures, Salsifis jaune.
Trois heures, Grande pieridie.
Quatre heures, Liseron des haies.
Cinq heures, Crépide des toits.
Six heures, Scorsonère.
Sept heures, Nénuphar.
Huit heures, Mouron rouge.
Neuf heures, Souci des champs.
Dix heures, Ficoïde Napolitaine.
Onze heures, Ornithogale.
Midi, Ficoïde glaciale.
Une heure du soir, Œillet prolifère.
Deux heures, Crépide rouge.
Trois heures, Pissenlit taraxacoïde.
Quatre heures, Alysse alistoïde.
Cinq heures, Belle de nuit.
Six heures, Géranium triste.

Sept heures, Hémérocale safranée.
Huit heures, Liseron droit.
Neuf heures, Nyctanthe de Malabar.
Dix heures, Liseron pourpre.
Onze heures, Silène noctiflore.

Voilà une théorie assez longue de signes faciles à employer pour obtenir par la combinaison des heures : l'heure du berger.

Sélams mystiques.

Les amoureux sont presque toujours atteints d'une crise de mysticisme. Nous parlons des amoureux ayant au cœur l'émotion vraie, fugitive ou tenace, mais qui est toujours sincère au moment où elle s'énonce. C'est ce qui les porte à s'adjoindre le concours mystérieux des fleurs. Ils naviguent sur le fleuve du tendre, planent dans les mondes sublunaires; ils se découvrent même parfois subitement la bosse de la poésie — ils font des vers les malheureux ! — comme si pour s'exprimer, l'Amour avait besoin de se servir de bouts rimés au lieu de dire tout simplement : « Je t'aime » avec cet accent vrai, passionné, que les plus beaux vers n'imiteront jamais. Il paraît que l'on n'est réellement épris que lorsque l'on fait des vers. Un madrigal joint à un Sélam, voilà qui est tout à fait galant et c'est par ces appeaux si séduisants que se prennent les oiseaux palpitants, les petits cœurs ingénus et même les chevronnés réformés, que rajeunit la poésie et qui ne s'étonnent pas de voir encore semée de lis, de roses et autres spécimens floraux la route où les jonquilles, les soucis, les chardons et les fruits de l'Eglantier semblaient par leur prolificence, avoir étouffé les fleurs fragiles de leur jeunesse. Que de choses peuvent se dévoiler dans un Sélam. Mais comme il faut être instruit de ces secrets mystérieux, énigmatiques pour les profanes et que connaissent à merveille les habitués de ce sport amoureux.

Il faut choisir les couleurs divulgatrices des sentiments. Nous les donnons ici.

Amaranthe, Constance for ever.
Blanc, Pureté, loyauté.
Bleu, Amour éthéré, respect.
Brun foncé, Douleur immense.
Feuille morte, Vieillesse, abandon.
Gris, Mélancolie, douleur consolable.
Jaune, ?
Jaune d'Or, Splendeur, richesse.
Lilas, Amour honnête.
Noir, Désolation, néant, deuil.
Orangé, Gloire, ambition.
Pourpre, Royauté, orgueil, toute puissance.
Rose, Amour, beauté, jeunesse.
Rouge, ardeur, feu dévorant.
Vert, Espérance, timidité.

Voici donc les premiers principes pour composer le Sélam. Mais il ne faut pas être distrait, employer les couleurs insolites et contraires aux sentiments éprouvés ou que l'on veut traduire, alors même que nulle conviction ne les accompagne. Ce serait le terrible malentendu, ce malin esprit qui, si souvent, joue de très mauvais tours aux pauvres amoureux.

Maintenant, voici les fleurs symboliques à employer pour composer le Sélam, accompagnées de celles décrites dans le dictionnaire floral avec leur pouvoir.

Fleurs symboliques.

Fleurs *d'abricots*, Charme.
— *de chêne*, Force.
— *Impériales*, Ivresse.
— *de limon*, Constance, idéalité.
— *de marronnier*, Fierté.
— *d'oranger*, Pureté.
— *de passion*, Souffrance amoureuse.
— *de pêcher*, Joie.
— *de pommier*, Plaisir, bonheur éternel.

Sélam, est le nom poétique donné par les Orientaux à la réunion de plusieurs fleurs ayant une signification magique. Nous l'appelons en Occident « Un bouquet » « Une Gerbe » et nous n'attachons aucune intention à sa composition. Il y a des règles établies cependant auxquels l'on se soumet assez correctement. Ainsi, il serait fort peu convenable d'envoyer à une jeune fille, à une fiancée des fleurs de couleur. Cependant, incidemment, dans un jardin, au cours d'une promenade, il est très correct de la fleurir d'une rose, d'un bouquet de violettes, d'un bouquet multicolore. C'est une incidence en dehors de l'étiquette florale. La même correction s'impose dans les églises. Le blanc, le rouge, le rose, le violet, selon les cérémonies sont les seules nuances qui conviennent. Il est de très mauvais goût d'envoyer du jaune et surtout de présenter ces fleurs à l'autel de la Sainte-Vierge ou de saint Joseph. Cela peut sembler délicatement spirituel à certaines gens, alors qu'ils n'affirment que leur grossièreté et leur stupidité. Toute autre cependant, serait l'offrande, si dans un village perdu, n'ayant pas de fleurs assez belles, l'on avait un spécimen admirable ou même très rustique de fleurs jaunes, roses, soleils, soucis, chrysanthèmes et que l'on désirât exprimer son culte en offrant ce que l'on a de plus beau, ce dont l'on se prive par piété, par ferveur. Très touchante aussi serait l'offrande du plus humble des bouquets formés de fleurs communes. Ici, nous nous trouvons en présence d'un acte de Foi, d'Amour, qui s'énonce avec des moyens précaires naïvement, mais sincèrement. C'est ainsi que le geste de cette jeune Anglaise fut très émouvant par sa spontanéité. Elle se trouvait à bord d'un transatlantique qui passait à proximité de la tombe tragique où étaient ensevelis les victimes du *Pluviôse*. Soudain elle détacha de son corsage un petit bouquet, — dernier souvenir peut-être remis par une main aimée au moment du départ — et toute vibrante d'une immense pitié, pieusement, elle jeta dans les flots ces quelques fleurs ; hommage aux morts glorieux qui reposaient dans le cercueil d'acier. Qui de nous peut-être eût eu cette délicate pensée de recouvrir de poésie l'horreur de la catastrophe; de donner aux héros cette preuve muette d'admiration, de respect émanant d'un cœur de femme compatissant s'unissant, tout frissonnant à la douleur de ceux qui pleuraient autour de l'épave funèbre.

Thermomètre botanique.

Voulez-vous demander aux fleurs tous leurs secrets. Elles vous les conteront facilement. Elles ne savent rien refuser à ceux qui les interrogent. Vous saurez par elles exprimer vos sentiments, connaître ceux de l'aimée, puis encore le temps et ses caprices, beaux ou mauvais, avec le thermomètre botanique à la portée de tous, du moins à la campagne.

Alleluia, ses feuilles se relèvant, menace d'orage.
Carline, se referme si la tempête est prochaine.
Chardon, ses écailles se resserrent fortement au moment de la pluie.
Drave printanière, replie ses feuilles sous la tempête.
Laiteron sibérien, ouvrant la nuit sa corolle, pluie matinale.
Laitue, si elle s'épanouit, pluie.
Petit liseron, refermant ses volutes, la pluie est proche.
Népenthès, renversant ses cornes, pluie ; les relevant, beau temps.
Nigelle, s'inclinant, chaleur ; se redressant, fraîcheur.
Oxalis, s'épanouissant, beau temps ; se recroquevillant, pluie, orage.
Pimprenelle, se fermant, il va pleuvoir.
Polurva, se refermant, se penchant, orage proche ; redressant ses tiges, beau temps.
Quintefeuille, se forme un abri de ses pétales pour se protéger de la pluie et se détend lorsque le beau temps revient.
Souci d'Afrique, demeurant inerte, pluie.
Souci pluvial, refermant ses pétales, pluie proche.
Trèfle, redressant ses tiges, pluie prochaine.
Trèfle des prés, se refermant, tempête subite.

Voilà certes, assez d'éléments pour parer à toutes les situations, pour s'exprimer dans le poétique langage des fleurs si cher aux femmes, aux poètes, aux amoureux. Les âmes des fleurs sont compatissantes aux souffrances humaines. Ne sont-elles pas vouées à une mort précoce, n'accompagnent-elles pas toujours nos joies, nos douleurs. Ne sont-elles pas les amies suprêmes escortant nos âmes dans cet Au-Delà mystérieux qu'elles franchissent avec nous : Sélam parfumé, offrande mystique, s'élançant vers le trône de Celui qui nous donna la vie ainsi qu'Il la leur donna.

Ensemble, nous retournons vers lui, lorsque l'heure est venue selon Sa Volonté Sainte. Ames de femmes, âmes aimantes, âmes de fleurs, toutes indistinctement, deviennent fleurs d'Immortalité.

> On apporte à bénir, au salut de quatre heures,
> La couronne qui doit préserver nos demeures,
> La petite couronne en immortelles d'or
> Ou d'argent, en frisons blancs de corne où se tord
> Un ruban rose, ou bleu : Durant toute l'année
> L'été pourpré, l'hiver en neige satinée
> On la laisse appendue au chevet du lit ;
> Sentinelle fidèle et sainte, elle remplit
> Sa mission de paix, elle fait bonne garde,
> Dans le jour lumineux, et, la nuit, nous regarde
> Sommeiller sous le vol de notre Ange veilleur.

(Extrait des poëmes du Charolais.)   Marie Suttin.

Légendes parfumées.

L'Acanthe.

Une jolie et poétique légende prétend que Callimaque, sculpteur de Corinthe prit modèle sur les feuilles naissantes de l'acanthe, pour donner à l'architecture, un élégant ornement, propre au style corinthien.

Il passait un jour près du tombeau d'une jeune

fille qui était morte la veille de son mariage. Sa nourrice, par une pieuse pensée, mit dans une corbeille les objets auxquels la jeune fille tenait beaucoup durant sa vie ; elle posa la corbeille sur le tombeau et pour la mettre à l'abri des intempéries, la couvrit d'une tuile. Au printemps une acanthe qui se trouvait à proximité enroula ses tiges flexibles autour de la corbeille et, ne pouvant traverser la tuile, elle plia l'extrémité de ses feuilles en volutes dont la courbe gracieuse séduisit le sculpteur et dont il orna les chapiteaux des colonnes des monuments.

L'Anémone.

Anémone était l'une des nymphes de la cour de Flore ; elle éclipsait par sa beauté, toutes ses compagnes et fut remarquée par Zéphyre et par Borée qui, devenant rivaux furent encore plus ennemis que précédemment. Cette haine fut surprise par Flore qui découvrit que Zéphyre son époux, voulait lui donner une rivale et dans sa fureur, elle métamorphosa Anémone en fleur, la livrant aux brutalités de Borée qui se fait un jeu de l'agiter, de la faner et disperse sans pitié ses pétales.

L'Aubépine.

Les Romains attribuaient à l'aubépine le pouvoir de détourner les sortilèges, les maléfices. Les jeunes fiancées, au matin de l'hyménée, recevaient de leurs compagnes, une corbeille d'aubépine et décoraient leur maison de cette fleur symbolique.

En France, la tradition attachait au berceau des nouveaux-nés, un bouquet d'aubépine pour le protéger des sorts.

La Petite Centaurée.

Saturne s'étant épris d'amour pour la jeune Philyre, nymphe de l'Océan, en eut un fils le centaure Chiron, moitié homme, moitié cheval. Philyre eut une si grande douleur d'avoir enfanté un pareil monstre, qu'elle le chassa. Il s'enfuit dans les montagnes et s'adonna à l'étude des simples. Il devint un grand médecin, mais sa science ne put sauver Chironie, sa fille, qui mourut du mal d'amour.

Circée.

Fille du jour et de la nuit, Circée empoisonna son mari, roi des Sarmates. Elle fut chassée et se retira dans l'île d'Ea. Elle s'adonna à la culture des plantes et à la composition des philtres. Ulysse, ayant échoué dans son île, la magicienne voulut l'enchanter; mais à sa grande colère Ulysse résista et vit ses compagnons changés en bêtes. Ulysse, sans défiance allait subir le même sort, lorsque Minerve qui veillait sur lui, détourna sa main du breuvage fatal et le fit fuir loin d'Ea.

Circé devait continuer son œuvre maudite sur la nymphe Scylla, par jalousie, en l'honneur du triton Glaucus, qui avait remarqué la nymphe. Circé fit boire un philtre à Scylla lui assurant que cette liqueur divine lui ferait épouser Glaucus; mais aussitôt, l'infortuné fut changée en un monstre affreux ayant le corps d'un chien. Folle de douleur, Scylla se précipita dans la mer; et l'on prétend que du fond du gouffre, sortent les aboiements d'un chien.

Eglantine.

C'est la fleur de la poésie que les femmes romaines vers l'an 230 avant J.-C. recevaient pour leurs chants, leurs poèmes. La couronne d'églantines se posait sur la tête de celle, qui obtenait les suffrages.

En 1322, les troubadours fondèrent une cour poétique : *Le collège de la gaie science*, mais qui s'évanouit rapidement.

En 1490, Clémence Isaure reconstitua les jeux floraux à Toulouse pour faire revivre la poésie. Les prix étaient une églantine d'or ou d'argent. Elle légua tous ses biens à cette institution qui en 1695 fut érigée en Académie.

Héliante, soleil tournant.

Apollon était passionnément aimé de la nymphe Clytie et lui rendait tendresse pour tendresse. Mais survint Leucothoé qui sut dénouer le lien et détourner le dieu à son profit.

Clytie éperdue de douleur, ne put vivre sans l'amour de celui qui brisait son cœur. Elle se laissa mourir de faim. Apollon fut touché par cet amour si profond et changea la délaissée en la fleur de tournesol.

Jacinthe.

Apollon, hyacinthe et Zéphire jouaient au palet, Lorsque Zéphire, voyant qu'Hyacinte était heureux à ce jeu, crut qu'Apollon le favorisait. Furieux et jaloux de cette préférence, il prit un palet, le lança à la tête d'Hyacinthe qui fut tué net. Apollon, en voyant tomber son ami, eut une explosion de douleur et les larmes inondèrent son visage. Pour perpétuer son souvenir, il changea son corps en fleur, l'Hyacinthe ou Jacinthe.

Iris.

Fille de Thaumas issue de sa mère la Terre, Iris fut placée auprès de Junon, qui la prit en affection, car elle ne lui apportait jamais que d'heureuses nouvelles. Pour la récompenser, elle la changea en arc-en-ciel afin qu'elle continuât son rôle de bonne messagère, en annonçant le beau temps.

Jérose.

Rosée de Jésus ou Rose de Jéricho, cette anastatique jouit d'une puissance magique. Elle croit au bord des fleuves de l'antique Egypte sous le ciel Oriental de la Palestine dans les pays où se déroulent les épisodes de la bible. Les Arabes lui ont donné le nom mystique de « Kef Miriem » ce qui signifie Fleur de Marie. La légende raconte que la Vierge Marie s'enfuyant en Egypte, faisait sécher les langes du Divin Enfant sur les tiges de Jéroses et les jeunes femmes qui vont devenir mères pour la première fois, par une pieuse superstition font placer près de leur lit la fleur de Jérose dans l'eau, afin qu'elle puisse s'épanouir, et que leurs souffrances soient terminées lorsque l'épanouissement est complet.

C'est d'ailleurs une fleur curieuse dans ses évolutions successives. Après sa floraison, elle semble mourir et toute flétrie, recroquevillée sur elle-même, elle procède à la maturation de ses graines qui sont déposées dans la silique.

Lorsque la pluie humidifie le sol, la graine germe et devient fleur à son tour. Mais si la sécheresse rend le sol inhospitalier, l'anastatique ne les lui livre pas. Elle ramène ses rameaux sur chaque berceau où sommeille la graine, les abritants contre les feux du soleil, et le vent, qui souvent souffle avec violence, emporte l'anastatique avec sa famille et la jette au bord de l'un de ces fleuves antiques, où elle peut sans crainte déposer ses graines et reprendre elle-même une vie nouvelle. Mais elle ne fleurira plus, la fleur de Marie. Elle mourra, revivra, dans sa verte parure que les fleurs n'égaieront plus de leurs fraîches couleurs.

Laurier.

L'Asie l'a vu naître. Il fut le symbole glorieux du conquérant, du poète qui savait mieux chanter la victoire. On le décernait aussi à Rome à la vestale qui, par ses vertus, avait mérité cet hommage.

Apollon consacra le laurier à Daphnée pour honorer sa vertu. Alors qu'il poursuivait cette nymphe pudique, de son ardente flamme, Daphnée implora la déesse Minerve qui, pour le secourir et la délivrer des poursuites du dieu, la changea en laurier. Apollon voulut alors, rendant hommage à sa vertu, que le laurier fût consacré à Daphné, et de ce jour ceignit sa tête de lauriers.

Marjolaine.

Une superstition orientale prétend, que le parfum de cette plante préserve de toutes les maladies et qu'une branche de marjolaine portée sur soi, détourne le malheur.

Vénus dit l'Enéide voulant que Didon fût conquise à Enée, substitua l'Amour au jeune Ascague. Elle l'endormit, puis l'emporta dans les bosquets d'Idalie au milieu des parfums pénétrants de la marjolaine.

Miroir de Vénus (Campanule).

Vénus se complaisait à se mirer dans ces fraîches fleurs avant de se rendre auprès d'Adonis. Elle voulait s'assurer dans ce miroir parfumé, que sa beauté était toujours digne de celui qu'elle aimait.

Mûrier noir.

Ecoutez la triste histoire de deux amants, dont l'amour tendre et l'attachement fidèle, causèrent le trépas.

Il y avait à Babylone, deux familles ennemies comme le furent plus tard à Vérone, les Montégut et les Capulet.

Leurs deux enfants s'aimèrent et résolurent de s'unir. Ils devaient se retrouver aux portes de la ville sous un mûrier blanc et la jeune Thisbé, fut la première arrivée au rendez-vous. Elle attendait son Pyrame bien-aimé, lorsque soudain parut une lionne. Effrayée, Thisbé s'enfuit en laissant tomber son voile de vierge. Le lion saisit le frêle tissu et le mit en pièces. A ce moment Pyrame accourt, voit la bête féroce acharnée après cette proie trompeuse. Il croit que son amante a été dévorée, et se perce de son épée. Thisbé rassurée, revient, voit son amant expirant, se perça le sein, ne voulant pas lui survivre. Depuis lors, le mûrier à fruits blancs ne porta plus que des fruits noirs striés de rouge.

Myosotis.

Deux amants devisaient tendrement tout en suivant la berge fleurie de la rivière, lorsqu'une fleurette bleue glissa au fil de l'eau, et parut si jolie à la jeune fille, qu'elle se pencha vivement pour la saisir. Mais rapidement le jeune homme la devança, heureux de lui offrir cette fleur désirée. Son pied glissa, il tomba dans le fleuve et le courant l'entraîna avec la petite fleur qu'il avait pu atteindre. Il l'éleva en l'air pour que la jeune amante pût la voir, et avant d'être englouti par le flot, il lui cria :

« *Ne m'oubliez pas !* »

Œillet.

Diane, dit Ovide dans ses métamorphoses, n'était pas toujours d'humeur charmante. Elle avait le geste vif et ses sentiments se traduisaient par des violences. Un jeune berger, se trouva un jour dans la campagne fort malencontreusement sur son chemin, et Diane lui arracha les yeux. Plaisirs de déesse ne dure qu'un moment. Ces deux yeux qu'elle trouvait fort beaux, l'embarrassaient. Elle les jeta à terre où ils germèrent. Ce fut l'œillet.

Pavot.

Pour endormir la douleur que Cérès ressentait de la perte de sa fille Proserpine, Jupiter demanda à Morphée de secouer sur elle ses pavots, afin de lui procurer l'oubli avec le sommeil.

Pensée.

La grande prêtresse du temple de Junon, Io, fille d'Ismène et d'Inachus, roi d'Argos, avait une si grande réputation de beauté, que de tous les points du monde accoururent des princes et des monarques, désireux de conquérir son cœur. Nul d'entre eux ne put y parvenir.

Jupiter sous la forme d'un mortel, quitta l'Olympe et voyant le peuple affluer vers le temple de Junon, il suivit. Il allait sur l'autel de la déesse sacrifier un agneau blanc, lorsque son regard fut ébloui par la beauté de la grande prêtresse. Il négligea de faire son offrande et Io captivée devint amoureuse du dieu de l'Olympe.

Secrètes furent leurs amours, jusqu'au jour, où l'une des compagnes d'Io connut la trahison. Junon, fort courroucée, jura de se venger et Jupiter, pour protéger Io la changea en génisse. La pauvre amante au milieu de la prairie, couchée sur le flanc, languissante, les yeux en larmes, se figurait le désespoir des siens, lorsque soudain des fleurs surgirent autour d'elle, imprégant l'air de doux parfums. Cybèle, déesse de la terre avait eu pitié de sa douleur et lui envoyait la pensée.

Sensitive ou Mimosa pudique.

Le berger Iphis aimait une jeune nymphe et leur union devait être célébrée sous peu, lorsque Iphis fut pris d'un violent accès de passion, et poursuivit sa fiancée de ses ardeurs. Elle s'enfuit éperdue dans les bois, mais il la rejoignit et, elle allait succomber sous la violence, lorsque ses cris attirèrent le Dieu Hymen qu'elle avait dans sa terreur invoqué ardemment. Il la changea en sensitive pour la soustraire au déshonneur.

Verveine.

C'était l'*herbe à tous les maux* des anciens. Elle était à Rome la fleur nuptiale des fiancées; les dieux recouvraient leur lit de verveine. Les pythonisses, les druides, les druidesses, ainsi que les hérauts, couronnaient leur tête de verveine.

Les sorciers en composaient des philtres. C'est l'herbe à toutes les sauces, sinon à tous les maux. La verveine passe encore pour attirer l'amour.

Violette.

Fleur de modestie, fut le charme dont usa Vulcain pour séduire Vénus. Il venait de l'épouser, mais sa laideur semblait si disgracieuse à la belle déesse, qu'elle ne pouvait se décider à suivre un époux aussi laid. Vulcain eut l'idée de couronner sa tête d'une guirlande de violettes dont le doux parfum grisa Vénus. Elle se laissa conter fleurette et, ravie, devint sa femme.

III

Les Pierres symboliques

Nous savons, — à n'en pas douter — que les gemmes doivent porter bonheur, être des talismans infaillibles, lorsqu'elles sont choisies selon la concordance nécessaire avec les planètes et le zodiaque. Nous savons également qu'il y a lieu de faire graver sur certaines de ces pierres, un sujet symbolique destiné à renforcer l'action bénéfique, où à détruire le maléfice.

Nous savons encore — que ne savons-nous pas ? — que ces pierres magiques nous donneront tous les dons, tous les bonheurs, mais qu'elles feront également le bonheur des marchands spéciaux qui les vendent; qu'elles feront gagner leur vie aux artistes qui les sertissent en bijoux, qui gravent les figures. Nous pensons que la vertu miraculeuse de ces gemmes gît surtout, dans cette dernière considération.

Il n'est donc pas étonnant que pour augmenter la chance et aussi la consommation, les thaumaturges se soient assurés le concours d'entrepreneurs de chance lapidaire, et que d'un commun accord, ils aient conclu qu'une seule pierre était insuffisante dans l'existence, fût-ce la pierre de l'angle et que les effluves bénéfiques et contre-maléfiques, seraient beaucoup plus puissants en les réunissant. Bracelets, sautoirs, colliers, etc., dessinés, combinés selon la Kabbale, exhibèrent leur virotement multicolore.

La vogue fut immense, ce qui n'empêcha pas le spécialiste de sombrer dans les eaux saumâtres de la faillite, et de déménager à la cloche de bois, en évitant toutefois de passer sous la porte Saint-Denis, que l'on ne pouvait surélever, lorsqu'il se réfugia dans la forêt de Bondy.

Mais l'on peut se rassurer ; sa succession sera vite recueillie et toutes les gemmes de la création resplendiront encore, concurremment avec les gemmes astrales, serties dans l'azur.

Nous donnons d'abord la nomenclature des métaux qui sont — eux aussi, employés comme préservatifs ou actifs et indispensables, pour la monture des gemmes.

Classification planétaire des métaux.

Soleil, Or.
Lune, Argent.
Mercure, Mercure.
Vénus, Cuivre.
Mars, Fer.
Jupiter, Étain.
Saturne, Plomb.

Voici donc établie la relation directe du métal, avec la zone planétaire. Nous indiquons ensuite la relation des pierres.

Classification planétaire des gemmes.

Soleil, Escarboucle.
Lune, Diamant.
Mercure, Sardoine.
Vénus, Émeraude.

Mars, Rubis.
Jupiter, Saphir.
Saturne, Obsidienne.

Ce n'est pas tout. Il faut que les signes zodiacaux viennent confirmer les choses.

Classification zodiacale des gemmes.

Bélier, Chalcédoine.
Taureau, Emeraude.
Gémeaux, Sardonix.
Cancer, Sardoine.
Lion, Chrysolithe.
Vierge, Beryl.
Balance, Topaze.
Scorpion, Chrysopase.
Sagittaire, Hyacinthe.
Capricorne, Améthyste.
Verseau, Jaspe.
Poisson, Saphir.

Nous allons voir les propriétés miraculeuses qui sont attribuées à chaque pierre, et qu'il faut connaître, afin de ne pas commettre d'impairs.

Propriétés et vertus magiques.

Agate, bon accueil, victoire sur les adversaires.
Améthyste, jugement sain, préserve de l'ivrognerie.
Béryl, protection contre les ennemis, gain de procès, sympathie, rend studieux.
Chalcédoine, gain de procès, protection en voyage.
Chrysolithe, protection contre la goutte.
Corail, protection dans les épidémies, prudence, jugement.

Cornaline, protection contre les hémorragies, chance.

Diamant, rend les femmes aimables, fidèles, les préserve des dangers de la parturition, protection contre les ennemis, gain de procès.

Emeraude, excellente pour la vue qu'elle fortifie et pour la chasteté qui est protégée.

Grenat, santé, bons voyages.

Hyacinthe, protection contre l'hydropisie, assure la stérilité.

Jaspe, préservatif du poison, du venin.

Onyx noir, donne la tristesse et des cauchemars.

Perle, donne la chasteté.

Saphir, chasteté et chance, guérit les yeux.

Sardoine, chance.

Sélénite, sympathie, belles relations.

Topaze, sympathie.

Pour augmenter les vertus de ces pierres, il faut les faire graver d'après le rite.

Dessins à graver.

Améthyste, un ours.

Béryl, une grenouille.

Chalcédoine, un homme à cheval au grand galop, tenant une pique en main.

Chrysolite, un âne.

Corail, un homme armé d'un glaive.

Emeraude, un étourneau.

Grenat, un lion.

Onyx, un chameau.

Saphir, un bélier.

Sardoine, un aigle.

Sélénite, une hirondelle.

Topaze, un faucon.

La monture de ces gemmes n'est pas indifférente. Il y a lieu de choisir les métaux appropriés à la nature de la pierre, et à la correspondance astrale.

Montures.

Le béryl s'enchâsse dans l'or.
L'hyacinthe, dans l'argent.
La perle se monte en collier seulement.
La sardoine s'enchâsse dans l'or.

Faites donc confectionner ces bijoux, talismans protecteurs, de chance, d'amour; mais sachez qu'ils n'auront aucune vertu, aucune puissance, s'ils ne passent par les mains vénérées des thaumaturges mâles ou femelles. Les détenir d'eux est le comble, le superlatif de la chance, pour vous, aussi bien que pour eux; plus encore pour eux! Ajoutez à cela qu'il faut que ces bijoux soient consacrés, qu'ils soient l'objet d'un véritable enchantement. Que des conjurations, des adjurations, toutes choses en ions, sauf les bénédictions, doivent leur communiquer le charme; qu'il faut les faire passer à travers les nuages odorants des parfums magiques, les frotter avec des poudres de perlimpimpin, leur donner pour protecteur un génie, de premier ou de 10.599e ordre, selon le prix que vous y mettrez; qu'il faut lui offrir des présents. Enfin, il y a lieu de penser, que si de purs esprits réclament un pot de vin pour vous servir en tout, le thaumaturge a bien droit au pourboire obligatoire pour ses peines, soins et boniments, qui, à la longue peut-être, vous ont convaincu et décidé à faire ce sacrifice douloureux pour votre bourse, mais si productif pour votre bonheur, votre santé, votre chance, votre succès en affaires, en voyage, en couches, en... en tant de choses! que vraiment, c'est donné. Ne perdez pas au moins ce précieux trésor, ne le quittez pas ; la guigne est si subtile, qu'elle profiterait de cette interruption de courant, de ce court circuit, pour vous accabler à nouveau.

Et puis, un bijou est toujours agréable à porter. Voilà à notre avis le plus sûr résultat de la pratique kabbalistique.

Nous recommandons instamment aux maris, d'offrir à leur femme des diamants. Qu'ils ne lésinent pas! L'affaire vaut la peine d'être faite selon le rite. Les diamants donnent la chasteté! Qu'ils aillent jusqu'au collier, mais surtout que le diamant soit véritable, car faux, il produirait, à leur grand dam, l'effet contraire.

Quant aux perles, elles donnent aussi la chasteté! C'est donc pour cela que toutes les belles hétaïres, les célèbres courtisanes, ont des rangs de perles d'une longueur démesurée. Il faut les plaindre, elles cherchent le remède ; la quantité de perles prouve à quels efforts, elles se livrent consciencieusement avec peu de succès, malgré une bonne volonté évidente et la vertu magique de la perle.

Soyons-leur donc charitable, ne les accablons pas en leur jetant la pierre.

Qui sait sous quel fardeau leur pauvre âme succombe.

Les perles sont très lourdes, à moins qu'elles ne soient fausses; ce qui rend le talisman nul.

Il y a décidément trop de mystères troublants dans la Kabbale.

IV

Le prénom et le caractère

L'onomotologie a, depuis peu, pris une assez grande extension : c'est un petit sport amusant auquel se livrent les fervents de l'occultisme, et même les simples curieux.

Nous ne croyons aucunement à la valeur de cette science. Notre doute à ce sujet est basé, sur le hasard même, qui préside à la distribution des noms de baptêmes, ou simplement de déclaration civile.

Les parents du futur citoyen sont souvent hésitants : ils cherchent un nom répondant à leurs aspirations ou perpétuant une tradition. De plus ils sont dans l'ignorance du sexe et tiennent en réserve la liste masculine et féminine. Ce sont déjà, des causes propres à établir l'invraisemblance de la fatalité. D'autre part, l'enfant recevra des parrains et marraines, le nom de ceux-ci, ou des noms choisis par eux, ainsi l'exige le protocole qui tient pour négligeable, sinon par courtoisie, le choix des parents. Donc, là, ne peut se trouver une concordance avec la destinée et ses influences mystérieuses.

Durant la gestation, la mère rêve à ce nom qu'elle veut harmonique, sinon simple, ou répondant à un sentiment mystique. De ceci, peut résulter une influence, comme aussi, de la tradition de nom continuant la filiation, dans les familles qui ont consacré la succession prénominale pour l'aîné. Mais en dehors de ces manifestations que nous pouvons appeler fluidiques, nous ne pensons pas que les noms donnés, puissent avoir aucune influence ni sur le caractère, ni sur les qualités et défauts de l'enfant et, encore moins sur sa destinée.

Il y a des époques où certains noms sont mis à la mode. Un événement, un personnage sont les protomoteurs de cette vogue. Il est donc naturel de croire que parmi tous les enfants dotés de ce nom, il se fera une répartition de bon et de mauvais qui établira une équivalence, donnant raison à notre conviction.

Saint Louis, qui fut un roi juste, vertueux, une grande figure, estampillera des Louis et des Louise qui peuvent être les pires coquins.

Sainte Madeleine qui eut une vie assez orageuse, avant son retour à la sainteté, peut très bien avoir des filleules absolument vertueuses, austères, et même pudibondes.

Sainte Prudence, verra sous son égide, commettre toutes les imprudences et les plus folles équipées.

Et ainsi de suite pour tous les saints du calendrier, qui auront souvent à rougir de leur patronymie qui, il est vrai, est comme beaucoup d'inventions brevetées S. G. D. G.

Souvent d'ailleurs, un nom est tributaire d'un événement qui le ridiculise. M. Alphonse, héros d'une pièce de théâtre qui eut son heure de célébrité, infligea une étiquette déplorable à ce nom, jadis porté par les rois d'Aragon : Joseph et Mme Putiphar restent accolés inexorablement. Juliette évoque invinciblement le souvenir de Roméo. Laure — n'est pas une chimère ou Dante et son enfer. Virginie appelle Paul. Héloïse, Abélard. Agnès, l'école des femmes. Puis encore la théorie des noms auxquels se lie l'inévitable ridicule. Zoé, Adèle, Palmyre, Romboïde, Cunégonde, Aglaë, Prudence, Barbe, Dorothée, Eulalie, Perpétue.

Dans les noms d'hommes, nous avons Alphonse, Marius, Brutus, Gottlob, Arthur, Gusman, Babylas, Basile, Crépin, Eloi, Fulbert, Fructueux, Jérémie, Médard, Barnabé, Nicaise, Pantaléon, etc., etc. Il y a des noms immortalisés dans le ridicule, dont ils ne se relèveront jamais. La légende les a consacrés ainsi, et nous savons que la légende est immortelle.

En Espagne, l'usage écrase l'enfant sous le patronage de tous les saints du Calendrier, Marie, Dolorès, Conception, Assomption, Rosario, Conchita, Juana, etc. Croit-on vraiment que l'enfant pourra supporter tous les défauts ou toutes les qualités de ces diverses marraines. Non ! c'est une dévotion, qui pour être exagérée entoure l'être d'un cercle protecteur, que l'on peut assimiler au cercle magique tracé par l'épée ou la baguette du mage pour se mettre à l'abri. Mais des influences mystérieuses, nous ne répondons pas.

Toutes les Marie sont malheureuses, dit-on. Meryem, en langue hébraïque signifie mer d'amertume. Il y eut cependant des femmes portant ce prénom qui furent très heureuses. Nous trouverons, il est vrai la Mère du Christ symbole de douleur. Ce nom doit-il pourtant refléter le malheur. Nous avons encore Marie Stuart, triste destinée, mais aussi brillante et vouée à une fin terrible, par suite de circonstances, qu'elle eût pu éviter alors que la Mère de Dieu avait accepté, l'épreuve cruelle ; l'une subit la Loi de Rédemption ; elle s'immole sur le calvaire de moitié avec son fils ; l'autre paie de sa vie ses inconséquences et les fautes de caractère qui eussent pu ne pas être commises.

D'autres femmes portant ce prénom, vivront heureuses, effacées, brillantes, honorées, déshonorées. Le nom en lui-même ne fait donc pas leur destinée, mais elles lui impriment la gloire ou l'infamie, l'obscurité ou la renommée.

Il ne faut pas attacher à toutes les manifestations de notre existence, une idée superstitieuse. Il y a assez d'éléments en concordance avec notre destinée, sans surcharger ce fardeau déjà très lourd.

DICTIONNAIRE RÉVÉLATEUR

Abel. Sceptiques, railleurs, exclusifs, matérialité cerveau fort.

Achille. Susceptibles, écrasés par leur patron, francs, loyaux, mais ne bouillant pas toujours.

Adolphe. Souples selon leur intérêt, infatués d'eux-mêmes, finesse d'induction, mais peu dans les relations.

Adrien. Bons garçons, volonté chancelante, affectueux, francs, loyaux, intelligence sérieuse.

Albert. Imagination ardente, vive, enthousiaste, aimant les sciences et surtout le merveilleux, aimant le changement, la nouveauté, sont spontanés, bons garçons, sensibles, nerveux, d'humeur fantasque, susceptibles. Tempérament amoureux, léger, inconséquent, inconstant, peuvent toutefois s'attacher. Simples de manières, profondément dédaigneux, ayant beaucoup d'amour-propre et de suffisance et d'orgueil. Très entêtés, s'emballant facilement, actifs, travailleurs, absolus, se laissent facilement influencer; timidité alliée à de l'effronterie; joueurs par attraction, pour l'émotion, non pour le gain, ils dépensent volontiers; assimilation rapide.

ALBÉRIC. Sont tributaires du précédent avec un sens pratique plus développé, plus de calme et les idées plus étroites.

ALEXANDRE. Impétuosité, témérité, intelligence, ouverte; magnanime, actifs, entreprenants, ont le génie du commandement, des affaires; orgueilleux et fats, moqueurs, sceptiques, francs, courageux ayant du cœur, affectueux.

ALEXIS. Diminutif d'Alexandre, apporte aussi les mêmes qualités restreintes.

ALFRED. Lenteur en tout, scepticisme, mollesse, se butent dans une idée dont on ne peut les déraciner. Ne s'intéressant pas aux choses de l'esprit, formulant difficilement leurs pensées, matériels, curieux, questionneurs, froids, moqueurs, hypocondriaques, méfiants, apprécient les choses pour la valeur matérielle, ne vibrent pas à l'art. Sensuels, susceptibles, rancuniers, chicaniers, méticuleux, réguliers, pas autoritaires mais très placides, peu sérieux dans leurs promesses.

ALPHONSE. Ont d'eux une appréciation trop flatteuse, sont sensibles, nerveux, impressionnables, affectueux, liants; ont le cœur généreux, sont très gais, s'enthousiasment et se découragent de même. Le sexe féminin les attire beaucoup. Ils sont sincères, francs, aiment leur intérieur et surtout leur bien-être et leur tranquillité.

AMBROISE. Esprit sérieux, idées élevées, cerveau, puissant.

AMÉDÉE. Esprit flou, rêveur, peu pratique n'ayant pas de persévérance, se décourageant et ne sachant pas lutter. Tributaires de leurs passions, qui peut les conduire à leur perte.

ANATOLE. Sensuels, inconstants, aimant la noce et les aventures avec une imagination un peu brumeuse tout en étant très positive et placide. Il y a des constrastes violents.

ANDRÉ. Moqueurs, sceptiques, durs; brutalité, élégance, douceur, violence, sans-gêne, aplomb, sensuels, peu francs, gais, concentrés, actifs, travailleurs, très personnels, manquant souvent de la plus élémentaire délicatesse et souvent de courage. Se plient aux circonstances utilitaires.

ANTOINE. Manquent de liant, sont durs, peu galants, autoritaires, personnels, violents mais studieux, sérieux, brillants causeurs, pessimistes, confiants en leur étoile et surtout en eux. Sensuels, courageux, volontaires, audacieux.

ARISTIDE. Probité, équité. Sentiment de justice, courtoisie, affabilité. Intelligence très ouverte, vues justes et larges, tact, esprit combattif, sous les apparences conciliatrices, allant droit au but en paraissant négliger le motif. Esprit pratique, positif, organisateur, diplomatique.

ARMAND. Patients, lents, sensuels, francs, droits, tenaces ne s'emballant pas, suivant leur idée, sens pratique, froids, énergiques, rendant la main à propos, ayant de l'aplomb et du courage, mais peu d'envolée imaginative.

Arthur. Caractères intermittent, intelligence diffuse, volonté confinant à l'entêtement. Natures fermées, imaginatives ayant une certaine originalité mais pas actives. Rêveurs, philosophes individualités susceptibles de sortir de la masse par la bizarrerie de leur caractère.

Arsène. Bizarrerie, caractère chevaleresque ; légers, railleurs, sceptiques, excentriques, imagination développée, volonté formidable, concentration puissante : sensuels, légers, aimant le faste, le bruit, pour chercher la gaieté qui leur manque.

Auguste. Intelligents, convaincus, compréhension lente, observateurs profonds, idées fixes, arrêtées, entières, esprit moqueur, sans souplesse ; caustiques, énergiques, opiniâtres, consciencieux, courageux, avares, égoïstes, entêtés. Pessimistes, gais avec des accès de tristesse subits au milieu de leur entrain. Aimables, francs, loyaux mais très renfermés, profondément imbus de leur séduction physique, leur attachement est profond et durable, peu facile à conquérir, vigoureux, sensuels et brusques.

Barnabé. Caractère indécis, brumeux, manquant d'aplomb, d'énergie.

Benoit. Positivisme, souplesse utilitaire ; esprit médiocre, nature lénitive.

Bernard. Caractère calme, pacifique, cerveau actif, parlant beaucoup, agissant moins. Belles qualités morales et dépression, simplicité, défaut de suite avec entêtement dans les idées.

Camille. Ironistes, imaginatifs, originaux, sceptiques, sensuels, égoïstes, sacrifiant la poésie, l'art, à la matérialité. Doux, serviables, impressionnables, susceptibles, colères, violents, sournois, actifs, entreprenants, habiles, positifs, sérieux, aimant l'argent et sachant le dépenser, aimant la femme, non pour elle mais pour leur agrément à eux. Leur moralité est des plus larges.

Casimir. Natures équilibrées, ironiques, prudentes, positives, volontaires, tenaces, placides, légères, peu sensuelles, ayant des bizarreries, des attachechements sans conviction.

Célestin. De l'ordre, de la fatuité, de la gaieté, de l'activité mais peu d'envolée.

César. Infatuation de soi-même, emphase poussée jusqu'au ridicule. Orgueil, vanité, sottise, sensualité pondérée par la vanité.

Charles. Mélange de bon, de mauvais, d'infériorité, de nullité. Caractère franc, fin, soupçonneux. Ils ont le sens pratique très développé, savent se tirer d'affaire, travailleurs, suite dans les idées, consciencieux. Pas autoritaires, cassants, secs à l'occasion, sont affables, moqueurs, gais, susceptibles, emportés, sensibles, affectueux, serviables, dévoués, un peu pingres, braves, courageux, bien équilibrés, ayant l'amour-propre très à fleur de peau.

Claude. Indépendants, pas brillants à la surface, fond très solide, bons, doux, calmes, sentiments droits. Cerveau élevé, imagination très cultivée, rêveurs, poètes; aptitudes pour les sciences occultes.

Clément. Intelligence utilitaire, sans imagination pratique, peu de volonté, rêvasseries inutiles. Gais, originaux, bons, sentiments délicats, pas de passions.

Constant. Caractère comme le nom, fermeté, caractère décidé, ayant en soi une confiance absolue.

Denis. Même caractère que le précédent.

Edmond. Emportés, capricieux, moqueurs, caustiques, égoïstes, peu de cœur, orgueilleux, sensuels, imperturbables, froids, pondérés. Philosophes, pas de profondeur, sans but, sans idéal ; conviction selon l'urgence.

Edouard. Très intelligents, originaux dans leurs idées qui sont cependant profondes ; ironistes, critiques, observateurs. Sensuels, plus qu'amoureux, leur passion ne les fait pas s'attacher et les femmes avec eux connaissent la tyrannie. Imbus de leur valeur, ils sont indépendants, courageux, difficiles à contenter, sans-gêne, gais et tristes, soupçonneux, franchise rude, volonté opiniâtre, travailleurs, positifs et généreux utilitairement.

Emile. Tiennent un peu de tous les noms par les qualités, les défauts. Bons, mauvais, intelligents, assimilateurs, imagination prodigieuse, débrouillards, parlent à tort et à travers, vantards exubérants, blagueurs, railleurs, sarcastiques, pour arriver à se laisser rouler par leur crédulité. Flatteurs, emportés, bons vivants emballés, n'admettant pas la contradiction, vaniteux, orgueilleux, fats avec une naïveté ridicule, très indépendants... rancuniers, fidèles, serviables à condition de réciprocité. Volages, sensuels, gaffeurs, peu scrupuleux, souples, rusés, actifs débordants, adroits, lanceurs d'affaires, téméraires et flatteurs.

Emmanuel. Imagination poétique, rêveuse, vagues idées terre à terre. Intelligents, souples, caractère doux ; volonté ordinaire, très influençables le dernier qui parle a raison, commettent des injustices, par orgueil, se croyant très clairvoyants alors qu'ils sont dupes, la flatterie prend sur eux. Ils sont sensuels et affectueux, simples.

Ernest. Intelligence vive sans profondeur, spirituelle sans esprit, blagueurs, un peu méchants, gais, aimables, liants, sympathiques, volages, sensuels, bons vivants, égoïstes indépendants, emballés, rancuniers. Francs, loyaux, actifs travailleurs, méthodiques, pratiques, prudents, ordonnés mais peu énergiques.

Etienne. Moral faible, caractère indépendant, casuiste, souple, cauteleux, ne se livrant pas. Actifs, remuants, sans suite. Idées originales, excentriques, innovatrices.

Eugène. Assimilateurs, matérialistes et positifs. Patients, travailleurs acharnés, sensuels, très travailleurs, pratiques, prudents, méfiants, ont du bon sens, justes et injustes, mais sachant réparer, hommes d'intérieur.

Eustache. Type ordinaire, volonté, fermeté, calme, sentiments ordinaires plutôt bons.

Félix. Ils mentiraient à leur nom s'ils n'étaient heureux. Ils sont contents d'eux, sont orgueilleux, vaniteux, amour-propre exagéré, susceptibles, entêtés, intelligents, assimilateurs, sensuels, passionnés, simples, adroits, habiles ayant de l'aplomb et une certaine ingéniosité.

Ferdinand. Tenaces, courageux, persévérants, pas autoritaires, rêveurs, gais avec tristesses, blagueurs, railleurs, sarcastiques, susceptibles de s'émouvoir par accès et surprise. Franchise apparente et réelle, soumise aux circonstances.

Fernand. Nature très douée d'avantages physiques et moraux, mais il ne faut faire aucun fond sur leurs convictions et leurs promesses, ils se dérobent, n'ont aucune bonne foi, sensuels, volages, nonchalents, fats, paresseux, susceptibles, colères, rancuniers, sachant se faufiler.

François. Bon sens et jugement, observateurs, satiriques, moqueurs, ironiques, sensibilité, susceptibilité, sans prétention, amour-propre très sensible. Sensuels, attachement, bonté. Franchise, ruse, volonté, travailleurs, conscience, méfiance, timides et agressifs, réfléchis, justes.

Frédéric. Dureté, force, caprice alliée à la douceur, à la susceptibilité, égoïstes, prudents et réfléchis par intérêt, savent se dominer, sont souples ou secs selon l'urgence. Sensuels, assez libertins, affectueux, fats, orgueilleux, tenaces, habiles, pleins de leur valeur.

Gabriel. Serviables, complaisants, susceptibles, francs, sincères, convaincus, travailleurs, consciencieux, actifs, industrieux, adroits, peu autoritaires.

Gaston. Beaucoup de cœur, franchise, attachement profond. Actifs, méthodiques, ordonnés, travailleurs, positifs, rêveurs, ambitieux, absolus, volontaires, souples, conciliants. Orgueilleux sans fatuité, très aimables, simples, observateurs, moqueurs, sceptiques. Intelligence profonde, active. Cultivent les sciences exactes. Serviables, affables, accueillants.

Georges. Eloquence factice, intelligence moyenne souple. Positivisme mélangé d'idéalisme; sceptiques, moqueurs, emballés ; exclusifs, doux, sensibles, affectueux, vindicatifs, susceptibles, impressionnables, bons vivants, aimant la flatterie, sensuels, aimant la femme. Egoïstes, économes presque jusqu'à l'avarice. Serviables à contre cœur. Volonté ordinaire, ambitieux, arrivistes, actifs, travailleurs acharnés, patients minutieux, prudents. Peu de courage, mélange de laisser-aller et de retenue.

GÉRARD. Studieux, calmes, imagination lunaire, finesse, bons sentiments.

GERMAIN. Grandes qualités, simplicité, sobriété, fermeté, initiative.

GILBERT. Intelligence débordante, sensibilité, conciliation, volonté puissante.

GRÉGOIRE. Qualités fortes et durables, esprit positif et prudent, habileté.

GUILLAUME. Assimilateurs sans personnalité, rêveurs, positifs. Intelligence débordante, curiosité, nerveux, vifs, impressionnables, irascibles, sensuels, sentimentaux. Dédaigneux, arrogants, fiers, aimables, diffusant la sympathie malgré leur morgue et la connaissance de leur valeur personnelle. Initiative, énergie, activité. Indépendants, téméraires, aventureux, capricieux, travailleurs, autoritaires avec souplesse.

GUSTAVE. Mauvaise tête mais bon cœur, volonté faible, active, précision, élocution aisée, cerveau équilibré. Doux, féminins, calmes, aimables, sensuels, passionnés, affectueux, sensibles, serviables, affables, habiles en affaires, peu observateurs, aimant les sciences, sans prétention, courageux, francs.

GUY. Natures calmes, légères, égoïstes.

HECTOR. Froideur, suffisance, cordialité, condescendance, sceptiques, railleurs, susceptibles, bonne humeur factice, sensuels, francs, ayant du cœur. Peu de volonté, calme, égalité d'humeur, travailleurs.

HENRI. Sectaires, taquins, sceptiques, railleurs, gais, positifs, vifs, irascibles, violents, susceptibles, ardents; il est difficile de les fixer, mais la passion les lie fortement. Sentiments profonds, bon cœur, dévouement absolu, jalousie, rancune. Généreux, sensibles, serviables, positifs, économes. Sincères, courageux, confiants, tenaces, réfléchis.

HYPPOLITE. Présomption, sensualité, intelligence ouverte, idées précises, amour-propre, beaucoup de fond.

HONORÉ. Fierté, indépendance, profondeur, bonté, originalité.

HORACE. Appréciation flatteuse de soi-même, prudence, ironie, calme.

HUBERT. De même que le précédent.

HUGUES. Positivisme et volonté, fatuité et susceptibilité, féminité.

JACQUES. Aptitudes diverses, emballement, ardeur, vivacité, légèreté, moquerie, entrain, gaieté, douceur, sensibilité, affectueux, francs, loyaux, sensuels, courageux, sympathiques, mais ces qualités recouvrent une grande légèreté.

JEAN. Aiment leur tranquillité, pacifiques par égoïsme. Impressionnables, ardents, sensuels, passionnés, expansifs, irascibles, susceptibles, confiants en leur mérite, qualités et défauts en contrastes frappants, une grande indépendance de caractère, énergiques, entreprenants, actifs.

Joseph. Jugement, lenteur, réflexion, positivisme, ironie, moquerie, gaieté sérieuse, sensualité inégale, pudibonderie, francs avec cran d'arrêt. Volonté forte, prudente; méfiants, studieux, consciencieux et travailleurs.

Jules. Mémoire, équilibre, imagination, réflexion, douceur, bonté, charité, générosité, amour-propre sans orgueil. Affectueux, sensuels, changeants, ont du cœur, de la cordialité, de la franchise, de l'intégrité poussée à l'excès. Energiques et faibles. Se laissent influencer, ou s'entêtant dans leur décision.

Laurent. Bons sentiments, nature équilibrée.

Léon. Souplesse, douceur, lucidité, mémoire, intelligence ouverte, convictions moyennes, ironiques, moqueurs, confiants, bienveillants, affables, affectueux, gais, simples, actifs, peu d'énergie, de l'ordre, de la souplesse.

Léopold. Volonté, ténacité, positivisme, superficie, sensualisme, souplesse.

Louis. Inégalités, contrastes, gaieté, tristesse, emballés, méfiants, généreux, prodigues, revenant sur leurs sentiments, travailleurs, consciencieux, honnêtes et indélicats par inconscience. Nerveux, violents, sensuels, affectueux, rêveurs, ordonnés et désordonnés, peu jaloux. Indépendants, cerveau très vaste, intelligence débordante. Envieux et dévoués, serviables et regrettant leur concours. Dépression, et énergie.

Lucien. Peu d'originalité, esprit étroit, contradictoire; vifs, susceptibles, colères, sensuels, égoïstes, intransigeants, sectaires, habiles à équilibrer leurs intérêts. Ayant une assez grande fatuité et confiance en leur mérite.

MARCEL. Volonté tranquille, travailleurs, prudents; sensualité moyenne; serviables, aimables, doux, sensibles, conciliants, bons garçons, enjoués, correction. Francs, loyaux.

MARIUS. Hâblerie. Importance, farouche, prétention, habileté.

MATHIEU. Sincérité, esprit de suite, intelligence profonde.

MAURICE. Matérialistes invétérés, superficiels, peu liants, emballés sans conviction, emportés sans chaleur, rudes et gracieux, s'attachent profondément après avoir jugé. Indépendants, présomptueux, francs, tenaces, énergiques, travailleurs, positifs, orgueilleux, imbus de leur valeur, volonté ordinaire, peu autoritaire.

MAX. Violence, douceur, dureté, souplesse, sensualité, fatuité, confiance en soi.

MICHEL. Imagination originale, profondeur, assimilation; capricieux, sensuels, mobiles, passionnés. Orgueil voilé, franchise mixte, peu d'expansion, aplomb, énergie, volonté formelle, habileté, sens pratique.

NICOLAS. Peu d'énergie, volonté persistante, amabilité, franchise astucieuse, imagination claire, intelligence profonde, forte, assimilatrice, douceur, bonté serviabilité, sensibilité.

PAUL. Douceur, sensibilité, activité, amabilité, indépendance, autorité, souplesse, mollesse, indolence, coups de tête, méfiance. Tout est contraste. Le fantasque domine, les qualités se heurtent aux défauts, sensuels, sincères, boudeurs, jaloux, s'attachent rarement, mais se dévouent par bon cœur.

PHILIPPE. Peu d'expansion, travailleurs, entreprenants, peu audacieux et peu autoritaires. Doux, affectueux, intelligence ordinaire remplacée par l'activité et l'amour de l'étude.

PIERRE. Francs, sincères, loyaux, affectueux, sensuels, aimables et distingués, finesse, esthétique, amis sûrs, droiture. Persévérants, tenaces, organisateurs, directeurs, ordonnés, calme, sang-froid, indolents, défaillants, habiles, courageux, moral ouvert.

PROSPER. Amour-propre, fatuité, lenteur, minutie, imagination neutre.

RAOUL. Esprit mobile, sans personnalisme, bons sentiments.

RAPHAEL. Cœur, sentiments, finesse, douceur.

RAYMOND. Volonté, intelligence précise, exactitude, violence voilée de souplesse.

RENÉ. Egoïstes, peu francs, habiles, intrigants, aimant le luxe, les plaisirs, se les procurant adroitement sans scrupules. Paresseux, acceptant toutes les compromissions pour assurer leur bien-être, jouisseurs, sensuels, mielleux, faux, traîtres sous l'apparence de la sincérité.

RICHARD. Grandes qualités, cœur excellent, franchise, courage, bonté, intelligence très ouverte.

ROBERT. Orgueil, pose, fatuité, insuffisance, aplomb sensualité, sensibilité très secrète, finesse, souplesse, franchise mixte. Flegme, colère, indépendance, positivisme, ténacité.

ROLAND. Fierté, activité, amabilité, gaieté.

STANISLAS. Cœur, intelligence, calme, sérieux.

THÉODORE. Equilibre, sensibilité, sensualité, correction, dédain, concentration, bonté, loyauté, franchise, volonté indépendante, souplesse, ténacité, prudence.

THÉOPHILE. Simplicité, bonté, sensualité, activité, imagination moyenne.

THOMAS. Simplicité, reflexion, beaucoup de fond, sérieux, travailleurs.

VICTOR. Volonté puissante, prudente, indépendance, correction, amablité, mais brusqueries, caractère quinteux, franchise, ironie, sobres ; moquerie, sensuels, coureurs, sensibles, impressionnables ; critique, intelligence forte.

XAVIER. Esprit agréable, charmeur, amabilité pas de franchise, arriviste peu scrupuleux.

FEMMES

AIMÉE. Douceur, volonté faible, caractère affectueux.

ALEXANDRINE (Voir Alexandre) prétention, exubérance, susceptibilité.

ALICE. Amoureuses, sensuelles presque hystériques, quoique pudiques et réservées, sensibles, dupes parfois par leur compassion et leur cœur.

Economes et généreuses.

Obstinées, peu imaginatives, nullement idéalistes, mais positives jusqu'au terre à terre.

Coquettes, dignes, douces, timides, simples, concentrées, susceptibles, indépendantes, jalouses, rancunières, capricieuses, inégales d'humeur, nonchalentes et énergiques.

Très ordonnées et soigneuses, menteuses, sincères en affection, difficiles, s'attachant rarement. Idées noires, suicide.

ALINE. Même caractère.

AMÉLIE. Sensuelles, sentimentales, persévérantes, positives, indépendantes, égoïstes, femmes de tête, énergiques.

ANDRÉE (voir André). Inconséquentes, amoureuses, sensuelles, affectueuses, réservées, froides, ne se livrent pas.

ANGÈLE. Idéalistes, légères, frivoles, intelligence superficielle, sceptiques, railleuses. Vives, brouillonnes, actives, sans ordre, positives, susceptibles, impressionnables, gracieuses, plus de cœur que de sens. Moral incertain.

ANNE. Grâce, charme, bonté, douceur, amabilité.

ANNA. Sensibilité, volonté ferme, calme, conciliante. Intelligentes.

ANTOINETTE. Caprice, sens prépondérant, idées étroites, obstination, susceptibilité, vivacité, sans douceur si non sans charme.

ARMANDE (voir Armand). Sensualité, volupté, idées larges, morale indépendante.

AUGUSTINE (voir Auguste). Coquettes, aimantes, sensuelles, cœur, pratique vivacité, sincérité.

Aurore. Femmes douées de qualités supérieures, beaucoup d'intelligence et de jugement. Affections sensibles, aimantes, volonté formelle, indépendance; franches, expansives.

Berthe. Affectueuses, sentimentales, passionnées, aimantes, dévouées, bonnes, gracieuses, coquettes, susceptibles, aimant l'admiration, la remarque, la flatterie; capricieuses, inconstantes, franches, nerveuses, vives, confiantes, spontanées, impatientes, volonté moyenne, prodigues. Moqueuses, curieuses, imagination ardente, enthousiastes.

Blanche. Sensuelles, amoureuses, inconséquentes, bizarres, jalouses, vindicatives, méchantes, sournoises. Moral large pour elles. Positives, intéressées, peu scrupuleuses. Intelligence médiocre, mais moquerie, raillerie, médisance, peu d'équilibre secondé par la ruse et l'astuce.

Camille (voir hommes). Sensibilité, nervosité, irrégularité, amour exagéré, dévouées, sentimentales, plus que sensuelles. Mélancoliques, inconséquentes.

Catherine. Volonté, intelligence, activité, travail, initiative, passionnées, sincères, positivisme mélangé de mysticisme et d'idéalisme.

Cécile. Dévouement, constance, douceur, calme, prudence, devoir équilibre.

Charlotte (voir Charles). Moral suspect, sensualité.

Christine. Bonté, douceur, dévouement, affection, réserve, prudence, simplicité, ordre, économie, bon sens, fermeté, mais parfois violence.

Claire. Franchise, spontanéité, inconséquence, fines, lucides, idéalistes, moqueuses, sensibles, nerveuses, gaies, tristesse et larmes. Orgueilleuses, autoritaires, travailleuses, actives, emballées, fond sérieux, délicates, aimantes, affectueuses, dépensières.

Clémence. Personnelles, égoïstes, indépendantes, coquettes, capricieuses, aimant l'argent pour servir à leur passion. Intelligence ouverte positive et idéaliste. Indolentes, entêtées.

Clémentine (voir Clément).

Clotilde. Natures effacées, tranquilles, dévouées.

Edmée. Coquettes, dures, capricieuses, froidement arrivistes, sensuelles, malveillantes, jalouses, envieuses sans dévouement.

Eléonore. Bons sentiments, simplicité, timidité, vertu, bon cœur.

Elisabeth. Intelligentes, rêveuses, mélancoliques, douces, délicates, aimantes, sensibles, sentimentales, simples, fières, dignes, gracieuses. Franches, discrètes, sincères, volonté ferme, tranquille, réfléchie.

Emilie (voir Emile). Peu agréables, susceptibles, nerveuses, vives, sensibles, indépendantes, impressionnables, gracieuses cherchant à plaire, ardentes, fines, passionnées.

Emma. Persévérance, volonté; sensuelles, passionnées, constantes, ayant du cœur, de la sensibilité, du calme, de la gaieté parfois exubérante, coquettes, parcimonieuses.

Eugénie. Sens moral défectueux, peu vertueuses, impudiques, menteuses, crédules. L'argent est le mobile de leurs actions. Le cœur, les sens, vibrent selon le métal. Pratiques, habiles, molles, sournoises, médisantes, hypocrites, fausses, sous des apparences douces, sentimentales, affectueuses.

Félicie (voir Félix). Aimable, sensuelles.

Françoise (voir François).

Gabrielle (voir Gabriel). Gracieuses, aimables, beaucoup de charme, aimantes, sentimentales,

Geneviève. Natures floues, molles, mais très droites, aimantes, caressantes, ordonnées, sans initiative, susceptibles, indépendantes, fermées, ni timides ni audacieuses.

Georgette (voir Georges).

Germaine (voir Germain). Affectueuses, constantes, susceptibles, timides, indépendantes, capricieuses, imprudentes quoique sérieuses.

Hélène. Sensuelles, bizarres, cœur sensible, volonté chancelante, indolente, faible, inégale entêtée, caractère neutre. Sens moral équivoque, ne sachant résister à leurs passions. Beaucoup plus matérialistes qu'idéalistes.

Heloïse. Caractère fermé, matérialisme influent et prépondérant, pas de délicatesse ; brutalité, grossièreté ; sans la finesse de la femme.

Henriette (voir Henri). Sensuelles, dominées par le positivisme, la tête qui régit tout, sont équilibrées pour la dépense et l'organisation de leur intérieur.

Isabelle. Romanesques, intelligentes, rêveuses, sceptiques, sensibles, dévouées, sensuelles à froid, généreuses, indépendantes, pas timides, volonté forte.

Jeanne. Molles, sensibles, aimantes, sentimentales, compatissantes, fières, dévouées, coquettes, gaies, avec alternative de tristesse, nerveuses, impressionnables, gracieuses. Volonté forte, obstinée; énergiques, positives.

JOSÉPHINE (voir Joseph). Un peu vicieuses, sensuelles, bonnes mais jalouses, pas beaucoup de sens moral.

JULIE (voir Jules). Pas toujours faciles à vivre en dépit de leurs qualités. Affectueuses, franches, actives.

LAURE. Cavalières, résolues, éveillées, pas timides, sentimentales, affectueuses, jalouses.

LÉONTINE (voir Léon). Généreuses, serviables, sentimentales, douces et conciliantes.

LOUISE (voir Louis). Rêveuses, intelligentes, capricieuses, sensibles, affectueuses, bonnes, dévouées, gaies, sentimentales, croyantes.
Menteuses, cupides, énergie extrême pour le mal, jalouses, envieuses, cerveau oblitéré, activité, hypocrisie, moralité abominable, vicieuses, aimant la jouissance sous toutes ses formes, sans scrupules.

LUCIE. Intelligence développée, volonté formelle, indépendance, franchise, réserve, sensibilité contenue, ironie, raillerie.

LUCIENNE (voir Lucien).

MADELEINE. Sentimentales et passionnées, fières, spirituelles, gaies, fines, sensibles, intelligentes, cachent leurs qualités leurs sensations sous le dédain, la réserve, la froideur. Elles sont en général inconséquentes et faibles en ce qui concerne l'amour.

MARCELLE (voir Marcel). Sensuelles, aimant à captiver l'admiration et les attentions.

MARGUERITE. Caractère peu agréable. Fières ayant en elles une confiance admirative, jalouses, voulant être admirées, recherchant la prépondérance et les hommages masculins. Peu intelligentes, sinon pour la ruse, et pour satisfaire leurs aspirations, elles sont en général coquettes, effrontées, sensuelles sans beaucoup de cœur ; elles aiment le luxe et n'apprécient que l'argent.

MARIE. Caractère doux et ferme, calme, agité, tendresse, mélancolie, dévouement, soumission, obéissance, mais fierté, dignité. Très sensibles, affectueuses, loyales, aiment le beau, la pureté tout en pouvant être passionnées quoique la chasteté domine. Elles aiment la vie tranquille, effacée et cependant peuvent au milieu de l'agitation se recueillir et accomplir de grandes choses. Effacées, elles peuvent commander, sont énergiques, vaillantes, serviables, philosophes, vives, emportées, impressionnables, leur attachement est profond, durable, l'apparence froide dérobe les émotions intérieures; très violentes, tristes et gaies, égales d'humeur, caractère élevé, loyal, fidèle.

MARTHE. Intelligentes, curieuses, moqueuses, sceptiques, douées, sensibles, aimables, coquettes, susceptibles, nerveuses, capricieuses, quinteuses, emballées, assez sûres d'elles.

Sensuelles, passionnées, affectueuses, ne s'attachent pas, sont dévouées sincères, franches.

MÉLANIE. Sensuelles, affectueuses, ayant du cœur, équilibrées, renfermées, travailleuses, habiles, rusées, sachant diriger.

PAULINE (voir Paul), s'attachent profondément, sensuelles, passionnées, calmes, indépendantes.

RENÉE (voir René).

Rose. Gracieuses, aimables, enjouées, charmantes, bonnes, affectueuses, raisonnables, calmes, dévouées, décidées, fières, réservées, coquettes, mélancoliques, persévérantes, spirituelles.

Sophie. Femmes sérieuses, mais pas attrayantes, l'intelligence les dispense du charme.

Suzanne. Bavardes, irréfléchies, sournoises, envieuses, jalouses, hypocrites, coquettes, sensuelles; moralité très suspecte, sous des apparences austères. Peu intelligentes; leur mentalité est actionnée par leur sensualité. Elles sont habiles et rusées.

Thérèse. Enjouées, inconséquentes, vives, spirituelles, expansives, délicates, enthousiastes, débordantes, d'activité cérébrale, ayant un fond très sérieux, mystiques, sensuelles, caressantes, affectueuses, névrosées, mais très passionnées, vives, gracieuses, aimables, franches, étourdies, sincères, confiantes, légères, actives, tenaces, sans ordre quoique soignées.

Bonté, grâce, croyance.

Valentine. Légèreté, douceur, charme, imagination puissante, affection.

Valérie. Pas de volonté, beaucoup de cœur.

Victorine (voir Victor).

Virginie. Peu de volonté, fidélité, douceur, simplicité, amabilité.

Yvonne. Natures passives, faibles, gracieuses, aimables, curieuses, distraites, moqueuses, superficielles, sens moral suspect.

Elles sont susceptibles, positives, habiles.

Zoé. Très sujet à caution, éviter ce nom.

Ainsi que l'on peut s'en rendre compte. Il y a des contrastes, tout naturels puisque chaque individu apporte sa caractéristique propre et que le nom, nous l'avons dit plus haut, ne peut changer l'être et la mentalité. La destinée ne peut donc se déterminer par une science inexacte en somme parce qu'elle s'étaye sur diverses données qui ne peuvent être affirmatives.

L'on ne peut établir cette jurisprudence que sur les noms connus, et selon l'apparence. Qui peut se vanter de connaître la valeur réelle d'un personnage, ses secrètes aspirations, son *moi* intime. Il serait d'ailleurs injuste d'infliger le blâme à un nom, parce qu'un coquin est affublé de celui d'un honnête homme et parce qu'il plaît à certaines gens de sanctifier l'infamie.

Ce petit traité ne doit donc en rien, être pris au sérieux. Qu'il ne soit qu'une distraction, comme tous les oracles, auxquels il serait dangereux d'attacher aucune importance.

CINQUIÈME PARTIE

SUPERSTITIONS POPULAIRES

Nous allons relater ici toutes les superstitions qui mettent en émoi beaucoup de gens. Ainsi que l'on pourra s'en rendre compte, notre génération n'a rien inventé et les peuples antiques les plus divers, pratiquaient ardemment ces principes. Cela ne prouve pas leur intelligence, mais du moins avaient-ils l'excuse d'être relativement peu éclairés. C'est donc à bon escient que nous avons le droit de nous étonner que notre génération, privilégiée de l'instruction, dans ce siècle de lumière ou tant de phénomènes, incompris jadis et réputés infernaux ou mystérieux, nous apparaissent, tels qu'ils sont réellement, relever des choses naturelles, se montre si crédule. Il est étonnant de voir se perpétuer certaines légendes et toutes les sottises qui vraiment ne devraient plus exister. Nous les énumérons aussi brièvement que possible pour bien prouver qu'elles ne doivent pas retenir l'attention. La nomenclature ainsi faite les cloue au pilori, car c'est un déni formel d'intelligence que de s'attarder à conclure, d'après ces signes, la joie ou les déceptions qui peuvent en résulter. L'on ne peut que railler ceux qui se livrent à ces superstitions ridicules.

Se marier le mercredi : Union malheureuse.
Se marier dans le mois de mai : Indigence.
Deux mariages célébrés le même jour dans la même église : Le premier seul est heureux.
Un mariage et un enterrement : Malheur.
Ne rien entreprendre un vendredi : Cela ne réussit pas.
Le chiffre treize : Porte malheur.
Pour qu'une mariée soit heureuse : L'ouvrière coud un cheveu dans l'ourlet de la robe nuptiale. Il faut faire passer la mariée sous deux épées nues. Mettre des sous marqués ou du sel dans sa poche avant qu'elle entre à l'église.
Pour que des époux se réconcilient : Ils doivent traverser la procession entre la croix et la bannière.
Pour être maîtresse dans son ménage : Eviter en passant l'anneau nuptial, de le laisser glisser entièrement.
Pour faire naître l'affection : Réciter le miséréré à rebours.
Un essaim d'abeilles envahissant une propriété : Mauvais augure.
Une poule qui chante au coq : Grand malheur si l'on ne lui coupe la tête.
Jeter dehors la crémaillère : On aura beau temps.
Entendre le coucou chanter et être sans argent : Pénurie toute l'année.
Averse le jour d'une noce : Pleurs pour la mariée.
Rencontrer le matin une vieille femme : Malheur.
Un chien passant entre deux amis : Rupture.
Couverts en croix : Malheur.
Trouver un fer à cheval en entrant dedans : Grand porte bonheur. Talisman invulnérable.

Une puce sur la main : Nouvelle en chemin.
Si on la tue : La lettre reste dans la boîte.
Entendre le hibou, la chouette : Mort.
Ouvrir un parapluie dans un atelier : Départ.
Ouvrir un parapluie dans la maison : Malheur.
Ouvrir un parapluie le déposer sur un meuble : Guigne.
Renverser le sel : Dispute.
Renverser le sel et le poivre : Malheur.
Renverser une boîte d'épingles : Dispute.
Avoir beaucoup d'épingles : Argent.
Bulle dans une bouteille : Visite.
En donnant la main croiser les 4 mains : Malheur.
Le chat passant sa patte sur l'oreille : Pluie.
Le chat faisant sa toilette du museau : Visite.
Papillon blanc : Visite.
Papillon Atropos : Mort.
Ciseaux qui tombent ouverts : Lettre.
Linge mis à l'envers, blanc et propre : Cadeau.
Linge sale ou de couleur : Affront.
Dé tombant du doigt : Visite.
Coup sec dans le feu : Visite.
Jamais deux sans trois : 3 lettres, 3 visites, 3 rencontres, 3 cadeaux, 3 affronts, 3 ennuis.
Entendre croasser des corbeaux : Malheur.
Voir leur vol côté droit : Peine.
Voir leur vol côté gauche : Perte.
Une pie qui agace autour d'une maison : Malheur.
Cheval ayant 4 pieds blancs : Joie, bonne nouvelle.
Rencontrer en face un cheval pie : Faire un souhait par Allah 3 fois.
Rencontrer de dos : Peine.
Rencontrer un bossu : Chance.
Toucher sa bosse : Gain au jeu de hasard.

Corde de pendu : Talisman de chance.
Rencontrer des religieuses : Chance.
Rencontrer des prêtres : Guigne ; toucher du fer et du bois.
Rencontrer des soldats : Victoire, réussite.
Se cogner le coude droit : Mauvaise nouvelle.
Se cogner le coude gauche : Bonne nouvelle.
Trois lumières dans une pièce : Mort prochaine pour une des personnes présentes.
Perdre sa jarretière : L'on vous est infidèle.
Perdre une épingle à cheveux : On pense à vous ; du côté droit, en mal ; du côté gauche, en bien.
Sifflements dans l'oreille : On parle de vous ; compter rapidement les lettres de l'alphabet et lorsque le bruit cesse la lettre donne le nom ; si c'est en mal, mordez-vous la langue, ils se la mordront et s'arrêteront net ; si c'est à droite, c'est bon.
Voir une étoile filante : Faire un souhait et dire un Ave Maria.
En mangeant un fruit ou une primeur pour la 1re fois : faire un souhait.
Le matin du 1er janvier, regardez par la fenêtre.
Si vous apercevez une voiture de luxe : Dans l'année, richesse.
Si vous apercevez une voiture à bras : Dans l'année, misère.
Si vous apercevez un corbillard : Dans l'année, mort.
13 à table : Mort d'un des convives dans l'année.
Plumes de paon, faisan : Portent malheur.
L'opale : Porte malheur.
Trèfle à 4 feuilles : Porte bonheur.
Sur le café, une légère écume : Argent.
Sur le café pétillement : Pluie.

Fourmillement dans la main droite : Argent.
Battement dans la main gauche : Héritage.
Duvets de pissenlits qui arrivent auprès de vous et que l'on appelle des voyageurs : Arrivée d'un ami.
Casser du verre blanc : Mariage.
Un rideau qui se détache : Mariage.
Casser une glace : Grand malheur durant l'année à moins de faire remplacer la glace.
Voir rouler en dehors du feu, de la braise, du charbon ou un morceau de bois : Visite.
Entendre une détonation violente : Mort.
Couteaux en croix : Grand malheur.
Couteaux présentant le coupant : Grand malheur.
Le pain à l'envers : Misère.
Paille dans la maison : Misère.
Lierre dans l'intérieur de la maison : Misère.
Foin dans la maison : Bien-être.
Se laver les mains dans l'eau qui a servi à quelqu'un : Brouille avec la personne.
Un oreiller de plumes de perdrix : Conjure les accidents.
Mettre ses bas à l'envers : Contrariété, affront.
Laisser tomber une cuillère, couteau ou fourchette : Visite.
Chanter le vendredi : On pleurera le dimanche.
Chanter à jeun le matin : Porte malheur.
Siffler dans la maison : Porte malheur.
Si en allant faire une démarche on rencontre un enterrement : Rentrer chez soi.
Passer sous une échelle : Malheur.
Sortir de chez soi du pied gauche : Guigne.
Renverser du vin sur la nappe : Vite tremper ses doigts dedans et mouiller ses cheveux porte bonheur.

Pendule qui avance : Les affaires vont bien.
Pendule qui retarde : Retards en tout.
Pendule qui s'arrête : Désastre.
Avoir de l'argent dans sa poche lorsque la nouvelle lune paraît et ne pas être assis lorsqu'on la voit : Argent.
Assis : Pénurie.
Se couper les ongles les jours marqués d'un R : Mal de dents.
Chanter faux : Fait pleurer.
Boire dans le verre d'une personne : On connaît la pensée.
Voir un crapaud ou une araignée le matin : Chagrin.
Voir un crapaud ou une araignée à midi : Des amis.
Voir un crapaud ou une araignée le tantôt : Cadeau.
Voir un crapaud ou une araignée le soir : Espoir.
Voir un crapaud ou une araignée à minuit : Des ennuis.
Rencontrer des moutons : Bonne réception.
Rencontrer des bêtes à cornes : Mauvaise réception.
Rencontrer des cochons : Affront.
Rencontrer des oies : Querelle.
Ecrire sur une des feuilles d'un billet de décès : Malheur.
Fils emmêlés : Difficultés d'affaires.
Pour gagner à la loterie : Réciter le crédo à l'envers en allant acheter le billet.
Démangeaison au pied : Prochain voyage.
Démangeaison à la langue : Bavardage.
La bonne année, premier souhait par un homme à une femme : Bonheur.
Par une femme : Malheur.

Nous en passons et des meilleures, car lorsque la superstition est en jeu, elle ne recule devant aucune sottise, même devant celles que l'on ne peut décemment citer. Il y a des gens qui se rendent la vie odieuse en s'occupant de toutes ces niaiseries qui les troublent cruellement Ils sont pour les autres fort énervants. Il est cruel de vivre avec eux — et même simplement de les fréquenter. Leur préoccupation constante, est d'éviter toutes ces manifestations qui pour eux, prennent l'importance d'un réel malheur. Nous espérons que nos lecteurs et surtout nos lectrices en voyant cette liste saugrenue se débarrasseront, — si ils en étaient atteints — de ces superstitions qui ne reposent sur rien, et sont véritablement un signe d'infériorité morale. Nous donnerons cependant aux superstitieux deux conseils qu'ils feront bien de suivre car ils sont sérieux et certains.

Se mettre le doigt dans l'œil. Cela est fort douloureux.

Se mordre la langue cela fait mal. Et s'ils ne se trouvent pas satisfaits avec ces deux formules, nous en serons fort affligée, car elles renferment le mot magique du secret mystérieux de la superstition.

LE SECRET DES SECRETS

Nous voici au point Terminus de notre voyage à travers — non la lune — mais à travers l'Univers et dans le pays de la superstition, de l'idolâtrie et de la sottise.

Il s'agit maintenant de conclure, de recevoir de la leçon des choses, les éléments instructifs pour fixer le bonheur, pour recevoir de la vie tout ce qu'elle peut nous dispenser d'heureux, aussi bien au point de vue psychique qu'au point de vue matériel.

Depuis longtemps, nous avions conçu l'idée d'écrire un livre sur ces sujets, qui ont une si grande influence sur l'esprit humain, et patiemment, comme l'Indien sur la piste de guerre, nous avons interrogé, fouillé et la science et les cabinets des sorciers. Nous avons pénétré dans ces antres mystérieux, depuis les plus infimes, jusqu'à ceux où pontifient les célébrités. Nous nous sommes aventurés dans ces repaires où échouent la raison, la prudence et l'honneur.

Nous avons acheté fort cher, la connaissance de ces pratiques honteuses qui déshonorent l'humanité, dans ce qu'elle a de plus précieux « l'Intelligence ». Notre présence chez certains de ces personnages louches et malpropres, n'a pas été sans nous attirer beaucoup de désagréments; mais l'écrivain, l'observateur, comme l'explorateur, sait très bien qu'il risque sa vie, et lorsque le but est louable, lorsqu'il a la conviction de servir une cause, de la servir utilement, il n'a pas le droit de s'arrêter à des considérations personnelles, et demeure quantité négligeable en face des intérêts majeurs du public. L'unité se trouve forcément abstraite en regard de la collectivité.

Certes, comme beaucoup, nous avons été séduite par le merveilleux. Nous avons voulu parcourir les centres où il tenait ses assises, par attirance au début. Mais nous ne nous risquions pas cependant dans ce labyrinthe mystérieux sans être armée. Nous avions eu soin de nous munir du fil d'Ariane, et des armes souverainement puissantes du doute, de la méfiance, et de la prudence.

Nous avons, tout en écoutant l'oracle, assis sur le trépied divinatoire, regardé d'où sortaient les vapeurs, les fumées inspiratrices. Nous avons cherché d'où venaient les voix révélatrices et, nous avons pu voir que le trépied était truqué, que le son transmis à l'augure, sortait du tuyau acoustique au bout duquel se tenaient clandestinement et voilés, les personnages qui avaient un intérêt quelconque à nous faire évoluer dans un sens ou dans l'autre.

Selon le proverbe un peu brutal.

« *Nous avons fait l'âne pour avoir du son* ».

Et nous avons le plaisir aujourd'hui de démontrer à ceux, qui nous ont donné du son, qu'à notre tour, nous leur retournons leur provende. Cela s'appelle le « *Choc en retour* ». Ils sont trop habiles dans les sciences occultes pour ne pas comprendre ce mot kabbalistique.

Si notre intérêt seul était en jeu, nous aurions selon toute vraisemblance gardé le silence; mais, nous estimons, que nous n'avons pas le droit de taire les procédés, les manœuvres criminelles et tous les dessous qui font des sciences occultes, un véritable coupe-gorge.

Chacun de nous doit apporter sa pierre à l'édifice humain. Cette pierre nous l'avons prise au monument de la sottise, de l'empirisme, du mensonge et de l'infamie, pour qu'elle puisse surélever la pyramide de la Vérité.

Toutes ses faces, visibles à l'œil sont autant de révélations, de phares, dont la lumière guide le voyageur perdu.

Les voyageurs de l'Océan de sottise et de superstition retrouveront probablement ainsi leur route, et pourront atterrir en terre ferme. Quant à ceux qui, écoutant le chant des Sirènes, iront donner tête basse sur l'écueil meurtrier, nous ne pouvons rien pour eux. Avertis, ils continueront à suivre la route fatale et ce n'est qu'au moment précis du naufrage qu'ils comprendront qu'ils sont irrémisciblement perdus.

Nous avons sonné le tocsin annonçant les grandes catastrophes, poussé le cri d'alarme, nous avons mis le canot de sauvetage à la mer, jeté les bouées salvatrices. Nous ne pouvons rien de plus pour eux.

La sottise et la superstition les entraîneront dans le gouffre, où nous ne voulons pas sombrer en leur compagnie. Disons donc sur eux la prière que nul chrétien ne doit refuser à ses semblables :

DE PROFUNDIS

Nous espérons pourtant, que la femme comprendra que toutes ces pratiques ne peuvent avoir pour elle et pour les siens, que des influences pernicieuses. Que l'orientation de la vie ne doit pas venir de l'obscurité, mais de la lumière. Comment veut-elle s'éclairer avec une lampe voilée qui ne laisse filtrer que quelques rayons tamisés, dont les reflets produisent de fausses lueurs, éclairant d'un jour faux.

Pourquoi aller demander des conseils, une direction à des gens dont la moralité, l'instruction, l'éducation n'offrent aucune garantie. Pourquoi placer sa confiance, son trésor entre les mains de gens tarés, véreux, parfois retour du bagne.

Il y a là une anomalie flagrante, un manque de jugement profondément attristant.

Pourquoi la femme déserte-t-elle la voie sainte, la voie droite, qui la conduit directement à son but. Pourquoi, si elle est hésitante, troublée, perdue ! ne va-t-elle pas demander aux conducteurs des âmes de la remettre dans le bon chemin? Ne sont-ils pas toujours là, sentinelles vigilantes, attendant le passage des voyageurs égarés pour les réconforter, remonter leur courage et les guider à travers les écueils. Ne sont-ce pas les pilotes qui connaissent la côte et ses dangers ?

Pourquoi ne pas se fier au compagnon choisi, au compagnon de route qui partage les mêmes joies, les mêmes peines, les mêmes angoisses ? Pourquoi ne pas faire entendre le cri de détresse, lorsqu'un faux pas risque de provoquer une chute douloureuse, mortelle. N'est-il donc pas de son devoir de prodiguer son appui, ses soins à la faiblesse. Faiblesse de l'être, faiblesse de l'âme.

Tous deux, rayonnants de force, de jeunesse, vous vous êtes mis en chemin pour le grand voyage de la vie. Les yeux dans les yeux, la main dans la main, vous avez pris la route qui mène au terminus, au but final.

Alliez-vous à Dieu, ou à Satan ? Que croyez-vous trouver derrière les portes d'or de l'Eternité ?

A qui conduisez-vous les êtres issus de votre chair, de votre amour ?

Allez-vous au néant vous et votre œuvre ? Si vous allez au néant, pourquoi demandez-vous aux puissances occultes de satisfaire tous vos désirs, de vous faire réussir dans tout ce qui vous intéresse ?

S'il n'y a que néant, il n'y a pas de forces dans le néant.

Si vous allez à Dieu, pourquoi l'outragez-vous en doutant de sa bonté, de sa puissance en subornant les mondes invisibles, comme l'on soudoie des domestiques infidèles. Si vous allez au diable ! Allez-y ! mais allez-y franchement, sans vous embarrasser du bagage religieux. Laissez Dieu, ses saints et toute sa cour céleste, siéger au tribunal suprême où vous comparaîtrez au bout de la route soyez-en sûrs.

Mais, avez-vous le droit d'entraîner avec vous, les

êtres dont vous avez accepté la charge, les âmes qui vous sont confiées ? Avez-vous le droit de les priver de la Lumière Eternelle, de les précipiter dans les ténèbres sans fin ?

Où conduisez-vous ces êtres ?

Ici-bas ! au crime !

Là-haut ! dans le néant !

Est-ce là votre mission ? Vous la mère ! la matrice où se coule l'œuvre humaine.

Vous n'avez pas eu la force de lutter, de préserver l'âme de votre enfant, pas plus que vous ne la préservez du danger continuel des fréquentations malsaines.

Vous l'avez laissé grandir sans foi, sans croyance. Il n'a pas la crainte de Dieu, il ne craint plus la justice humaine et l'on gémit en voyant des enfants commettre les crimes monstrueux qui jadis, faisaient époque, alors que des hommes les perpétraient. Aujourd'hui, le mal est chronique, quotidien, bientôt l'on ne pourra plus sortir dans les rues sans risquer sa vie. L'on s'émeut, l'on propose toutes sortes de moyens de répression, hors un seul ! le seul, à appliquer victorieusement.

Rendre à l'enfant la foi ! la croyance en Dieu. Le respect de la religion qui ramènera avec la crainte de Dieu, la crainte de la loi et le respect de la vie humaine.

Soyez de bonne foi avec vous-même, pesez, jugez la situation, elle est assez grave pour arrêter votre attention.

L'enfant ne respecte plus ni Dieu, ni la loi, ni la famille, ni la vie humaine ! parce qu'il ne croit plus à rien !

Les faits sont là, plus éloquents que tout ce que

l'on peut dire, écrire à ce sujet: Dans l'*Amour Obligatoire* nous avons déjà jeté le cri d'alarme. Nous le répétons encore ici et c'est là le secret des secrets de la Kabbale !

Il faut à l'homme une croyance. Il lui faut la crainte d'une puissance suprême qui châtie ou récompense, il lui faut la confiance en une FORCE SUPÉRIEURE qui ne se trouve pas dans le néant ; il lui faut connaitre le mot mystérieux révélateur de la Kabbale :

LA FOI ET LE RESPECT DE DIEU.

TABLE DES MATIÈRES

PREMIÈRE PARTIE

PRATIQUES SECRÈTES DE LA BEAUTÉ CAPTIVANTE

	Pages
I. LA VOLONTÉ D'ÊTRE JOLIE ET SÉDUISANTE.	5
— Il faut se connaître soi-même	8
— Les éléments attractifs	10
— Les émotions et le facies	12
— L'art d'ensorceler	13
— Les subtilités féminines	15
— La Loi d'amour	16
— La Science féminine	18
II. L'ÉTERNELLE BEAUTÉ	20
— Le mystère féminin	22
— La lutte contre le temps	23
— Pour se faire remarquer	26
— L'infaillibilité de certaines pratiques de beauté	31
III. POUR DÉTENIR LE SOUVERAIN POUVOIR.	34
— La magicienne	35
— Les armes de combat	36
— Les pièges	37
— Pour se mettre en valeur	38
— Le Prestige	40
— La fascination	41
— Pour paraître	42

DEUXIÈME PARTIE

POUR ÊTRE AIMÉE ET DOMINER

I. CES DAMES AU SABBAT	45
— L'escadron de Satan	47
— Les sciences occultes	48
— Le mage	52

		Pages
—	Le Sorcier	54
—	L'envoûtement d'amour	58
—	L'incantation d'amour	61
—	L'envoûtement de haine	66
—	Les philtres mystérieux et clandestins	69
—	L'aura feminea	71
—	Les attractions troublantes et mystérieuses	73
—	Le fluide magnétique	73
—	Le lion dompté	74

II. POUR DOMINER 76
— La Kabbale 77
— Des divisions de la Kabbale 80
— Confession de maître Jehan de Bar 86
— Le cabinet du mage 103
— Le temple magique 105
— L'installation du Temple 107
— Magie blanche 110
— La magie noire 111
— La magie rouge 111
— Le choc en retour 112
— Histoire de l'astrologie 116

TROISIÈME PARTIE

POUR DÉVOILER L'AVENIR ET DIRIGER LE PRÉSENT

I. L'ASTROLOGIE JUDICIAIRE 131
— La cause des inégalités du sort 135
— Peut-on changer sa destinée ? 137
— La puissance qui régit le monde 138
— Les phénomènes sidéraux 139
— Naître sous une bonne étoile 140
— Les planètes et leur influence particulière ... 141
— Saturne 145
— Jupiter 145
— Mars 145
— Le Soleil 146
— Vénus 146
— Mercure 147
— La Lune 147
— Influence des planètes sur les différents âges de la vie 148
— Influence des planètes sur la fortune .. 148

TABLE DES MATIÈRES

	Pages
— Influence des planètes sur la santé et la mort....	150
— Portraits sidéraux.......................	152
— Les signes du zodiaque et leur relation avec les planètes...................................	155
— Influence des planètes sur les signes du zodiaque.	157
— La Princesse Sénélite (conte Hindou)...........	162
— Tableau des heures planétaires................	170
— Thème de Toth............................	171
— Le maître du jour..........................	172
— Le maître de l'heure........................	173
— Le maître des décans.......................	173
— Petit horoscope instantané...................	175
— Savoir c'est pouvoir........................	178

II. LES ORACLES............................ 181

— Augures, Aruspices, Devins, Sybilles, Pythonisses.	183
— Des différentes formes pour consulter l'oracle....	186
— Pratiques divinatoires.......................	187
— Réponses de l'oracle........................	189
— Le casier des lettres et des chiffres magiques.....	189
— Les jours fatidiques........................	192
— Table des jours............................	196
— Comment l'on fait revenir la chance............	196
— Talismans et fétiches.......................	197

III. SOMNAMBULES ET VOYANTES............. 206

— La bonne aventure.........................	213
— Le magnétisme, l'hypnotisme.................	218
— Le fluide animal...........................	221
— Le Spiritisme..............................	223
— Les tables tournantes.......................	226
— Les esprits frappeurs.......................	229
— Le médium...............................	233
— Le spiritisme et les empiriques................	236
— Avez-vous des affaires de famille, d'héritage, de procédure ?................................	238
— Avez-vous des peines de cœur ?................	238
— Soupçonnez-vous votre mari ?.................	238
— Voulez-vous vous venger, jeter la guigne noire, faire succomber par la maladie, défigurer, enlaidir votre ennemi ?............................	239
— La nécromancie............................	241
— L'amour du merveilleux......................	246

IV. LA CARTOMANCIE........................ 249

— Les cartomanciennes et le Taroth..............	257
— Les arcanes majeures.......................	260

— Les oracles par les cartes....................	265
— L'amergomancie	268
— Préparation.........................	269
— Les figures du marc....................	270
— Les croix..........................	270
— Les lignes.........................	270
— Figures géométriques..................	270
— Meubles...........................	271
— Animaux..........................	271
— Les figures par les fleurs................	272
V. LA CHIROMANCIE.................	**273**
— Les secrets du destin..................	275
— De la chiromancie....................	277
— Division de la main...................	279
— Des doigts.........................	280
— Les ongles.........................	281
— La paume..........................	281
— Signification particulière des doigts.........	282
— Index ou Jupiter.....................	283
— Médius ou Saturne....................	283
— Annulaire ou soleil....................	283
— Auriculaire ou Mercure.................	283
— Intérieur de la main...................	283
— Explication des monts..................	284
— Mont de Saturne.....................	284
— Mont du Soleil......................	285
— Mont de Mercure.....................	285
— Mont de Mars.......................	286
— Mont de Lune.......................	286
— Mont de Vénus......................	286
— Principales lignes....................	287
— Ligne de tête.......................	287
— Ligne de cœur......................	288
— Ligne de chance ou saturnienne...........	289
— Ligne du soleil......................	290
— Ligne Hépatique.....................	290
— Anneau de Vénus....................	290
— La Rascette.......................	291
— Signes divers.......................	291
— La poignée de main...................	294
— Les lignes des pieds...................	295
VI. LA PHYSIOGNOMONIE.................	**298**
— *La race*.............................	298
— *La tête*.............................	299

		Pages
—	Le front	300
—	Les yeux	301
—	Les sourcils	302
—	Les paupières	302
—	Le nez	303
—	La bouche	304
—	Les dents	304
—	Le menton	304
—	Les joues. — Le teint	305
—	L'oreille	305
—	Le cou	305
—	Les cheveux	306

VII. LA PHRÉNOLOGIE 307
— *Figures descriptives* 308
— Description des bosses 308

VIII. — LA GRAPHOLOGIE 312
— *Des principes graphologiques* 316
— *Lecture des caractères des lettres* .. 317
— Description détaillée des lettres 320
— Paraphes et signatures 323

IX. LA CRYPTOGRAPHIE 328
— Encre magique. — Encre sympathique 329

X. LES GRANDS CHARLATANS 335
— *Roger Bacon* 336
— *Albert Le Grand* 337
— *Le petit Albert* 338
— *Henri-Corneille-Agrippa* 339
— *Aurèle-Philippe-Théophraste-Bombast-Paracelse* ... 339
— *Eau céleste* 340
— *Cagliostro* 342
— *Mesmer* 344
— *Le comte de Saint-Germain* 347
— *Nicolas Flamel* 348
— *Oraison de Nicolas Flamel* 349
— *Michel de Notre-Dame* (Nostradamus) .. 351
— *Mathieu Laensberg* 352
— *Mlle Lenormand* 353
— *Mme Moreau* 353
— *Ils sont trop* 354

XI. PAUVRES MARIS ! 355
XII. PAUVRES FEMMES ! 362

	Pages
XIII. TOUT POUR L'AMOUR	368
XIV. LA SCIENCE ET L'ÉGLISE	376

QUATRIÈME PARTIE

LES PHÉNOMÈNES OBSCURS ET MYSTÉRIEUX

I. LA CLEF DES SONGES	385
— Le sommeil	389
— Les rêves	390
— Les présages	392
— Les mystérieux Thaumaturges qui interprètent les songes et en dévoilent le sens caché	395
— Tableau de réalisation des rêves	397
II. LE LANGAGE DES FLEURS	399
— Mois Floraux	406
— Horloge Florale	407
— Sélams mystiques	409
— Fleurs symboliques	411
— Thermomètre botanique	412
— Légendes parfumées	414
— L'Acanthe	414
— L'anémone	415
— L'aubépine	415
— La Petite Centaurée	416
— Circée	416
— Églantine	417
— Héliante, Soleil Tournant	417
— Jacinthe	417
— Iris	418
— Jérose	418
— Laurier	419
— Marjolaine	419
— Miroir de Vénus (Campanule)	420
— Murier noir	420
— Myosotis	421
— Œillet	421
— Pavot	421
— Pensée	422
— Sensitive ou mimosa pudique	422
— Verveine	423
— Violette	423

III. LES PIERRES SYMBOLIQUES........... 424
— Classification planétaire des métaux......... 425
— Classification planétaire des gemmes......... 425
— Classification zodiacale des gemmes......... 426
— Propriétés et vertus magiques............... 426
— Dessins à graver........................... 427
— Montures................................. 428

IV. LE PRÉNOM ET LE CARACTÈRE........... 430
— Dictionnaire révélateur..................... 433

CINQUIÈME PARTIE

I. SUPERSTITIONS POPULAIRES............. 455
— Tableau nominatif des superstitions......... 456
— Le secret des secrets....................... 461
— De profundis.............................. 464

www.ingramcontent.com/pod-product-compliance
Lightning Source LLC
Chambersburg PA
CBHW050244230426
43664CB00012B/1823